国家社科基金
GUOJIA SHEKE JIJIN HOUQI ZIZHU XIANGMU
后期资助项目

群众文化视阈下中国电视认同研究

Research on Identity of Chinese Television from the Perspective of Mass Culture

周建新 著

社会科学文献出版社
SOCIAL SCIENCES ACADEMIC PRESS (CHINA)

国家社科基金后期资助项目
出版说明

后期资助项目是国家社科基金设立的一类重要项目，旨在鼓励广大社科研究者潜心治学，支持基础研究多出优秀成果。它是经过严格评审，从接近完成的科研成果中遴选立项的。为扩大后期资助项目的影响，更好地推动学术发展，促进成果转化，全国哲学社会科学工作办公室按照“统一设计、统一标识、统一版式、形成系列”的总体要求，组织出版国家社科基金后期资助项目成果。

全国哲学社会科学工作办公室

序

周建新博士的大作《群众文化视阈下中国电视认同研究》即将问世，他嘱我为新书来做个序，我毫不犹豫欣然答应，一是表达对建新这位青年才俊优秀成果的支持，二是表达对我们一同走过的探索研究之路的纪念，三是借此表达对于当下和未来传媒艺术类研究的一点思考。

古人云："知人论世。"的确，要想对学术成果有更深透的理解与把握，仅从字面上入手或许很难实现十之一二，只有对于作者、作者所处时代及他的特殊生存环境与生活状态有更多熟悉与认知，方能有更进一步的洞悉与体悟。

我与建新相识于2005年，当年22岁的他报考成为我的硕士研究生，此后从师生成为同事，成为朋友，一晃十七个年头过去，有缘有幸目睹、见证了建新从青涩少年成长为高校年轻有为的管理者、研究者，感慨万千！本书的写就也从一个侧面记录了建新的成长之路。

本书以建新的博士论文为基础，又融入了他过往相关学术研究与人生经历的若干积累与沉淀。建新生长于河南与湖北交界的光山县农村，艰苦的生活让他把将来可以像城里人一样穿上皮鞋当作美丽的梦想。正是这样的生活阅历，让他对来自中国最基层、生活艰辛的广大农村的农民们有着深刻的理解与关怀。随着国家不断发展壮大，今日的农村与农民温饱问题已经解决，但他们的精神文化生活却依然停留在较低的层次。记得在准备硕士论文之时，建新就跟我表示，想以电视对农节目作为论题，说实话，在丰富多彩的中国电视节目群落里，电视对农节目不仅不是大家关注的热点，甚至还常常被大家忽略甚至冷落，为什么建新要选这样一个吃力未必讨好的题目呢？建新跟我说，每每回到老家，看到大家衣食无忧但无所事事的状态，看到山里农村群众文化发展相当落后的状态，尤其看到我们的电视节目对农村、农民错位的供给状态（供需不相称），他常常感到忧心忡忡，改变这种状态，为农民提供符合其需求又能引领、丰富、提升他们精神文化世界的优秀内容，始终是缠绕在他心间挥之不去的心结。我们探讨交流过程中，建新流露出的那种真诚、质朴而又坚定的神情深深地打动了我。在建新攻读博士研究生期间，沿着他的思想脉络，我们一起商议，将研究视野的广度、高度与深度继续拓展，这就形成了这部书稿的基本框架。

本书在我看来有几个突出亮点。一是问题性。作者紧紧抓住“电视认同”这一大问题、真问题，探究在实际的电视生产与传播进程中，所出现的从“强认同”到“不认同”的种种情形，并探究出现这种种问题的深层原因，这不仅对于解读电视生产与传播本身有重要意义，而且对于改善传媒艺术整体内容生产与传播格局都有相当大的启示及指导性意义。二是学理性。作者没有把研究做成现象描述，而是努力建构富于学理性的研究与理论框架。尤其是将“电视认同”按照效果理出“强认同”“认同”“弱认同”“不认同”几个层级，这种模式建构不仅符合实际，而且是条分缕析的学理建构，因为这种认同模式的建构，可以超越具体的现象问题，具有更加普遍、概括的理论价值。三是创新性。作者在开展这一命题研究时，没有走传播学、艺术学的常规路径，而是将“群众文化”引入“电视认同”研究之中，开辟了这一研究的全新视角，视角的创新，必然会带来观点、方法等方方面面的创新。这里我就不一一陈述了。

翻读书稿，许多内容感觉特别熟悉而亲切。除了多次审读建新博士论文时的印象，这些内容更使我想起了与建新一起进行学术研究的难忘场景。十七年来，建新在学习、工作之余，协助我撰写了太多学术论文，参与了太多项目课题和著作的申报、论证、组织、结项等工作，没有他的默默付出，很难想象这么多工作会如期圆满完成，对此我始终铭记于心，心存感激！

在本书即将出版之际，我又想到了我们一起从事的传媒艺术类研究的诸多问题。当下最具影响力的传媒艺术，以其科技性、媒介性、大众参与性的特质无处不在，在对于它的研究中，一方面大家自然会捕捉其形态、方式等的前沿、时尚性内容，另一方面也自然会捕捉其国际性、大众性内容，但如何让我们的传媒艺术类研究更具活力，更具意义与价值？除却技术层面的探究，或许人文性的情怀更值得我们关注与投入精力。建新的研究给我们以重要启示：应带着某种人文性的情怀，去投入某项研究，这样的研究远比技术层面的梳理与分析更具活力、意义与价值，因为它不仅是学理性的，更是富于思想性、情感性的，这种研究的生命力也就更加充溢而不可替代。期待建新不忘初心，沿着这样的方向继续前行，不断给我们带来新的成果。

是为序。

胡智锋

北京电影学院党委副书记、副校长

教育部“长江学者”特聘教授

2022年2月24日

目　录

绪 论

认同作为一种精神文化现象，可以说无处不在、无时不有，但正因为太过常见，给认同下一个准确的学术定义成为很复杂的问题。界定认同的内涵和外延，与考察认同的发生动力、发生过程、发生机制其实是一个问题的不同方面。认同指主体出于某种需求，通过认知、同化、内化等心理过程，对客观对象产生情感触动和价值信赖，最终影响到自身外在行为的过程。需求与认同的相伴相随是认同发生发展的一般规律，就艺术活动而言，不同的艺术类型，其认同的发生发展又呈现不同特点。

认同既是一个学理性的命题，又是一个现实性的存在。在考察认同的内涵、缘由以及其发生过程时发现，不管是对于个人还是对于群体而言，认同作为一种普遍存在，是人类社会的内在需求。认同像一个无限循环的过程，主体对于客体的认同一经实现，就会产生新的认同性需求，针对新的认同性需求，又要经过复杂的过程，去努力实现需求性认同的目标。那么，需求与认同是否遵循逻辑同一律，即满足了谁的需求就会得到谁的认同、提供了特定的内容就会得到相应的认同效果？为回答这一问题，笔者提出“需求—认同”这个概念作为本书理论创新的核心。

需求—认同的内涵在于认同性需求与需求性认同的高度统一。在实践中，需求—认同问题广泛存在于诸多领域，有社会领域也有文化领域，有政治领域也有军事领域。它与个人生活休戚相关，有个人层面的自我需求—认同；也与社会生产密切联系，有社会层面的需求—认同；还与民族生存不可分割，有民族层面的需求—认同。它既有人类社会的普遍性特点，也具有鲜明的中国特色。它既指向历史过往，也指向当下现实，还将存在于未来预设之中。将需求与认同当作一个有机结合的整体，便于对认同进行过程性、动态性、系统性的观察和分析，从而避免“认同”研究的空洞化、口号化和泛化。

兼具文化艺术属性和媒介传播属性的电视艺术在创作生产、文本构成、艺术传播和艺术接受过程中，同样存在认同问题，因此，研究电视认同这个命题具有很强的学术意义和实践指向。中国电视艺术又因为其鲜明的意识形态属性、地域属性和时代属性而不同于西方。本书以极具中国特色的群众文化为视角，系统研究电视认同的主体、客体、发生机制和效能提升等相关问题。

第一节　认同及认同研究

习近平总书记提出，“不断增强各族群众对伟大祖国、中华民族、中华文化、中国共产党、中国特色社会主义的认同。‘五个认同’是国家统一、民族团结、社会稳定的思想基础，是坚定中国特色社会主义道路、弘扬中国精神、凝聚中国力量的源泉”。只有如此，“才能促进各民族和衷共济、和睦相处、和谐发展，进一步巩固和发展安定团结的大好局面”。[①]

认同在汉语当中的简单释义是个人对他人、事物或行为等的认可与接受，近义词是同意、信任，指的是一种态度表达。“在英文里，认同与‘身份’‘同一性’是同一个词语，即identity。从词源上看，英语的identity源于晚期拉丁语的identitas和古法语的identité，其含义受到晚期拉丁词语essentitas（即essence，本质、实体）的影响。今天的identity一词的词根是idem（即same，同一）。”[②]认同研究是20世纪以来世界人文社科研究的热点之一，尤其在心理学、文化学、社会学、艺术学和传播学等领域，出现了一大批优秀学者及经典论著。因此，认同的含义很丰富，不仅仅是指认可、信任、同意等态度表达，还具有丰富而又深刻的心理学、文化学、社会学、艺术学、传播学内涵，如“身份”“同一性”“身份认同”“自我认同”等指涉。

毫无疑问，认同有其存在的必要性和必然性，那么认同的对象是什么？进一步说，当我们面对一个认同对象时，认同究竟和哪些内容发生联系？认同作为主体能动行为，不是无源之水、无本之木，也不会无缘无故发生、无缘无故消失，它是主体内在需求的驱动对象和投射，还是一种

---

① 王传发：《增强“五个认同”铸牢中华民族共同体意识》，《中国民族报》2020年7月28日，第5版。

② 阎嘉：《文学研究中的文化身份与文化认同问题》，《江西社会科学》2006年第9期，第62页。

外在的强迫行为？需求与认同有没有必然的联系？正如古老的哲学追问一样，每个人每时每刻每处都会面临这样的问题：我是谁？我来自哪里？我将去向何处？这些问题类似于什么是认同、人为什么需要认同、认同是如何发生的、我们该如何面对认同。

认同困境既是全球化、现代性、后现代性引发的全球难题，也是中国及世界各国发展所面临的问题。尤其是在百年未有之大变局和中华民族伟大复兴的交汇下，找寻认同的时代意义和现实意义显得更加紧迫而复杂。

一 认同研究概述

从梳理情况看，关于认同的研究主要集中于心理学、文化学、社会学、艺术学和传播学等学科当中，已经形成了比较完善的研究系统甚至是学术话语体系。本书挑选其中有代表性的经典理论做一个简单的“巡礼”，看看在已有的研究结论中，何为认同，它为什么会发生，又是如何发生的。

（一）心理学中的认同研究

美国的《心理学百科全书》认为，认同是“精神分析的一个核心概念，指的是主体同化、吸收其他人或事项，以构建自身人格的过程”。[①]张春兴的《张氏心理学辞典》认为，认同是一个人对其他个人或群体的行为方式、态度观念、价值标准等进行模仿、内化，而使其本人与他人或群体趋于一致的心理历程。[②]关于认同的定义，心理学界还有很多不同的看法，但比较一致的看法是，“认同”是一个十分复杂的、重要的心理现象和心理过程。

弗洛伊德曾提出“自居作用”（identification，又译作“认同作用”）的概念。他认为，自居作用就是主体无意识地将某一客体的一些特点视为自我特点的心理过程。弗洛伊德将自居作用总结为梦认同、癔症性认同、原始性认同、自恋性认同和部分性认同五种类型。[③]自居作用具有情感性，

① 周晓虹主编《中国中产阶层调查》，社会科学文献出版社，2005，第24页。

② 张春兴：《张氏心理学辞典》，上海辞书出版社，1992，第122页。

③ 李孟潮、王高华：《对弗洛伊德著作中认同的概念研究》，《上海精神医学》2005年第2期，第123~125页。

是通过移情方式来实现的；也具有矛盾性，“随着自我逐步强大，自我对自居作用影响的抵抗就会逐渐加强”[①]。也就是说，在弗氏看来，认同是人性的本质所在，是个体无意识的产物，它是个体脱离“本我”走向“自我”，并发展到“超我”的力量源泉和必然路径。他对认同过程中情感作用的发现及肯定，有助于我们对认同心理过程的认识。

埃里克森曾提出“认同危机”（identity-crisis）的概念。他认为，“认同”是人类从婴儿期到青春期，再到老年期的一个持续不断的过程，当经历了“一对一”的婴儿期“幸福感”和“安全感”之后，人不再简单地纠结于“俄狄浦斯情结”或“伊拉克特拉”情结，“他人”和社会的关系开始进入个体的世界。与此同时，“认同扩散”和“泛化的人”也开始出现，尤其是在青春期，现实需求与个人的心理需求开始出现冲突，个人的“认同危机”开始出现。这种危机一旦得不到解决就会产生焦虑情绪，可能导致人格崩溃，应对这种“危机”有两条路径：要么强化已经获得的认同，要么主动寻求一种新的认同。同时，他还认为，“安全认同”以及“认同危机”同样适用于群体。[②]埃氏理论的重要性在于从反方向即危机的角度，给我们阐释了认同的由来、发生过程及其重要性。同时，他还发现了认同危机的“修复”路径，即“认同强化”和“认同转移”，这对于我们把握认同的动态过程有很大启发。更为重要的是，他已经把认同危机从个人的人格崩溃延伸到社会群体，这就为社会认同危机提供了理论支撑，也显得更加接地气和贴近现实。

拉康曾提出“镜像阶段”理论。他认为，儿童在6～18个月时，在“镜子”“他者”（母亲）在场的情况下寻求原有的“我”，因为没有“语言”，误将镜像中的“我”当作那个“圆满具足”的、整体的“我”。事实上，镜像中的“我”是一个是想象的“自我”，是部分的“我”，是他者眼中的“我”。拉氏理论的重要性之一在于，发现此阶段的儿童已经在“我”的概念前提下有了“他者”的概念，并认同“他者”的存在，这是“本我”与“自我”区分的第一步，也是自我认同的一个进步与发展。其重要性之二在

① 〔奥〕西格蒙德·弗洛伊德：《弗洛伊德后期著作选》，林尘等译，上海译文出版社，1986，第198页。

② 〔英〕威廉·布鲁姆：《认同理论：其结构、动力及应用》，王兵译，《社会心理研究》2006年第2期，第1～17页。

于，肯定了“镜像自我”给儿童带来了胜利的快乐和弥补的满足，也就是说，不管镜像中的“他我”与真实的“本我”还有多大差距，通过这种观察，儿童已经有了积极的认同感，这种认同最大的意义是弥补了“他者”的存在与婴儿在母亲襁褓中的“圆满具足”和浑然一体的割裂感。

戈夫曼则从现实社会中的个体行为表现出发，提出“拟剧人”的理论。他认为，人们在日常生活中都在试图传递给他人“我是谁”的印象，由此提出了两个重要概念，即“印象管理”和“面子工夫”。戈夫曼运用了戏剧理论，形成了一个重要的概念“拟剧法”，即在与“他人”的交往过程中或其他社会活动当中，个体有意识地面向他人塑造“自我”的形象，常常遵循的是戏剧模拟法则，强调的是一个扮演的“自我”。值得注意的是，这个“自我”角色扮演是暂时的、有情景的，一旦回到“自我”情景的时候，这个“面具”就将摘掉，“自我”恢复如初。①戈氏理论的重要性在于，其更加贴近现实生活，他已经将认同的需求从内在“本我”追认过渡到社会“自我”的认可，或者是“他人”的认可，这对于我们理解社会认同、组织认同有非常大的帮助。

总之，从弗洛伊德的“自居作用”到埃里克森的“认同危机”，再到拉康的“镜像阶段”和戈夫曼的“拟剧人”，以及后来的心理学研究，认同研究已经在心理学（精神分析）领域有了重大发展。它首先是“对传统的、固定不变的、笛卡尔式的主体观念的有力颠覆。此外，把认同与语言结合起来，特别是对象征性认同的关注，无疑也对后来的认同理论发展产生了重要影响”②，如拉康在“镜像阶段”理论中强调想象对于认同的作用，戈夫曼的“拟剧法”强调“面具”对个体“自我”的形塑。但是心理学中的认同，总体上更侧重于个体的一种情感态度或认识的深化过程，更关注自我信念与人格，更偏重于认同的心理活动和机制。③

（二）文化学中的认同研究

20世纪80年代，世界各国之间的文化交流日益频繁，而文化碰撞、文化冲突问题也随之凸显，因此，文化学中的文化研究异军突起。如果说

---

①〔美〕理查德·谢弗：《社会学与生活》，赵旭东等译，世界图书出版公司，2014，第119页。

② 周宪：《文学与认同》，《文学评论》2006年第6期，第7页。

③ 郭维平：《社会主义核心价值观生成与认同研究》，学习出版社，2016，第221页。

20世纪90年代以前，意识形态和霸权是文化研究热点的话，那么，90年代以后，认同问题就是文化研究的热点。[①]一大批文化研究者就认同问题提出了重要的观点和理论，如霍尔的“认同重现”、霍布斯鲍姆的“被发现的传统”、安德森的“想象的共同体”、萨义德的“东方主义”等。此外，还有“日常生活批判”理论和“文化空间”理论等。本书选取其中部分理论予以重点分析。

霍尔在他的“认同重现”理论中认为，认同不是追认历史中的某种本源，而是使用“正在变化而非存在过程中的历史、语言和文化”来“重现我们自己”，它“不是我们是谁或我们从哪儿来的问题，更多的是我们会成为谁，我们如何重现我们自己的问题”[②]。他否认了认同的“自然主义”观念，认为认同的发生是过程性的、变动的、不确定的，且深受“知识与权力”[③]营造的话语实践的影响。因此，霍尔提出“认同重现”的用意就在于强调认同主体的主观能动性，尤其是在语言符号等构筑的权力体系当中主体再解读、再重构的过程。既然认同活动是主体的重现和发展，那么，认同结果就会千差万别，自然也就是动态的、不稳定的。

“日常生活批判”理论是20世纪文化研究的一次重要转向，即由理性的、形而上的文化研究转向生活性的、形而下的文化研究，代表理论家及观点如胡塞尔现象学的“生活世界”、维特根斯坦语言哲学的“生活形式”、海德格尔的“日常共在的世界”、列斐伏尔的“现代世界的日常生活”、科西克的“伪具体性的世界”和赫勒的“自在的类本质对象化领域”等。[④]“日常生活批判”研究的代表作有列斐伏尔的《日常生活批判》、卢卡奇的《审美特性》、阿格妮丝·赫勒的《日常生活》、戴维·英格利斯的《文化与日常生活》、陆扬的《日常生活审美化批判》、爱德华·霍尔的《超越文化》等。其中，赫勒的《日常生活》全面阐释了其“日常生活理论”构想，提出“人类需要论”和“日常生活革命”的命题，对于我们理

---

① 周宪:《文学与认同》,《文学评论》2006年第6期，第7页。

② Stuart Hall and Paul du Gay, eds., *Questions of Cultural Identity* (London: Sage, 1996), p.4.

③ 米歇尔·福柯致力于权力与知识之间的关系研究，认为权力不只通过政权、军队等暴力形式呈现，还是社会无处不在的“能量流”，知识就是权力的一种重要形式，其可怕之处在于，它认定“真理”并很好地使用“真理”这个工具。他的理论的重大意义在于颠覆了笛卡尔的主体观念，消解了传统的主体权威性和严肃性，将主体归结为话语的权力规训。

④〔匈〕阿格妮丝·赫勒:《日常生活》，衣俊卿译，黑龙江大学出版社，2010，第4页。

解日常生活中的认同现象有重要启发意义。

赫勒认为，日常生活是一个由语言对象和习惯等规范系统所维系的、重复性思维和重复性实践在其中占主导地位的自在的对象化的领域，具有重复性特征、规范性特征、经济特征和情境特征，其运行规则和原则是实用主义、可能性、模仿、类比和过分一般化。①日常生活作为“个体的再生产”，是“社会再生产”的前提，是人类社会得以存在与发展的基础，它可以分为两个部分，即亘古不变的部分和可变的部分。日常生活批判的任务主要是研究亘古不变的部分，赫勒将其称为“人类条件”，主要包括语言、交谈、交往、交互作用、工作、想象、理解、解释等人类生存的必要条件。这些“必要条件”是“所有活着的人所必须共享，所有死去的人曾经共享，以及所有未出生的人所必将共享的一切东西”。“人类条件”包括三个部分，即“日常语言和语言用法的规则与规范，使用、管理和操作客体的规则和规范，被称为习俗的人们交互作用的规则和规范”，又可以简称为语言、客观对象、习惯世界。②该理论对于认同理论阐释的意义在于：首先，将“人类需求”作为一种客观存在，对人的“个体再生产”“社会再生产”的意义予以肯定；其次，将“自在世界”的规则与规范作为社会集体的“共享”与认同对象予以肯定；最后，强调语言、想象、理解、情感、符号价值等在日常生活运行中的工具性、指导性，对于理解认同的心理过程是一个补充和佐证。

再如“文化空间”（Culture Place）研究，“文化空间是联合国教科文组织在保护非物质文化遗产时使用的一个专有名词，主要指人类口头和非物质遗产代表作的形态和样式，是非物质文化遗产领域中的用语，因此主要用于民俗学研究”③。“文化空间”是一个广义的空间概念，除了文化场所之外，还包括社会层面的、物理层面的具有文化属性的空间，如布迪厄的场域理论也涉及空间的概念，但主要是社会领域的文化空间。此外，鲍曼的“流动性”、哈维的“时空压缩”、吉登斯的“时空伸延”、弗里斯比的

① 〔匈〕阿格妮丝·赫勒：《日常生活》，衣俊卿译，黑龙江大学出版社，2010，第10页。

② 〔匈〕A. 赫勒：《日常生活是否会受到危害？》，魏建平译，《国外社会科学》1990年第2期，第6页。

③ 向云驹：《论“文化空间”》，《中央民族大学学报》（哲学社会科学版）2008年第3期，第81页。

“碎片化”等理论都针对现代社会的空间变化提出了哲理性的思辨。在现代社会，随着机器工业生产带来的社会分工，全球化带来的人口流动，交通技术、通信技术和传播技术发展带来的人际交往革命，社会物理空间在“压缩”，“地球村”越来越明显，但是物理距离的缩短是否意味着心理距离的缩短？这就是认同的意义和问题所在。现实的悖论在于，社会的加速发展使得新的异化由此诞生——人与人之间的物理距离在缩短，世界的空间在压缩，但是人们似乎更加忙碌、更加陌生、更加恐慌，因此对于认同的危机意识和渴望意识更加强烈。

总之，与心理学认同研究相比，文化学中的认同研究呈现如下特点。第一，更多指向未来性、主体性、符号性、现代性和生活性，从静态地追溯过去转向动态地立足现在并指向未来。把“过去时”的“我们是谁”的问题，转变为“未来时”的“我们会成为谁”，不再把重点聚焦于认同的本源问题，而是转移到未来的变化，这一点与心理学中的认同研究有很大的区别。

第二，凸显了主体观念的转变，即从笛卡尔式的“我思”中心化主体向非中心化主体演变，对自我认同的建构不再是固定的、不变的、自然的“中心主义”，而是带有更加具有“流动性”的、割裂的、异化的、碎片式的、拼贴的现代性和后现代性特征。

第三，出现了语言学转向，认为认同与象征、想象、拟态、视觉文化等符号关系密切，语言是其中最为重要的一种符号，①也就是将“语言暴力”“话语权力”等运用到认同的研究当中，将符号的象征性与权力、关系联系在一起。

第四，与现代性生产充分结合在一起，将现代性的机器生产、全球化、殖民主义、女性主义、人口流动、历史书写、时空变化等问题作为切入点和研究重点。这点承接以上的第一点分析，因为文化学中的认同研究更加关注现状和未来的变化，而生产力发展带来的生产方式变革，必然影响生产关系的调整，所以认同危机随之更加凸显，受到这些研究的关注。这些危机体现为具体问题，例如全球化带来的民族身份问题，殖民主义带来的文化身份问题，流动性和社会分工带来的文化记忆问题、归属感问题，信息化、网络化的“时空压缩”导致的身份虚拟性和真实

---

① 周宪：《文学与认同》，《文学评论》2006年第6期，第10页。

性的问题。

第五，关注人类生活方式的变革，关注人类日常生活面临的文化环境、社会环境中的现实问题，包括日常文化、日常交往、日常工作、日常情绪问题，日常与非日常边界问题，日常生活的伦理问题，全球化对日常生活的冲击等。

（三）社会学中的认同研究

席尔道逊在《现代社会学辞典》中认为，“认同是一种同化与内化的社会心理过程，它是将他人或群体的价值、标准、期望与社会角色，内化于个人的行为和自我的概念之中”。[①]社会学的奠基人——涂尔干、马克思和韦伯对社会学的研究采用的是不同的视角和思路。涂尔干强调产生共享价值和共识的强制性社会力量，马克思重视社会结构以及生产关系调整带来的社会冲突和不平等，韦伯则是将注意力集中于社会生活和个体社会行动的意义特征。于是，社会学研究以三人为代表，在长期的研究过程中，逐渐形成了功能主义、冲突主义和互动主义三大学派。

涂尔干代表的功能主义学派认为，“认同是一种集体意识，是社会意识向个体意识的‘内化’，即意识形态的诸要素移植于个体意识之内”。[②]帕森斯从社会和文化环境方面对认同进行定义，他认为每一种连续的认同都把个人进一步带到一个“社会－文化”的关系中，并且更加远离他的生物根源。哈贝马斯提出“满意的群体认同”是一个有凝聚力的社会制度的基本前提，人类在社会状态中是“更加主动的行动者”。[③]亨利·泰菲尔的“社会身份论”认为，“社会认同是一个人自我概念的一部分，来自个人对自己属于特定的社会群体的认识，这种群体成员的资格对他有某种情感和价值上的重要意义”[④]。以上学者对社会认同的功能给予了肯定，一方面，将其作为个体在人类社会生存发展的“集体意识”“制度前提”“情感纽带”“身份象征”，认为其是个体生产生活的“必需品”；另一方面，认为

① 郭维平：《社会主义核心价值观生成与认同研究》，学习出版社，2016，第218页。

② 郭维平：《社会主义核心价值观生成与认同研究》，学习出版社，2016，第220页。

③ 王歆：《认同理论的起源、发展与评述》，《新疆社科论坛》2009年第2期，第80页。

④ Henri Tajfel, *Social Identity and Intergroup Relations* (Cambridge, England: Cambridge University Press, 1982), p. 34.

社会的存在与发展也离不开认同形成的规范规则，它对社会关系的维护，集体的凝聚与向心力的维护、巩固和提升也是必要的。

尽管马克思没有对认同进行专门的论述，但是其基本的哲学思想、政治经济学原理为我们理解认同提供了理论基础。他代表的冲突主义学派关于认同形成一些鲜明的观点和论断，主要有以下几种。首先，不管是出于什么目的的认同，或者是什么类型的认同，都是社会意识的反映，按照生产力决定生产关系的理论，最终都应该服从于一定的社会存在。也就是说，“人们在发展其生产力时，即在生活时，也发展着一定的相互关系；这些关系的形式必然随着这些生产力的改变和发展而改变”[①]。其次，关于认同主体的认识，马克思认为，人的本质属性是社会性，人是“一切社会关系的总和”[②]，而人又是能动的，因此，认同也应该是一个主体能动行为。马克思对认同的理解体现了他的辩证思想：一方面认同具有客观性，取决于一个时期一个社会的生产力发展水平；另一方面它又具有主观能动性，是人类意识的产物，对于社会存在与发展有积极作用。

米德是互动主义的重要代表人物之一，他认为人通过符号对于意义的解释完成人的社会化，并在此过程中形成社会认同。“主我”是未经社会化的婴儿，是自我需要和欲望的总和；“客我”是社会自我，个体通过以他人看待自己的眼光来看待自己而形成自我意识，其中也涉及个体“主我”与社会“客我”的内部交流。与其他社会学者的观点相似，米德重视认同的社会功能；不同的地方在于，他强调认同的发生是通过基于语言、非语言组成的符号系统的交流互动实现的。他的观点对于我们理解认同的最大意义在于，将认同作为一种双向动态的考察，而不是单向度的、静止的被动接受。而且，认同不仅是个人与个人之间的互动，还包括个人与社会之间的互动、群体与群体之间的互动，这就摆脱了认同的“社会达尔文主义”观念，将认同视作一种更加开放、更具可能性的现实存在。

总之，社会学中的认同主要是将个人（群体）的“意愿、目标、情感、价值、观点、思想等内化于个人（群体）的思想和行为之中的社会心理过程”，更强调社会角色的“同一性”及其归属，偏重于认同对象及功

① 《马克思恩格斯选集》（第四卷），人民出版社，2012，第413页。

② 《马克思恩格斯选集》（第一卷），人民出版社，2012，第135页。

能的研究。

首先是对象研究。根据微观社会学和宏观社会学视角的不同，一般将认同分为自我认同和社会认同，“自我认同”是指“个人对自我的社会角色或身份的理性确认”，即通过回答我（们）“是谁”“来自何方”“去向何处”，“来显现出身份的特殊性、差异性和‘同一性’”。它是个体在反思活动中的必然惯例，是个体依据其经历所形成的反思性的“自我”，“是个人社会行为的持久动力”。而“社会认同”指的是“某个群体的共同认同，即社会共同体成员对一定信仰和情感的共有和分享，它是维系社会共同体的内在凝聚力”①。

其次是功能研究。社会学对认同功能进行积极肯定的同时，也注意到了其负面功能，如带来群体偏见、群体隔膜与群体冲突等“认同危机”，包括当前国家正在大力整顿和治理的“饭圈文化”。“粉丝互撕”其实就是群体认同危机在互联网时代的一种具体体现，其背后是市场、资本操控和裹挟下的娱乐至死、精神空虚和秩序混乱，危害性主要体现为扰乱社会既有秩序、危害青少年健康成长、扰乱社会的价值导向、刺激社会犯罪尤其是青少年犯罪。

（四）艺术学中的认同研究

艺术学中关于认同的研究成果有很多，如马克思的“艺术生产论”、丹纳的“艺术总体论”、姚斯等人的“接受美学理论”等。

马克思在《1844年经济学哲学手稿》中提出了“艺术生产”的概念，认为“人的活动迄今为止都是劳动”，“宗教、家庭、国家、法、道德、科学、艺术等等，都不过是生产的一些特殊的方式，并且受生产的普遍规律的支配”。②他在《共产党宣言》中提出“精神生产说”，认为“精神生产随着物质生产的改造而改造”③；在《〈政治经济学批判〉导言》中提出“艺术生产”是人类掌握世界的方式之一。童庆炳认为，对于“艺术生产”的理解应该包含三个方面：第一，它是“生动”的“全过程”，既包含了

① 〔英〕安东尼·吉登斯、〔英〕菲利普·萨顿：《社会学》（第七版），赵旭东等译，北京大学出版社，2015，第322页。

② 《马克思恩格斯全集》（第三卷），人民出版社，2002，第298～306页。

③ 《马克思恩格斯选集》（第一卷），人民出版社，2012，第420页。

“艺术生产的主体与客体，又包含了艺术生产的目的、手段、产品、产品的价值、产品的消费”；第二，它具有“加工性、创造性”，即在文学艺术活动的整个系统中，从生活到作者再到作品，在从生产到接受全过程中，每一个阶段、流程都具有“生产－加工性”；第三，它强调“主体的人及其心理能力”，认为艺术是“人的本质力量对象化”。[①]“艺术生产论”对于我们理解艺术认同的意义在于三方面：一是艺术是人的一种心理能力和心理思维过程，审美认同的重要性不言而喻；二是艺术创作是一个完整的、动态的、系统的过程，认同现象应该贯穿始终；三是艺术是一种主观创造性的劳动实践，人与人在对待作品的态度上存在差异。

丹纳在《艺术哲学》中提出艺术的“三个总体”说，[②]即任何艺术作品、艺术家、艺术流派都不是孤立的存在，它存在于自己的总体归属当中，尤其是种族、时代、风俗，任何一个人，不管是创作者还是读者，都不能超越。这对我们理解艺术认同的启发主要在于：创作者和受众对于艺术作品的认同感同样不应该是虚无缥缈的存在，应该与特定的时代、民族和风俗有千丝万缕的联系。

20世纪60年代，德国“康士坦茨学派”（姚斯、伊瑟尔、福尔曼、普莱森丹茨和施特利德）提出了“接受美学理论”，强调文本的开放性以及读者在文本阅读中的主动性、积极性和建构性。他们认为，读者在文学文本中是一个潜在的、隐性的存在，这是由文学文本的艺术属性决定的。姚斯认为：“文学的接受过程在作家进行创作构思时便已开始。这时，他必须对受众的‘期待视野’做出预测，预先考虑自己的新作能否对读者产生吸引力并引起读者的兴趣，能否为读者理解与接受，必须预先确定自己对现存的社会观念与道德常规以及不同欣赏趣味的态度。在创作过程中，他必须自觉或不自觉地不断修改自己的构思，以适应读者‘期待视野’的变化。无论作家承认与否，这种接受的‘准备过程’是客观存在的，没有一个作家会盲目地创作。”[③]

---

① 童庆炳：《马克思早期的艺术生产论的现代意义》，《中国文学研究》1997年第4期，第8页。

②〔法〕丹纳：《艺术哲学》，傅雷译，江苏文艺出版社，2012，第14页。

③ 章国锋：《国外一种新兴的文学理论——接受美学》，《文艺研究》1985年第4期，第73页。

总之，对于艺术而言，不管是从生产消费角度分析，还是从创作主体角度分析，抑或是从接受活动角度分析，认同现象都将存在，而且在艺术接受中有着重要的意义、扮演着重要的角色。这些理论对于我们理解艺术创作生产、文本构成、艺术传播与艺术接受过程中的认同现象有着重要的意义。

（五）传播学中的认同研究

传播学关于认同的研究成果十分丰富，例如“受众需求动机功能”“使用与满足”“拟态环境”等理论。

“受众需求动机功能”理论的代表性观点有很多，如H.拉斯维尔的“三功能”说将传播的基本功能概括为三个方面——环境监测、社会协调和社会遗产传承；[①]又如赖特的“四功能”说将大众传播的功能归结为环境监视、解释与规定、社会化、提供娱乐。[②]传播学的功能认同类似于符号学或社会学的符号互动，其本质还是强调信息对于个体社会化、社会生存、社会发展的意义。这是认同存在的意义，也是信息传播的价值实现形式。

电视观众是“能动性观众”，他们在日常生活中不是以一个附属角色的身份收看电视，而是“擅长解读”的、“见多识广”的、“有所选择”的“能动性观众”[③]，参与电视文本的意义建构。因此，观众收看电视是有需求动机的，是有目的的，是基于某种需求的。正如拉扎斯菲尔德和默顿所强调的，大众传播的认同功能有三种：社会地位赋予、社会规范强制和“麻醉”作用。他们认为，现代传媒具有明显的负面功能，它将现代人淹没在表层信息当中，致使他们在接触媒介上花费大量的时间和精力，降低了积极参与社会实践的热情。值得关注的是，传播学在对信息认同积极价值进行肯定的同时，也就信息过于泛滥带来的信息“麻醉”、娱乐至死、“羊群效应”、乌合之众思维提出了警告和批评，与社会学中的认同和批判观点

---

① 郭庆光：《传播学教程》，中国人民大学出版社，1999，第113页。

② 〔美〕威尔伯·施拉姆、〔美〕威廉·波特：《传播学概论》，北京大学出版社，2007，第32页。

③ “能动性观众”是索尼娅·利文斯通在《理解电视：受众解读的心理学》中基于社会心理学、媒介研究和文化研究提出的受众研究命题。

类似，这些对于我们辩证地理解认同有重要的启发意义。

“使用与满足”理论把“能否满足受众的需求”作为衡量传播效果的基本标准，该理论对于理解认同的重要意义在于：“一是它提出受众的媒介接触是基于自己的需求，对媒介内容进行选择的活动，这种选择具有某种能动性；二是它揭示了受众媒介使用形态的多样性，强调了受众需求对传播效果的制约作用；三是指出了大众传播对受众有一些基本的效用。”[①]它将“功能”“效用”等作为受众使用媒介的出发点，类似于“受众需求动机功能”理论，但更侧重于强调受众的主观能动性。

李普曼提出著名的“拟态环境”理论，他认为，“我们必须特别注意一个共同的因素，这就是在人与他者的环境之间，插入了一个拟态环境，他的行为是对拟态环境的反应，但是，正因为这种反应是实际的行为，所以它的结果并不作用于刺激引发了行为的拟态环境，而是作用于行为实际发生的现实环境”[②]。因此，认同不仅是心理的过程，还应该是行动的结果。

综合传播学的认同研究成果可见：第一，不管是“受众需求动机功能”理论、“使用与满足”理论还是“拟态环境”理论，都肯定了社会媒介在认同功能的发挥方面起到了积极作用，尤其是大众媒介作为一种信息传播方式，对于人与人之间的信息交流起到了至关重要的作用；第二，它们都肯定了人作为信息的接收主体，作为“能动性观众”，在信息的接收上有主动性、创造性，尤其是对于受众需求十分强调和重视，这在信息传播媒介日益发达的今天有现实意义。

综上，认同研究是20世纪以来尤其是近几十年全世界人文社科研究的一个焦点。在中国的人文社科研究领域中其地位同样重要，“回顾改革开放以来中国文化与文学的发展历程，许许多多的运动、潮流、论争和理论都在某种程度上与认同有关”[③]。关于认同的学术研究概述还有以下几点说明。

第一，以上概述只是简单的梳理，任何一个关于认同的研究都有其自

---

① 郭庆光：《传播学教程》，中国人民大学出版社，1999，第184～185页。

② Walter Lippmann, *Public Opinion*（New York: Macmillan, 1956）, p. 15.

③ 周宪：《文学与认同》，《文学评论》2006年第6期，第6页。

身逻辑，这些研究形成了诸多深刻的思想观点和理论体系，在此只是摘录式地选择一部分。

第二，除了心理学、文化学、社会学、艺术学和传播学研究之外，其他领域还有大量关于认同的经典理论和研究成果，如政治学中关于霸权主义、文明冲突的研究，人类学中的民族认同、民俗研究等。

第三，关于认同的研究越来越呈现跨学科发展趋势，即便按心理学、文化学和社会学分类，其实也已经出现交叉学科研究，例如社会心理学的认同研究，自然就涉及心理学和社会学理论的大量交融。

第四，关于认同的研究确实是“西强我弱”，这是西方学术话语的强势地位造成的，也是客观上我国心理学、社会学等相关学科建设滞后的现状决定的，但这并不代表我们本土的学术研究就应该集体“失语”。金耀基曾说：“（二十世纪）二十年代是看不起中国文化，九十年代是看不见中国文化。”[①]成伯清和范可在对于西方“文化认同”“文明冲突”学术观点表示赞许的同时也对其“危险之处”表示担忧，因为一味地强调“危机”“对抗”会导致狭隘的民族主义，因此，他们借用费孝通晚年的思想，提出在文化问题上应该坚持“各美其美、美人之美、美美与共、天下大同”的文化自觉。[②]

此外，刘辉的《认同理论》有很多创新，他从人体解剖学、量子物理学尤其是中国传统的儒、释、道、法精神出发，建构了一套认同理论，解释了认同的内涵在于“世间万物应该作为一个整体”。[③]他从“真善美”的价值原点出发，构建了个人认同、组织认同和社会认同的认同体系，类似于夸梅·安东尼·阿皮亚在《认同伦理学》中提到的认同“伦理”价值，也类似于查尔斯·泰勒在《自我的根源》中提出的认同的“善”，但又是基于中国传统哲学思想和学术表达的。

二　认同的发生过程及其概念界定

从上述的理论分析中我们可以清楚得知，认同是一种普遍存在。

① 金耀基：《金耀基自选集》，上海教育出版社，2002，第342～343页。

② 何成洲主编《跨学科视野下的文化身份认同——批评与探索》，北京大学出版社，2011，第210～240页。

③ 刘辉：《认同理论》，知识产权出版社，2017，第3页。

“认同就像很多美好的事物一样，平常我们可能感觉不到它的存在，但是当我们失去的时候，我们才知道它的重要。”[①]“本我”“自我”，抑或是“超我”；个人、群体，抑或是民族、国家乃至人类社会；政治领域、文化领域、社会领域、经济领域，抑或是军事领域；过去、现在，抑或是未来；私人空间、公共空间，现实空间、虚拟空间；心理活动、生理活动，抑或是情感活动……在这些事物与时空中都有认同的身影。

（一）认同的发生过程

认同是一种客观存在，那么，认同发生的动力是什么？换句话说，人为什么要认同？认同对于个人的生存发展意义何为，对于集体的形成价值何在？其必要性在哪儿？在梳理认同相关学术研究成果的时候我们已经有了比较清晰的答案——心理学将“本我”追寻作为认同的主要动机；社会学认为认同是个人、集体和社会有机存在、化冲突为和谐、相互依存的重要力量；文化学将认同作为人类面临新的发展环境在生存、生产与生活方面的“生命条件”；传播学则将认同作为人对信息需求的内在动力；对于艺术学而言，认同的发生同样是带有很强的“目的性”和“功利性”，或者是主体自觉意识的。

不管是出于自我身份确认还是社会集体融入的目的，不管是对生命的叩问还是审美和信息的内在需求，认同的发生都是有目的的主观行为。那么，认同的发生过程是什么？又有什么样的阶段特征呢？

（1）心理学中的认同发生过程。这里主要介绍阿皮亚、米德与皮亚杰的相关理论。

阿皮亚在其《认同伦理学》中提到认同结构或者认同发生需要三个要素（认同发生过程的三个阶段），即“标签识别”、“身份确认”和“行为对待”。[②]“标签识别”是认同的开端、前提和基础，“标签识别”的能力是一个人集体无意识的成因，也是其社会化的结果，识别认同对象标签的过程是一个差异化比较的认知过程，是对其归属的利害关系以及善与美的初步评估过程。因此，这个阶段也可以形象地表述为“我要不要成为谁”的

---

① 刘辉：《认同理论》，知识产权出版社，2017，第3页。

②〔美〕夸梅·安东尼·阿皮亚：《认同伦理学》，张容南译，译林出版社，2013，第96～99页。

阶段。

主体一旦完成对拟认同对象的心理评估活动，就进入了下一个阶段，即“身份确认”阶段。“身份确认”即对认同对象产生“信任”的过程，尤其是对价值观、行为规范的接受过程。这个阶段也可以形象地表述为“我已经是谁”阶段。因此，原先的文化“标签”便顺理成章地贴在了自己的身上，成为一种自我认可的身份符号，“他人”也便对“我”产生了“刻板印象”。

但是至此，认同并没有结束，因为认同与社会实践密不可分，认同最终会表现为各种各样的实践行为，这就是认同的第三个阶段，即“行为对待”阶段。在这个阶段，重要的问题包括我如何对待“自我”，完成自我实现，这是自我认同的社会实践；还包括我如何对待“他人”（包括集体、民族、国家），这是组织认同、社会认同、民族认同、国家认同的过程。这二者对应自我对待和集体对待。

米德认为，“自我（认同）意识”的形成有三个阶段，分别是“预备阶段”、“游戏阶段”和“博弈阶段”。婴儿和幼儿处于“预备阶段”，他们只会模仿周围人的行为，将其发展为社会的“存在”。完成这一过程的方式主要是模仿和符号（而非语言）沟通。

四五岁大的孩子处于“游戏阶段”，他们将学会扮演大人的“角色”来玩，这种扮演他人角色的行为称为“角色扮演”，即从他人的角度来思考。这个阶段的儿童已经获得了一个发展的“自我感”，主要是通过从别人眼中看“自己”获得了对自我的认知和理解，将自己视为可分离的行动者，也就是一个“客我”。当学会区分“主我”和“客我”的时候，儿童就获得了“自我意识”。

八九岁大的孩子处于“博弈阶段”，他们倾向于参加有组织的游戏，而不是散漫地玩耍，这一阶段儿童已经学会“概化他人”，开始有了社会生活价值观与道德感，学会有组织地比赛，理解游戏规则，以及有了公正与平等的参与观念。[①]因此，从符号沟通到半语言沟通，再到规则的掌握与利用，认同的产生过程是一个人社会化的必然过程和内在需求，无论在哪

① 〔美〕理查德·谢弗：《社会学与生活》，赵旭东等译，世界图书出版公司，2014，第117页；〔英〕安东尼·吉登斯、〔英〕菲利普·萨顿：《社会学》，赵旭东等译，北京大学出版社，2015，第321页。

一个阶段，都有社会化的需求在推动着认同不断深化。

与米德的观点类似，皮亚杰提出“认知发展的阶段论”，对于我们理解认同产生发展很有启发性。他将认知发展分为以下四个阶段。

第一个阶段的大概时间是从婴儿出生到2岁，这个阶段被称为“感觉运动阶段”。因为婴儿主要靠接触物体进行学习，通过这个将自己与周围的环境区别开，认识到“自己”的存在，这一阶段的主要成就是理解周围环境的独特性和稳定性。

第二个阶段是“前运算（运思）阶段”，大概时间是从3岁到7岁。这个阶段是以“自我”为中心的，用自己的立场来解释这个世界，很难理解其他人看问题的角度与自己角度的不同。

第三个阶段是“具体运算（运思）阶段”，大概时间是从8岁到11岁。这个阶段儿童已经掌握了抽象的逻辑概念，并且能够毫不费力地处理简单的逻辑问题，以“自我”为中心的倾向进一步减弱，社会化的倾向增强。

第四个阶段是“形式运算（运思）阶段”，大概时间是从12岁到15岁。这个阶段的少年已经开始有能力把握高度抽象和假设性的概念。前三个阶段是具有普遍性的，第四个阶段并不是每个人都会有的经历，因为“形式运算（运思）思维”需要学校教育的培养。①

在四个不同阶段，人的认知能力在不断进化，最终都指向更加抽象的思维方式，其目的是摆脱“自我”，早日融入社会，成为社会认可的“他我”。也就是说，对思维习惯、心理需求的成熟的向往、对实现“他我”的追求，成为认同持续发生的动力。

（2）传播学、艺术学、社会学中的认同发生过程。在传播学者看来，受众对于媒介和媒介信息的认同同样是出于自身的需求。而艺术学者丹纳认为，“艺术是以保存个人为目标的自私行动，是以保存团体与种族为目标的社会行动，是以观察原因与要素为目标的无功利行动”，“艺术家的创造和群众的同情都是自发的、自由的，表面上和一阵风一样，变幻莫测，虽然如此，艺术的制作与欣赏也有其确切的条件和固定的规律。”他

---

①〔美〕理查德·谢弗：《社会学与生活》，赵旭东等译，世界图书出版公司，2014，第121页；〔英〕安东尼·吉登斯、〔英〕菲利普·萨顿：《社会学》，赵旭东等译，北京大学出版社，2015，第322页。

将这种规律称为“有益性”，即“帮助个体与集体生存发展的特征”，而与此对应的艺术作品的价值就是“有益程度”。因此，艺术品表现事物的重要特征分为两种，即精神“有益程度”和肉体“有益程度”，前者针对的是文学艺术，后者针对的是造型艺术。[①]美国学者凯尔曼曾提出态度形成的三个阶段，分别是“依从”、“同化”和“内化”。“依从”指的是“个体有意愿去模仿或是受到外在的压力而产生的服从行为”；“同化”指的是“个体自愿地接受他人或群体的观点、信念等新的信息，但还没有同自己全部态度体系相融合”；“内化”指的是“个体态度发生了质的变化，将对方的新观点、情感主动地纳入了自己的价值体系，成为态度体系比较稳固的一部分”。[②]

（3）认同的发生过程。以上概述展示了一些学者从心理学、社会学、传播学、艺术学等不同研究领域和视角出发，对认同行为、认同情感、认同感知、认同心理的发生过程进行的考察分析，为我们理解认同发生过程提供了帮助。本书在总结以上观点的基础上认为，认同的发生过程可以分为以下四个阶段。

第一个是“认知”阶段，即通过语言“符号”对他者行为、情感和价值的一种认识和理解，这是认同的前提。如果不熟悉、不了解、不理解认同对象，那么认同将无法进行。

第二个是“同化”阶段，即对他者的行为或态度的一种模仿、遵从、信赖，不仅是情感上对他者接受，还对对他者的接受有一种基本的价值判断，即其是否可以满足某种“利益需求”，但是他者的价值和原则不一定能被自己的价值体系所接受和吸纳。

第三个是“内化”阶段，即完全接受他者的价值、原则或者规则，并在内心将其转化为自己的认知态度和价值原则，也就是融为一体，以将其作为“自我”的一种特性来与“他人”进行区分。

第四个是“外化”阶段，多数的认同研究只是将认同作为一个心理过程，认为认同心理的实现即认同过程的完成，其实不然，这显然忽略了认同的行为表现。本书认为，认同不仅要“内化于心”，还要“外化于行”，

---

① 〔法〕丹纳：《艺术哲学》，傅雷译，江苏文艺出版社，2012，第36、367页。

② 〔美〕戴维·迈尔斯：《社会心理学》（第8版），侯玉波等译，人民邮电出版社，2006，第118页。

要将内心的价值认同转化为实际的行为规范，这才是认同过程的全部实现与完成。[①]

（二）认同的学理界定

不管是从认同动机来讲还是从认同过程本身来分析，在认同过程中，始终有某种功利性的目的伴随左右，我们称之为“需求”。除此之外，作为一个主体行为，认同的发生必须有相应清晰的客体对象，否则将无所依存。因此，认同行为的发生至少由认同主体、认同需求和认同对象三个元素构成。在此基础上，本书认为，所谓认同就是指主体出于某种需求，通过认知、同化、内化等心理过程，因客观对象产生一种情感触动和对其产生一种价值信赖，最终影响到自身外在行为的过程。

（1）什么是认同主体。“认同主体”即“我”，可以指个体，或心理上的“本我”，或社会上的“自我”，或精神上的“超我”；也可以指群体，例如集体、阶层、民族、国家、社会等更大的概念范畴。在实际的认同过程中，认同主体受年龄、性别、种族、职业、群体、文化等不同社会身份以及不同的情景与场合的影响，会有不同的认同需求，对认同对象产生的认同过程和认同结果也不相同。更为复杂的是，同一认同主体在不同时间、空间环境中对同一对象的认同情况不同，不同认同主体之间对同一对象的认同情况又千差万别，产生的认同结果也就各不相同。也正是这种情况，才进一步说明认同对于个人、群体的必要性和重要性。

（2）什么是认同需求。“认同需求”是“我”的需求，在这里，它不是一个“心理模糊”的概念，也不是一个“超越文化”的概念，而是具体的、实在的、“可为”的存在。个体也好，群体也罢，需求的动机具有无意识性特征，但是主体对需求的认知具有自觉性和明确性，可以具体化到一个个事物、现象和一次次实践当中。因此，认同需求可以分为多个层次，如从需求主体角度划分，可分为本我需求、自我需求和超我需求，或本能需求、交往需求、审美需求；从需求内容角度划分，可分为生存需求、发展需求和享受需求，或生理需求、情感需求、价值需求；从需求功

① 周建新：《需求与认同的逻辑：论电视艺术审美认同的发生机制》，《现代传播》（中国传媒大学学报）2020年第10期，第108页。

能划分，可分为物质需求、制度需求和精神需求；等等。不管怎样去划分，认同需求一定是具体的、多层次的，是由外而内、由浅入深、由小到大、由窄到宽的，其满足是由易到难的。

（3）什么是认同对象。“认同对象”也可以称为“认同资源”，它是认同的客观对象，是主体需求到主体认同的“中介”，主体需求能否得到满足最终要看认同对象做出的反应，主体需求满足得怎么样、主体达到什么样的认同状态，也是由认同对象的质量来决定的。也就是说，认同主体之所以对认同客体产生认同心理是因为认同客体能够满足认同主体的某种需求；否则，如果某一客体对象与认同主体的需求，例如情感寄托或激发没有利益“相关性”的话，那么认同主体对其也不会产生“兴趣”，认同就无法进行或者无法实现。认同对象作为一种相对独立的、客观的“中介”存在，其品质好坏，也可以通过认同人群的多少或者是认同程度的高低来进行评价。

（4）认同的类别划分。认同可以从三个角度来划分：一是从社会组织结构的角度，可以将其分为个人认同、组织认同、社会认同；二是从社会构成系统的角度，可以将其分为自我认同、社会认同、民族认同；三是从人类社会基本构成的角度，可以将其分为物质认同、制度认同、精神认同。不管怎样划分总是会有成分交叉的情况出现，这是因为认同自身就是一个综合的复杂的需求结合体。从范畴领域上讲，社会组织结构角度更强调需求与认同对于自我个体生存、生活和生命的意义，社会构成系统角度更强调以各种各样的目的、意图、缘由组建的社会群体关于需求与认同的考量，人类社会基本构成角度则在更加开阔、开放的场域和更加悠久、绵长的历史中去考量需求与认同。

关于某一角度下认同的具体分类也有很多种观点。有学者认为认同应该分为国家认同、社会认同和文化认同，并认为文化认同是更基础的认同，一切问题最终都可以归结为文化认同。[①]也有学者认为，文化认同分为个人认同、集体认同、社会认同和自我认同，其中个人与集体认同又属于社会认同，也就是说，文化认同分为自我认同与社会认同。[②]其实，国家认同、民族认同、社会认同、集体认同、文化认同之间有大量的交叉部分，

① 郑晓云：《文化认同论》，中国社会科学出版社，2008，第27页。

② 陶家俊：《认同的边界：论文化认同与文化转化》，外语教学与研究出版社，2013，第6页。

要彻底厘清其界限难度太大。[①]本书综合多种观点，考虑到心理学、社会学、艺术学和文化学等不同的学科领域，倾向于以社会构成系统作为划分标准和依据，将认同划分为自我认同、社会认同和民族认同。

（三）认同的实践指向

认同这个学术命题的提出除了其学理意义之外，还有实践意义。从个人到集体，从民族到国家，从过去到现在再到未来，从中国到世界，认同广泛存在于人类社会的生存、生产和生活等实践活动当中，与每个人都密切相关。下面从自我需求、群体需求以及国家与民族需求三个层面进行分析。

（1）认同的自我需求。对于自我个体而言，认同问题从个体的出生到青春期再到老年，从个人的“日常生活”到“非日常生活”，每时每处都需要面对。从个体的生命构成来讲，认同指向个体内心意愿、思维情感和身体行动等多个层面，也指向个体生物本能、工具理性、精神生产，如性别认同问题、身体认同问题、青春期认同问题、情感认同问题、婚姻认同问题、家庭认同问题、健康认同问题、娱乐认同问题等中的认同。

从个人的社会属性讲，认同有个体劳动工作、日常交往、公共空间、私人空间等方面的指向，如仪式庆典认同问题、组织身份认同问题、群体归属认同问题、生活空间认同问题、个人隐私认同问题等中的认同。从人之为人的“类”存在角度讲，认同有“本我”“自我”“超我”的本源指向，也有空间层面的内向、中间、外向三个维度的指向，还有在时间层面的过去、现在、未来的指向，如科学认同问题、哲学认同问题、精神认同问题、艺术认同问题、道德认同问题、伦理认同问题等中的认同。尤其是在现代社会与后现代社会语境下，世界的陌生化问题愈发突出，认同对于每一个个体的生命、生存、生活各方面都有重要的意义。

（2）认同的群体需求。对于群体社会而言，认同关系到一个群体的成员吸纳、组织运行、利益维护、成长壮大、安全保障等，常常出现的群体认同问题有价值失范、越轨行为、惩罚与激励、群体内冲突、群体外偏见、群体对峙、阶层歧视、社会偏见、社会冲突、代际鸿沟等。因此对于

---

① 周建新：《需求与认同的逻辑：论电视艺术审美认同的发生机制》，《现代传播》（中国传媒大学学报）2020年第10期，第108～110页。

群体而言，能否促进对组织凝聚力、组织领导力、价值规范、组织行为规则的认同，是需要时时处处面对的问题。此外，群体社会的认同也涉及生产力、生产关系、上层建筑的指向，劳动、劳动工具、产品的指向，以及生产、市场、消费的指向等。

总之，对于群体社会而言，认同是已发生的，也是未完成的，是现代人所共有的“不确定的经历”。[①]当今世界，是一个“飞速发展的世界，不仅其社会变迁的速度远远快于先前各种制度，而且其社会变迁的广度和深度也与以前迥然有别”，“冲突使人们四分五裂，各种压迫也成为世界的基本特征”，“在充满多种的不确定性和多重选择的情况下，我们面临着更多的信任风险”。[②]当前环境“是一个失去稳定身份或认知的生活世界，为媒介、信息、超现实、模拟替代的社会”[③]。现在社会“已经跃上了万丈分水岭，又一个‘人猿相揖别’的时期到来了。仿佛一夜之间，我们历经千年，从农耕文明到工业文明，再到信息社会和未来世界。我们惊奇地发现，今时早已不同昨日，世界变了”，人类的知识体系、人类的生存与交往法则、人类的伦理原则以及人类认识和改造自然的方式都在变。[④]正因如此，认同问题引起所有群体社会组织的关注和高度重视。

（3）认同的国家与民族需求。对于国家和民族而言，认同之所以被重视是因为当前国际关系异常复杂，不断出现关于例如国际新秩序建立、国际政治斗争、新殖民主义、国际贸易摩擦、文明冲突、文化安全、文化霸权、非法移民、民族融合等问题。认同关系到国家的国际竞争力、国家形象、国家话语权、国家政权安全、国家文化软实力、民族形象、文化安全等，触及国家经济社会发展的各个领域，从政治到经济、从军事到社会、从文化到科技的方方面面，无所不在。

在政治领域，认同是一种政策制定与传播艺术，它影响着一个政策的制定、出台、宣传与执行。在经济领域，认同是一种规律性的生产方式，

① 赵静蓉：《文化记忆与身份认同》，生活·读书·新知三联书店，2015，第17页。

② 〔英〕安东尼·吉登斯：《现代性与自我认同：晚期现代中的自我与社会》，夏璐译，中国人民大学出版社，2016，第3、8、15页。

③ 徐贲：《通往尊严的公共生活：全球正义和公民认同》，新星出版社，2009，第5页。

④ 廖祥忠：《人类社会正进入巨变期，你准备好了吗？》，半月谈网，http://www.banyuetan.org/jy/detail/20210626/1000200033136041624691592833475789_1.html，最后访问日期：2021年8月28日。

它影响着一个产品的研发、生产与销售。在军事领域，认同是一种安全防御评估系统，涉及人心的走向和战争的成败。在文化艺术领域，认同指向一种创作、传播与接受规律。[①]在科技领域，认同是一种根本性的推动力，它影响新技术的诞生，也决定传统技术的生存空间。

2014年9月28日，中央民族工作会议强调，要“加强各民族交往交流交融”。党的十九大报告指出：“全面贯彻党的民族政策，深化民族团结进步教育，铸牢中华民族共同体意识，加强各民族交往交流交融，促进各民族像石榴籽一样紧紧抱在一起，共同团结奋斗、共同繁荣发展。”由此可见，铸牢中华民族共同体意识是我国新时代民族工作的重要内容，也是在民族层面增强认同的具体实践。[②]

综上，当前世界，从政治到经济，从军事到社会，从文化到艺术，从群体到个人，认同问题不一而足，而研究认同问题的实践意义则可以从以下三个方面去理解。

第一，认同问题的现代性。认同问题有着广泛深刻的社会背景和文化根源，如全球化、工业化、网络化，而现代性带来的诸如“脱域性”、“流动性”、冲突性、陌生化、碎片化，导致认同问题在信息技术高度发达的时代还可能会更加凸显。认同的存在来自新的社会关系重构、新的制度适应、新的时空重置、新的情景重建、新的文化习得，来自变迁后的再稳定、割裂后的再融入、陌生后的再熟悉、冲突后的再和解、隔阂后的再信任、歧视后的再理解、偏见后的再接纳。它是社会功能主义、社会结构主义的正向价值建构，也是社会冲突论、互动论得出的必然结果。

第二，认同问题的时代性。对我国而言，既存在遍及全球的现代化、信息化带来的认同危机，也存在我国现实国情决定的特殊认同困境。简单概括为两个维度：对外，作为世界第一人口大国、第二大经济体，在复杂的国际政治经济格局当中，提升国际传播能力，塑造客观、真实、立体的国家形象，或者说以合适的身份来实现国家民族复兴，屹立于世界民族和强国之林，同时赢得他国的尊重与支持，需要实现国际认同；对内，面对

① 周建新：《需求与认同的逻辑：论电视艺术审美认同的发生机制》，《现代传播》（中国传媒大学学报）2020年第10期，第108～110页。

② 高承海：《中华民族共同体意识：内涵、意义与铸牢策略》，《西南民族大学学报》（人文社会科学版）2019年第12期，第24页。

现代化建设中出现的现实难题，诸如城市化带来的人口流动不平衡，现代化带来的发展不均衡、不充分，市场经济带来的贫富差距拉大，信息化带来的虚拟社会伦理重构以及网络安全问题，在建设社会主义伟大事业的奋斗征程中，努力达成全社会各个阶层的共识，减少分歧、解决矛盾、化解冲突，共创和谐稳定的国内社会环境，需要实现国内认同。

第三，认同问题的紧迫性。中国的腾飞引起了全球的瞩目。与此同时，我国在和平崛起、民族复兴的道路上也面临来自国内外的压力与挑战，尤其是遭遇了西方政治文化体系的强力冲击，当前世界冷战思维依然存在、国际秩序依然在博弈中变动，不稳定、不和谐的因素依然存在，地区冲突、民族冲突时有发生。特别是面对新冠肺炎疫情时，人类更加惶恐，贫困国家、发展中国家与发达国家在安全卫生甚至是生存问题上的困境和矛盾也在不断加剧。在国内，经济转型的压力、科技创新与成果转化的压力、就业压力、文化大国向文化强国转型的压力，以及一些涉及民族团结、国家统一的问题，或多或少也与认同有关。

因此，研究认同问题的当代文化价值或者任务主要集中在两个方面：对外表现为提升文化的传播力、影响力，对内表现为增强文化的向心力。这无疑是国家传播战略、文化战略的重要表现，是当代中国主流文化建设的使命。如果前者是国家文化软实力提升的要义所在的话，那么后者就是国内文化凝聚力提升的紧迫任务。如果“五个认同”理论是解决国内民族认同问题的指南，那么，“人类命运共同体”理念则是站在人类社会和平发展的高度解决世界认同问题，是重塑世界秩序、构建更加公正合理的全球治理体系的中国智慧和中国方案。

第二节 电视认同的理论及实践

电视艺术兼具文化艺术属性和媒介传播属性，具有明显的意识形态属性、地域属性和时代属性，是当前社会最为活跃的文化艺术样式之一，它同样有认同的问题。本书聚焦于此，目的就是从认同这一命题出发，更好地认识电视艺术现象、分析电视艺术问题存在的原因并寻求解决电视艺术实践问题的对策建议。那么，电视认同究竟是一个什么样的存在？电视认同有没有规律可循？影响电视认同的核心要素是什么？

本书认为，电视认同指的是在电视艺术创作、传播和接受活动中，主体对于电视节目内容的态度、感受、评价，以及这背后更深刻的文化学、社会学意义。它既有人类社会所有艺术创作与接受过程的普适性特点，也具有鲜明的中国特色、时代特色和传媒艺术特色。它既指向历史过往也指向当下和未来。

理论上讲，任何电视艺术创作都是在创作主体认同的前提下进行并实现的，任何作品在创作主体创作完成后也都希望得到受众的认同，但受众为何要认同，认同的过程如何发生，认同的效果如何评估，有哪些影响因素或流程？这是一个复杂的、系统性的问题。

影响电视认同的关键是传受双方（主客体）关系，双方关系的核心是内容的供给与需求关系。由此可见，影响电视认同发生的关键因素是受众需求满足的状况或受众对电视内容的认同程度。[①]据此，本书创新性地提出电视“需求性认同”和“认同性需求”两个重要概念，并着重分析电视“需求性认同”和“认同性需求”的内涵与外延，包括需求的符号识别度、情感深度和价值高度以及认同的层次性、价值性和内容性。

明晰电视“需求性认同”和“认同性需求”的意义就在于提醒我们，电视艺术创作需要朝着实现“需求性认同”的方向努力，即认同的实现一定是基于受众的生理需求、社交需求和精神需求等多层次需求，而不是浅尝辄止，不是漫无目的地或者自以为是地一味灌输、肆意怂恿，更不是饮鸩止渴或毫无底线地诱导，否则即便是依靠资本和市场的力量能够逞一时之快，获得一时成功，也会带来舍本逐末式的后果，那么“认同”将永远流于空洞的口号。

一 电视认同的实践存在与理论研究

任何一个国家的电视认同都有其固有的地域属性、文化属性和民族属性，中国电视认同有着鲜明的中国特色，这与中国电视实践是密不可分的。首先，中国电视艺术的创作生产不同于西方的市场逻辑，中国电视要承担大量的公共文化服务职能。电视公共服务是我国公共文化服务的重要组成部分，是全面建成小康社会的重要内容，是中国特色社会主义国家政治体制的必然要求，是社会主义优越性的重要体现。其次，随着广电公

① 周建新：《电视艺术需求—认同的对位模式研究》，《东岳论丛》2021年第4期，第97～98页。

共服务的现代化建设和高质量发展，广电基本公共服务标准化、均等化等对我国电视产业和事业发展提出了更高的要求。最后，我国幅员辽阔、人口基数庞大，区域发展不平衡，贫困人口、残障人士、妇女儿童等数量众多，这对我国电视艺术的创作、传播与接受有着重要的影响。此外，中国电视艺术的实践创作和理论研究离不开中国传统哲学、艺术学、美学的熏陶，离不开优秀传统文化的滋养。这些都从客观上决定了中国的电视认同理论不可能照搬照抄西方理论，必须“立足于中国”。但是电视认同有其相同特点，这是由电视认同自身的规律所决定的，所以，我们研究电视认同需要借鉴全世界一切有用的理论的成果。

（一）电视认同的实践存在

认同存在于电视“艺术生产”的全过程。电视认同作为一种客观存在，贯穿于电视艺术的创作生产、文本构成、传播与接受的全流程当中，在创作生产端主要体现于创作主体的“议程设置”要求，在文本构成中主要体现于文本中的“期待视野”与“潜在受众”，在传播与接受端主要体现于传播动机的内在动力、“使用与满足”功能的实现和受众“解码”的心路历程。

按照认同的发生过程，只有实现符号识别才有认知发生，只有实现深度共鸣才有情感同化，只有实现价值接受才有思想内化，而这些条件都满足后才有可能“外化于行”，实现最终的认同。但是，主体的需求因人、因时、因地都会有不同的变化，要具备怎样的需求内容，或者是如何满足受众的需求，才有更好的认同效果呢？这个问题必须从认同中寻找答案，电视艺术的策划、创制既需满足受众的民族认同需求、社会认同需求和自我认同需求，否则“需求”将永远限于“三俗”的境地；也不能不顾受众的内在需求而提出“无需求的认同”目标。[①]

（二）电视认同相关理论

概括而言，电视认同理论的意义在于其将需求与认同结合起来考虑，具体体现在三个方面：第一，在基础理论研究上，因为需求与认同二者本来就是一个统一的整体，密不可分，将它们结合起来考虑，是一种系统

① 周建新：《需求与认同的逻辑：论电视艺术审美认同的发生机制》，《现代传播》（中国传媒大学学报）2020年第10期，第110～111页。

的、全面的、发展的方法论，体现了马克思主义的辩证唯物主义思想，对于认同的本源、本质有着更加深入和全面的理解；第二，在应用研究上，将需求与认同综合起来考虑，不仅可以更加清楚地考量认同效果的强弱、好坏，还能更加准确地分析不同认同效果产生的具体原因，也就是知其然，还能知其所以然，便于有的放矢地寻找到更全面、准确地提升认同效果的应对之策；第三，在政策制定上，将需求与认同综合起来考虑，不仅可以透过复杂现象看到本质，还能够做到以人为本、实事求是，在效率与公平、当前与未来、成本与效益上做到更好的平衡。本书关于电视认同理论的认定吸收了传播学中“使用与满足”理论和霍尔的“编码与解码”理论中的观点和阐释，但又与其有区别。接下来将通过相互比较，进一步明晰电视认同的内涵。

（1）“使用与满足”理论。1959年，美国社会学家卡茨首次提出“使用与满足”理论，并于1974年与其他学者共同系统阐述了“使用与满足说”。[①]他认为，受众的媒介使用动机是由问题情境激发的，它在受众中产生“信息期待”，从而使受众产生接触媒介信息的需求动机。“信息期待”由能够满足受众信息需要的具体媒介使用行为产生。“信息期待”引导受众将行为指向特定的媒介使用活动。“当活动结束后，信息期待满足，问题情境消失，本次媒介使用活动完成；如未消失，则重新选择其他媒介或非媒介使用活动。”[②]

但是“使用与满足”理论也遭到了批判。第一，该理论过于强调个体及其心理因素对于媒介使用的影响，“行为主义和功能主义色彩较重”。第二，该理论过于强调受众媒介接触行为的独立性，而忽略了传媒的意识形态属性、社会影响力以及市场影响力，正如莫利（David Morley）所说，“传媒的信息生产是一个符号化的过程，这个过程受到传媒的利益和意识形态的制约，带有特定的倾向性，而受众的传播基础是一个符号解读的过程，解读过程受到受众的社会背景、文化和意识形态的影响制约，这两者之间必然会存在矛盾、冲突或妥协的关系”。[③]第三，该理论过于强调

① 陆亨：《使用与满足：一个标签化的理论》，《国际新闻界》2011年第2期，第11～13页。

② 周庆山：《传播学概论》，北京大学出版社，2004，第170页。

③ David Morley, *The Nationwide Audience: Structure and Decoding* (London: British Film Institute, 1980), pp. 12–15.

受众能动性的作用，而忽略了媒介内容以及媒介本身都是特定历史时期的产物，因此"受众对媒介提供的内容进行选择"是有范围限定的。也就是说，当没有太多媒介可供受众选择的时候，这种理论将很难成立，因为选择的空间和可能性丧失。[①]大众媒介作为一种社会存在最终取决于社会生产客观发展情况，同时也受到政治、经济、文化、艺术等环境的制约和影响，其发展水平决定了受众选择机会的多少。

（2）"编码与解码"理论。该理论也叫"霍尔模式"。20世纪70年代，斯图亚特·霍尔在《电视话语中的编码和解码》中提出"编码与解码"理论。他认为，在信息的生产、流通、分配/消费和再生产四个环节中，信息始终是以符号为载体进行流通和传播的，各个环节彼此联系又相对独立，这个过程既依赖于技术和物质工具，也取决于传播者、媒介和受众各自的社会关系。受众因为社会环境、知识储备、性别、年龄等因素会出现信息接受的"不对称性"，包括编码和解码的符号信息不对称、编码者（生产者）和解码者（接受者）所处的位置不对称、传播者与受众地位不对称、信息来源和接受者符号之间的不对称四个方面。这些"不对称"归根结底是信息传播者和受众之间的文化关系、社会关系和权力结构差异造成的，即传播过程中信息被"曲解"和"误解"，造成信息接收的"多义性"。媒介希望得到"完全清晰的传播"的结果，但是不得不面对"系统地被扭曲的传播"的现实。为此，霍尔提出三种"编码与解码"立场，即主导霸权式、协商式和抵制式/对抗式。霍尔的理论不同于实证主义中的线性传播模式和法兰克福学派的消极受众论，他将话语、符号、权力、社会关系等引入传播研究，开启了结构主义和符号学基础上的媒介理论新纪元。

从本质上看，"霍尔模式"是"受众在整体传播过程中的地位和能动性问题，它把受众从传统的静态透明和一成不变的状态中解放出来，突出受众接受意义上的动态性、多义性和变化性"[②]。对"霍尔模式"的批评主要是认为其对"优先意义"和"优先解读"的阐释有着内在的多种问题与限制。[③]

---

① 郭庆光：《传播学教程》，中国人民大学出版社，1999，第185页。

② 邹威华：《斯图亚特·霍尔的文化理论研究》，中国社会科学出版社，2014，第141～157页。

③ 黄顺铭：《一个诠释典范：霍尔模式》，《新闻大学》2002年第4期，第15～19页。

二　电视认同的内涵、其研究的理论意义与实践价值

电视认同是一种主观评价，是群众在电视创作、传播与接受过程中主动的、积极的、能动的态度表达。群众接受或者不接受、接受多或者少、接受深或者浅、接受程度强或者弱、记忆或者遗忘，接受流于消费还是外化为行动，都是群众主观意愿、情感与态度的一种表现。

（一）电视认同的内涵

电视认同既是一个抽象的学术理论问题，也关涉一系列社会实践；既发生在电视的各个节目或类型中，也存在于现代传媒艺术的其他艺术种类当中；既是电视作为“艺术生产”的创新动力源，也是电视作为产业实施供给侧改革的出发点；既是一个历史坐标，由此勾勒电视的发展脉络，也是一个时代印迹，彰显当代的特色与责任担当。

（1）电视认同是一种动态的过程。电视认同不只存在于传播与接受环节，也不只是接受主体行为，它存在于电视艺术生产创作、文本构成、艺术传播与艺术接受的全过程。在电视创作阶段，创作主体不可能不考虑受众的需求，不可能不希望得到受众的认同，在电视创作完成的时候，已经“寄托”和“隐藏”了创作主体各种各样的预设目标，这种预设就包含了受众的认同。那么，传播与接受环节更是毋庸置疑，受众如果没有特定的需求就没有理由去欣赏相应的电视内容，哪怕是休闲放松也是一种需求。所以，电视认同作为人的心理行为，是一种客观存在，连接着电视的主体、文本与客体，也连接着主体的内在心理变化和外在的行为表现，存在于电视的生产创作、文本构成、艺术传播与艺术接受的全流程当中。

（2）电视认同的内涵在于接受过程与结果评价的高度统一。电视“认同性需求”与“需求性认同”是高度统一的。区别于一般性需求，电视的“认同性需求”指的是有内容层次、有情感深度、有价值高度的需求，其理论意义在于将“需求”层次化、目标化、方向化，其实践意义在于提醒我们，不能为了满足受众“无认同的需求”而感到满足，而是要为实现更高层、更深入的认同性需求而努力。

电视的“需求性认同”指的是依托具体需求的认同，其理论意义在于将“认同”内容化、充实化、具体化，其实践意义在于启示我们，不能不

顾受众的内在需求而提出“无需求的认同”目标，而是要朝着实现需求性认同的方向努力，例如满足受众多元的生理需求、社会需求和精神需求等。

综上，电视认同不同于“使用与满足”的功能性表达和静态性评价，不仅强调艺术文本的传播达到，还考察受众需求满足后的心理反馈，尤其是过程中蕴含的文化内涵、社会内涵、哲学内涵。它也不同于“编码与解码”的符号性解读和文化霸权思维，而是充分考虑到了受众需求的真实性和积极性。

（二）电视认同研究的理论意义与实践价值

（1）拓展了电视基础理论研究领域与思维，如电视心理学领域研究、美学领域研究、社会学领域研究、文化学领域研究等。心理学领域按照主体的不同，可以分为电视受众认同心理研究、电视创作主体认同心理研究、电视传播主体认同心理研究等。美学领域按照流程不同，可以细分为电视认同过程中的接受美学研究、文本研究、创作美学研究等。社会学领域按照结构不同，可以细分为电视自我认同研究、电视集体认同研究、电视民族认同研究等。文化学领域按照类型不同，可以细分为日常生活需求与电视认同研究、文化记忆与电视认同研究、符号互动与电视认同研究等。

（2）为电视应用研究提供了新的视角和方法，便于多元观察电视发展历程中的一些现象。例如，在中国电视艺术初创期，从晚会直播到中央电视台春晚，这背后的需求动机和认同逻辑是什么？20世纪90年代的综艺栏目大发展，21世纪之后的娱乐选秀爆棚，其背后的需求动机和认同逻辑又是什么？从电视认同理论出发，我们可以清楚发现电视节目类型嬗变的认同逻辑。再如当前我们电视艺术发展面临的热点现象、现实困境，例如低俗化问题、同质化问题、娱乐化问题、饭圈文化问题，同样可以从认同的逻辑中寻找原因和答案。这些现象的出现，到底是反映了群众的文化需求还是反映了市场的资本需求？主流文化或者官方意识形态在其中又具有什么样的态度、目的和情绪？

（3）为电视决策研究提供新的思路和参考。21世纪以来，中国电视取得了不俗的成绩，但存在的问题也不容忽视，政府频繁下发的各种“调控”文件、政策、规范可以作为佐证，“限娱令”“限唱令”“限外令”“限真令"等不一而足。从实际效果看,"按下葫芦起了瓢",这背后同样可以从认同逻辑入手寻找原因和答案。市场需求、政府需求和群众需求之间的博弈日益激烈,那么三者之间的平衡点在哪里,在电视政策调控上是不是有一种长效机制可以应对?①

第三节 研究思路和文献综述

电视认同研究是一种跨学科研究,涉及艺术学、心理学、社会学、文化学、传播学等,本书梳理不同学科的理论研究,分析电视认同研究的结论、观点,并在充分学习消化这些理论的基础上,既借鉴西方的心理学、社会学、文化学、美学中关于认同的若干理论,又充分吸收中国传统哲学、艺术学和美学的相关思想,着眼于中国的国情、民情,尤其是回归中国特色电视艺术发展实际,进行全面深入的研究。

首先是界定核心概念,例如群众文化、电视认同、需求—认同、群众文化需求、认同机制、认同效果等,并对与其相近的很多概念进行辨析,例如群众与公民、群众与大众、群众与受众、群众文化与公共文化等。其次是厘清复杂的逻辑关系,例如群众文化与电视文化之间的关系,需求性认同与认同性需求之间的关系,民族认同、社会认同与自我认同之间的关系等,需要在分析与阐释中逐一厘清。再次是理论创新与突破,例如公共文化和群众文化概念存在很大争议,尤其体现在实践与理论的双重尴尬与割裂上,而群众文化理论研究更是薄弱,甚至于至今没有完整、翔实、权威的群众文化发展史,因此在这种背景下探讨群众文化与电视认同之间的关系有很多史料需要重新挖掘和整理。最后是中西理论的融会贯通,对于学术研究而言,应充分吸收所有相关的经典理论,但是无论是群众文化还是电视认同,都具有很强的中国特色,因此恰当地选择西方的一些先进理论并使之融于我国电视艺术及文化实践有一定难度。

无论是研究对象分析、研究方法使用还是研究文献的整理,本书的重点和难点都在于以多学科的研究视野、思维逻辑和理论框架去开展研究,这便于我们以一个新的视角去认识、理解我国电视艺术发展中的问题,为

① 周建新:《需求与认同的逻辑:论电视艺术审美认同的发生机制》,《现代传播》(中国传媒大学学报)2020年第10期,第111页。

解决这些问题提供了另一种理论中的可能性。这对于夯实电视基础理论研究、电视应用理论研究都有很大的启发，对于加强广播电视艺术学学科建设有重要的理论意义。同时在实践层面，本书偏重理论与实践相结合，强调研究的实践应用性和政府决策服务性。为了避免忽视电视艺术研究对象因为技术发展产生的迭代更新，本书也与时俱进关注网络文艺发展，这有利于分析电视面临的实际问题，并找到相应的解决办法。

一　研究方法、创新重点与研究价值

本书的研究领域是电视艺术，具体而言聚焦于电视认同问题。研究内容包括电视认同主体、认同客体、认同过程、认同效果等，如影响认同的关键因素是什么，当前认同机制存在的问题有哪些、如何解决，并在研究中提出电视需求—认同对位模式以分析我国电视认同机制与模式（见图0–1）。

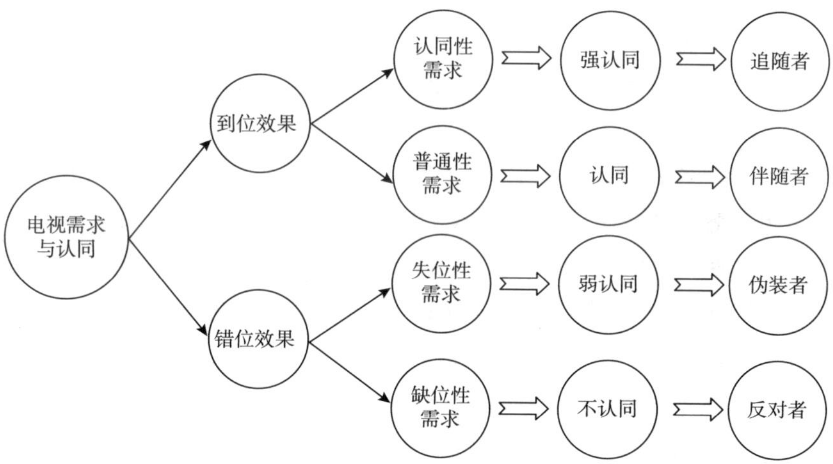

图0–1　电视需求—认同对位

（一）研究方法

本书立足于电视艺术学基本理论，综合运用艺术学的接受美学理论、传播学的受众理论、社会学的结构分析理论、文化学的功能分析理论、现象学的符号互动理论、心理学的精神分析理论等理论中关于认同的相关阐释，解析电视认同的内涵及其问题，并在群众文化视角下，为解决电视认同现存的问题找到落脚点和突破点。主要采用以下三种研究方法。

（1）抽象与具体相结合。群众文化视角下的中国电视认同研究具有理论与实践交叉的综合性，“综合”在这里有特别的含义：其一，这种综合指的是研究本身已经集合了关于电视研究的多种研究方法，如文化学、社会学、艺术学、传播学的研究方法等，因为这些研究方法是群众文化研究本身的应有之义；其二，这种综合本身又是一种宏观、中观与微观的有机结合，因此这一研究不仅要解决理论问题还需要解决实践问题，不仅要分析历史问题还要解答现实问题。在具体的研究过程中，本书既对电视艺术创作主体、受众在群众文化活动中的认同心理做了大胆的逻辑推理，又对电视内容、群众文化的传播效果、市场规模、体制机制进行了实证归纳。

（2）纵向与横向相结合。本书将电视艺术作为一个整体来研究，避免局限于传统的、单一的受众研究、文本研究、创作研究。通过认同这一命题，打通电视作为“艺术生产”的整个环节流程，分析认同在不同环节、不同阶段呈现的方式和样态。一方面在纵向的历史梳理中对各个时期电视艺术作品和现象的功能及价值进行评析，另一方面用横向比较的方法对同一时期电视艺术中不同类型的节目进行比较研究，从而得出相对客观而中肯的结论。

（3）点与面相结合。从某种意义上讲，电视艺术理应属于群众文化的范畴，这里不纠结概念之间的界限辨析。从实践层面看，一个电视节目的影响力取决于很多因素的综合作用，如政治、经济、社会、文化因素等宏观背景，群众文化绝对是重要力量之一,一个时期群众文化发展的效果既是大众传媒传播效果的反映，也可以受电视媒体的平台传播作用影响。因此，宏观、微观相结合的研究方法必不可少。本书的宏观研究着眼于我国电视艺术发展历史及群众文化发展历史的“面”，解决带有全局性的问题，这有利于从较大的广度、高度上把握前沿的观念与理论；微观个案研究则着眼于电视艺术的典型案例，解决具体的个别的问题，这有利于动态地、纵深地把握二者的关系走向。在群众文化的视野之下，将电视认同存在的“面”上宏观问题与“点”上个案问题充分结合，有利于透析电视艺术发展史上的诸多现象，并切实解决当前电视认同中的问题。

（二）研究创新

毫无疑问，我国电视认同研究需要在吸收一切优秀研究成果的基础上，树立本土化的价值导向，也就是要立足中国、符合中国国情，植根中国、贴近中国实际，包括民族实际、文化实际、社会实际、传媒实际，用中国化的理论话语表达，体现“中国特色、中国风格、中国气派”。对于此，政府、业界和学界达成了高度共识，但是使理论研究与之相一致，提供本土化的理论阐释和引导，还有很多工作要做。总结起来，本书的创新点包括研究方法、研究视角、研究观点，尤其是对电视认同问题能够植根中国特色，较为系统性地提出理论框架、话语表达和学术表达。这主要体现在以下三个方面。

（1）创新性地提出了与电视认同相关的理论系统。本书架构了比较完整的电视认同研究逻辑和理论体系，包括电视认同主体、认同客体、认同机制、认同效能等的理论框架，并从群众文化视角出发，探讨如何增强受众的电视认同感、提高认同度，对电视发展路径进行创新性观测。电视认同存在于电视艺术发展历程中，也存在于任何一个具体的节目当中，用电视认同理论来分析电视创作实践，既可以观察到一个节目在生产创作、文本构成、艺术传播和艺术接受中的成败得失，也可以清晰地观察到中国电视艺术发展史的嬗变规律。以往的电视艺术发展历程研究更多是侧重于以时间为依据来划分阶段，是一种客观静态性的描述，至于对为何某一阶段的电视艺术会出现如此的现象，又会产生如此多的问题，没有进行过多的深层分析。以电视认同理论来观测我国电视艺术发展之路，观测点就不应该是纯粹的时间，而应该侧重于电视艺术实践与群众文化生活之间的关系。据此，本书以一种新的价值考虑因子或评判标准来审视我国电视艺术发展道路，从而发现以“宣传品”、“作品”和“产品”为主导的三个主要阶段，在不同的阶段，电视艺术发展重心也随之偏移，与之相对的是，各类型电视艺术节目的辉煌期各不相同。

（2）创新性地提出电视认同研究视角。在全球化、市场化背景下，在中方与西方、过去与现在的比较视野中，以及案例、历史轨迹、价值评判等的纵向贯通中，寻求到新的分析思路和解决方法，对于电视认同理论研究具有突破性意义。在电视艺术领域，主要有三种文化力量在不断角逐，即官方主导文化、高雅文化和大众文化，[①]这三种文化相互制衡形成的文化场域，影响着我国电视受众需求、人才成长、艺术潮流走向以及政策制定，

① 隋岩：《当代中国电视文化格局》，北京大学出版社、群言出版社，2004，第8页。

也直接或间接地影响群众文化的需求导向，进而影响电视认同的效果，最终影响某一时期电视艺术的发展趋势与潮流。在群众文化视角下，把握好文化场域中各种文化力量的对比与结构模式，是做好电视认同工作的重点。此外，从电视认同理论出发，我们可以更为清晰而深刻地认识、理解和分析电视现象，总结工作成败得失，并提出建设性的问题解决思路。

（3）创新性地提出群众文化的电视研究命题。“理论创新只能从问题开始。从某种意义上说，理论创新的过程就是发现问题、筛选问题、研究问题、解决问题的过程。”① 当前，我国电视艺术研究不管是基础研究、政策研究还是应用研究，创新性地发现、提出、解决的问题都应该贴近实际、贴近当前、贴近生活，甚至还有一些基础命题的研究需要广大研究工作者去完善、提高、更新和推进。从实践角度讲，电视艺术做出了相当大的成绩，一度成为广大观众最重要的精神文化寄托，但理论层面需要深入研究的命题、亟待破解的难题也还不少。

（三）研究价值

中国电视艺术研究的视角有很多，从视野上区分有宏观、中观、微观的，从理论上区分有艺术学的、文化学的、传播学的，每个方面都积累了大量的优秀成果。不同的研究者在不同的视角有不同的观察，也得出了不同的结论，这对于本书研究有很大的启发。但是坦率地讲，其距离建构中国特色电视艺术理论研究体系、学术体系、话语体系还有很大差距，树立学术自信依然需要付出努力。本书创造性地将群众文化与电视艺术研究相结合，其价值在于研究中体现出的学术研究导向、价值导向、文化导向和实践问题导向。

（1）有利于社会主义核心价值观的积极有效传播。本书的研究坚持以社会主义核心价值观为导向，无论是电视艺术文本选择、实践探讨还是理论模型分析，都注意价值取向的守正创新，因为国家意识形态、主流文化与群众文化相互促进，我们可以利用群众文化的广泛群众基础将电视艺术作为一个强有力的传播载体来进行社会主义核心价值观的广泛宣传。

社会主义核心价值观是实现建成富强、民主、文明、和谐、美丽的社

---

①《习近平：在哲学社会科学工作座谈会上的讲话（全文）》，新华网，http：//www.xinhuanet.com/politics/ 2016-05/18/c_1118891128.htm，最后访问日期：2016年10月2日。

会主义现代化强国的奋斗目标，实现中华民族伟大复兴中国梦的价值共识和价值追求。社会主义核心价值观的弘扬和传播，需要大量的文化产品、文化活动作为手段，需要电视媒体作为平台载体。而群众文化的作用在于将这些文化产品与群众文化活动有机结合，化作人民大众的精神食粮。我们常见的广场舞、群众文艺演出、群众文艺大赛等，其艺术要素、艺术类型、艺术品位、流行方式等主要还是受到大众媒体尤其是电视媒体的影响。社会主义核心价值观只有被人民大众正确地理解、消化和吸收，并付诸社会实践，才能说是得到了积极有效的传播，才能转化为实现中华民族伟大复兴中国梦的能量。

（2）有利于以人民为中心的价值理念的践行。人民既是历史的创造者也是历史的见证者，既是历史的"剧中人"也是历史的"剧作者"。文艺要反映人民心声，就要坚持为人民服务、为社会主义服务这个根本方向。这是我们党对文艺战线提出的一项基本要求，也是保障我国文艺事业前途命运光明的关键。只有牢固树立马克思主义文艺观，做到以人民为中心，文艺才能发挥最大正能量。[①]《宪法》第22条规定："国家发展为人民服务、为社会主义服务的文学艺术事业、新闻广播电视事业、出版发行事业、图书馆博物馆文化馆和其他文化事业，开展群众性的文化活动。"因此，享受群众文化是人民的基本文化权利。

对于社会发展来讲，群众文化是社会生活的重要部分，健康、快乐的文化氛围是社会稳定、团结的润滑剂。随着改革开放的逐步深入，经济高速发展，物质生活得到了极大改善，但一些不公平、不公正的现象也大量存在，社会矛盾凸显，社会问题复杂。群众的文化需求已经由文化赤贫型向文化欣赏型、文化享受型过渡。[②]此外，由于我国区域、城乡经济社会发展不平衡，群众文化信息的传播也极不平衡，尤其是在一些落后的乡村，由于主流、先进、健康的文化没有得到及时的传播和普及，一些封建、落后、愚昧的文化迅速滋长。更为严重的是，一些邪教组织往往利用这些地区的文化贫瘠展开非法活动，对社会安全造成严重损害。在实际的文化活动中，开展丰富多彩的群众文化活动，解决群众文化发展问题，满足群众文化需求，有利于释放社会压力，激发社会活力，缓解社会矛盾，营造良

① 习近平：《在文艺工作座谈会上的讲话》，《人民日报》2015年10月15日，第2版。

② 牟光义：《群众文化社会学概论》，学苑出版社，1989，第20～22页。

好的社会氛围。

由此可见，办好群众文化活动是群众文化管理部门融入群众的使命，更是广大人民群众的文化需求。电视艺术创作生产与此使命一致、责任相同。前面分析过，中国电视艺术自诞生之日起就具有党和人民的喉舌功能，尽管更多强调的是电视艺术的宣传功能，但是与此相关的文艺功能也与此类似，以人民为中心去创作生产、传播是我国电视事业的本质功能和使命所在。那么，回到本书的研究，我们提出以群众文化视角来研究电视认同问题，其初衷就显而易见了，就是把价值观、利益观、责任观相同的艺术品类、文化活动方式二者有机地结合在一起，使之相互促进、共同提高，最终的目的是满足人民群众日益增长的精神文化生活需要，尤其是实现新时代美好生活内涵下的精神满足。

（3）有利于中华文化的传承、创新与安全。新中国成立以来，群众文化一直把人民群众作为文化的创造者与享用者，发挥着传播文明、歌颂进步、教化民众、丰富生活的功能，以国家文化阵地的形式存在。文化有专业与业余之分，也有精英与群众之分，精英文化与群众文化充分互动，对于专业文化来讲是一个很好的促进。

群众文化的特殊性之一就在于它不仅是一种文化内容，还是一种文化传播载体，其文化价值在于文化评价、文化传播和文化创新。首先，艺术来源于实践又终将回到实践，人民群众是文化的体验者、检验者、消费者，如果一首歌曲、一支舞蹈、一本图书、一部电影的艺术水准高，往往会深受群众的欢迎和喜爱；反之，不被群众接受、认可的文化艺术，其价值也无从谈起。其次，群众文化是传统文化精神的传播载体，传统文化可以通过群众文化活动在更大的范围、更多的区域、更广大的人群中传播。最后，群众文化本身就是传统文化的创造性转化和创新性发展，群众是历史的创造者、文化的创造者，群众实践是艺术的源泉，一切艺术都离不开人民群众的智慧，而一切艺术在群众文化活动中还将得到再创造，这就是文化创新。此外，群众精神文化生活如同稻田耕种，除去野草的办法不是拔掉杂草而是种植庄稼，只要充满健康和谐、正能量的文化，群众的精神文化生活就不会空虚，否则封建的、落后的、庸俗的文化，甚至是一些歪门邪说将乘虚而入。

在中华优秀传统文化的创造性转化和创新性发展上，电视艺术和群众文化有异曲同工之处。电视艺术是最具综合性、包容性、兼容度的艺术类型之一，它包罗万象、海纳百川，五千年灿烂文明的成果积累，历史长河中的优秀文化素材、叙事方式、传播手段等都被广泛吸纳。正因如此，电视艺术才能以其丰富多彩的视听语言、即时传播的传播效率和异彩纷呈的节目内容赢得受众青睐。例如，我们熟悉的电视剧，从艺术本体上讲就是中国悠久的故事传统的延续，所以在电视剧欣赏当中随处可见章回体小说、英雄叙事、传奇神话等艺术类型、叙事方式、故事母题的影子。最近一段时间，文化类综艺节目更是把中华诗歌、中国汉字、中国成语、中国典籍、中国文物、中国服饰等传统文化与电视艺术做了很好结合，对它们进行了很好的宣传。

（4）有利于新时代中国电视艺术创新发展。“文化化人，艺术养心”[①]，这个“养”有两层含义：休养和滋养。所谓休养，顾名思义，就是通过群众文化活动来休养生息、休闲娱乐；所谓滋养，就是通过群众文化活动来陶冶情操、提高品位。如果前者是身体的放松，后者就是心灵的放松。“群众文化是与专业文化相对应的，是职业外的文化活动与追求，投入的时间多是业余时间，……个人的兴趣爱好和理想追求是人所共有的，这是一个潜在的发展空间。这就是群众文化的魅力所在，可以展示‘另一个我’，人生因此而更加精彩，在这片天地里，群众不光是被动接受的观众，还是演员，是主体，台上台下融为一体，其乐融融，使群体获得审美愉悦与精神境界的提升。”[②]

随着城市化进程的加快，工作生活的节奏加快，“城市病”“过劳死”等一系列问题随之出现，尤其是在老龄化问题越来越突出的现实面前，健康生活将会成为人民群众更为重要的追求。让每个人有一个更为舒适、惬意的工作生活环境，群众文化不可或缺，图书馆、文化馆、文化广场、博物馆、纪念馆等场所的功能和作用也将得到更大程度的发挥。正如马克思所说，“消费作为必要，作为需要，本身就是生产活动的一个内在要素……没有消费，也就没有生产”[③]。而当前我国文化建设面临的突出问题之一就是如何满足人民群众日益增长的对美好精神生活的需要。

---

① 孟蔚红：《仲呈祥：文化化人 艺术养心》，《成都日报》2016年4月25日，第13版。

② 杜染：《杜染作品集：群众文化》，文化艺术出版社，2012，自序第2页。

③《马克思恩格斯选集》（第二卷），人民出版社，1995，第9～12页。

综上所述，群众文化与电视艺术有相同的价值导向、文化功能和传播效能，对于新时代群众文化发展而言，建立现代公共文化服务体系是其重要任务。而拓展公共文化服务范围、增强公共文化服务能力也是电视艺术理应承担的职责。那么，电视艺术和群众文化在新时代的文化建设和政府公共职能履行上就必然会实现高度统一。因此，二者的互动生产、相得益彰也就找到了政治、文化和艺术的结合点，这种高度统一带来的效果是，群众文化与电视艺术各显所长、各司其职、彼此促进。

二 国内外研究文献及评述

本书在文献整理方面，以艺术学、心理学、社会学、文化学、传播学研究领域为主，按照三大专题，即认同研究、电视研究和群众文化研究来搜集文献。在广泛研读大量文献的基础上，本书去粗取精，保证文献的权威性与经典性，具体遵循以下三个原则。一是中外结合。全面学习吸收西方优秀理论成果中与论题有关的文献，但在使用上考虑中国实际，合理使用而不生搬硬套，同时关注中国学者的相关研究成果。二是史论与专论结合。不管是研究对象的辨析还是群众文化与电视认同之间的关系研究，站在历史的角度才能有更全面、深刻、准确的认识。因此，本书在搜集整理文献的过程中，以史论文献整理为前提，在此基础上再根据研究需要对个别专题、一些经典案例做针对性整理。三是理论与实践结合。电视发展问题研究终究要指向艺术实践，不能与此脱离，因此，既综合参考了众多纯理论研究成果，也搜集了大量关于中国电视创作、生产、传播、接受的实践经验总结。

（一）关于认同研究相关文献的述评

关于认同的研究主要集中于心理学、文化学、社会学、传播学，已经形成了比较完善的系统，甚至是学科体系。

（1）心理学中的认同研究。相关的文献著作有：西格蒙德·弗洛伊德的《精神分析引论》、埃里克·H.埃里克森的《同一性：青少年与危机》、戴维·迈尔斯的《社会心理学》、张春兴的《张氏心理学辞典》、亚伯拉罕·马斯洛的《动机与人格》、雅克·拉康的《拉康选集》、欧文·戈夫曼的《日常生活中的自我呈现》、J. 皮亚杰和B. 英海尔德的《儿童心理学》等。相关的理论在前文中大多数已经进行了介绍和分析，在此只是简单罗列，不再赘述，其中包括弗洛伊德的“自居作用”，埃里克森的“认同危机”，拉康的“镜像阶段”，欧文·戈夫曼的“拟剧人”等。

（2）文化学中的认同研究。相关的文献著作有：爱德华·霍尔的《超越文化》、斯图亚特·霍尔和保罗·杜盖伊的《文化身份问题研究》、约翰·R.霍尔和玛丽·乔·尼兹的《文化：社会学的视野》、齐格蒙特·鲍曼的《流动世界中的文化》、戴维·哈维的《后现代的状况：对文化变迁之缘起的探究》、夸梅·安东尼·阿皮亚的《认同伦理学》、查尔斯·泰勒的《自我的根源》、爱德华·W.萨义德的《文化与帝国主义》、安东尼·吉登斯的《现代性与自我认同》、赵静蓉的《文化记忆与身份认同》、张旅平的《多元文化模式与文化张力》、郑晓云的《文化认同论》、何成洲主编的《跨学科视野下的文化身份认同——批评与探索》等。相关的代表性理论有斯图亚特·霍尔的“认同重现”，鲍曼的“流动的现代性”，哈维的“时空压缩”，安德森的“想象的共同体”等。

（3）社会学中的认同研究。相关的文献著作有：费孝通的《文化与文化自觉》《乡土中国：生育制度》、梁漱溟的《中国文化的命运》、席尔道逊的《现代社会学辞典》、理查德·谢弗的《社会学与生活》、安东尼·吉登斯和菲利普·萨顿的《社会学》、刘辉的《认同理论》、司马云杰的《文化社会学》、郭维平的《社会主义核心价值观生成与认同研究》、马克·D.雅各布斯和南希·韦斯·汉拉恩所编的《文化社会学指南》、徐贲的《在傻子和英雄之间：群众社会的两张面孔》、威廉·A.哈维兰等的《文化人类学：人类的挑战》、克利福德·格尔茨的《文化的解释》与《地方知识》。这些著作对于人类文化的起源、发展、功能属性，尤其是对中国文化的性格、特点等做了比较深入的探析，对于我们理解我国群众文化与电视艺术之间的关系有指导性意义。相关的重要理论研究有社会功能主义中的“认同”研究、马克思主义中的“认同”研究、社会互动主义中的“认同”研究等。

（4）传播学中的认同研究。传播学对于电视艺术研究的重要性无须多说。从群众文化的历史来看，传播技术、传播手段、传播观念的变化对它的影响同样重要，而且对本书来讲，在对群众文化与电视艺术之间的相互关系，尤其是二者对彼此正负方向影响的阐释中，传播学理论的运用十分重要。相关的文献著作有：马歇尔·麦克卢汉的《理解媒介——论人的延伸》、威尔伯·施拉姆和威廉·波特的《传播学概论》、丹尼斯·麦奎尔和斯文·温德尔的《大众传播模式论》、大卫·麦克奎恩的《理解电视：电视节目类型的概念与变迁》、尼克·史蒂文森的《媒介的转型：全球化、道德和伦理》、哈贝马斯的《公共领域的结构转型》、米歇尔·福柯的《规训与惩罚》、胡正荣的《传播学总论》、郭镇之的《传播论稿》、陈卫星的《传播的观念》、郭庆光的《传播学教程》、周庆山的《传播学概论》等。代表性的思想与观点有卡兹的"使用与满足"理论、李普曼的"拟态环境"理论、施拉姆的"功能学说"等。

（二）关于媒介融合下电视研究相关文献的述评

随着媒介融合进入深水区，电视业也在媒介融合的大环境下不断加快创新步伐。一方面，随着5G的布局和各种新技术的加持，电视业不断更新内容的样式、形态，拓宽了电视内容生产的边界；另一方面，电视业坚守自己的核心优势，积极与新媒体"联手"，在内容与题材方面进行多角度挖掘。媒介融合背景下电视研究主要涉及电视传播研究、电视内容研究。

（1）电视传播研究。电视传播研究是近年来国内外的研究焦点，主要从媒介角度关注媒介融合下电视活动转变、电视与社交的结合、电视的跨媒介叙事。尤其是移动终端的普及加速了媒介融合的进程，观看电视已经不再是固定场景中的单一行为，而是与各种移动终端组合成的多重媒介、多种场景的活动。因此，电视如何与其他媒体构成跨媒介叙事、电视如何影响用户参与社交活动和政治活动、用户行为如何影响电视内容成为国内外学者的热议话题。如张蓝姗的《媒介融合——电视+互联网的跨界与转型》、胡正荣等主编的《媒介融合时代的电视新闻创新：省级地面频道发展战略研究》、杜志红的《电视的命运：媒介融合与电视传播范式变革》、段鹏的《挑战、变革与提升：媒介融合背景下中国广播电视舆论引导能力研究》、向培凤的《电视传播与受众的主体性构建》、马塞尔·拉夫莱特的《美国电视上的科学》、麦克·普罗克斯的《社交电视：运营商如何通过电视关联网络、社交媒体及手机来吸引并留住观众》、陈硕等的《融媒体时代电视新闻节目的创新与转型发展研究》、孟繁静的《探索与实践：电视媒体融合发展研究》等。

（2）电视内容研究。电视内容研究主要从文化角度关注媒介融合背景下用户在电视活动中的参与行为、文化身份和内容表征。此类研究最早可追溯到20世纪，雷蒙·威廉斯提出了“流程”概念以替代节目，并分析电视作为一种文化现象如何与观众互动。随后纽卡姆、霍尔等学者延续了威廉斯的研究路径，认为电视的本质是一种文化现象，并提出类型、文化论坛、编码解码等重要概念。媒介融合环境中电视与各种新媒体尤其是社交媒体的深度融合，更加强调电视与观众的互动，学者们更多关注在多屏互动和场景迁移下，作为文化现象的电视如何与观众实现深度互动、如何重塑观众的文化身份并由此带来社会影响。相关研究成果包括皮埃尔·布尔迪厄的《关于电视》、亨利·詹金斯的《文本盗猎者：电视粉丝与参与式文化》、让-皮埃尔·埃斯克纳齐的《电视剧：电影的未来？》、施旭升的《电视叙事文化学》、盛伯骥主编的《中国电视文艺通论（1958—2018）》、俞虹的《电视受众社会阶层研究》、孙秋云等的《电视传播与乡村村民日常生活方式的变革》、戴俊潭的《电视文化与农民意识变迁》、王乙涵的《大众文化与电视自制剧》、戴维·莫利的《全国新闻：电视与受众研究》、吴红雨的《解读电视受众：多元化需求与大众化电视》、约翰·塔洛克的《电视受众研究：文化理论与方法》等。

（三）关于电视艺术研究相关文献的述评

2011年，国务院学位委员会正式将艺术学从文学门类中独立出来，使其成为具有独立学科门类的艺术学科。随后，2012年版本的《普通高等学校本科专业目录》中增加了艺术学门类。在艺术学升级为新的学科门类之后，戏剧与影视学成为一级学科，这大大促进了电视艺术研究升级。电视艺术研究主要涉及基础理论研究、受众研究、文化研究和历史研究等。

（1）电视基础理论研究。包括电视美学研究、心理学研究等诸多方面，是本书研究重要的理论来源。这方面的研究成果丰硕，为本书提供了重要的理论参照。如黄会林的《黄会林影视戏剧艺术论集》《艺苑论谭——放言影视戏剧艺术民族化》等著作系统阐述了电视艺术民族化道路的理论，表明了中国电视本土化道路的特质与方向，直接影响了本书研究的价值观和方法论。高鑫的《电视艺术学》《电视艺术美学》等确立了电视艺术美学的体系框架与学理路径，系统论述了电视艺术创造的特性与功能，赋予电视艺术创造潜能以美学意义，这些理论对于更加深刻全面地认识和理解电视艺术的艺术特性有极大帮助。胡智锋的《影视文化论稿》《电视美学大纲》《中国电视策划与设计》《电视传播艺术学》《会诊中国电视》等著作中关于电视传播艺术、电视内容生产与传播、电视创新发展的阶段、电视节目策划等方面的主要观点与研究成果，如“三品”“五时”“五视角”等，对本书研究的启发十分大，体现在观点的提炼、观念的影响、方法论的把握和思路的厘清等方面。

此外，仲呈祥的《艺苑问道——仲呈祥自选集》、王伟国的《思想的审美化——王伟国自选集》、彭吉象的《影视美学》、贾磊磊的《影像的传播》、尹鸿等的《娱乐旋风——认识电视真人秀》、苗棣和王怡琳的《脱口成“秀”——电视谈话节目的理念与技巧》对本书研究也有很强的指导意义和很大的参考价值。

（2）电视受众研究。如古斯塔夫·勒庞的《乌合之众：大众心理研究》、戴维·莫利的《电视、受众与文化研究》、约翰·塔洛克的《电视受众研究——文化理论与方法》、尼古拉斯·阿伯克龙比的《电视与社会》、戴安娜·克兰的《文化生产：媒体与都市艺术》、迈克·费瑟斯通的《消解文化——全球化、后现代主义与认同》、戴维·莫利和凯文·罗宾斯的《认同的空间——全球媒介、电子世界景观与文化边界》、胡智锋的《电视受众审美研究》、戴俊潭的《电视文化与农民意识变迁》等著作。它们从大众文化、受众心理等领域入手，探讨在电视文化高速发展的中西方世界中，大众文化是如何影响受众的精神世界、消费生活，进而影响整个社会的文化生态的。

此外，还有大量的艺术学基础理论对于理解艺术起源，尤其是掌握中国艺术精神流变，理解中国艺术发展规律，以及发现、理解、解决中国电视艺术存在的各种问题有着重要的指导意义。因此，本书在研究过程中还搜集了中西方关于艺术研究、文艺美学研究、心理学研究的文献做理论支持。这些著作有：后人对刘勰著作进行译注而得的《文心雕龙译注》、李渔的《闲情偶寄·窥词管见》、朱光潜的《西方美学史》、郭绍虞主编的《中国历代文论选》、宗白华先生的《艺境》、叶朗先生的《中国美学史大纲》、李泽厚的《美的历程》、徐复观的《中国艺术精神》、滕守尧的《审美心理描述》、朱立元的《接受美学导论》、J. 皮亚杰和B. 英海尔德的《儿童心理学》、黑格尔的《美学》、瓦西里·康定斯基的《论艺术里的精神》、丹纳的《艺术哲学》、M.H. 艾布拉姆斯的《镜与灯：

浪漫主义文论及批评传统》、苏珊·朗格的《情感与形式》与《艺术问题》、赫·马尔库塞等人的《现代美学析疑》、克莱夫·贝尔的《艺术》、约翰·杜威的《艺术即经验》、汉斯·罗伯特·耀斯的《审美经验和文学解释学》等。

（3）电视文化研究。电视艺术有其文化价值、文化观念、文化影响力，尤其是作为20世纪80年代以来我国人民群众广为热爱的文艺形式，电视艺术在大众文化发展潮流中乃至中国社会文化格局形成过程中起到了十分重要的作用，与之相关的著作有：田本相的《电视文化学》、高鑫的《21世纪电视文化生存》、陈默的《电视文化学》、隋岩的《当代中国电视文化格局》、王艳玲的《电视文艺概论》、欧阳宏生主编的《电视艺术学》、张文娟的《电视文艺生态批评论》等。

西方人类学家、社会学家、哲学家、思想家关于电视、大众文化、后现代文化等的理论批评对于本书的研究也十分重要，如约翰·菲斯克的《电视文化》、皮埃尔·布迪厄的《艺术的法则》、罗兰·巴尔特的《符号学历险》、隆·莱博的《思考电视》、尼尔·波兹曼的《娱乐至死》等。

（4）电视史论研究。不管是电视史还是电视艺术史研究，都对我国电视的历史发展脉络做了非常详细的描述，如钟艺兵主编的《中国电视艺术发展史》、刘习良的《中国电视史》、赵玉明的《中国广播电视史教程》、郭镇之的《中外广播电视史》、李明海的《中外电视史纲要》、许婧的《中国电视艺术史》、关玲等主编的《电视综艺节目卷》。这些有关电视艺术的历史研究，为本书提供了大量的素材和文献，尤其是在论证电视艺术与群众文化发展关系上提供了强有力的理论支持和实践依据。

而一些介绍美国电视历史的著作为我们从电视艺术本体上去认识电视提供了丰富的素材和观点，也从普遍的视角证实了电视与社会发展、文化环境、科技进步、经济发展之间的紧密关系，如加里·R. 埃杰顿的《美国电视史》、罗伯特·L. 希利亚德的《美国广播电视史》等。

（四）关于传媒经济视角下电视艺术研究相关文献的述评

我国传媒经济研究已有40余年的发展历史，尤其是在互联网的加持下，传媒经济进入繁荣发展期，电视的经济属性不断凸显，在保证公共文化服务的前提下，学界业界开始研究国外电视业的经营管理策略，并结合我国的国情，找寻通过电视讲好中国故事、提升经济效益的有效路径。总体来说，传媒经济视角下电视艺术研究大致包含电视产业研究和电视管理研究。

（1）电视产业研究。产业化时代的电视作为一种文化商品，需要寻求多元化的市场经营道路，随着行业竞争的加剧，电视产业与其他产业的融合日渐紧密，吸引了更多的产业要素、市场要素，电视产业融合呈现多点开花的向好态势，包括与其他传媒文化产业融合和与实体产业的融合。产业融合程度最深、范围最广的就是与电视内容相关的传媒文化产业。党的十八大以来，党和国家高度重视传统媒体与新兴媒体的融合发展，习近平总书记多次强调要利用新技术、新应用创新媒体传播方式。[①]电视媒体正在加速深度融合，与其他媒体一起形成“你中有我，我中有你”的融合发展格局，进而朝向综合视听产业迈进，与如图书、音像制品、节目经营、演出、旅游等相结合。除此之外，电视产业利用其正外部性影响，不断扩大与实体产业，如制造业、商业、餐饮业等的融合范围。

20世纪90年代以来，各国政府对媒体产业边界的限制逐渐放开，如美国在1996年《电信法》出台之后，就出现了跨媒介产业并购潮，如AT&T收购时代华纳。此外，移动媒体深刻改变了电视媒体的内容生产模式，HBO电视网、哥伦比亚广播公司、美国广播公司等都向流媒体内容生产和移动端视频软件开发进军，Netflix等网生媒体也开始生产创作电视节目，进一步模糊了传统媒体与新兴媒体的边界。相应的，电视产业结构、产业模式、营销方式等也被重新定义。诸多学者以市场思维思考电视产业的变革之路，相关研究成果层出不穷，如易旭明的《中国电视产业制度变迁与需求均衡研究》、杨文延的《产业化路径与本土化思维——中国广播电视产业海外战略实例研究》、马克·利特瓦克的《电影与电视产业内的交易：从谈判到最终合同》、连少英的《电视产业多屏战略研究》、芭芭拉·J. 塞尔兹尼克的《全球电视产业》、刘姗等的《新电视产业观》、李岚的《中国电视产业评估体系与方法》、黄迎新的《数字时代的中国电视产业研究》、邬建中的《融合与创新：三网融合背景下我国电视产业的创新发展》、陈积银等的《发达国家与新兴国家的数字电视产业》、肖弦弈的《手机电视：产业融合的移动革命》、高红波的《电视

① 《习近平谈治国理政》，外文出版社，2014，第155页。

媒介融合论：融媒时代的大电视产业创新发展》、谢方的《媒体多维产业与AI聚变》等。

（2）电视管理研究。从中华人民共和国成立至今，电视的管理体制也随着时代的变化进行了系列调整，从电视事业萌芽起步初期到改革开放时期，再到新时代互联网技术飞速发展时期，电视的管理体制始终在事业与产业、公共服务与产业建设中找寻平衡点，不断调整优化管理的范围和方式，顺应信息传播需求和人民群众文化需求，为电视事业健康稳健的发展提供有力保障。随着电视市场化、产业化改革的深入，电视广告运营、人才管理、产品交易、管理模式等逐渐向市场企业靠拢，但电视领域的市场准入条件比较严格，如何平衡政治因素和产业经营因素，找寻电视管理的高效改革之路成为学界热议的话题，相关研究成果众多，如朱尧刚等的《广播电视现代管理概论》、聂辰席的《广播电视宣传管理创新研究》、刘旭东的《广播电视及视听新媒体安全播出管理研究与实践》、詹姆斯·A. 布朗等的《广播电视管理》、卜彦芳等的《广播电视经营与管理》、胡正荣的《媒介管理研究：广播电视管理创新体系》、刘庆振的《媒介经营与管理：一个电视剧产业规制变迁的视角》、崔屹平等的《媒体资产管理理论与实务：中央电视台音像资料馆管理制度解析》等。

（五）关于群众文化研究相关文献的述评

相对于群众文化建设实践，我国群众文化理论研究起步较晚。从20世纪80年代中后期到90年代，一批群众文化研究的专著、专业教材、辅导教材如《中国群众文化史》《中国群众文化辞典》《群众文化学》《群众文化辅导学》《群众文化管理学》《群众文化学引论》《群众文化大趋势》《群众文化社会学概论》相继问世；一批研究期刊相继出版，成为群众文化理论研究和传播的主要阵地，全国性刊物如《群众文化》《群众文化论丛》，省级刊物如吉林的《群众文化研究》、湖北的《群众文化指导》、福建的《文化之窗》、浙江的《群文论坛》、贵州的《群众文化学报》、湖南的《湖南群众文化》、山西的《研究与辅导》、四川的《群众文化学报》、北京的《北京群众文化学报》、河北的《群众文化研究》等。①

① 梁泽楚编著《群众文化史（当代部分）》，新华出版社，1989，第214～220页。

这些研究成果和平台为我国群众文化研究奠定了基础，但遗憾的是，这种兴旺的研究现象只是昙花一现。后续的群众文化研究学术著作无论是数量还是影响力都略显不足，以上期刊如今多数已经停刊或成为内部交流刊物，开办群众文化专业的高校寥若晨星，“在全国群众文化行业内高水平的专家也是寥寥无几，群众文化学一直没有进入国家学科门类，学科地位没有确立。理论研究和学科建设的薄弱与蓬勃发展的群众文化实践形成强烈反差”①。

整体而言，目前关于群众文化的研究成果可以概括为四个方面，包括群众文化基础理论研究、群众文化历史研究、群众文化应用研究、公共文化服务研究。

（1）群众文化基础理论研究。包括对群众文化概念、群众文化功能、群众文化属性等基础命题的研究。关于群众文化基础命题的研究成果有很多，可见于郑永富主编的《群众文化学》、王怀佐的《群众文化论稿》、何旭主编的《群众文化论》、牟光义的《群众文化社会学概论》、常泊主编的《中国群众文化辞典》等著作，还有一些硕士学位论文，如刘晓雨的《论群众文化的美育功能》、韩彤的《传统的传承与变革——民间美术与群众文化的功能及发展》等。

（2）群众文化历史研究。关于群众文化历史研究的论著概括起来，大致有两类。一类是群众文化通史研究，以基本史书著作为主，如周德辉主编的《中国群众文化史（古代部分）》、梁泽楚编著的《群众文化史（当代部分）》、郑永富主编的《群众文化学》，以及一些博士、硕士学位论文，如胡守勇的博士学位论文《下里巴人的重建——利川市群众文化建设研究》，这些研究基本上是从人类诞生开始，从原始社会、奴隶社会、封建社会、资本主义社会、半殖民地半封建社会，一直写到当代社会，对群众文化发展做了一个全面观照。另一类是专题史研究，这里有的是区域群众文化史，有的是断代史，如习文、季金安的《上海群众文化志》，胡敏、李炽强主编的《浙江省15年群众文化理论文选》（上册），刘浩的《合肥群众文化50年》等，还有一些学术期刊上的论文，如周炳成的《二十年来群众文化需求的变化特征及规律》、胡守勇的《建国六十年群众文化研究综述》等。

---

① 杜染：《杜染作品集：群众文化》，文化艺术出版社，2012，第6页。

群众文化历史研究可以说是建立在一片空白之上的，因此，相关的研究者确实不易，有的甚至还考察了国外群众文化的历史发展脉络以分析中国群众文化历史，尽管有些牵强，但是这种历史研究的勇气和决心让人佩服。再有，由于受时代背景限制，诸多群众文化历史研究带有强烈的意识形态色彩，尤其是基于阶级意识进行划分和解读的色彩过重，难免有碍对群众文化本体的深入研究以及读者的观察思考。

（3）群众文化应用研究。群众文化应用研究对于政府管理者重要，对于相关机构团体也很重要，对于研究者同样重要。群众文化应用研究概括起来，包括对群众文化活动组织开展、群众文化传播、群众文化接受与消费等的研究。包含相关研究的论著有周爱宝主编的《群众文化基础知识》、张启范主编的《中国群众文化人物录》、方健宏主编的《广东省群众文化建设经验汇编》、袁国华主编的《群众文化与市场经济：东北三省第六届群众文化学术讨论会论文集》、杜染的《杜染作品集群众文化》等，此外杜金才的《发挥人民群众文化创造积极性》、陈彬斌的《和谐社会建设中群众文化应找准定位》、方和珊的《开拓新时期的城市群众文化》等文章中也有相关内容。

（4）公共文化服务研究。近年来，一大批学者和行业领导从理论与实践、国内与国外、现状与未来等多个层面对公共文化服务展开研究，包括以下几个方面。首先，从公共服务到公共文化服务，再到广电公共服务，重点分析广电公共服务的内涵与外延。其次，从国外公共广播电视发展经验到我国广播电视公共服务体制改革，梳理我国广电公共服务的发展历程，总结其特点和规律。最后，从广电公共服务体系建设到具体的工程实施，从中国特色的“村村通”经验总结到各省市的广电公共服务模式推广，探索我国广电公共服务的制度化建设、模式化建设、标准化建设等。综合比较，这些研究有以下三个特点：一是对公共服务、公共文化服务的研究较多，而结合融媒体发展趋势研究电视公共服务的成果相对较少；二是管理部门决策要求与业界的现实呼吁较多，而涉及电视内容供给、质量评价的研究成果较少；三是借鉴国外的研究成果较多，而立足中国国情的公共文化服务研究较为缺乏。这对于本书的重要启示是，应注重探索如何在掌握电视公共服务的发展趋势的前提下去寻找其与群众文化的共同连接点，实现二者的同频共振，即在新时代群众文化和电视艺术高质量发展中，使它们更好地服务于人民群众的美好生活。

总之，这些研究成果为本书研究奠定了基础，但也存在一些不足，概括起来有以下几个特点。一是对群众文化的理论研究未能持续跟进，研究的高度、深度和广度有待提升，其中的突出问题是忽略了对发展源头的探寻和脉络的梳理。二是群众文化研究更多停留在民族文艺发展、非物质文化遗产保护等角度，缺乏价值性、整体性、系统性观照。三是党的十八大以来，习近平总书记关于发展文艺、建设文化做出了一系列的重要论述，为深刻理解和准确把握新时代群众文化的发展要义、使命任务提供了强大的认识论和方法论工具，学界关于这方面的阐释还亟待加强。

第一章　群众文化与电视艺术的互动关系

本章重点研究的是电视认同的“观测视角问题”，主要从群众文化与电视艺术之间的互动关系出发，阐释群众文化是什么、为什么选择群众文化作为研究视角，以及以群众文化为观察点来研究电视认同的理论创新意义和实践指导价值。

广义而言，群众文化是人类社会特有的文化现象和文化活动方式，伴随人类社会的产生而出现，在不同的社会时期表现为不同的存在形式。新中国群众文化是中国共产党领导广大人民群众在长期的革命、建设和改革实践中逐步形成和发展起来的文化艺术成果，是中国特色社会主义文化的重要组成部分，它在发展过程中不断汲取中华优秀传统文化的精髓，彰显革命文化的优良传统，凸显社会主义先进文化的优越性。

站在新时代的历史方位，唯有弄清楚新中国群众文化“从何而来”、如何演进，才能更清晰地研判其将“去向何方”。从历时角度分析，新中国群众文化在新民主主义革命实践中孕育，在社会主义革命和建设初期探索成长，在改革开放和社会主义现代化建设新时期快速进步，在中国特色社会主义新时代全面发展。

中国电视艺术尽管诞生于1958年，但与群众文化之间却具有天然的亲密关系，尤其是放在中国特殊的国情下考虑，更是如此。这是因为：中国电视艺术和群众文化在根本上都是为人民服务，尤其是为人民群众的精神文化生活服务的，具有公共文化服务属性；群众性是电视艺术的显著特征之一，也是群众文化的基础属性之一。这两方面的一致性或相似性就决定了群众文化与电视艺术在中国文化艺术发展史上互动的呈现。

群众文化与电视艺术的互动关系可以概括为：一方面，群众文化是电视艺术的母体和源头，是电视艺术发展的重要推动力，对电视艺术的形式探索、内容创新、价值导向、人才流动等多方面有重要的影响；另一方面，电视艺术这种现代的文艺样式及其传播方式、接受模式，对群众文化的空间拓展、结构优化和内容丰富有着重要的意义，为满足人民群众精神文化生活需求提供了大量丰富的内容。这就从实践和理论两个层面阐释了以群众文化为视角研究电视认同的合理性、必要性和创新性。

第一节　群众文化的概念界定及其时代内涵

在我国，看电视、听广播、看电影、读书、看报、看演出、跳广场舞、逛庙会等群众文化活动，已经构成我们日常生活的一部分，无论男女、不分城乡，概莫能外。然而，与文学、戏剧、电影、电视、音乐、舞蹈、美术、摄影、书法、曲艺、杂技等文艺类型相比，群众文化的艺术独特性、创作专业性、创作生产市场化程度稍显不足。也因此，群众文化通常被用多种方式界定和解读，从名称变化就可见一斑，初步统计，其称谓有"群众文化""群众艺术""群众性文化活动""公共文化"等。因此，群众文化的概念界定理论研究中还存在很多争议，如何认识群众文化及其主要特征是重点和难点。

群众文化的定义有广义和狭义之分。广义而言，群众文化是人类社会特有的社会历史文化现象，贯穿了整个人类文化的发展史，渗透于各个时代、世界各地民族的生产生活之中，是人类社会文化生活的一种客观存在，在不同的历史时期、不同的地域、不同的民族中有不同的状况和特征。本书所述的群众文化是狭义上的，指的是新中国群众文化，它既具有文化的一般属性和普遍特征，又极具中国特色，其鲜明的文化属性和意识形态属性可以追溯到新民主主义革命时期的群众文化。

新中国成立以来，国家对群众文化发展高度重视，党和国家领导人在历届全国文学艺术工作者代表大会上的致辞或讲话中，都将其纳入国家整个文艺建设事业格局中予以强调。在不同的历史时期，有专门的政府部门来承担此项任务的整体推进和落实工作，包括运行体系建设、政策出台、硬件建设、队伍建设、内容生产建设、保障体系建设等。毛泽东发表的《在延安文艺座谈会上的讲话》、习近平发表的《在文艺工作座谈会上的讲话》为不同历史时期的群众文化发展指明了前进的方向，对其提出了根本要求。

从革命战争年代到和平发展年代，群众文化一直在我国社会文化生活中扮演着重要角色，在战争动员、舆论宣传、丰富人民群众精神文化生活、保障人民群众基本文化权益、激发人民文化创造活力、维护国家文化安全、提升国民文化素质、构建现代公共文化服务体系等方面发挥了重要作用。

一　群众文化及其主要特征

群众文化作为一种文化现象，随时随地可见；作为一种生活空间，任何个人、集体、民族，都深入其中；作为一种生活方式，无论少年、青年、中年还是老年，都身在其中；作为一个社会机构，从中央到地方，从城市到乡村，已经参与形成一个强大的政治组织、文化网络。但是，当我们问自己或者别人什么是群众文化的时候，顿时会觉得既熟悉又陌生，这种强烈的感觉恰如“不识庐山真面目，只缘身在此山中”。

广义群众文化是人类社会一切文化的母体和终点。研究任何一个艺术史的发展历程都可以发现，艺术的种子总是在广大群众的劳动实践中发芽生长，但是不管经历了什么样的艰难曲折，最后还是要回到广大群众生活当中。很多专家从人类学、历史学、艺术学角度提出此观点，“群众文化是人类社会历史上一切精神财富的总和，亘古有之，源远流长，是人类社会特有的社会历史文化现象，贯穿了整个人类文化的发展史，渗透于各个时代世界各地民族的生活、生产活动之中”[①]。“作为一个历史过程，群众文化几乎贯穿着整个人类的文明史”[②]，“群众文化作为人类社会的一种文化形式，具有文化的如民族性、地域性、阶级性、传承性等特征”[③]。

从这个角度讲，我国群众文化历史悠久，源远流长，每个时期都有其辉煌成就，形成了相应时期独特的群众文化形态，并对文化艺术的发展起到了重要的作用。按照历史学和文化学的划分标准，可以将新中国成立以前的群众文化分为原始社会时期、古代社会时期、近代历史时期和中央苏区的群众文化。

（1）原始社会时期的群众文化。“人类从诞生以来，不管哪个民族，哪个发展阶段，除了谋生劳作以外，都有各种群体性、普及性的休闲娱乐

① 胡守勇：《“下里巴人”的重建——利川市群众文化建设研究》，博士学位论文，中央民族大学，2010，第33页。

② 谢彬如：《群众文化学引论》，贵州省艺术研究室，1988，第2页。

③ 郑永富主编《群众文化学》，中国国际广播出版社，2001，第1、10页。

方式。按照马克思主义的观点，在氏族—部落—部落联盟—民族的整个历史过程中，音乐、舞蹈等文化现象就发挥着重要的作用，没有一个共同体没有音乐、舞蹈，每一个共同体成员都会唱歌和跳舞，音乐、舞蹈等文化现象的集体性和社会性，从人类社会发展的初期就很普遍了。”[①]从现在的考古成果中可以发现，原始社会时期，文化艺术日益成为群众不可或缺的精神生活内容，除了原始音乐、舞蹈之外，还有陶器、建筑、饰品和岩画等群众文化艺术。

这一阶段的群众文化，具有鲜明的群体性、娱乐性、实用性和依附性特征。所谓群体性指的是，群众文化是部落、氏族全体成员集体创作、集体游戏或集体享受的。所谓娱乐性指的是，群众文化本身产生了许多部类，活动范围在逐步扩大，活动方式也由自娱扩展到娱人或者他娱，有了形式的多样性和表演的对象性。所谓实用性和依附性指的是，由于生产力低下，很多群众文化与劳动生产实践捆绑在了一起，很难分清是自觉还是不自觉，甚至很难分清是劳动还是艺术。

（2）古代社会时期的群众文化。中华民族从原始社会过渡到奴隶社会，再到漫长的封建社会，经历了几千年的历史。在这个时期，我国群众文化积累了丰富的成果，形成了灿烂的文明：包括夏、商、周时期的民间祭祀乐舞、庶民歌舞、民间诗歌等；秦汉时期的角抵、百戏、乐府民歌、民间艺匠等；魏晋南北朝时期的民间歌舞以及受佛教活动影响的民间文艺等；隋、唐、五代十国时期的民间诗歌、宗教文化活动、民间乐工技艺等；宋、辽、金时期的民间散乐、民俗民间活动仪式等；元代的民间戏剧、民间说唱与歌谣、工笔壁画等；明朝时期的通俗文学、民间文艺活动、民间歌谣、民间工艺等；清朝时期的地方戏曲、少数民族歌舞、木版年画等民间美术、说唱艺术等。

在这个时期，人类社会生产力得到了提高，生产关系随之发生了变化，群众文化也因此发生巨大变化，最大的变化就是从人类文化混沌的格局当中独立出来。在政治上，阶级出现，社会分化为统治阶级与被统治阶级，因此，群众文化一方面被统治阶级文化钳制，另一方面又被统治阶级直接剥夺胜利果实。至此，社会文化形成了宫廷文化与群众文化对立的局面。在经济上，由于生产力水平的提高，广大群众从劳动实践中得到

① 周德辉主编《中国群众文化史》，北京人文函授大学，1986，第22页。

了逐步解放，在时间、精力等方面保证了一部分人可以专门从事文化艺术活动，从而出现了专业文化艺术人群。因此，社会文化又出现了精英文化与群众文化的分离。在文化、科技上，随着人类科技文化知识水平的提高，原有文化生活中的巫术、宗教仪式活动等逐渐由只有单纯的娱神功能转向具有休闲娱乐的娱人功能。在社会构成上，新兴城市的相继出现，市民社会的逐步形成，市民生活的多样性需求促进了城市群众文化活动迅速开展，对整个社会的群众文化以及社会文化艺术发展起到了重要作用。自此，中国群众文化就形成了城市群众文化和乡村群众文化两条并行不悖且相互交流的运动轨迹。[①]但在工业社会到来以前的传统社会中，中华民族依旧生活在一种以“乡土社会”为主的社会形态中，虽然市民阶层已形成，甚至资本主义已经萌芽，社会文化主要形态依然是由官方主导文化、精英文化和群众文化组成。“由于统治阶级掌握着精英文化，民间社会的广大劳动人民创作并传承群众文化，尽管主导文化通过各种手段试图改造群众文化，但群众文化艺术由于直接来源于生活，仍然比较强势地发展着，它始终是专业文化或者精英文化的母体和源泉。”[②]

（3）近代历史时期的群众文化。1840年鸦片战争后，帝国主义列强用坚船利炮打开了闭关锁国的腐朽清政府大门，中国开始沦为半殖民地半封建社会，在战火纷飞中历经清王朝晚期、中华民国临时政府、北洋军阀和国民政府几个时期。幸运的是，俄国十月革命的胜利为危机四伏的中国送来了马克思列宁主义，1921年，中国共产党登上历史舞台，从此中华大地迎来了翻天覆地的变化，中国共产党带领全国人民从旧民主主义革命走向新民主主义革命，并最终赢得民族解放、自由独立。在这一历史阶段，中华民族的主要任务是救亡图存，这一主题始终贯穿于中国政治、经济、社会、文化和科技等各个方面。

这一时期的群众文化，一方面服务于中华民族民主革命的主要任务，另一方面服务于中华民族追求并实现现代化的理想目标。这样特殊的时代背景造就了特殊的群众文化，主要体现为交叉融合性。这种交叉融合有三层含义。第一是革命性和民族性的交叉融合，即无论是旧民主主义革命时期还是新民主主义革命时期的群众文化，无论是资产阶级还是无产阶级主

① 郑永富主编《群众文化学》，中国国际广播出版社，2001，第67页。

② 周德辉主编《中国群众文化史》，北京人文函授大学，1986，第15、22页。

导的群众文化，无论是在沦陷区还是抗战区，无论是在城市还是乡村，不管是以何种文艺形式开展，其主要基调都是强烈的革命性和中华民族的“一致对外”的民族性的交叉融合。第二是传统与现代的交叉融合，西方列强的坚船利炮一方面迫使持续几千年的传统封建社会土崩瓦解，另一方面西方的现代文化观念也随之席卷而来，因此，群众文化与以往相比，面临前所未有的中西方文化的冲突融合。第三是城乡群众文化的交叉融合，少量的群众文化设施已经建立，如“俱乐部、青年会、民众乐园、大世界；有些城市和县城还设有民众教育馆；有的农村集镇建有戏楼、茶社”。尽管“大都开展一些低级庸俗的文化娱乐活动”[①]，但其城乡文化相互建构的融合意义和符号价值不可忽略。

（4）中央苏区的群众文化。中央苏区群众文化是近代社会群众文化的重要组成部分，而且显示了强大的生命力，可以说，它是新中国群众文化的源头，“是为了配合党的革命事业而逐步从实践到理论走向成熟的”[②]。它为新中国群众文化的基本属性和基本特点奠定了基础。中国共产党的政党属性决定了其与群众有着天然的血肉联系，如高度重视群众文化建设与宣传，紧紧围绕工人、农民、士兵等群众文化的基本队伍，把群众文化工作作为宣传马列主义的手段和推动革命前进的宣传手段与斗争手段。1933年6月1日，“群众文化”一词正式在苏区中央文件中出现。1933年8月12日，毛泽东首次在苏区南部十七县经济建设大会的报告中使用“群众文化”这个词。1934年1月23日，毛泽东在第二次中华苏维埃代表大会的报告中，对苏区群众文化运动发展的成绩给予了肯定。

中央苏区的群众文化的特殊性主要表现在以下几个方面。首先，它是新中国群众文化的“起源”，对后期群众文化的建设发展有深远的影响。其次，由于当时处于革命战争时期，其具有明显的革命气质，例如明显的动员属性、宣传属性、教育属性。再次，由于当时中华民族肩负对外争取民族独立、对内争取国家解放的双重责任，中央苏区的群众文化不能代表中华民族群众文化的全部，它与国家主导文化、精英文化之间的关系也较为特殊，在抗战这个主题上是全民统一的，但是在政权争取上又有不同的

---

① 梁泽楚编著《群众文化史（当代部分）》，新华出版社，1989，第31页。

② 胡守勇：《“下里巴人”的重建——利川市群众文化建设研究》，博士学位论文，中央民族大学，2010，第42页。

阶级立场。最后，从活动开展方式看，这一时期的群众文化的具体活动形式已经由群众文化活动变成了“群众文化运动”，群众文化艺术样式，不管是歌剧、音乐、文学、电影、广播还是其他，都被冠以一种“群体运动式”的形式。“老解放区的革命文艺演唱活动，迅速向全国传播、普及，是建国初期群众文化活动的一个突出特点。”[①]这些文化活动样式在新中国成立后继续发挥着重要影响。

总之，当时中华民族处于这种极其特殊的政治环境、军事环境中，群众文化的自主性、业余性、艺术性等特征都让位于国家和民族的主要任务，要配合民族独立解放、救亡图存的历史重任。

综上分析，群众文化在中华民族悠久的历史长河中始终存在，并对中华文化艺术的发展起到了十分重要的推动作用。“群众文化是人群的共同劳动、生产的产物，它既是当时文化的一个重要组成部分，又是后世文化艺术的源头。”[②]《诗经》里的《国风》就是从民歌中采集、整理而成的，《西游记》《聊斋志异》等古典名著都是作者在参与大量的群众文化活动后，在民间传说故事、神话等群众文化产品基础上创作加工而成的，《孟姜女》《天仙配》《梁山伯与祝英台》《白蛇传》等名作也是创作者在民间传说故事的基础上创作完成的，二胡名曲《二泉映月》则是盲人阿炳在街头卖艺中创作的。文化艺术从广大群众的劳动实践中诞生，有的发展成为主流文化艺术，有的发展成为专业文化艺术，但不管是哪条道路，最终又回归到广大群众的文化生活当中，被接受、被吸收、被批评、被流传。

二 新中国群众文化的时代内涵

新中国群众文化是中国特色社会主义文化的重要组成部分，是“以中华优秀传统文化为根脉，以革命文化为源头，以社会主义先进文化为主体”[③]的文化艺术样态。新中国群众文化遵从文化艺术活动的一般发展规律，具有文化艺术活动的一般特性，也具有鲜明的中国特色，是“民族的、大众的、科学的”社会主义文化的重要组成部分。

---

① 梁泽楚编著《群众文化史（当代部分）》，新华出版社，1989，第31页。

② 周德辉主编《中国群众文化史》，北京人文函授大学，1986，第5页。

③ 李长学：《中国特色社会主义文化的哲学审视》，《科学社会主义》2019年第6期，第62页。

（一）新中国群众文化的界定

新中国群众文化是我国群众文化悠久历史中具有重要意义的一部分，具有群众文化的一般特征，也有其独特个性。从历时维度和实践角度去考察，新中国群众文化指的是新中国成立以来的群众文化活动、群众文化机构、群众文化组织、群众文化内容，以及因此产生的特殊的历史文化现象。关于新中国群众文化的定义，研究者给出了不同的答案。

（1）新中国群众文化概念。在我国，群众文化是一个简单而又复杂的概念。说简单，是因为群众文化“在我国现代化建设中，·直处于主流文化的范畴，也是我国政府主办的文化馆（站）行业的工作重心”[①]。它通常指的是政府部门主导的，以文化馆（站）、公共图书馆、纪念馆、博物馆、美术馆等为载体的文化现象、文化制度。

说复杂，是因为关于群众文化概念的界定有很多争论。从理论层面看，目前的一些研究成果更多是从社会学、文化学、传播学角度去分析，将群众文化看作一个文化场域，对其同时代、同区域的文化艺术发展有着重要的影响。从文化学角度分析，正如很多专家的观点，“群众文化是参与人数最多与最重要的文化类别，涉及人类社会的各个领域，是社会不可缺少的组成部分，参与的全民性、活动地域的广阔性、活动内容的普及性均体现了群众文化的社会性，是人们职业外自我参与、自我娱乐、自我开发的社会性文化，当前的群众文化实务，包括群众文化工作以及相关的组织机构、团体、人才、文艺样式、活动、场所等”[②]。也可以从传播学角度进行表述，“群众文化是社会学校，是人际交流的场所，是社会规范的手段，是社会大众传播的媒介，是人民休闲生活的内容，是社会精神生产的部门之一。……群众文化是当代社会的一种大众传播手段。……强化群众文化的传播功能，具有特殊的意义。……当代群众文化大体有以下六种传播手段：口头传播、文字传播、书刊传播、直观传播、影视传播、艺术传播。……传播模式主要有三种：自我传播、人际传播和职业传播”[③]。“作为一种文化机构，群众文化几乎涉及社会生活的全部领域；作为一种生活内

① 杜染：《群众文化的现代化》，华龄出版社，2018，第3页。

② 郑永富主编《群众文化学》，中国国际广播出版社，2001，第1、10页。

③ 牟光义：《群众文化社会学概论》，学苑出版社，1989，第6、69、70、71页。

容，群众文化几乎涉及人们所有的生活方式；作为一种艺术活动，群众文化又几乎涉及所有的文学艺术活动形式。”①

群众文化的界定不能太“务实”也不能太“实务”，“务实”指的是完全依照我国群众文化工作的实际状态，尤其是新中国成立以来的群众文化进行概括，缺乏历史观照；“实务”指的不能太偏重实践层面、工作实操层面，对于一项工作如此界定可以，但是要将群众文化作为一个研究领域，如此界定未免有些太过狭隘，缺乏宏观的文化学、社会学、人类学的观照，难以在学理意义上有所深入。因此，要考察群众文化的定义，就应该将其置于现代社会之中来考虑，因为“职业”在社会分工大规模进行之前是不存在的。群众文化是一种社会性文化，但在“社会性”的界定上不能只停留在业余性、自我性、实体性等现象层面的解析上，其实在相关的研究著作中这种情况也很普遍，也有一些学者注意到了这个问题，例如牟光义就认为，“群众文化是社会学校，是人际交流的场所，是社会规范的手段，是社会大众传播的媒介，是人民闲暇生活的内容，是社会精神生产的部门之一”②。尽管这一概念还更多强调群众文化作为文化活动的特征，但对群众文化的社会性特征和传播学功能已做深入分析。总之，在已有研究成果中，群众文化“被认为是一个广义的、不确定的，同时又是一个内涵极其丰富的社会范畴”③。

从实践层面看，新中国成立后，群众文化这一概念一直在国家相关的机构名称、政策文件当中继续使用，但是20世纪90年代之后，尽管“群众文化指导处”作为国家文化主管部门的一个职能机构存在，但国家的相关政策文件中已经很少出现“群众文化”这个词，尤其是进入21世纪以来，更多采用的是“群众文化活动”“群众性文化”“群众文化生活”“公益性文化事业”“公共文化”“公共文化服务”等。表面上看，这是文化用语的变换，背后其实反映的是我国文化行政管理体制条块分割、部门壁垒带来的尴尬。如除了文化部门、体育部门、民族事务主管部门拥有群众文化的管理职责之外，新闻出版广电系统的广播、电影、电视、出版相关部门同样具有而且也在行使着群众文化管理与服务职能，但是因为分属不同

① 谢彬如：《群众文化学引论》，贵州省艺术研究室，1988，第2页。

② 牟光义：《群众文化社会学概论》，学苑出版社，1989，第6页。

③ 谢彬如：《群众文化学引论》，贵州省艺术研究室，1988，第2页。

的管理系统，其表述不同。

理论与实践的双重尴尬造成群众文化理论研究的薄弱。在已有的研究成果中，关于群众文化的认识主要存在两种误区：一是将“群众文化”中的“文化”理解为“小文化”，例如将群众文化与大众文化混为一谈；二是将“群众文化”中的“群众”理解成了“小群体”或者是特殊的群体和区域。第一种误区表现在将群众文化简单对应成某一种或几种文化类型，如大众文化、民间文化、民俗文化、基层文化、主流文化、主导文化、主文化、次文化、通俗文化。第二种误区表现在将群众文化的受众群体简单对应成农民、工人、军人、学生，或者是乡村、社区、少数民族地区、城乡接合部等欠发达地区居民，或者是老人、妇女、儿童等弱势群体。这种认识不只是对象的定位不准、范围窄化，更是将群众文化中的“群众”与“文化”这一整体生硬拆散。

（2）群众文化相关概念辨析。群众文化与大众文化在接受主体上有相当的重合部分，二者都强调社会大众的广泛参与和集体娱乐。“大众文化是以大众传播媒介为手段，按商品市场规律去运作的，旨在使大量普通市民获得感性愉悦的日常文化形态。”[①]群众文化的活跃有利于大众文化的流行，大众文化的发展也会极大地影响群众文化的内容和形式。尤其是在报纸、杂志、广播、电影、电视、互联网（包括移动互联网）等媒体迅速发展的今天，大众媒体借助其多样的传播手段、新颖的传播方式和丰富的传播内容，对群众文化造成了深远的影响。二者的差异在于群众文化更强调公益性和无功利性，而大众文化更强调商业性和功利性；群众文化更倾向于精神参与和娱乐休闲，大众文化倾向于文化消费和市场利润。

群众文化与主流文化关系也很密切，主流文化是社会官方主导并推动的一种文化形态，体现出鲜明意识形态色彩。群众文化同样具有国家属性，不同国家的群众文化有不同特点，统治阶级不同其群众文化也一定有所差别。群众文化是主流文化的重要传播平台和渠道，群众文化组织得力，有利于主流文化的宣传，反之则会减弱主流文化的传播力和影响力。二者的差异则在于主流文化更倾向于自上而下的宣传、教育，而群众文化更强调自下而上的参与、体验。

① 王一川：《文艺转型论——全球化与世纪之交文艺变迁》，北京师范大学出版社，2011，第94页。

群众文化对精英文化有着重要的影响，是精英文化赖以生存的文化土壤和基础。精英文化是一个社会高端的、专业的、以知识分子价值取向为主的文化形态，但很多精英文化艺术作品来源于群众文化的培育、滋养，例如诗歌起源于远古百姓的劳动和祭祀活动，古代小说的出现与民间讲故事活动息息相关。此外，一些所谓的精英文化最初就是从群众文化发展而来的，例如京剧、豫剧等各种地方戏曲。二者的差异在于群众文化常常追求通俗性、草根性，强调的是娱乐和普及；精英文化则重视专业化、职业化，强调的是批判性和独立性。

以上只是列举了群众文化与其他三种文化形态之间的差异。必须指出的是，群众文化与其他文化形态之间的界限是相对的而非绝对的。在一定的条件和作用下，群众文化会转变或发展成为其他的文化形态；反之亦然，其他的文化形态也会通过广泛传播，发展成为群众文化的内容。

（3）文化学范畴中的群众文化。综合以上分析，从文化学角度看，群众文化是人民群众自我表现、自我教育、自我服务的非职业、非商业的文化艺术。基本属性是公益性、群体性、艺术性、日常性，公益性是由其公共文化服务属性决定的，群体性是由其活动主体为人民群众决定的，艺术性是由其活动内容决定的，日常性是由其活动方式决定的。基本功能概括起来有宣传教化、娱乐宣泄、团结凝聚等。活动形式包括群众文学活动、群众戏剧活动、群众曲艺活动、群众音乐活动、群众舞蹈活动、群众美术活动、群众游艺活动、群众体育活动等。

依据不同的标准，群众文化有不同的分类，按照参与者的年龄可以分为老年群众文化、中年群众文化和青少年群众文化；按照参与主体所属的群体可以分为农民群众文化、企业群众文化、校园群众文化、军队群众文化；按照活动开展的区域可以分为城市群众文化、社区群众文化、集镇群众文化、农村群众文化；按照活动内容可以分为群众创作活动、群众表演活动、群众展览活动、群众观赏活动、群众阅读活动、群众培训活动、群众健身活动。

从群众文化的历史脉络分析，新中国群众文化起源于新民主主义革命时期，在社会主义革命和建设中逐步成熟，是国家文化事业的重要组成部分，是先进文化代表，[①]是人民群众基本的文化权益的保障，是社会主义优

① 杜染：《杜染作品集：群众文化》，文化艺术出版社，2012，第2页。

越性的重要体现，[①]属于现代公共文化服务体系建设的重要内容。

（4）社会学范畴中的群众文化及其分类。从社会文化学角度分析，群众文化是我国政府主导的人民大众的公共文化生活空间。一般而言，文化现象也好，文化机构也罢，抑或是社会生活方式、文化艺术活动，都脱离不了文化的社会属性。从群众文化的社会学、艺术学和传播学功能来看，群众文化具有鲜明的“文化空间”和“日常生活”功能。群众文化构建的生活空间是一种独特的“文化集合”[②]、文化系统、文化生态和文化存在，按照内容生产的流程可以细分为生产空间、传播空间、接受空间、交流空间，也可以按照属性细分为物质空间、精神空间、制度空间。这种文化生活空间是物质与精神的结合，是传统与现代的结合，也是个人与集体的结合。

首先，所谓物质与精神的结合，指的是不仅群众文化有专门的文化场地，如文化馆、图书馆、博物馆、纪念馆、文化宫、少年宫、老年活动中心、广场、军队礼堂等，而且这些空间本身也承载着相应的文化艺术内容，以及文化背后的价值、观念、导向等。其次，所谓传统与现代的结合，指的是群众文化活动中不仅有传统民间文化、民俗文化的传承、保护与发扬，也有电影、电视、网络等现代电子传播工具及其文化，还有传统文化与现代高科技融合的电子图书室、阅览室、博物馆、信息共享产品等，既考虑当前文化发展的现实性也照顾到未来文化发展的可能性。最后，所谓个人与集体的结合，指的是群众文化生活空间既考虑到个人文化需求的差异性，也照顾到了群体文化需求的统一性；既考虑到国家宣传教育的统一需要，也照顾到群众基本文化需求的个性化。

群众文化作为一种独特的文化生活空间，其特征有以下四点。一是互动性，即群众文化是国家主导文化与社会普遍文化需求的一种互动，当这种需求与其满足呈正向相关时，群众文化发展便出现良性发展态势。二是开放性，即群众文化内容不是一成不变的封闭系统，它随着群众文化需求

① 中共中央《关于关心人民群众文化生活的指示》指出：“人民群众在业余时间能够享有各种各样丰富多彩的文化生活，能够在智力和体力方面自由地发展自己的才能和智慧，是社会主义制度优越性的一种表现。”

② 郑永富主编《群众文化学》，中国国际广播出版社，2001，第10页。

和国家主导文化的诉求变化而变化，也受科技、传播和艺术本身变化的影响。三是日常性，即群众文化不是专业的艺术创作与艺术欣赏，它与日常工作、生活联系紧密，有很强的生活伴随性、休闲性。四是共享性，即群众文化没有阶层边界，而是全民参与、全民共享。

综上，群众文化终究要融入人民群众的生产生活，[①]回归于人民群众的生活方式、文化艺术活动当中。理解新中国群众文化，不仅要认识其作为一种社会文化活动的实践意义，例如其实务性、务实性、操作性、活动性特征，还要认识到其深刻的社会学和哲学内涵。

（二）新中国群众文化是社会主义文化的重要组成部分

新中国群众文化自诞生以来，在新民主主义革命时期、社会主义革命和建设时期、改革开放和社会主义现代化建设新时期及中国特色社会主义新时代中均发挥了重要作用。从发展历程看，群众文化不是无源之水，它“积淀着中华民族最深沉的精神追求，代表着中华民族独特的精神标识”[②]，是中华优秀传统文化、革命文化和社会主义先进文化相结合的产物。

（1）新中国群众文化继承了中华文明的优秀基因。广义上讲，群众文化是人类社会一切文化的母体和终点，“几乎贯穿着整个人类的文明史”[③]。几乎任何一个艺术门类的历史发展都可以证实，艺术的种子总是在广大群众的劳动实践中发芽生长，最后“叶落归根”，回到广大群众文化生活当中去被接受、被检验。从这个角度上看，我国群众文化历史悠久，具有民族性，是中华民族在生产生活实践中的文化创造，是民族智慧的结晶；具有时代性，离不开每个时代的经济社会整体发展情况，在每个时期都有其辉煌成就，形成了相应时期独特的群众文化形态，并对艺术的发展起到了重要的作用。

（2）新中国群众文化充满了革命文化的精神气质。1840年鸦片战争

---

① 宣文艺：《深入学习红色文艺轻骑兵精神 推动群众文化工作强起来》，《人民日报》2018年11月19日，第12版。

② 习近平：《在中国文联十大、中国作协九大开幕式上的讲话》，新华网，http：//www.xinhuanet.com/politics/2016-11/30/c_1120025319.htm，最后访问日期：2017年10月8日。

③ 谢彬如：《群众文化学引论》，贵州省艺术研究室，1988，第2页。

后，中国开始沦为半殖民地半封建社会，救亡图存成为中华民族的主要任务，这一主题始终体现在中国政治、经济、社会、文化和科技等各个方面。伴随着中国共产党诞生而出现的新中国群众文化，从一开始就服务于中华民族的主要任务，投身于民主革命事业，致力于民族解放与独立。我国“革命文化的历史来源是近代以来中国人民反抗帝国主义、封建主义和官僚资本主义的长期革命历程。其中以五四运动和中国共产党诞生以来的新民主主义革命为标志，革命文化进入到以马克思主义为指导的新阶段”①。从新民主主义革命时期的群众文化发展历程可以看到，革命文化作为“一笔宝贵的政治资源和精神财富”②，浇铸在新中国群众文化的精神内核中。新中国群众文化与“新阶段”的革命文化一样，在马克思主义的指导下，在中国共产党的带领下，参与伟大的革命事业，并打上了深深的革命文化烙印。

（3）新中国群众文化充分彰显了社会主义文艺本质。新中国群众文化活动开展的内容是鲜活的、丰富的，不是喊口号和空洞的言说，如果没有丰富的内容和形式，就没有生命力和创造力，而这个生命力和创造力的由来还是群众自身。“人民是文艺创作的源头活水”③，很多专业领域的艺术家不是来自专业培养而是在社会实践中诞生的，甚至在“出道”之前就是草根。这些民间高手是新中国群众文化的继承人，也是新中国群众文化的创新主力，他们的匠心精神在活跃新中国群众文化的同时，也为我国社会主义文艺的整体繁荣做出了贡献。“一切优秀文艺工作者的艺术生命都源于人民。”④人民群众的生产生活不仅蕴含着智慧，而且是人类智慧的源头和结晶。文化艺术从广大人民群众的劳动实践中诞生，有的发展成为主流文化艺术，有的发展成为专业文化艺术。随着中国特色社会主义建设进入新时代，国家富强、人民富足，人民生活水平不断提高，“人民对包括文艺作品在内的文化产品的质量、品位、风格等的要求也更高了”，新中国群

---

① 曾汉辉：《革命文化传承、创造与发展的若干思考》，《学习时报》2019年12月27日，第8版。

② 刘建军、彭蓉：《试论革命文化的创造性转化与创新性发展》，《西北工业大学学报》（社会科学版）2019年第4期，第4页。

③ 习近平：《在文艺工作座谈会上的讲话》，新华网，http://www.xinhuanet.com/politics/2015-10/14/c_1116825558.htm，最后访问日期：2017年10月14日。

④ 习近平：《在中国文联十大、中国作协九大开幕式上的讲话》，新华网，http://www.xinhuanet.com/politics/2016-11/30/c_1120025319.htm，最后访问日期：2017年10月14日。

众文化更快速、更繁荣发展才能"跟上时代发展、把握人民需求"。[①]由此可见，人民群众需要新中国群众文化，新中国群众文化需要人民群众。

第二节　新中国群众文化的发展历程

习近平总书记在庆祝中国共产党成立100周年大会上指出："一百年来，中国共产党弘扬伟大建党精神，在长期奋斗中构建起中国共产党人的精神谱系，锤炼出鲜明的政治品格……我们要继续弘扬光荣传统、赓续红色血脉，永远把伟大建党精神继承下去、发扬光大！"[②]新中国群众文化是中国共产党宝贵的精神财富，体现了伟大的建党精神。

新中国群众文化是中国共产党领导广大人民群众在长期的革命、建设和改革实践中逐步形成和发展起来的文化艺术成果。从历时角度分析，新中国群众文化在新民主主义革命时期孕育形成，在社会主义革命和建设时期探索成长，在改革开放和社会主义现代化建设新时期成熟进步，并在中国特色社会主义新时代全面发展，由此可以概括为边界相对清晰的四个阶段，即孕育形成期（1921～1948年）、探索成长期（1949～1977年）、成熟进步期（1978～2012年）、全面发展期（2013年至今）。在不同的历史阶段，群众文化发展面临的政治、经济、社会环境不同，取得的成绩和存在的困难不同，由此形成了每个阶段独特的群众文化活动或现象，共同构成了具有中国特色的群众文化景观。

党的十九届四中全会指出，中国共产党领导人民创造了伟大成就，这是因为我国国家制度和国家治理体系存在显著优势，其中在文化方面的优势就是"坚持共同的理想信念、价值理念、道德观念，弘扬中华优秀传统文化、革命文化、社会主义先进文化，促进全体人民在思想上精神上紧紧团结在一起"。党的十九届五中全会提出了"十四五"时期文化建设的主要目标，即社会文明程度得到新提高，"社会主义核心价值观深入人心，人民思想道德素质、科学文化素质和身心健康素质明显提高，公共文化服

① 习近平：《在文艺工作座谈会上的讲话》，新华网，http：//www.xinhuanet.com/politics/2015-10/14/c_1116825558.htm，最后访问日期：2017年10月14日。

②《在庆祝中国共产党成立100周年大会上的讲话》，"人民网"百家号，2021年7月2日，https：//baijiahao.baidu.com/s?id=1704127100511112029&wfr=spider&for=pc。

务体系和文化产业体系更加健全，人民精神文化生活日益丰富，中华文化影响力进一步提升，中华民族凝聚力进一步增强”。由此可见，研究群众文化具有重要的政治意义和实践指导价值。

在新的时代，正确认识和深入理解我国群众文化发展历程和深刻内涵，对于总结中国共产党百年来的发展史、建设新时代中国特色社会主义文化具有重要意义，需要我们学界、业界以及其他社会各界高度重视，进行深入研究。[①]

一 孕育形成期（1921～1948年）的群众文化

1919年5月4日，五四运动爆发，马克思列宁主义在中华大地传播，从此，中国新民主主义革命正式拉开大幕。1921年，中国共产党登上了历史舞台，从历史沿革和根本属性上讲，新中国群众文化的源头可以追溯至此，与中国共产党诞生同步。其原因一方面在于，中国共产党是马克思主义政党，与人民群众有着天然的血肉联系，其政党属性决定了新中国群众文化的根本属性，即要求文艺工作必须紧紧围绕工人、农民、士兵等群体开展；另一方面在于，新中国成立后，中国共产党成为执政党，新民主主义革命时期党的群众文化路线、方针延续了下来，具有文化属性的一致性和文艺政策的传承性。从总体情况观察，这一时期的群众文化在指导思想、组织建设、队伍建设、活动开展、作品创作等方面都有所建树，很好地完成了其始创期的各项准备工作，[②]为其后续发展壮大奠定了坚实基础。

（一）新民主主义革命时期群众文化发展的基本情况

这一时期的群众文化工作主要围绕中国共产党领导的新民主主义革命事业开展，是中国共产党群众路线在文艺战线的具体实践，也是领导群众开展革命斗争的重大举措。由于处于始创期，这一时期的群众文化在指导思想、组织建设、活动开展、作品创作等方面有很多开创性工作。

（1）群众文化指导思想应运而生。这一时期整个文艺领域的标志性

① 周建新：《建党百年视野下我国群众文艺的发展路径及其特点》，《现代传播》（中国传媒大学学报）2021年第11期，第112页。

② 周建新：《建党百年视野下我国群众文艺的发展路径及其特点》，《现代传播》（中国传媒大学学报）2021年第11期，第112页。

事件是延安文艺座谈会的召开。1942年5月，毛泽东发表了历史上著名的《在延安文艺座谈会上的讲话》，强调我们的文艺“首先是为工农兵的”，“我们的问题基本上是一个为群众的问题和一个如何为群众的问题”，明确了群众文化的革命属性和政治宣传属性。延安文艺座谈会“极力提倡工农兵文艺，力促中国现代文艺家从现实中提炼、生发理论”，对当时的群众文化实践产生了革命性的影响，其“义素符码”构成了中国共产党领导下的革命时期群众文化工作的“基本语汇”，这种“红色文化意识形态记忆的记忆母体”的影响力持续至新中国成立以后，成为“中国共产党在文艺管理方面的意义目的和价值旨趣”。①

（2）群众文化活动形式多样，遍地开花。群众文化活动作为群众文化工作最重要的载体和具体可见的呈现内容，其开展深受广大工人、农民、战士和知识分子的欢迎。毛泽东高度重视群众文化活动，1934年1月23日，在第二次全国苏维埃代表大会的报告中，对中央苏区群众文化活动发展给予了肯定。②这一时期，无论是在城市还是乡村，无论是在工厂还是部队，都有宣传队、剧团、文工团及其他文艺工作者组成的群众文化组织开展丰富的群众文化活动，如中央苏区的“列宁小学、夜校、识字班、妇女教育、政治学习、读报以及体育运动等”。③但是从“活动”上升到“运动”还是延安文艺座谈会之后的事情，例如延安地区的“街头诗运动”“大秧歌运动”“西北战地服务团”“战地社”“战歌社”等。④柯仲平在总结西北革命文艺工作的经验时认为，“延安文艺座谈会以前，陕甘宁边区，也曾在毛主席的启示下，有利用西北地方戏秦腔、郿鄠及民歌等形式为根据地人民服务的文艺活动。但整个为群众（服务）的文艺运动，是在（延安）文艺座谈会以后才形成”⑤。

---

① 张清民：《两个文艺“讲话”的话语意义分析》，《文学评论》2020年第1期，第7页。

② 胡守勇：《“下里巴人”的重建——利川市群众文化建设研究》，博士学位论文，中央民族大学，2010，第42页。

③ 孙渊主编《群众文化概论》，新华出版社，1988，第6页。

④《毛泽东同志〈在延安文艺座谈会上的讲话〉的前前后后》，央视网，http://news.cntv.cn/china/20120518/113505.shtml，最后访问日期：2017年10月16日。

⑤ 柯仲平：《把我们的文艺工作提高一步——西北代表团陕甘宁部分文艺工作总结发言》，中国作家网，http://www.chinawriter.com.cn/2012/2012-07-04/133138.html，最后访问日期：2017年10月16日。

（3）群众文化创作生产链条完成。群众文化创作生产离不开群众文化创作队伍、创作作品和刊发平台，这也是群众文化主体能动性发挥和客体再现生活、反映生活的主要载体。群众文化创作生产与群众文化活动开展密切相关，一方面群众文化活动的开展需要大量群众文化作品来支撑，为群众文化创作提供客观需求；另一方面随着群众文化活动开展，文艺知识的迅速普及与群众文艺知识水平的提高，也帮助改造、培育了一批群众文化创作人才，这又为群众文化创作强化了人才基础。一个健康良性可持续的群众文化创作生产流程闭环在这一时期出现，那就是著名的延安文艺现象。[①]抗日战争爆发后，很多文艺青年从祖国四面八方来到革命圣地延安，与那里的工人、农民、红军一起参与文艺创作支持抗战，开创了我国革命文化史上著名的延安文艺时期。轰轰烈烈的群众文化运动锻炼了大量的文艺人才，文艺人才的杰出才华又反哺群众文化活动开展和文艺作品创作，形成了佳作如雨后春笋不断推陈出新的局面，代表性作品有新秧歌剧《兄妹开荒》，新歌剧《白毛女》《血泪仇》，新历史剧《逼上梁山》，新洋片《养娃娃》，新诗歌《王贵与李香香》，新小说《一个女人翻身的故事》《小二黑结婚》，新通讯文学《白求恩》等，它们在中国群众文化史甚至中国文艺史上都有很大的影响力。[②]此外还值得关注的是，早在1929年，群众文化就有了自己的刊物平台，即月刊《群众文化》和《群众日报》上的部分栏目，这些平台的成立为群众文化作品刊发和群众文化理论研究提供了大力支持。

（二）新民主主义革命时期群众文化发展的主要特点

这一时期尽管时间跨度不是特别长，但是经历的革命历史过程是曲折的，不同区域革命形势不同，革命队伍也不同，因此群众文化工作开展的复杂性可想而知。总体而言，不管是从时间维度考量还是从地域维度考量，这一时期的群众文化体现出明显的交叉融合统一特性，具体表现在以下几个方面。

（1）在功能价值上，群众文化的革命目的和工具手段有机统一。群众

① 周建新：《建党百年视野下我国群众文艺的发展路径及其特点》，《现代传播》（中国传媒大学学报）2021年第11期，第107页。

② 周建新：《建党百年视野下我国群众文艺的发展路径及其特点》，《现代传播》（中国传媒大学学报）2021年第11期，第107页。

文化在推进反帝反封建的民族救亡图存大业的环境中诞生成长，因此不管是以何种形式开展活动，其都是强烈革命性和中华民族“一致对外”民族性的交叉融合。这种交叉融合的属性在30年艰苦卓绝的斗争中表现出基于“合目的性”的对于全体中华儿女而言的高度一致。在高度一致的目的的统摄下，群众文化的“工具性”和指向性也就显而易见。由此可见，这一时期群众文化都是服务于力挽狂澜式地救万民于水火、寻求民族解放独立的总体目标。①

（2）在创作生产上，群众文化的传统性和现代性充分对接。鸦片战争使几千年的封建社会土崩瓦解，中华民族从“天朝上国”梦中突然惊醒，一时间惊慌不知所措，这时候他们才知道，原来历史上万国朝拜的辉煌已然不再，政治体制、文化科技、军事技术已全面落后于西方。于是，“师夷长技以制夷”等学习西方革新社会的文化思潮席卷神州。对于群众文化创作而言，这一时期一方面可以发现对民族劣根性的反思、对坚持封建礼教顽固不化的反思等内容在作品中大量出现，进一步唤醒广大人民群众，试图在群众文化的普及与层次提高中实现“民众启蒙”“民智提高”；另一方面西方的现代文化观念、文艺形式也随着他们的侵略传入，传统的群众文化虽然“偏安一隅”，普遍存在于落后的乡村地区，但是“西学东渐”“洋为中用”的思潮同样存在，群众文化创作尤其受苏联文艺的影响。这一时期群众文化在大潮流趋势下难免面临中西方文化的冲突融合的局面，从今天的视角回望，不管是对于民族传统文化强烈的反思批判，还是对于洋文艺、洋理论的学习吸收，都是可以理解的，所谓“爱之深，恨之切”，其目的很明确，那就是国富民强、文艺兴盛。而从实际过程和效果看，从闭关锁国到门户开放，中西冲突是难以避免的，值得自豪的是在这种激烈的冲撞中，我们实现了文艺现代性的改造和升级，时至今日依然保持着对传统文化的自信。

（3）在活动开展上，群众文化的活动场所从城市扩展到乡村，并做到二者协同发展。从民国时期开始，少量的城市公共文艺设施与场所已经建立，如“俱乐部、青年会、民众乐园、大世界”，“有些城市和县城还设有民众教育馆”，部分乡镇也“建有戏楼、茶社”。②这种活动组织形式对于新

① 周建新：《建党百年视野下我国群众文艺的发展路径及其特点》，《现代传播》（中国传媒大学学报）2021年第11期，第107页。

② 梁泽楚编著《群众文化史（当代部分）》，新华出版社，1989，第31页。

中国群众文化发展而言是有启发性的，例如“通俗教育馆”（后改为“民众教育馆”）的建立，其部分文化教育功能设置、组织运行形式对于新中国成立后的文化馆、群艺馆建设都有很好的借鉴意义。[①]但是“通俗教育馆”等场所建立的根本目的，开展活动的文化属性、实施效果与中国共产党领导的群众文化有质的区别。例如，中国共产党领导下的群众文化能够与时俱进，随着革命形势和革命任务重心的变化，心系广大农民，与“农村包围城市”的革命路线一致，努力加强对广大农村地区群众文化事业的领导和建设；齐头并进推动城市和乡村的群众文化建设发展，使之相得益彰、相互补充，共同支持新民主主义革命事业发展。

总结起来，这一时期的群众文化伴随着中国共产党的诞生而出现，并在革命烈火中孕育，作为共产主义宣传手段和推动革命前进的斗争法宝，从大革命到土地革命，从抗日战争到解放战争，就其意义和价值而言，群众文化毫无疑问做出了重要贡献。一方面它具有极强的社会动员能力，吸引、鼓动普通民众参与民主主义革命及文艺活动，“激发了人民团结抗战的信心”；[②]另一方面“它体现了（中国）共产党的文化政策及理想”[③]，并将中国共产党的革命事业、崇高理想、初心使命宣传到广大工农兵学阶层，丰富了他们的日常生活，提高了他们的思想觉悟。此外，从群众文化发展历程观察，这一时期的时代背景、孕育环境注定了其红色文化基因的传袭和革命文化的底蕴，这些自带的“光环”内化为其文化性格，即便是到了和平时期依然清晰可见。

二　探索成长期（1949～1977年）的群众文化

新中国成立后，国内外环境形势十分复杂，新生政权受到来自方方面面的挑战，社会主义改造与建设事业百废待兴，群众文化作为国家凝聚人心的重要方式和广大人民群众抒情释怀的重要途径，地位举足轻重。从总体情况观察，这一时期的群众文化工作与“促生产”紧密结合，但同时也

① 彭泽明：《文化馆的雏形：民国初的通俗教育馆》，《中国文化报》2012年11月5日，第7版。

② 陆青：《群众文艺运动的新方向——浅析〈穷人乐〉的创作特点》，《党史博采》2015年第4期，第47页。

③ 张自春：《经验互助与群众创作：“〈穷人乐〉方向”与解放区－新中国的群众文艺运动》，《文学评论》2018年第2期，第162页。

没有忘记“抓革命”的任务要求。[①]群众文化在新的政治社会环境中探索成长，将革命时期的群众文化“有效引入”和平建设时期，让适应了农村地区、厂矿、军队环境的群众文化走进城市、“包围城市”，不仅很好地实现了功能角色的成功转型、有效转换，还建立起体系化的组织架构、搭建了多样化的活动载体，培育了一批新的群众文化力量，在社会主义建设初期的文艺普及与层次提高中发挥了重要作用。

（一）社会主义革命和建设时期群众文化发展的基本情况

1949年7月，中华全国文学艺术工作者第一次代表大会召开，革命时期群众文化工作的经验总结和新中国成立后的建设发展，成为大会讨论的重要内容之一。郭沫若在本次大会上的致辞中明确提出：“我们要注意开展工厂、农村、部队中的群众文化活动，培养群众中新的文艺力量。”[②]由此可见，新生政权高度重视群众文化工作，然而和平时期与战争年代的群众文化工作开展有着极大不同，无论是制度建设、组织运行、人才培育还是功能定位等都需要进行重构，于是国家在发展群众文化上的一系列重大举措纷纷出台。

（1）在体制运行上，较为完整的群众文化管理体系得以确立。新中国成立后，国家高度重视社会主义革命时期与建设时期群众文化体制建设的有机衔接，将发展群众文化事业作为党和政府相关部门的一项重要职责予以推进，最终形成了从中央到地方、从党政部门到社会组织的纵横交叉、逻辑严密的管理体系。

从横向职能协调看，形成了由文化管理部门、工会组织部门、共青团和教育部门、军队管理部门等组成的管理体系，[③]这是社会主义建设初期我国群众文化事业的四大网络支撑体系。从纵向职能分配看，经过近十年的发展，以文化部群众文化事业管理局的成立为重要标志，“一个以文化馆（站）为中心的群众文化辅导网，以俱乐部为中心的群众文化宣传活动网已经基本组

① 周建新：《建党百年视野下我国群众文艺的发展路径及其特点》，《现代传播》（中国传媒大学学报）2021年第11期，第107～108页。

② 郭沫若：《为建设新中国的人民文艺而奋斗——在中华全国文学艺术工作者代表大会上的总报告》，2012年7月4日，中国作家网，www.chinawriter.com.cn。

③ 梁泽楚编著《群众文化史（当代部分）》，新华出版社，1989，第6页。

成”。[①]此外，少数民族地区的群众文化工作也备受重视，由民族事务管理部门具体负责推进。至此，群众文化工作从战时动员机制下面对重点辖区、重点区域、重点人群开展的文艺活动，发展成为国家行政力量主导下的覆盖全国全民族全社会的一项工作，具有体系化制度化的工作机制和日常稳定的工作内容。

（2）在活动开展上，人才队伍建设与创作生产卓有成效。“文革”前的17年，我国群众文化工作十分活跃，郭沫若对此表示高度认可，他认为群众文化工作的组织架构不断健全、“任务明确化”，“在组织当地文艺工作者进行创作和各种配合中心任务的文艺宣传以及辅导群众业务艺术活动上做了不少工作，是有成绩的”。[②]一方面，文艺战线服务工农兵的意识越来越强，“特别是自1958年以来，广大文艺工作者上山下乡，深入工农群众，在和群众同呼吸、共命运的过程中，或深或浅地自觉地改造了世界观和阶级情感”，创作了一批新的文学、新的戏剧、新的电影、新的连环画、新的年画、新的歌曲、新的舞蹈等文艺作品，这批文艺作品在人民群众中特别是在广大农村地区广泛传播，迅速为广大群众所接受。另一方面，“群众又通过多样的业余活动的方式积极地参加了艺术创造的事业”[③]，例如“许多作品被群众改编为通俗的戏曲和戏剧，群众也编写许多的曲艺，快板和歌曲”[④]。此外，“我们的文学艺术和人民发生了广泛的联系，推动了群众中间的新文艺活动，在群众中形成了文学艺术的后备军”。[⑤]

（二）社会主义革命和建设时期群众文化发展的主要特点

由于这一时期处于由革命斗争时期向和平建设时期过渡、党的工作重点从乡村向城市转移的过程中，群众文化工作面临一些不确定性，群众文

① 梁泽楚编著《群众文化史（当代部分）》，新华出版社，1989，第82页。

② 郭沫若：《致中国文学艺术工作者第二次代表大会开幕词》，中国作家网，http://www.chinawriter.com.cn/2011/2011-11-03/104137.html，最后访问日期：2017年11月5日。

③ 周扬：《为创造更多的优秀的文学艺术作品而奋斗——在中国文学艺术工作者第二次代表大会上的报告》，全国文代会资料馆网站，https://zhuanti.artnchina.com/zybg/zybg2/f72b37974feb49d1a7c6fd23278efca1.html?wendaihui，最后访问日期：2017年11月5日。

④ 茅盾：《新的现实和新的任务——在中国文学工作者第二次代表大会上的报告》，中国文艺网，http://www.cflac.org.cn/wdh/cflac_wdh-2th_Article-03.html，最后访问日期：2017年11月5日。

⑤《努力发展文学艺术的创作》，中国作家网，http://www.chinawriter.com.cn/2011/2011-11-03/104141.html，最后访问日期：2017年11月5日。

化行政部门、群众文化组织、广大人民群众也在不断相互调适和磨合过程中，体现出探索的转型特征，主要表现在运行管理、功能价值、队伍建设等方面。

（1）在运行管理上，群众文化由政府统一管理向群众自发自愿组织逐步过渡。这一时期群众文化事业建设作为国家政府部门的职责被明确强调，管理上涉及部门众多，如文化部门、党团部门、部队机关、工会部门以及民族管理部门等。一方面，这说明群众文化涉及面广，需要多部门协调联动；另一方面，多头管理为今后的群众文化工作开展带来困难。和平建设时期，群众文化更多地回归和强调群众主体的自愿自觉，群众在生产生活之余自行组织的机会明显增多。

（2）在功能价值上，群众文化由革命宣传教育向休闲娱乐逐步过渡。新中国成立初期，国内外复杂的政治环境给予新生政权极大的压力，土地改革、社会主义改造、整风运动等无不需要群众文化配合做出强有力的宣传；抗美援朝更是需要群众文化再次激发和点燃全民的革命意志和斗争精神。然而，群众文化不能超越社会生产建设，更不能替代社会生产建设，其功能定位理应回归到精神生产层面。那么，在新中国百废待兴、亟须恢复生产的需求驱动下，群众文化的作用就不仅是价值理念的宣传教育，还包括把精神文化建设、文化娱乐的自主权交还给广大人民群众，从高压紧张到团结活泼，从宣传教育到娱乐放松。

（3）在队伍建设上，群众文化人才的业余性与专业性相互补充。文学、戏剧、音乐、舞蹈、绘画等文艺类型都有其历史发展过程，群众文化不是“另起炉灶”独创的一门形式与内容完全不同于历史上已有的文艺样态，而是兼容并蓄、吸收百家之长，发展群众文化的目的是向广大群众普及文艺常识并提高他们的文艺素养和文艺知识水平。因此，与传统文艺类型相比，群众文化的革新不在于文艺形式创新而在于文艺创作与传播价值理念的根本变化，即面向群众、服务群众，在群众自主的原则下进行文艺创作或文艺再创作。之所以说是价值理念创新，是因为这里的“群众”是一种群体意义的象征符号而非每一个个体的人，文艺再如何发达，也不可能出现人人都是文艺家的局面，很难实现人人都能轻松享受到任意一种文艺作品的目标。因此和平建设时期，群众文化活动开展还要尊重群众文化创作与传播主体自身的实际，这个最大的实际就是人民群众在文艺创作生产与传播上的专业性只是一种理想追求，群众文化人才永远处于专业与业余之间的中间状态。

总结起来，这一时期的群众文化工作在社会主义革命和建设时期探索前进，一方面，因为有了较为完整的管理体系再加上政策支持，群众文化活动十分活跃；另一方面，群众文化工作开展与新中国的整体生态环境休戚与共，受国家大政方针影响较大。社会主义建设初期的这种“摸着石头过河”的探索是正常的，经验的积累、教训的产生都是自然而然的。毫无疑问，这一时期的群众文化在促生产方面起到了动员鼓劲、凝神聚力的作用，但也出现了一些摇摆不定甚至是激进受挫的情况。从实际情况来看，为了解决这些问题国家付出了很大努力，也取得了一些效果，但在那个特殊时期很难对这些问题进行根本解决。

三 成熟进步期（1978～2012年）的群众文化

1978年，随着党的十一届三中全会召开，中国社会拉开了改革开放的大幕。这一时期群众文化发展的首要任务是在“文化大革命”巨大破坏之后开始全面复苏，标志之一就是与此相关的两个“红头文件”[①]的出台。随着社会主义市场经济体制的逐步建立，文化体制改革也在探索中快速推行，要使群众文化在市场化改革大潮下保持内生动力和市场竞争力，管理方式、组织运行、队伍建设、活动开展等方面的改革创新显得尤为重要。

20世纪90年代后期，群众文化在市场机制与公益服务之间的“博弈”中明确了发展方向，最终选择了向公益性文化事业和公共文化服务的方向转型。从总体情况观察，这一时期群众文化的重要任务是在改革开放的大形势下，总结以往的经验教训，确定适合社会主义现代化建设时期的群众文化发展路径和模式，因此，改革同样是群众文化发展的主基调。经过一系列的改革探索，现代公共文化服务体系下的群众文化发展模式最终得以确立。

（一）改革开放和社会主义现代化建设新时期群众文化发展的基本情况

这一时期群众文化发展总体遵循的是“解放思想、实事求是”指导原则，群众文化的改革任务在于破除不利于发展的各种政策制度，尊重经

① 这两个文件分别是中共中央颁发的《关于关心人民群众文化生活的指示》（中发〔1981〕31号）和批转的《关于加强城市、厂矿群众文化工作的几点意见》（中发〔1983〕34号），它们是指导这一时期群众文化发展的纲领性文件。

济社会发展实际，服从自身发展规律，激发群众主体参与的活力。一方面，按照“自主、自愿、自乐、自发”原则，探索“以文养文”、“以文补文”或“以工补文”的建设思路；另一方面，为了弥补市场运作机制的不足、消除文化产业对于群众文化发展的不利影响，将群众文化事业纳入我国精神文明建设体系并对政府公共服务职能的履行予以支持保障。总体来看，这一时期群众文化发展的工作重心是改革创新，而改革的难点主要是妥善处理好事业和产业、政府和市场的平衡关系，也正是基于对此问题的回应，中国特色群众文化发展模式走向成熟，表现在以下几个方面。

（1）在体制机制建设上，出台系列制度文件，完善群众文化管理体系。在“以经济建设为中心”的指导原则下，服从国家改革大局、服务于国家经济建设成为群众文化发展的核心任务。庞大的组织架构、大量的人员编制和日益高昂的运行成本对于改革开放初期的国家而言确实是沉重负担，于是“以文养文”“以文补文”成为群众文化的改革思路。因此，我们看到《关于当前农村文化站问题的请示》（1984年）、《文化事业单位开展有偿服务和经营活动的暂行办法》（1987年）、《群众艺术馆、文化馆管理办法》（1992年）等文件陆续出台，这些文件有一个共同内容就是鼓励文化事业单位根据自身特点和优势开展经营性活动，以解决群众文化活动经费不足的问题。

客观地讲，“以文养文”“以文补文”的政策能够为文化事业单位带来一些经济收入，解决经费短缺问题，但是带来的负面影响也不可小觑，例如国有资产流失、腐败滋生等，尤其是一些地区因此片面夸大了市场经济的作用，使得群众文化发展进入了误区，将文化市场化作为核心，耽误了主责主业，如文化事业单位破墙开店、开办文艺工厂、承包文化经营项目等。传统的国家主导的群众文化阵地，如文化馆、文化站、图书馆等由于经营能力欠佳，生存难以为继，日益门庭冷落，影响力下降，已有的人才流失比较严重，直接影响到群众文化活动的正常开展。

在这种背景下，国家继续深化文化体制改革，党的十四大之后，文化产业概念被提出并逐步得到认可。2000年，党的十五届五中全会首次将文化产业写入中央文件。2002年，党的十六大报告将文化建设发展分为文化事业和文化产业，并明确指出要支持和保障文化公益事业。2007年，党的十七大报告进一步要求“坚持以政府为主导，加大财政投入力度，加强社区和乡村文化设施建设，鼓励社会力量积极参与公益性文化建设，拓宽服务渠道，健全服务网络，不断提高公共文化产品和服务的供给能力”。由此可见，国家在政策制定、文化引导等方面，加强了群众文化工作的公共服务职能，这为市场经济环境下群众文化的健康发展提供了制度保障。

（2）在发展成就上，群众文化的硬件建设和软件建设都取得了很好效果。伴随着改革开放的推进、文化体制机制改革的深入，这一时期群众文化的活力得到了释放，群众的文艺创造力得到了体现。江泽民在中国文联第六次全国代表大会、中国作协第五次全国代表大会上的讲话指出，“作为农村文化、企业文化、军营文化组成部分的群众性文艺活动，其广度也是前所未有的”。

一方面，群众文化活动在各地区、各民族中开展得如火如荼，城市群众文化活动设施建设进一步加强、活动形式丰富多样；“传统民俗以其顽强的生命力重新在广大乡村地区蓬勃兴起，并在规范乡村社会的生产、生活秩序中扮演着重要角色”[①]。此外，军队、学校以及工会、妇联等团体组织的群众文化活动在各自领域有序开展，极大地丰富了广大人民群众的精神文化生活。另一方面，专业的文艺演出、电影放映、书刊的出版和发行迅速在农村、工矿和连队普及，农村广播、农村电影放映网得到扩展，电影放映设备和戏剧的服装、道具得到升级，能轻装上路，便于携带者跋山涉水，乌兰牧骑式的流动文化组织的服务有计划地开展。[②]

进入21世纪以后，伴随着经济社会建设的快速发展，“民间文艺、群众文化等繁花似锦、姹紫嫣红”[③]。公共文化服务方式进一步创新，公共文化服务体制和机制更加健全，覆盖全社会的公共文化服务体系逐步建立。此外，在群众文化期刊平台建设和学术研究方面，“党的十一届三中全会召开以后，特别是1985年中国群众文化学会成立以来，我国的群众文化理论研究才真正逐步开展起来”[④]。从20世纪80年代中后期到90年代，一

---

① 荣跃明：《公共文化的概念、形态和特征》，《毛泽东邓小平理论研究》2011年第3期，第41页。

② 周扬：《继往开来，繁荣社会主义新时期的文艺——在中国文学艺术工作者第四次代表大会上的报告》，全国文代会资料馆网站，https://zhuanti.artnchina.com/zybg/zybg4/5e18dad32b8143f98eedb97a9b7cb693.html?wendaihui，最后访问日期：2017年11月8日。

③ 胡锦涛：《在中国文联第九次全国代表大会、中国作协第八次全国代表大会上的讲话》，中华人民共和国中央人民政府网站，http：//www.gov.cn/ldhd/2011-11/22/content_2000509.htm，最后访问日期：2017年11月9日。

④ 梁泽楚编著《群众文化史（当代部分）》，新华出版社，1989，第214～220页。

批群众文化专著、专业教材、辅导教材相继问世；一批研究期刊相继出版，成为群众文化理论研究成果传播的主要阵地。这些研究成果为我国群众文化研究奠定了基础。

（二）改革开放和社会主义现代化建设新时期群众文化发展的主要特点

社会主义改革需要物质文明和精神文明两手抓、两手都要硬，然而我们不得不面对的现实是，我国幅员辽阔、民族众多、区域经济社会发展和城乡发展极不平衡，而群众文化又具有很强的地域性、民族性、时代性特征，且依赖于经济社会建设水平。这一时期群众文化发展最明显的特征就是在改革深化中寻求一种动态平衡，以实现群众文化的可持续发展、科学发展。

（1）群众文化发展在政府与市场力量间的协调平衡。20世纪80年代中期，群众文化事业单位尝试多种经营模式，开展“以文补文、多业助文”“以工养文”等有偿服务，这意味着群众文化发展除了强调政府的主体责任之外，还对市场的力量、社会的力量表示了积极欢迎。客观上，这可以刺激群众文化组织平台和人才队伍进一步改进服务，提高群众文化活动组织能力，提供更多的优质内容；也可以进一步激发人民群众的自主性、创造性和文化动能。然而，群众文化的市场化或者半市场化也产生了“副作用”，一些地区曲解国家政策，群众文化出现“逐利化”趋向，这严重弱化了其群众宣传教育、指导群众开展文艺创作的职能。随着文化体制改革的深化，国家对文化产业和文化事业进行明确功能定位，从而实现了文化产业发展与公益性群众文化之间的再平衡。

（2）群众文化发展在城市与乡村区域间的协调平衡。改革开始后，城乡社会结构发生了很大变化，传统的乡村社会由于城镇化、农民工进城等因素的影响，已经出现了“空心化”“老龄化”“空巢化”倾向，群众文化失去了基本的人才依托。为此，1998年，文化部印发了《关于进一步加强农村文化建设的意见》。除此之外，城市和厂矿则因为“职工下岗”、城市生活压力过大等因素，也出现了群众文化发展动力不足的情况。随着城市化的不断推进，城乡群众文化发展不平衡的矛盾更加凸显。所以，建立健全覆盖城乡的公共文化服务体系，推动群众文化在城乡的均衡发展，尤其是利用现代传媒手段，实现城乡群众文化基本资源的迅速传递、基础设施的迅速对接，成为群众文化发展的重要选择和公共文化建设的重心。

（3）群众文化发展在不同经济社会区域间的协调平衡。我国东西部地区、内地与沿海、内陆和边疆地区经济发展差距等客观上制约了群众文化发展，因为群众文化的硬件平台，如群众文化馆建设、文化广场建设、广播电视“村村通”工程实施、农家书屋建设等需要国家财政和地方财政的投入才能完成，这对经济发展落后地区造成了很大的压力。此外，人才资源、文化资源的供给也存在较大区域差距，而且少数民族地区的群众文化发展情况复杂多样，客观上影响了当地民族文化的传承和发展。因此，国家对现代公共服务体系建设的标准化要求充分尊重了当地的实际，当然也通过资源的统筹调配和政策倾斜，努力实现各区域群众文化的平衡发展。

总结起来，“实践证明，以文补文是群众文化工作解放思想，穷则思变，在工作实践中摸索出来的，促进群众文化事业发展、增强自身活力的一项关键性的措施”[①]。与此同时，践行“业余、自愿、小型、多样、节约”的原则，有利于释放群众文化发展的活力，但是市场经济环境下文化产业发展很难兼顾群众文化的事业功能，因此，国家在效率与公平的选择中愈发明确强调公益性是社会主义群众文化的根本属性，以此确保群众文化回归其立足群众、服务群众、尊重群众的初心使命，保障人民群众基本的文化权益，体现其鲜明的意识形态价值导向和社会主义优越性。[②]

四　新时代全面发展期（2013年至今）的群众文化

党的十八大以来，习近平总书记主持文艺座谈会并发表重要讲话，以赤诚为民的情怀亲自谋划、关心新时代群众文化事业发展，“以人民为中心”的文化发展理念、文艺创作理念深入人心，它深刻揭示了社会主义文艺本质，也为新时代群众文化发展举旗定向提供了根本遵循。

（一）新时代群众文化发展的基本情况

中国特色社会主义进入新时代，我国社会主要矛盾已经发生了根本变

① 梁泽楚编著《群众文化史（当代部分）》，新华出版社，1989，第141、208页。

② 周建新：《建党百年视野下我国群众文艺的发展路径及其特点》，《现代传播》（中国传媒大学学报）2021年第11期，第109～110页。

化，人民群众日益增长的美好生活需要与不充分不平衡的发展的矛盾上升为主要矛盾。人民群众的美好生活需要包括对群众文化发展的高质量的要求，更注重全面小康社会建成的背景下各地区各民族的群众文化的发展水平的基本持平。为此，国家将群众文化发展纳入了国家公共文化服务体系建设范畴，有了长期的建设发展规划，并以法律的形式对其阵地建设、活动开展、人才建设、设施建设、产品供给等做了明确要求。

（1）在指导思想上，明确强调“以人民为中心”的发展理念。2014年10月，习近平总书记在文艺工作座谈会上发表重要讲话，对新时期群众文化工作提出了明确要求，为其指明了前进方向。2017年11月，习近平总书记在给内蒙古自治区苏尼特右旗乌兰牧骑队员们的回信中指出，“乌兰牧骑是全国文艺战线的一面旗帜，……以天为幕布，以地为舞台，为广大农牧民送去了欢乐和文明，传递了党的声音和关怀”[①]。这是对我国群众文化活动的充分肯定，也为推动新时代文艺繁荣发展提供了“金钥匙”。[②]

（2）新时代群众文化发展全面推进。其中，群众文化事业在国家的关怀下全面推进，体现在以下三个方面。首先，群众文化的阵地网络建设更健全。广播、电影、电视的传播渠道建设更加完善，内容产品供给更加丰富；农家书屋建设成效更加明显，书籍数量和质量有大幅提高，很好满足了群众的阅读需求；互联网平台建设尤其是智能手机的普及为群众文化的传播和创作提供了便捷多元的舞台空间。其次，群众文化品牌工程（活动）建设更加有效。各地贯彻落实国家公共文化服务政策并结合当地文化特色打造文化惠民品牌活动，例如利用各种节庆假日送戏下乡，举行慰问演出，举办群众文艺赛事、民间文化节展等，不断增强群众的文化获得感和幸福感。最后，群众文化共建共享共繁荣的协作机制得到创新。文化主管部门、新闻出版主管部门、广播电视主管部门负责公共文化服务工作，其他有关部门在各自职责范围内负责相关公共文化服务工作。文联、作

---

① 《习近平总书记给内蒙古自治区苏尼特右旗乌兰牧骑队员们的回信》，《人民日报》2017年11月22日，第1版。

② 白玉刚：《永远做草原上的“红色文艺轻骑兵”——深入学习贯彻习近平总书记关于乌兰牧骑的重要指示精神》，求是网，http：//www.qstheory.cn/dukan/qs/2018-03/31/c_1122594947.htm，最后访问日期：2019年5月2日。

协、工会、共青团、妇联等团体和组织协作协调，促进资源的联通共享和融合发展。专业文艺院团、艺术院校、文联、作协对基层公共文化机构和群众文化团队的结对帮扶机制常态化。

（二）新时代群众文化发展的主要特点

这一时期的群众文化发展迎来了实现“两个一百年”奋斗目标的战略机遇期和百年未有之大变局，群众文化工作成果已经融入每个家庭的日常生活，成为新时代人民群众美好生活获得感、满足感、幸福感的重要来源之一，因此群众文化发展特点体现在“新时代”的变化上。

（1）新时代群众文化建设的新作为。群众文化发展离不开国家建设成就的支撑，这一时期群众文化在平台阵地建设、品牌活动开展、优秀作品创作传播、工作机制创新、人才队伍建设等方面取得佳绩。从实践层面看，新时代群众文化需要创造性、创新性地开展活动，这“既体现了继承性和民族性，也体现了原创性和时代性”[①]，根本上是增强文化自觉和文化自信，为人民幸福、国家富强、民族振兴提供“更基本、更深沉、更持久的力量”。

（2）新时代群众文化发展的新需求。中国特色社会主义进入新时代，群众文化发展的根本任务是适应社会主要矛盾变化，满足人民群众对美好生活的期待。“新时代美好生活的出场是与社会主要矛盾的演化历程相承接的，表明了中国人民生活样式的变迁进入了一个崭新的、高层次的阶段”。[②]这一时期生活样式、生活质量都对群众文化的发展水平提出了新要求，如要求确保对群众文化主体性的尊重、创造性的发挥、服务意识的提高、内容供给的有效充足等。

（3）新时代群众文化发展的新理念。坚持“以人民为中心”的理念是新时代群众文化发展的基本方略。“社会主义文艺，从本质上讲，就是人民的文艺”。[③]群众文化完美诠释了社会主义文艺的本质并在实践发展中一以贯之、坚持到底，其本质就是“人民的文艺”，人民群众是其创造主体，既是群众文化的“剧作者”，又是群众文化的“剧中人”，还是群众文化的“剧评人”。

---

① 赵晓翠：《创造性转化与创新性发展何以可能》，《红旗文稿》2019年第14期，第31页。

② 项久雨：《新时代美好生活的样态变革及价值引领》，《中国社会科学》2019年第11期，第4页。

③ 习近平：《在文艺工作座谈会上的讲话》，《人民日报》2015年10月15日，第2版。

综上所述，新时代中国特色社会主义建设的伟大成就为群众文化发展带来了硬件、软件等各方面的全面升级，为人民群众精神文化生活提供了丰富的内容。然而，着眼未来，要“满足人民过上美好生活的新期待”，群众文化“必须提供丰富的精神食粮”，这就要求“完善公共文化服务体系，深入实施文化惠民工程，丰富群众性文化活动”。最令人欣喜的是，“以人民为中心”的初心和使命的再回归、再认识和再强调，为今后的群众文化全面发展和繁荣兴盛提供了坚强保障。①

第三节　群众文化与电视艺术互动生成

强调电视艺术与群众文化之间的相似性，其逻辑的背后是国家意志力和行为的主导，也是体制的约束和保证。这种大的背景与氛围对群众文化和电视艺术来说是同样的，带来的结果是电视艺术与群众文化存在天然的、依托公益价值的互动关系。这种关系的弱化，一方面表现在电视艺术对群众文化需求越来越冷漠或无视，一种明显的现象就是，广大观众觉得“电视越来越看不懂了”，满屏的电视娱乐节目、同质化的版本模式、“抗日神剧”和魔幻剧泛滥、电视人才成长困难等问题越来越凸显；另一方面表现在群众文化的智慧、群众文化造就的人才很难通过畅通的渠道、多样的路径、灵活的方式转化为实际的电视艺术生产力。这两种难题或者困境的产生最主要的原因就是电视艺术与群众文化之间应有的良性互动关系被阻隔或干扰。

电视艺术的诞生有其深厚的社会基础，其中最重要的方面就是满足人类社会尤其是普通大众丰富多样的精神文化需求。群众文化是一个时期群众生活方式的整体显现和意义表达，那么这种生活方式必然有其所对应的特殊的文化需求，这种需求既是文化发展的动力，也是科技发展的动力，这些动力是电视和电视艺术出现的根本动因。群众文化对于电视艺术的动力支持作用在于：为电视艺术发展培养人才，提供文化土壤、艺术创新的动力和广泛的受众基础。

反过来，电视艺术又是一个时期群众文化的重要组成部分，对于关注现实、反映现实，发现问题、解决问题，回应群众文化需求，电视艺术有

① 周建新：《建党百年视野下我国群众文艺的发展路径及其特点》，《现代传播》（中国传媒大学学报）2021年第11期，第111页。

责任、有义务、有能力在其中发挥重要的功能，扮演独特的角色。但是拿捏好尺度，既体现媒体的社会责任，又不越俎代庖，对于任何一个电视节目来讲都是一个考验。[①]对于电视观众而言，欣赏电视艺术中的节目就如同参加群众文化活动一样，他们在意见、思想、观点的反馈与表达中提高自身的艺术素养，这种艺术素养和媒介素养又将会作用于观众群众文化活动的开展，进而提高群众文化活动的文化影响力和艺术水准。

一 群众文化是电视艺术的重要动力支持

雷蒙德·威廉斯认为，电视不是科技发展的必然逻辑结果，也不是商业发展的自然产物，而是在技术和资本等形式条件业已完备的基础上，社会需求催发的结果。“对于科技的寻求和发展，始终伴随着头脑中已有的某些目的和用途”[②]，其实，从莫尔斯的有线电报到马可尼的无线电报，从贝尔德的第一台电视机到电视在亚历山大宫的首次试播，这背后是人类长期以来的朴素的信息传播愿望，即更快更好地把信息传送到更远更多的人群当中去。[③]而反过来，传播学者麦圭尔的“使用与满足”理论也印证了这点，他认为，电视节目的功能体现在心绪转换、人际关系、自我确认和环境监测四个方面。[④]这四个方面功能对应的需求都被包含在马斯洛的需求层次中。

（一）文化土壤方面的支持

在宏观层面，一定时期一定区域的政治、经济、社会、科技等综合作用构成了文化发展的背景与形势。这种背景与形势，尤其是由群众文化构成的特殊“文化场域”，对于具有中国特色的电视艺术的发展而言是必须考虑的因素。从其几十年的历史发展轨迹可以看出，电视艺术发展受宏观环境的影响很大，有时这些影响甚至是决定性的。改革开放后的电视艺术受思想解放的影响，表现得青春焕发、朝气蓬勃。这同样与那个时期的群众文化气候密切相关，社会思潮、文艺潮流、审美趣味都是朝着解放思想

① 周建新、胡智锋：《电视节目创新动力：外在压力与主体自觉》，《电视研究》2013年第9期，第27页。

② Raymond Williams, *Television*: *Technology and Cultural Form* (London: Routledge, 1990), p.14.

③ 苗棣、范钟离：《电视文化学》，北京广播学院出版社，1997，第1页。

④ 郭庆光：《传播学教程》，中国人民大学出版社，1999，第113页。

而去，新颖新奇、与众不同成为时尚，电视艺术的发展与之步调一致。

20世纪末和21世纪的最初几年，我国电视荧屏娱乐选秀节目多点开花、铺天盖地。笔者曾经撰文提出，娱乐选秀节目的低门槛、低成本和巨大的社会效益、经济效益，吸引了众多电视媒体。从湖南卫视《超级女声》的走红到北京电视台的《红楼梦中人》、重庆电视台的《第一次心动》、江苏电视台的《绝对唱响》和《名师高徒》、河南电视台的《武林风》等纷纷亮相，再到从海外购买节目模式的典型案例如《中国达人秀》《中国好声音》，又到最近几年兴盛的偶像团队选秀节目《创造营》《青春有你》，娱乐选秀已不仅是一个电视事件，更是媒体事件、文化事件。其影响已不仅在于娱乐节目本身，也辐射到电视荧屏的其他各类节目中，海选、PK一时间成为大众熟悉的时尚名词，在社会生活方面，各种社区活动、校园文化活动、商业文化活动也深受其影响。①

（二）人才培养方面的支持

群众文化可以孕育“民间艺人”“草根艺人”，并借助各种渠道平台不断向专业文艺行业领域输送新鲜血液，为其提供人才支持。这里的“人才”是个广义概念，不仅指核心层面涉及电视艺术节目本身内容生产创作的各个环节的专业人才，同样也包括外围层面的电视艺术管理人才、研究人才，甚至是教育机构培养的人才。人才对于我国电视艺术发展的重要性不言而喻。电视艺术人才如何在群众文化的洗礼中得到成长，以及国家对此采取何种措施，直接影响到某些电视艺术节目的制作水平和播出效果。最明显的例子就是这些年电视娱乐选秀节目数量明显增多，为“民间艺人”的大量挖掘和培养以及他们的成长、成才和成角提供了宽阔的舞台。但是我们也发现，节目对奇才、特才、专才的需求也有些“竭泽而渔”。

以2004年为例，全国各种形式的电视大赛此起彼伏，令观众目不暇接。仅中央电视台就举办了第五届服装设计暨模特电视大赛、全国街舞电视大赛、第十一届全国青年歌手电视大奖赛、“夏新杯”第四届电视节目主持人大赛、第五届全国少儿艺术电视大赛、第七届音乐电视大赛、第三届全国电视舞蹈大赛、第二届全国电视烹饪大赛、第二届全国青年时代风采电视大赛等，并新推出了首届西部民歌电视大赛、首届朗诵艺术大赛、

① 胡智锋：《2006：对中国电视的宏观描述》，《广告大观》（媒介版）2007年第1期，第18页。

首届全国电视喜剧小品大赛、首届全国少儿戏曲大赛、首届中国网络原创动漫大赛等。当然各省级地方电视台也不甘落后，利用自身资源优势来举办电视赛事活动。这些电视大赛涉及领域宽，内容丰富，形式多样，而且规模大、影响广，形成了颇受关注的“大赛经济”。它之所以能够形成一种经济现象自然有其复杂的原因，但更重要的是赛事活动的主角是才艺选手，从实际情况看，他们很多都不是专业院校科班出身，那么他们的才艺来自哪里？自然与群众文化活动有着天然联系。

（三）艺术创新方面的支持

电视艺术作品内容及其类型、形式、模式、价值等方面是电视艺术发展最直接的呈现，也是人民群众最为关心的。电视艺术作品属性功能的偏重、形式的新颖与否、质量的高与低、模式的优与劣、价值导向的正确与否等，是一个电视艺术作品综合价值的体现，也是评判一个时期电视艺术发展成就高低的依据。

因此，群众文化对于电视艺术形态的探索、内容创新有没有发挥积极作用，将是我们考量的一个重要指标。从文化角度分析，这些年一些电视艺术节目火爆的原因就与群众文化的影响关系密切，例如《百家讲坛》等一批知识教育类节目之所以受观众追捧，与整个社会对文化知识渴求的氛围不无关系。清宫戏的大量播出既满足了群众的视觉享受，同样也调动了大家对清史文化的兴趣，因此《百家讲坛》关于清史文化的部分也受到欢迎。同样，《国家宝藏》《典籍里的中国》等文化类综艺节目的兴盛也与人民群众树立文化自信的诉求有关。“中华文化博大精深”不是空洞的口号，文化自信本身既是历史底蕴的熏陶，也是群众内心的强烈渴求。但是对于文化的认知、自省和自信需要基础和过程，这种基础就是物质生活的相对富足，古今中外的文化发展史无不在证明这种观点。那么，今天的中国，人民群众之所以对群众文化、中华优秀传统文化有很大的需求，根本原因还是我们社会主义建设取得了伟大成就。也就是说，一些文化教育类节目认识到群众文化需求变化趋势和方向所在，并沿着这个方向进行创新，所以赢得了观众的认可和接受。

（四）受众基础方面的支持

这里的受众基础是一个基础概念，也是艺术传播的必要环节。群众文化活动开展和电视艺术传播都离不开受众因素。二者尽管属于不同的艺术样态，传播方式和规律也不尽相同，但是在受众问题上有一定的交集，这是因为所有的受众都来自群众，是广大人民群众的一部分，而一切受众的生产生活环境又必须植根于中国的实际，包括文化基因、民族传统、宗教信仰等。所以，群众文化的需求与趣味变化直接影响电视艺术受众的趣味变化。尤其是在互联网发达的时代，群众的呼声、兴趣、爱好不再“沉默”，微博、微信、短视频等丰富多样的传播平台、传播载体和传播渠道都能极好地满足群众表达的欲望，而且表达越来越碎片化、越来越及时、越来越方便、越来越时尚，群众的表达不会石沉大海，而是积少成多，尤其是被朋友圈发酵之后，一些很小的创意、很随意的点子、很简单的看法，都可以演变成热点事件，这是当前受众生活的真实媒介环境，这种环境影响电视艺术的策划、选题、创作、拍摄、传播、营销，也造就了个性不一样、接受态度不一样的新时代电视艺术受众。

例如，《非诚勿扰》等一批婚恋交友节目之所以受欢迎，与整个社会存在大量的单身青年不无关系。受现代城市工作生活的快节奏和多元文化的影响，人们对晚婚甚至不婚司空见惯，传统的择偶观念、择偶方式、择偶需求都发生了很大变化，这是家家户户都面临的问题，自然也就成为全社会普遍关注的社会问题，这种社会现实需求因此成为婚恋交友节目的创新源。再比如针对当下一些女性群体普遍存在的年龄焦虑、身份认同等问题，2020年夏天湖南卫视的综艺节目《乘风破浪的姐姐》确立了“打破偏见，重新定义”的节目主题，借助大数据平台把握舆论导向、设计节目人设，塑造典型化、有看点的人物。这些人物的性格剖面与当下群众精致化的生活贴合度较高，容易带来共情和话题性。人物不同的性格和经历也带来不同的情节走向，节目社会化程度较高，成为人们热议的话题。

二 电视艺术是群众文化活动的重要内容

文化就是人类社会“一种整体的生活方式”和“一种实现了表意的系统”。[①]前者是雷蒙德·威廉斯在早期著作《文化与社会》中提出的观点，

① 樊柯：《走向文化社会学——威廉斯文化思想研究》，博士学位论文，中国社会科学院研究生院，2010，第13页。

后者是其在《文化社会学》中提出的观点。很显然，前者更强调文化的物质性特征，后者更强调文化的精神性特征。我们在群众文化研究当中不妨将二者结合起来，那么简单而言，群众文化就是广大群众的生活方式以及由此产生的意义和符号系统。电视艺术诞生之前，群众文化已然存在，广大群众需要由类似"电视艺术"的产物来满足的认知需求、教育需求和审美需求[①]已然存在，只是待"电子缪斯"[②]下凡之后，一切自然发生和出现。电视艺术是对群众文化需求的回应，构成群众文化活动的重要内容，主要体现在三个方面。

（一）电视艺术为群众文艺创作提供素材源

电视艺术的丰富性为群众文化活动的开展提供更多的选择和可能。很多电视艺术作品带动了群众文化活动的开展，例如一年一度的中央广播电视总台春节联欢晚会（以下简称"央视春晚"）融合了全国各族人民、各个阶层的观众喜好，根据每年老百姓关心的热点话题，创作了群众喜闻乐见的精品内容，这也让收看央视春晚成为中国人的文化新"年俗"。每年央视春晚一结束，就有一大批的"热词""热曲""热舞"在全社会流行，成为众多群众文艺再创作的素材。所以，电视艺术节目在创作时要高度重视群众文化的趣味。

以《星光大道》为例，它成功的因素有很多，但群众意识的树立是其中十分重要的一个。"自觉树立群众意识，将内容生产与新时期群众文化的开展主动结合，自觉走群众路线，凝聚草根大众，植根群众文化，吸引广大群众参与。"凝聚草根大众主要表现在其"汇聚全球能人，打造百姓明星"的节目主旨上；"植根群众文化主要表现在其充分展示选手的才艺。选手才艺表演没有形式、内容、风格等具体要求，音乐、舞蹈、杂技、相声、小品等，不管是民间绝活还是民族风情，不管是传统技艺还是流行文化，都可以在《星光大道》的舞台上自由绽放"。[③]这里就很好地体现了电视艺术和群众文化的良好互动融合，电视艺术的群众意识来自对群众文化的认知、理解和尊重，反过来，对于群众文化的吸收也可以促进电视节目的再创造。

---

① 刘树林、李泱主编《电视文艺学》，辽宁大学出版社，1990，第77页。

② 张凤铸主编《中国电视文艺学》，北京广播学院出版社，1999，第5页。

③ 胡智锋、周建新：《"星光"求变的启示》，《人民日报》2013年5月3日，第24版。

（二）电视艺术为群众文化传播提供渠道

电视艺术不仅是一种文艺形式，还是一种艺术传播平台。电视艺术的综合性、包容性，方便群众文化的传播，尤其是为群众文化提供了一条由非专业向专业、由草根向精英、由地域向全局传播的可能的道路，这在众多的选秀节目中表现得非常突出。21世纪以来，一大批电视选秀节目利用其传播平台，掀起了一轮又一轮的“造星运动”，培养了各种各样的娱乐明星。

此外就是电视民生类节目。民生内容范围很宽泛，前面有所分析，作为国家公共服务体系的重要内容之一，群众文化自然也属于民生内容。尤其是在物质生活水平大幅提高的情况下，人民群众精神文化生活的质量明显影响了他们的幸福指数。笔者曾经撰文分析，在社会转型的关键时期，社会生活发生了剧烈的变革，社会结构趋向分层化与碎片化，不同阶层利益诉求日益多元，民生问题、公平问题、正义问题等备受关注，社会心理更加复杂，社会情绪更显脆弱，社会矛盾更易发生，这时候迫切需要文化的力量来疏解痛点，缓解个人、集体和社会的紧张情绪。无论是早年的民生节目《南京零距离》还是最近在网络上爆红“出圈”的《1818黄金眼》，又或者是以“一问到底、狠抓落实”而著称并成为业内标杆的《问政山东》，都巧妙地掌握了媒体社会责任、电视媒体的社会文化定位之间的平衡，既不“缺位”也不“越位”，很多内容也及时回应了群众的精神文化需求。①

（三）电视艺术为群众文化接受提供提升观众艺术涵养机会

长期以来，电视节目都有很强的受众意识：从观众来信到热线电话再到网络留言，从现场互动到嘉宾主持再到短信互动，观众参与节目的方式越来越多，观众介入电视节目的力度在不断加大。②电视艺术对于全社会各个阶层群众整体的媒介素养、艺术素养、文化素养的提升有积极的影响。广大电视艺术节目尤其是一些文化品位较高的节目，蕴含的艺术价值、审美趣味最终会传递给广大群众，这就客观上刺激了群众的文化需求，培养、引导、提高或改良了他们的知识品位、价值观念、艺术修为，而这种需求

---

① 周建新、胡智锋：《电视节目创新动力：外在压力与主体自觉》，《电视研究》2013年第9期，第26页。

② 周建新、胡智锋：《电视节目创新动力：外在压力与主体自觉》，《电视研究》2013年第9期，第27页。

又会直接作用于群众文化活动的开展，对于群众文化发展起到推动作用。

当前的电视观众不是传统被动接受的“乌合之众”，而是有充分选择权、积极参与权，甚至是很高话语权的观众。他们是电视节目的消费者，对节目可以赞不绝口，也可以随意挑剔；他们的思想、观点、意见、建议本身就是节目内容的一部分或者是影响节目生产传播的重要因素。[①]移动互联网的发展带来了更多新颖有效的互动方式，中央电视台推出的文化类综艺节目《经典咏流传》就开发了配套的微信小程序，观众可以在收看节目时扫描屏幕上的二维码在移动端参与节目，AI智能识音软件可以帮助观众判断最适宜演唱的歌曲。跨屏互动大大增强了节目的生命力，节目对传统文化的创造性转化也更加深入人心。从某种意义上讲，观众的审美水平直接影响甚至决定了电视节目的艺术水准。正因如此，现在的电视节目都十分重视收视反应，在对节目的收视率进行专业的分析之外还借助新媒体手段，利用短视频、微信公众平台、官方网站、官方微博、研讨会等多种形式收集观众意见、建议，以此作为节目创新的依据。

① 周建新、胡智锋：《电视节目创新动力：外在压力与主体自觉》，《电视研究》2013年第9期，第27页。

第二章　电视认同主体：群众的角色功能与审美心理

本章重点研究的是电视认同的“主体问题”，主要用综合比较方法来分析人民群众在电视认同活动中的功能定位、角色嬗变、审美心理，以及在互联网时代的审美转向趋势。

习近平同志在党的十九大报告中强调，“繁荣发展社会主义文艺”必须“加强文艺队伍建设”，“培育一大批高水平创作人才”。此前，习近平总书记在文艺工作座谈会上指出，“互联网技术和新媒体改变了文艺形态，催生了一大批新的文艺类型，也带来文艺观念和文艺实践的深刻变化”。这就更加凸显了人在文艺工作中的主体地位，更加凸显了文艺人才的重要性，因为“以人民为中心”创作理念的贯彻落实需要认同主体去实现。“人”是电视认同的主体，电视艺术创作、传播与接受活动是一种主观的、积极的、能动的、创造性的审美认同活动。

认同主体通过艺术活动影响和制约着电视“艺术生产”的实现方式、规模、目的和动力，从而影响作品的审美取向、审美判断、审美标准和审美价值。从电视审美认同的实际发生过程看，人民群众围绕电视艺术的创作、传播与欣赏都是在原有知识体系、审美经验的基础上，经过复杂的心理过程，对认同资源进行情感体验，从而产生全新的感受，即获得艺术体验和审美感受。因此，考察人民群众在电视审美发生发展过程中的功能角色、条件基础和心理特点对于理解电视认同十分重要。

互联网时代的到来对中国电视艺术生存环境的影响是全面而深刻的。在媒体融合环境下，技术的充分赋能促进了电视认同各个流程、要素和环节变革与升级。因此，电视艺术的发展方向、功能实现、人才建设等方面面临新的机遇和挑战。对于意识形态属性很强的电视艺术，认同主体的认同心理、认同环境、审美感知都与其所处的特殊政治、经济、社会、文化环境有着千丝万缕的联系，也就是受民族、地域和历史营造的特殊环境影响，不同的认同环境和主体的审美感知能力直接影响审美认同的结果，所以对于电视认同主体而言，审美趋同和审美差异是辩证统一的客观存在。

第一节 主体在电视认同活动中的角色

电视艺术是一种高度综合的艺术样式，尽管其语言形式和叙事特点讲究通俗易懂，但是欣赏电视艺术节目需要观众利用多方面的社会经验去理解创作者的意图。从电视内容的客观存在到审美主体获得美感、愉悦感，需要经历一个复杂的过程，这个过程就是主体的电视认同活动。在电视认同活动中，艺术接受主体与审美对象是相互依存、不可分割的。艺术接受主体是传受关系中的主体，审美对象是传受关系中的对象。传受关系不是一般的对象与对象之间建立的简单关系。

主体在电视认同活动中扮演着十分重要的角色，对于艺术作品艺术价值的实现起到了十分重要的作用。电视认同活动不是客观被动的接受，而是带有很强主观能动性色彩的、具有创造性的活动。这种创造性活动需要审美主体具备一定的能力，如审美感受力、审美理解力、审美想象力、审美情感、审美需求和审美心境等，这些必备的能力和要素我们统称为认同能力。在电视认同活动中，电视艺术生产与电视艺术接受存在辩证互动的关系：电视艺术生产决定了电视艺术接受的对象、影响着电视艺术接受的方式和需求；电视艺术接受又反作用于电视艺术生产。而群众就是电视艺术接受活动的主体，他们正是通过这种反作用来影响作品审美价值的实现的。

电视认同是一个无休止的发展过程，不是静态的，也不是一次性的，而是复杂的、相互比较的，甚至是一种需求—冲突—满足—认同—新需求的无限循环过程。这种认同需求在电视艺术生产中长期存在，人不断有新的期待，新的期待又被不断地满足，如此循环往复。而这种循环往复的认同需求是电视艺术创作、传播与接受活动永不枯竭的内在动力。

在电视认同活动中，常常存在国家需求、市场需求、精英需求和群众需求四者博弈构成的文化场域。考察我国电视认同活动不能忽略政治认同、社会认同和个人认同这三种因素的影响，为了更好地处理三者的关系，回应社会主流民意，找到满足各方需求的最大公约数，实现电视认同的最大化，达到一个多方认同的结果，从内容生产角度讲应该做到“宣传品”思想不能改，“作品”精神不可变，“产品”思维不可缺。

一 电视认同活动发生的条件

接受美学理论认为，读者在文学文本中是一个隐性的存在。主体在电视艺术创作、传播与接受活动中同样具有这种“特性”，对于电视认同起着重要作用。电视艺术创作、传播与接受活动中的电视认同活动属于人类主体审美经验活动，作为审美活动，其不可能无缘无故发生，一定存在相应的条件基础。

（一）建立基于传受关系的认同关系

电视艺术创作与接受的前提就是传受主客体关系的建立，在与接受对象建立关系之前，受众就是受众自身，接受对象就是接受对象自身，二者之间没有必然联系，自然也就没有接受主体和对象之分。根据现象学的理论，一部电视艺术作品只有在播出/观看的阶段，才真正被视为一个完整的客体，如果没有接受主体的介入，它只是一堆零散的物理材料，在现象学意义上并不存在。只有在接受主体欣赏感悟电视艺术的时候，意向行为（主体）—意向对象（客体）的结构才能成立，电视审美经验才能形成，受众与电视艺术的传受关系才能建立。

例如，一台电视晚会在制作完成之后，并没有在电视台播出，而是被存储于库房，那么它充其量只是一个“电视完成品”、一个等待解读的“文本”，而不能称为接受对象；如果这台晚会有播出机构播出，但不是每个电视观众都可以收看到，那么对于这些没有收看到的观众来说，它也不是接受对象。现实社会生活中，人与人、人与物、物与物之间存在各种各样复杂的关系，而电视认同活动中传受关系最大的特点就在于这种关系的能动性、非功利性。所谓能动性，就是主体对接受对象不是被动地接受，而是主动地、创造性地、评价性地接受；所谓非功利性，就是主体与接受对象是一种情感的、超然的非利害关系。

（二）拥有审美经验

“一般地说，审美经验的意义较为宽泛，大体包括一切过去和当下的审美感受的全部经验的总和。”“审美经验有积淀性、被动性和接受性特点，更重历史积淀性，更多普遍认同性，是相对静止的、一般性的。”[①]审美经验是主体认同体验的基础。这是因为“审美体验的瞬间感受凝聚着社会和个人的审美心理史，是审美直觉与理性熔为一炉，生理快适和心理愉悦的完美结合”[②]。所以，在电视艺术节目的受众调查中，常常可以发现这样有趣的现象：一些老年观众十分喜欢儿童节目。这可能与俗话说的“老小孩”有关，就是人到暮年往往如同孩子一般，有一颗天真烂漫的心。老人和儿童在心理方面有某些相似之处，老人更多的是返璞归真，而儿童更多的是天真无邪。但是我们很少听说有很多儿童观众喜欢老年节目，原因之一就是他们还不具备这种审美经验；反过来，老年观众喜欢儿童节目，恰恰是因为他们有了这种审美经验，而且从审美心理来说，老年观众十分渴望重新体验自己的童年。那么，这也许能解释一些电视艺术节目为什么会热衷于打怀旧牌。

当然，人的体验不只是审美体验，人的经验也不只是审美经验。其他社会体验积累起来形成的经验对于人的审美认同活动来说也是很重要的，如宗教体验、道德体验、哲学体验、科学体验等，这些都有利于主体更好地理解和把握电视艺术节目。例如2021年4月热播的《小舍得》作为“小”系列的新作，以现实主义的笔触描绘了都市生活压力下年轻夫妇遭遇的种种问题，如原生家庭的困惑、夫妻关系的调和、子女教育的问题，此剧着重探究了当下网络热议的“鸡娃”现象，从侧面反映了浮躁的社会风气下年轻父母的攀比心态。《小舍得》获得了人民群众的广泛认同，尤其获得了子女正处于义务教育阶段的年轻父母的关注和认同。

（三）具备认同能力

认同能力与人的天赋有关，也与人的审美经验有关，认同能力和审美经验共同构成人的审美心理结构。“从人类历史的发展角度看，审美心理结构是人类漫长历史积淀的成果，是人类集体的某种深层结构。……个人审美心理结构是审美主体发生审美体验的重要条件。当他面对接受对

① 胡经之:《文艺美学》，北京大学出版社，1999，第56页。

② 胡经之:《文艺美学》，北京大学出版社，1999，第57页。

象时，就能唤起自己审美表象和想象，通过体验来建立一个独立的审美世界，达到审美情感与审美认识的统一。”[①]

当主体具备了一定认同能力，并拥有相当的审美经验的时候，他们就已经具备了完整的审美心理结构，一旦具有审美特征、富于美的魅力且能激发他们的审美趣味、符合他们审美需求的对象出现，审美关系就将建立，他们的审美认同活动也随之发生。每个主体因为认同能力不同，审美经验各异，最终能够领会其中美感的多少和程度深浅也不相同。

“审美体验是十分多种多样和复杂的……从对被感知的对象轻微感动开始到对被见到的事物深刻地激动为止，经历着各种等级。”[②]李泽厚将其分为三个层级，即“悦耳悦目”“悦心悦意”“悦志悦神”，[③]体现了由外到内、由浅到深、由低到高的层级变化。“悦耳悦目”对应艺术的形式美，指的是人的耳目感到欢乐，是自然通过人的审美感受积淀成为人化的自然，是人类所独有的心理感受；“悦心悦意”对应艺术的形象美，指通过耳目愉悦走向内在心灵；而人类由于具有最高等级的审美认同能力，所以能够在道德的基础上达到某种超道德的人生感性境界，从而实现“悦志悦神”，也就是体会艺术的意蕴美。2021年中央广播电视总台播出的文化类节目《典籍里的中国》采用的就是“戏剧+影视+文化访谈”的节目样式，让观众在中华优秀传统文化的海洋中感受中华经典古籍的魅力。其中，戏剧表演的目的在于营造审美意境，戏剧表演前的剧本阅读则强化了沉浸感和参与感。该节目的走红，说明我国电视受众具备较高的艺术素养和审美认同能力。

（四）产生认同需求

马克思强调，“人和绵羊不同的地方只是在于：他的意识代替了他的本能，或者说他的本能是被意识到了的本能”[④]。他认为需求不仅是人的本性，还是人的“内心意向”，这构成了人们活动和生活的原动力和原目的，

① 胡经之：《文艺美学》，北京大学出版社，1999，第64页。

②〔俄〕彼得罗夫斯基主编《普通心理学》，朱智贤等译，人民教育出版社，1981，第119页。

③ 李泽厚：《美学三书》，天津社会科学院出版社，2003，第491页。

④《马克思恩格斯选集》（第一卷），人民出版社，2012，第161～162页。

构成了社会物质生产的存在原因。[①]因此，“历史不过是追求着自己目的的人的活动而已”[②]。从人类需求动机本身来讲，需求同样是有层次的。按照马斯洛的论述，“需要可以划分为生理需要、安全需要、归属和爱的需要、自尊需要、自我实现需要，以及审美和认识的需要等若干层次”[③]。当需求的意向、强度或理想的方式指向一定的对象，并激起人的活动时，它就构成人类活动的动机，动机是行为的出发点，是主体为什么愿意介入认同活动的关键。需求的多元性必然带来动机的复杂性，构成人的集合体的无数个体，可以具有丰富多样的动机。

德福勒认为，人获取信息的动机有五种，分别是获取所期望的信息、迎合养成的媒介习惯、休息或寻求刺激、逃避烦闷或无聊、获得陪伴或避免寂寞。[④]有学者从传播学视角总结认为，受众接受信息的基本动机主要包括消遣娱乐、满足信息需求和心理需求、获取知识、提高文化水平、相互交往。[⑤]无论是从社会学角度、心理学角度还是传播学角度讲，主体都有认同需求。电视观众的认同需求不是普通意义上的需求，除了最浅层的生理需求之外，还有更深层次的社会交往需求、艺术审美需求和文化需求，即社会认同需求、自我认同需求和民族认同需求。

截至2020年末，我国已经消除了绝对贫困，人民群众的温饱问题得到了根本解决。当生理需求与安全需求都得到满足，审美需求作为高层次需求更要受到重视。当人民群众的审美需求无法得到满足的时候，他们就可能以较为低级趣味的方式来寻求满足，恶俗、打色情暴力“擦边球”的短视频等内容会乘虚而入。相反，人民群众的审美需求被重视、被尊重，也能催生高质量的内容生产。例如，2021年是中国共产党成立100周年，人民群众渴望通过文艺作品展现、回顾和纪念中国共产党的诞生与此后其走过的伟大历程。这一年，一大批重大革命历史题材电视艺术作品呈现在观众面前，《跨过鸭绿江》《觉醒年代》等在保持较高收视率的同时收获了不俗的口碑，这正是人民群众审美文化需求被满足带来的正向反馈。

---

① 郭维平：《社会主义核心价值观生成与认同研究》，学习出版社，2016，第241页。

②《列宁全集》（第五十五卷），人民出版社，2017，第19页。

③〔美〕马斯洛著，刘烨编译《马斯洛的人本哲学》，内蒙古文化出版社，2008，第26～29页。

④ 曹军：《受众需求、市场与媒体品牌建设》，《辽宁广播电视学刊》2013年第2期，第25页。

⑤ 郭庆光：《传播学教程》，中国人民大学出版社，1999，第113页。

二　主体在电视认同活动中的作用与地位

对于艺术而言，不管是从生产消费角度分析，还是从创作主体角度分析，抑或是从接受活动角度分析，作为群众的人都将存在，而且群众心理在艺术创作、传播与接受中有着重要的意义、扮演着重要的角色。不管是主动、被动还是娱乐消费，都说明群众在艺术接受过程中是有心理反应、审美期待、审美体验的，但是因为群众本身的差异性，其接受的“兴会”层次也各不相同，有的只是“感触”，有的只是“生兴”，很少能达到“兴会”状态，达到“兴味”层级的就更少。[①]这些理论对于我们理解电视认同活动有着重要的意义。

（一）主体在电视认同活动中的作用

依据马克思提出的社会化大生产的一般原理，广义的生产包括狭义的生产以及流通、分配和消费共四个环节。因此，电视艺术生产基本上可以用创作、传播和接受三个环节来概括。“生产不仅直接是消费，消费不仅直接是生产；生产也不仅是消费的手段，消费也不仅是生产的目的，就是说，每一方都为对方提供对象，生产为消费提供外在的对象，消费为生产提供想象的对象；两者的每一方不仅直接就是对方，不仅中介着对方，而且，两者的每一方由于自己的实现才创造对方；每一方是把自己当作对方创造出来。”[②]

（1）受众接受标志着电视艺术生产的完成。完整意义上的艺术生产并不以创作者创作出一部作品作为结束。艺术作品的审美价值只有在受众的审美接受活动中才有可能显现，电视作品更不例外，而且相对于其他艺术作品，电视作品似乎更需要受众的参与，因为电视作品的参与性更强。一部电视作品无论其在语言形式上多么优美、结构上多么新颖、内容上多么丰富、主题上多么深刻，在电视台播出、受众接受之前，它的审美价值无从谈起。当电视作品成为审美对象、受众成为审美主体，完整的审美关系建立，审美活动才可能发生，电视作品的审美价值正是在审美活动的过程中实现的。受众在电视审美活动中扮演着至关重要的角色、发挥着重要的

① 王一川主编《艺术学原理》（第2版），北京师范大学出版社，2015，第251～256页。

②《马克思恩格斯选集》（第二卷），人民出版社，1995，第11页。

作用，他们不是被动的接受者，而是具有审美接受能力、审美创造能力和审美评价能力的“审美者”。[①]

电视作品在创作的时候就考虑到发行这个重要的环节。以电视剧生产为例，中国电视剧实行制播分离的政策，随着近些年电视剧市场的放开，民营资本、海外资本进入了电视剧市场，电视剧的年产量也是节节升高，但是播出平台的增加却十分有限，因此出现了僧多粥少、电视剧供大于求的矛盾。这就意味着一些电视剧拍摄完之后就进入了库房，除了制作方知道有这部片子之外，观众根本就没有欣赏接受这部片子的机会，那么这部片子的审美价值也就无法得以实现。

（2）主体需求制约着电视艺术生产。群众实际需求决定了电视艺术生产的规模，即决定了电视艺术生产多少的问题。这是电视艺术创作的基本规律，也是电视产业发展的基本规律。这点在中国电视逐步市场化的过程当中体现得十分明显。随着电视市场化程度不断加深，电视市场竞争加剧，电视制作者、创作者以及播出方的受众意识越来越强，因此过去那种“我播你看”的高高在上的“单行主义”思维已经悄然改变。相反的是，电视的内容与市场、观众的收视日益紧密地结合在一起，群众需求越来越被重视，成为节目生产制作的核心指标。

专业化频道就是在这种背景下出现的，所谓专业化频道就是由特定专业性的内容面对特定服务对象组合成的频道。由此可见，专业化频道就是群众需求专业化、分众化的产物。如果频道建设、节目内容生产还无视群众实际需求，追求“全面撒网”的话，一批电视受众必将流失。每一个专业化频道都有它非常鲜明的风格和主打的内容，形成统一性、个性和独特性。[②]如女性频道、生活频道、法制频道、旅游频道、读书频道等。曾经一个时期，从中央到各省、区、市电视台纷纷向频道专业化方向发展。

在不断的调整中，各个频道专业化特色更加突出，节目编排得更加合理、有序，更利于不同群体观众观看。如中央电视台科教频道以追求“教育品格、科学品质、文化品位”为宗旨，以开掘人的知识、智慧、能力为

---

① 童庆炳主编《文学理论教程》（修订版），高等教育出版社，1998，第284页。

② 彭吉象、杨乘虎：《中国电视频道化生存的理论构想及其营销策略——访北京大学艺术学院副院长彭吉象教授》，《现代传播》（中国传媒大学学报）2006年第3期，第85页。

己任，凭借以传播先进的文化和实现社会的文明进步为目标的文化品格和追求真、善、美的审美品格，从众多频道中脱颖而出，体现了很强的号召力；[①]省级台在频道专业化的方向上走得也很快，一方面开办贴近百姓生活的都市频道、生活频道、娱乐频道、音乐频道、外语频道等专业化频道，另一方面根据自己的资源优势进行特色定位，如湖南卫视定位于大众娱乐、重庆卫视定位于故事、江苏卫视定位于情感、安徽卫视定位于电视剧等。省级地面频道中被誉为"地面频道四小龙"的浙江教育科技频道、江苏城市频道、湖南经视台、山东齐鲁台本身也是专业化探索的成功案例。随着数字化进程的加快，电视频道的专业化分工将更加细化，例如出现动作电影频道、钓鱼频道、高尔夫频道、老故事频道等。[②]

（二）主体在电视认同活动中的地位

在不同的历史时期，主体多元需求会呈现不均衡分布状态，强势主体的需求会成为显性需求，弱势主体的需求则成为隐性需求，前者处于主导地位，后者则处于附属地位。此外，也常常发现将国家需求、市场需求、精英需求强加于群众需求之上的情况，我们称之为需求替代或虚假需求，例如在电视艺术发展早期，为了宣传，将国家意志强加于群众文化活动当中。

当前，在经济全球化、信息化、网络化的背景下，社会生产越来越趋向于"个人角色"的能力发挥，社会生活也更倾向于个人空间中的自由表达。但是，人之所以为人，重要特征在于其社会性、群体性、集体性，从原始狩猎时代到农耕时代，从机器工业社会到信息化社会，从原始文明到农业文明，从现代文明到后现代文明，作为社会的主体，人不变的需求冲突逻辑一直存在，即个人越是向往自由，越是需要"规范"来保证个人的自由；个人越是倾向独立，越是需要"交往"与"互动"来消除内在的孤独；个人文化空间越是走向虚拟的无限"延伸"，越是需要现实"边界"的构筑与坚固。因此，当前电视认同的现实需求就在于为无序的、破碎的、冲突的、空虚的当代群众文化生活空间提供国家认同、组织认同、文

---

① 胡智锋、赵帆：《创建"科教频道"的意义和价值》，《电视研究》2001年第7期，第34～35页。

② 胡智锋、周建新：《从"宣传品"、"作品"到"产品"——中国电视50年节目创新的三个发展阶段》，《现代传播》（中国传媒大学学报）2008年第4期，第4页。

化认同和情感认同。这种认同是使人成为人的、内在的“集体认同”，是无意识的需求认同，也体现了民族、社会和自我三种角色、话语与空间的互动与统一。

电视作为传媒艺术与文化的重要类型，属于我国上层建筑的意识形态领域。因此，无论是相关实践还是研究，都不能脱离具体的政治经济文化生活构成的社会实际，脱离这个实际去谈犹如空想，更难以找到解决问题的办法。中国电视无疑植根于中国社会实际，受政治、经济、文化、科技等多方面的影响，是社会文化系统中的一个因子，不能将其与大环境割裂。我国电视的这种文化社会属性，概括起来主要是政治属性、艺术属性和产业属性三者的交织，呼应的是国家主流意识形态表达、精英阶层的艺术专业主义诉求、大众文化的商业运行逻辑，还有最广大阶层的群众文化需求。

如果脱离了作为主体的群众的需求，电视制作生产将失去目的和意义。如果没有作为主体的受众的接受，电视艺术生产将无法回收成本，扩大再生产更不可能实现。而如果受众需求旺盛的话，相关的资源，如资金、人才等将会因势而动，合理调配到这些需求旺盛的节目类型、题材和内容上，从而决定电视艺术生产的方向。

三　主体在电视认同活动中的角色变迁与需求变化

主体在电视认同活动中角色的重要性不言而喻，但是其角色具体呈现什么样的特征，与不同历史阶段电视发展的总体状况，例如电视节目的数量多少、质量高低有一定的关系，也与不同历史阶段的社会文化氛围有关系。下面从历时视角来梳理主体在电视认同活动中的角色与需求的嬗变历程。

（一）主体在电视创作与接受活动中的角色变迁

从电视以“宣传品”为主导的历史阶段到以“作品”为主导的历史阶段，再到以“产品”为主导的历史阶段，受众角色或主动或被动，或因为内在或因为外在，其角色地位一直都很重要，但是从依据形态特征进行的划分可以看出，其在这一过程中经历了从“受教育者”到“欣赏者”再到“消费者”的角色的转换。

（1）教育者与受教育者。在电视以“宣传品”为主导的阶段，电视机少、电影院少、电视节目少，生产、制作、播出的机构和技术人员都少，电视资源是一种稀缺资源。因此，电视主体与受众的关系是“你播我看”的关系，受众完全处于被动接受的地位。这个阶段，电视受众的收视需求很简单，主要是能够收看到，不论收视时间多长，也不论收看到什么节目内容。从心理上讲，受众收看电视节目主要是出于对新生事物的新鲜感、好奇感，甚至是一定程度的崇拜感。正是因为受众对电视有这种渴求，受众对于电视的态度是“播什么看什么”“播什么信什么”，完全是一个受教育者的角色，相应的，电视创作者就成为教育者。

（2）创作者与欣赏者。在电视以“作品”为主导的阶段，电视播出机构数量、展演平台在增加，电视节目生产能力在增强、类型在丰富，传播渠道、方式、技术和手段也在改进和丰富。随着社会经济实力的增强，受众收视环境、观赏环境进一步得到改善，收看电视逐渐成为大众的、日常的行为。电视管理者、从业者、研究者在对电视本体、内容生产规律的认识和研究上有很大进步，电视职业化、专业化追求得到了极大的尊重和肯定，逐渐探索出具有电视传媒特征、艺术特征的新形式和新观念等，一大批优秀的编导、主持人、演员出现，创作了大量充满个性、原创性和独特性的电视“作品”。

在这种环境下，受众不再满足于收看到电视节目，还要更好、更舒适地收看到数量更多、类型更丰富、质量更高的电视节目。受众收看电视不再是“为看而看”那么简单，获得什么样的信息、收看哪些有趣的节目，都有很强的目的性、选择性。对于电视节目，电视受众也不再总是保持迫不及待的好奇之感。因此，电视受众的角色由被动的、沉默的受教育者转变为积极的、主动的欣赏者。而相应的，电视创作活动中的人员就成为极具专业性和职业性的创作者。

（3）生产者与消费者。在电视以“产品”为主导的阶段，电视受众要求不断提高，需求变得多样和复杂，电视市场逐渐形成并具有一定规模；电视广告、衍生产品带来很大利润空间，电视的商业属性被高度重视，产业化的进程逐渐加快；再加上网络技术、信息技术、生物技术等相关科学技术的发展日益迅速，电视生产力被极大释放，电视产品极大丰富。电视受众已经不再只是满足于收看到和收看好电视节目，而是追求“用”好电视、“玩”好电视，对收视行为的意义、价值有新的考量，对节目内容的创新性有更多的要求，对电视的创新性、实用性有更全、更多、更强的需求。电视受众由受教育者、欣赏者的角色转变为更加自觉、“自我”的消费者角色。[①]而相应的，电视艺术创作与传播主体就站在了生产—消费的前端。

（二）认同主体美好生活需求变化特点

党的十九大报告明确指出，“中国特色社会主义进入新时代，我国社会主要矛盾已经转化为人民日益增长的美好生活需要和不平衡不充分的发展之间的矛盾”。从“物质文化需要”到“美好生活需要”的转变意义非凡、内涵丰富，反映了新时代人民群众美好生活需求的变化特点。

（1）人民群众美好生活需求的标准全面升级。所谓价值导向的人民性，就是坚持以人民为中心的根本立场。首先，美好生活基于人民物质、精神的社会生活实践。人民是历史的创作者，是社会发展的动力源。从“物质文化需要”转变为“美好生活需要”，正是表明了“中国人民生活样式的变迁进入了一个崭新的、高层次的阶段”。[②]人民性是新时期中国特色社会主义建设的行动价值和实践逻辑。其次，美好生活围绕“以人民为中心”的价值导向。人民群众是美好生活的建设者与落脚点。新时代美好生活依靠全体中国人民建设，美好生活的建设成果由全体人民共享、接受人民的检验，“检验我们一切工作的成效，最终都要看人民是否真正得到了实惠，人民生活是否真正得到了改善”[③]。事物是运动的，矛盾也处于不断的发展变化中。从“物质文化需要”到“美好生活需要”的变化，标志着我国社会时代命题的转换，体现了新时代人民群众需求标准的全面升级。

（2）人民群众美好生活需求的内容全面升级。首先，人民群众生活需求对象的转化升级。我国已走出物资匮乏的年代，进入了生产资料和生活资料丰富的新时代。人民群众的需求对象也从基本的温饱升级为更高质量的美好生活。美好生活要求全面性、丰富性与整体性发展。“不平衡不充分的发展”意味着我国社会生产力发展水平提高的同时，仍存在发展领域

① 周建新：《中国电视受众角色嬗变及新时期电视受众收视需求分析》，《现代传播》（中国传媒大学学报）2010年第6期，第72页。

② 项久雨：《新时代美好生活的样态变革及价值引领》，《中国社会科学》2019年第11期，第4页。

③ 习近平：《全面贯彻落实党的十八大精神要突出抓好六个方面工作》，《求是》2013年第1期，第6页。

不平衡、发展层级和发展质量不同步的问题。美好生活要求全面发展，这意味着需求从吃饱穿暖的低层次需求上升到在民主、法治、公平、正义、安全、环境等人民生活的各个方面的需求。

其次，美好生活要求发展的丰富性。这是因为新时期人民群众美好生活需求涵盖多个层次，不但要求生产资料和生活资料的极大丰富，还要求各项资源的合理配置。因此，新时代呼唤创新、协调、绿色、开放、共享的发展理念。美好生活要求整体性发展。美好生活“是人的内在需要、生活理想与生活样式的统一体，是社会发展与矛盾运动的产物”，[①]是人民从“站起来”到“富起来”，再到“强起来”的过程的结果，其中必然包括人与人、人与自然以及整体生态的和谐、健康发展。

最后，美好生活意味着需求质量提升。物质文化需要强调的是获得感，而美好生活则强调以获得感、幸福感、安全感作为整体衡量标准。习近平总书记指出，“我们的人民热爱生活，期盼有更好的教育、更稳定的工作、更满意的收入、更可靠的社会保障、更高水平的医疗卫生服务、更舒适的居住条件、更优美的环境，期盼孩子们能成长得更好、工作得更好、生活得更好”[②]。

（3）人民群众美好生活需求的目标全面升级。首先，美好生活的目标体现党“为人民服务”的初心。“党性和人民性从来都是一致的、统一的”[③]，这尤其体现在党“为人民服务”的宗旨上。美好生活体现了党的奋斗目标。人民对美好生活的向往，是党的奋斗目标与方向。实现美好生活必须“坚持一切为了人民、一切依靠人民，为人民过上更加美好生活而矢志奋斗”[④]。

其次，美好生活的目标体现了党“实事求是”的优良作风。从“物质文化需要”到“美好生活需要”的表述改变，全面展示了改革开放以来我

---

① 项久雨：《新时代美好生活的样态变革及价值引领》，《中国社会科学》2019年第11期，第5页。

② 新华社：《习近平在十八届中共中央政治局常委同中外记者见面时强调 人民对美好生活的向往就是我们的奋斗目标》，《党建》2012年第12期，第32页。

③ 尹韵公：《关于“党性和人民性从来都是一致的、统一的”理论梳理》，《安徽大学学报》（哲学社会科学版）2014年第1期，第106页。

④ 习近平：《在纪念红军长征胜利80周年大会上的讲话》，《人民日报》2016年10月22日，第2版。

国社会主义建设取得的伟大成就。正因如此，我们才有底气、有能力提出新的目标，直面社会发展的不平衡不充分问题，也向全世界庄严宣告了新时代中国共产党事业奋斗的新航向和新征程。

最后，美好生活的目标体现党的引领作用。新时期社会主要矛盾的表述，阐明了“人民的生活样式与政党的引领带动之间的逻辑关系”①。实现人民美好生活的目标，需要中国共产党的宏观引领与微观组织。新时代社会主要矛盾的转变，彰显了中国共产党一以贯之的敢为天下先的政治勇气和为人民谋幸福的初心与使命。

（三）当前认同主体关于认同需求的关注重点

当今世界国际关系、国际格局、国际秩序处在新的调整期，经济格局、经济结构、经济发展方式悄然发生变化，科技迅猛发展，文化相互认同和多元发展，人类的生产生活方式因而发生巨大变化。处在这个特定时代和特定社会关系中的认同主体，无论是创作还是收视需求都与以往有所不同，他们在精神层面、意义层面、价值层面、文化层面、科技层面等有更多更高的要求。具体来讲，主要是想通过电视创作与消费，体会电视影响力带来的自豪感，追求电视注意力带来的亲切感，寻求电视文化力带来的认同感，品味电视创新力带来的新鲜感，体验电视科技力带来的舒适感。

（1）影响力带来的自豪感。进入21世纪以来，尤其是近几年，国际关系不断发生新的变化，国际局势变得日益复杂，发达国家之间、发达国家与发展中国家之间以及发展中国家之间的能源、宗教、文化、意识形态等问题造成了世界局势紧张，局部冲突不断。改革开放几十年的成就无疑使中国从一个世界大国向世界强国大踏步迈进，但是与我国的经济实力相匹配的电视传媒影响力还没有完全形成，“亚洲在国际舆论中的声音，并不符合亚洲人民的期望”②。电视受众迫切需要听见我们在世界政治舞台上的声音，知晓我们在世界发展中秉持着怎样的世界观、发展观、和平观，

---

① 项久雨：《新时代美好生活的样态变革及价值引领》，《中国社会科学》2019年第11期，第12页。

② 王晨：《深化交流合作，争取亚洲更大话语权》，中华人民共和国国务院新闻办公室网站，http：//www.scio.gov.cnwlcb/gcyl/Document/597805/597805.htm，最后访问日期：2017年12月13日。

清楚我们在国际重大问题上坚持着怎样的立场、态度。从这个层面讲，电视创作与受众主体都希望获得一种自豪感，领略一个负责任的大国处理国际问题的能力、手段和智慧。

（2）注意力带来的亲切感。中国经济社会快速发展的同时也产生了诸多问题，其中，发展不平衡的问题最引人关注。无论是区域之间还是各阶层之间，在利益分配、权力分享、机遇供给等方面都存在较大的差异，如何让利于民，让全民共同享受发展的成果、获得平等的发展机遇，是关系到社会和谐的重大问题。在这种背景下，电视创作者与接受者都需要通过电视了解到政府是否了解民情，如何表达民意、关注民生、维护民权。从这个层面讲，电视受众消费的理由之一就是获取有贴近性、关联性、真实性、可信性的节目内容，从而获得一种亲切感。①

近年来，随着网络文化逐渐被人们接纳，电视节目特别是主流的新闻媒体也开始注重在严肃内容中加入“软性”表达。做到接地气、亲近于民，获得互联网观众的支持，成为内容生产者创新的要点。于是口语化的播报形式开始被运用于电视新闻节目中，比如说朱广权就擅长在播报新闻中用顺口溜、新鲜词等形式拉近与受众的距离，他与海霞甚至经常在新闻节目中互相调侃，创造了很多经典语录，受到观众的喜爱。

（3）文化力带来的认同感。在当前开放、多元的文化生态中，多层、多样的文化交流融合、共存发展，例如外来文化与本土文化、传统文化与现代文化、雅文化与俗文化、主流文化与非主流文化等。电视的重要属性之一就是其包容性、融合性，它能够以不同的节目形态、开放的话语空间、自由的表达方式将不同的文化类型、文化样态全部呈现，满足不同年龄、不同性别、不同阶层、不同学识、不同地域的观众的需要，让广大电视创作者与接受者都能够“各美其美”“各乐其乐”，找到适合自己价值观、审美观、利益观的艺术形象、体验方式、生活方式、娱乐方式等。从这个层面讲，电视创作生产与消费的目的就是使受众在多元文化中获得更高一级的精神享受，找到审美情趣和文化归属，从而得到文化认同感。

（4）创新力带来的新鲜感。在资源、环境等条件和因素的制约下，中国产业结构和经济增长方式亟须重新调整、转型和升级，“（这）更加凸显

① 周建新：《中国电视受众角色嬗变及新时期电视受众收视需求分析》，《现代传播》（中国传媒大学学报）2010年第6期，第72～73页。

了文化产业的独特优势，为加快文化产业的发展提供了新的契机”①，环保、低碳、高效、高附加值的文化产业由此迎来了发展的战略机遇期。在这种背景下，电视媒体长期被忽略甚至是被压制的商品属性、产业属性被重新认知、发掘和重视，将在下列一些条件下迅速发展：一是十几亿人口构建巨大的市场需求；二是大量电视传媒机构、企业、人才形成强大的生产能力；三是悠久灿烂的历史文化、兼容并蓄的传统文化特性和当前开放活跃的文化生态，成为电视文化产业发展取之不尽的资源，为其营造了有利的氛围。

发展电视文化产业最为关键的是，利用这些文化资源和强大的生产能力，生产制作出符合受众需求的产品。“文化是最需要创意的领域，创新是文化的本质特征，也是文化发展的根本动力”②，电视文化产业生产的精神产品与物质产品的最大不同就在于前者“以创意为源头，以内容为核心”③。从这个层面讲，电视受众愿意消费的不是我们丰富的文化，而是在此基础上源源不断的创意带来的无穷无尽的新鲜感和愉悦感。

（5）科技力带来的舒适感。电视屏幕从黑白到彩色，信号从模拟到数字、从无线传播到有线传播再到卫星传播……电视每一次大的发展变革都与科技力量的推动密切相关。随着信息技术、通信技术的飞速发展，一轮又一轮的科技革新不断涌现，依托新技术，通过网络、手机等传播信息的新媒体脱颖而出，冲击了传统的电视传播格局，也改变了受众的收视习惯。媒介融合背景下，电视可以发展网络和电信业务，这意味着电视机将是一个集合了多种功能的终端，电视受众不仅可以收看电视节目，也可以“用电视”开展相关业务，如进行通信、金融、购物等其他方面的消费活动，还可以“玩电视”，进行多种多样的娱乐活动，如游戏、网络交流等。④

---

①《全国文化厅局长会议：改革和发展并重 开创新局面》，中华人民共和国中央人民政府网站，http://www.gov.cn/govweb/gzdt/2010-01/06/content_1504619.htm，最后访问日期：2017年12月13日。

② 唐建军：《创新文化发展理念 推动文化大发展大繁荣》，《光明日报》2010年1月5日，第9版。

③《文化部部长蔡武：文化产业发展主要目标和措施》，新浪财经网，http：//finance.sina.com.cn/hy/20100109/10587218733.shtml，最后访问日期：2017年12月13日。

④ 周建新：《中国电视受众角色嬗变及新时期电视受众收视需求分析》，《现代传播》（中国传媒大学学报）2010年第6期，第72～73页。

目前，发展新一代人工智能、互联网+、“三网融合”数字经济等已被提升为我国国家战略。我国人工智能技术与智能媒体变革的进程加快，将促使机器人写作、智能绘图、智能编曲、数据新闻等媒体新业态在经过资源整合的高速网络平台中实现爆发式成长，同时也将不断催生出全新的文化艺术形态与娱乐休闲方式。全新的智能影像应用将极大丰富人类的信息样式与文化形态，改变文化艺术品的生产方式与消费方式，催生出更具交互性、虚拟性与沉浸性的娱乐方式。从这个层面讲，电视受众主要消费的是因科技力产生的全面的、便捷的、实用的强大功能，从而体验现代生活的舒适感。我国电视经过多年的发展，已经取得了巨大的成就，但是处在新的历史阶段，面对受众更新、更难满足、更复杂的消费需求，改变电视影响力不大、注意力不够、文化力不明、创新力不足、科技力不强的现状，还需要付出更多的努力。解决这些问题对于推进电视体制改革创新、科学引导电视内容生产、促进电视产业更好更快发展也有一定的现实意义和理论价值。①

第二节　主体在电视认同活动中的审美心理与特点

在电视认同活动中，从建立传受关系到积累审美经验，再到拥有认同能力，只是从静态对电视认同活动发生的条件进行描述，但是认同主体的心理活动是一个动态的变化过程，从自然社会的美到电视美，再到主体获得电视美感，在时间上也许很短暂，但是这个“时间”只是物理概念，其实这短暂的时间包含了诸多心理活动环节，如感知、理解和想象。

电视认同活动是一种复杂而高级的审美心理活动，活动的最终完成需要经历诸多环节，并受到诸多因素的影响。从审美感知到审美理解，再到审美想象，审美心理活动步步深入，由表及里、由外到内，去粗取精、去伪存真，最终达到主客相融、物我两忘的境界。但这只是对电视认同活动中审美心理活动的一种普遍意义的描述，主体能够达到什么层次，获得什么样的具体的内心体验，是因人而异的。

电视艺术与其他艺术一样，艺术作品、艺术家、艺术流派都不是孤立

① 周建新：《中国电视受众角色嬗变及新时期电视受众收视需求分析》，《现代传播》（中国传媒大学学报）2010年第6期，第73页。

的存在，它存在于自己的总体归属，尤其是时代、民族、风俗当中，任何一个人，不管是创作者还是欣赏者，都不能超越其上。电视认同活动中影响主体的外在因素在于：主体对于作品的接受不是虚无缥缈的，它与特定的时代、民族和风俗有着千丝万缕的联系。因此，考察认同主体的心理，理所当然离不开对他们所处的时代、民族和地域风俗环境的考察。同时，认同主体的性别、职业、受教育程度等也会影响其认同效果。

一 主体在电视认同活动中的审美心理活动过程

电视认同活动的审美心理活动过程经历了感知、理解和想象三个阶段。感知是心理活动的出发点，理解是心理活动的认识因素，而想象是心理活动的高峰。

（一）认同主体的审美感知

感知是心理活动的最初阶段，一般而言它更多地诉诸主体的感知能力，即感官能力和知觉能力。主体的审美感知更多地借助直觉，是对电视作品语言进行感知的心理活动。

（1）什么是电视语言。电视语言是一种视听语言，具有很强的综合性，依据其对人的感知能力的要求，大致可以分为两个系统，即画面系统和声音系统。电视画面系统由光像、镜头、景别等多个元素组成。“电视图像的实质是光像，即由无数光点组成的图像，而光点亮度的产生和知觉依赖于物理现象与心理活动的共同作用。”[①]所谓镜头，根据拍摄方式的不同，可以分为推镜头、拉镜头、摇镜头、移镜头等。所谓景别，根据景距、视角的不同，可以分为极远景、远景（广义的远景基于景距的不同，又可分为大远景、远景、小远景三种）、大全景、全景、中景、近景、特写和大特写等。

电视声音系统由人物语言、音乐、音响等基本元素组成。人物语言主要包括对白（台词）、旁白以及群众声。其中对白（台词）是电视声音系统的主体，用于交代各种人物关系、背景、身份，推动情节发展。这个部分在电视节目中主要由演员或电视节目主持人来掌控，他们是话语表达的引导者和节奏的把握者。

---

① 彭玲：《影视心理学》，上海交通大学出版社，2006，第48页。

旁白通常分为解说旁白、作者旁白和人物内心独白。解说旁白常常运用于纪录片，也叫解说词。解说旁白是对片中人物、画面进行讲解、说明、介绍的独白。其作用有两方面：一方面是对视觉语言起补充作用，让主体在观看实物和形象的同时，从听觉上得到对形象的描述和解释，从而受到感染和教育；另一方面是对听觉语言起补充作用，即通过形象化的描述，使听众感知故事里的环境，犹如身临其境，从而达到情感上的共鸣。作者旁白是对叙事的一种必要补充、延伸或者强调，有利于电视认同主体对情节有更进一步的了解。人物内心独白是对人物内心活动的一种补充、延伸或者是强调。对白（台词）和人物内心独白经常会交错使用，更好地表现人物内心复杂的情感和心理变化。无论是解说旁白、作者旁白还是人物内心独白对于电视节目都十分重要，当前的一些电视娱乐选秀节目通常会以语言、文字或卡通表情的形式来表达节目主持人、参与嘉宾的内心感受。

音乐指的是为了电视作品而制作的音乐，包括主题音乐、背景音乐、叙事性音乐、情绪音乐、气氛音乐以及时空过渡的连续性音乐等，它具有片段性、不连续性和非独立性特征。[①]音响是在电视作品中除了语言、音乐之外的其他声音的总称，包括动作声响、自然声响、机械声响、枪炮声响等。

由此可见，要对复杂的电视语言系统有初步的认知是一项复杂而重要的心理活动。电视认同主体的感知能力并非简单的生理反应，“这种感知本身具有很多超感知的成分……它包含了许多认识、理解因素……这是人类‘感性’的进步，这不是生理自然的生物学进化，而是历史所构建的文化心理结构的一种进步”[②]。这也说明了电视认同主体感知活动的重要性，尽管它是电视认同活动中审美心理活动过程的初步阶段，但其重要性不能被低估。

（2）电视语言在认同活动中的重要性。有人说电视行业就是“眼球经济”，依靠吸引主体的注意力来提高收视率、增加广告收入，从而实现电视行业的有效运转。尽管这种说法失之偏颇，也有“内容为王”这样的观点出来对其进行反驳，但它也从侧面说明了电视语言和形式感的重要性、

---

① 彭玲：《影视心理学》，上海交通大学出版社，2006，第128页。

② 胡智锋、杨乘虎等：《电视受众审美研究》，北京师范大学出版社，2010，第67～70页。

审美感知在主体认同活动中的重要性。

一是因为电视语言有很强的外在表现力。单是电视语言的画面系统或者声音系统，就由多个元素组成，而不同元素以不同方式不同程度组合，更是给电视语言带来了极强的丰富性和多样性。作为一种综合性的语言形式，电视语言完全可以吸取各种传统艺术样式的语言，并将其有机结合在一起，构成独具特色的外在表现力极强的电视声画语言。

二是因为电视的传播方式决定了其必须重视形式表达。电视传播是一种即时传播，虽然有时间上的快捷性，但是相对于报刊、书籍来说，又是一次性传播；另一方面，随着电视频道、电影院线的扩张，电视节目的丰富，电视传播内容更迭的速度越来越快，电视内部的竞争愈加激烈，于是电视的传播效率备受重视，即在最短的时间里以最直接、最迅捷的方式抓住观众，给观众留下深刻的印象成为制作主体和传播主体要考虑的重点。

这一方面要求电视的形式要简单易懂，不能艰涩难解，因为受众没有太多的时间去解读其中深奥的含义；另一方面要求电视的形式要有吸引力，能够迅速抓住受众，吸引受众的注意力。而这也是近些年来，电视节目纷纷重视其“形象包装”、加大宣传力度的原因。[①]北京卫视在2018年推出的《上新了·故宫》可以看作一个将节目形式与内容恰当融合的典型。这档节目通过嘉宾揭秘故宫宝藏秘密，解读文物故事，为故宫文创产品设计寻觅创意。整档节目在故宫中拍摄，为迎合故宫红墙黄瓦的建筑风格，节目的包装也以这两个色调为主，开场通过展示故宫全景的3D动画引出“上新了·故宫”几个大字，节目名称的字体也结合了故宫大门的形状，凸显艺术感。为迎合年轻人的口味，节目组将故宫中的猫进行拟人化，在背景讲解等节目时段通过猫的视角来进行讲述，并设计以猫为主题的表情包，字幕条也用猫的头像加以装饰，充满俏皮感的同时也带有满满的设计感。除此之外，节目中引导性的花字、对每个藏品进行讲解的小纪录片等，都尽力在营造符合节目“文化化人、寓教于乐”设定的仪式感，将内容与节目外在的形式充分结合，让整档节目能够迅速抓住受众普遍稀缺的注意力。

在审美感知活动中，主体更多的是对电视节目外在形式的感知，而外在形式恰恰有很强的表现力，能够吸引电视受众的注意力，而电视认同

① 胡智锋、杨乘虎等：《电视受众审美研究》，北京师范大学出版社，2010，第70～71页。

主体的审美感知这扇“心理活动之门”一旦打开就不会停止，还将继续下去。

（二）认同主体的审美理解

审美理解是主体在审美感知的基础上，对接受对象进行更进一步的心理体验的审美心理活动。它是人生经验混合、提炼和再生之后形成的结果，相对于感知，理解侧重于对接受对象内容的体验，具体有以下几层含义。

（1）理解主体与接受对象的关系。德国著名的文艺理论家、美学家姚斯认为：审美就是欣赏的理解和理解的欣赏。[①]审美理解的前提是审美主体要与接受对象拉开距离，摆脱日常生活和工作中的情感、情绪和评价，以一种非功利、非伦理的标准和眼光来审视接受对象。但是一些电视受众还是会有“不冷静行为”，例如在收看电视娱乐选秀节目的时候，对节目中那些不喜欢的选手有不好的态度，甚至一些粉丝为了各自支持的选手相互抹黑对方，到了对其他演员出言不逊、开展人身攻击的地步。这完全是一种“审美误解”，即没有处理好主体角色和节目演员角色的关系。

（2）理解接受对象的内容。对于电视节目来讲，其内容由类型、题材、人物、故事、情节、技巧、技法等多个元素组成；单就类型而言，不同类型在内容结构上又由不同的元素组成。因此，电视节目内容是一个十分复杂而庞大的体系。电视认同主体面对具体的电视节目时，如果对其类型、形式等没有一定了解的话，理解起来难免会有一定的困难。以电视文化类节目为例，要理解电视节目的内容，很重要的一个环节就是理解电视节目的文化内涵。每档节目在创作主题、创作手法、叙事技巧等方面都有不同的特点和要求，理解这个对于解读文化类节目的内容大有裨益。对电视节目要做到“欣赏的理解和理解的欣赏”还要对其他要素有所理解，例如人物形象、故事结构、叙事节奏、叙事技巧等。

（3）领会接受对象中的寓意。审美理解的这个层次属于较高层次，它指的是形成渗透在感知、心理、情感等诸多因素中，并与它们融为一体的非确定性认识。这里的寓意往往朦胧多义，很难甚至不能用确定的概念、语言去限定、规范或者解释，即中国传统美学中所谓的“可意会不可言

① 彭玲：《影视心理学》，上海交通大学出版社，2006，第144页。

传”。在这个领会过程中，电视认同主体通过对接受对象的理解感悟到全新的经验，拓宽生活视野，并能够超越现实而对自身存在价值加以反思，对自己以及世界重新进行审视和批判而产生感悟。①

由此可见，审美理解是一个从“旧我”到“新我”的过程。首先是理解自己与对象之间的关系，很显然这个时候主体还在进行现实观照，在现实与审美之间“徘徊”，因此主体还是一个“现实的我”，也就是“旧我”；但通过对对象内容一步步深入的理解，“现实的我”逐步进入了内部世界，慢慢地远离“旧我”；一旦达到一定的程度，即主体领会到了接受对象中的寓意的时候，主体将脱离现实自我审视，那么“旧我”将被超越，“新我”诞生。

（三）认同主体的审美想象

如果说理解是对自我的一种超越的话，那么想象就是对现实世界的一种超越。通过想象，主体的现实世界将转化为想象世界。想象与理解最大的不同在于，前者不是从日常的概念、逻辑、判断等思维模式出发，而是“指激发和渗透一切创造和观察过程的一种性质。它是把许多东西看成和感觉成为一个整体的一种方式。它是广泛而普遍地把种种兴趣交合在心灵和外界接触的一个点上……想象力是结合艺术品里一切因素的能力，它把各个不同的因素造成一个整体。我们在其他经验里着重表现和部分实现出来的因素，在美的经验里都融合在一起。在这个一下子全都完整的经验里，我们的各种因素完全融合为一，个别之处融化了。我们意识里不觉得有任何别的因素”②。“想象大概是审美中的关键，正是它使感知超出自身；正是它使理解不走向概念；正是它使情感构造出另一个多样化的幻想世界。动物没有想象，只有人能想象。从想象真实的东西，到真实地想象东西。”③由此可见，审美想象是人类独有的一种高级的、具有能动性和创造性心理思维的活动，它是主客体的统一、情感与理智的融合。

电影诞生之初，有观点认为电影作为调动受众多种感官的作品，会扼杀受众的想象力。电视诞生时关于电视艺术是不是艺术的争论也持续了许

① 彭玲：《影视心理学》，上海交通大学出版社，2006，第145页。

② 胡经之：《文艺美学》，北京大学出版社，1999，第90页。

③ 李泽厚：《美学三书》，天津社会科学院出版社，2003，第482页。

久。相较于传统的艺术类型，"屏艺术"很难像传统艺术那样在受众脑海中激发浩瀚无穷的想象，屏幕的直观性将先入为主的印象带入受众的思维领域，限制了受众的想象。因此《红楼梦》被拍摄成电视剧时遭到了许多专家的反对，因为他们认为这可能破坏掉读者对林黛玉的想象，而将其固定为演员陈晓旭的形象。

尽管电视艺术确实无法像小说那样让想象驰骋，但是电视艺术接受的低门槛、内容的生活化极易让受众在作品中找到自身的映射，从而凝结成"想象的共同体"。这种想象来源于受众对电视艺术作品与自身生活和经验的融合，中华儿女都能够从中找到情感的寄托与价值的相融，这种想象与艺术形象产生共鸣后带来的替代性想象，来源于对民族的认可、对文化的认可。[①]

二　主体在电视认同活动中审美心理活动的影响因素

影响主体审美心理活动的因素大致可以分为两个方面：一是主体所处的时代、民族、地域等外在环境因素，二是主体个人的性别、年龄、受教育程度及职业等内在因素。外在环境因素是一种客观存在，一定范围内的主体所处的外在环境基本相同，具有同一性和不可选择性，这决定了主体在审美心理上有很强的趋同性；而内在因素则有很强的主观性，各不相同，有很强的变化性和不确定性，这又决定了主体在审美心理上有很强的差异性。

（一）影响电视认同主体审美心理活动的外在环境因素

"人是社会关系的总和"，电视认同主体是生活在一定社会群体中的每一个个人，是社会关系交织中的一个个"点"。他们经验的获得、能力的培养、标准的建立，无不与所处的"社会"有着千丝万缕的联系。这里的"社会"是一个宽泛的时空概念，从历时性角度考虑指的就是主体所处的时代，从空间性角度考虑指的就是主体所生活的地域，从时空综合的身份角度考虑指的就是主体所属的民族。丹纳在《艺术哲学》中提出了艺术的"三个总体"说：一是艺术品总体，即"一件艺术品无论是一幅画、一出悲剧、一座雕像，显而易见属于一个总体，就是说属于作者的全部作品"；二是艺术家总体，即"艺术家本身连同他的作品，也不是孤立的，有一个

---

① 胡智锋、杨乘虎等：《电视受众审美研究》，北京师范大学出版社，2010，第72～75页。

包括艺术家在内的总体比艺术家更广大，就是他所在的同时同地的艺术宗派或艺术家家族”；三是时代总体，即“艺术家庭本身还包括在一个更广大的总体之内，就是在他周围，有趣味和他一致的社会风俗、习惯与时代精神，这对于群众和对艺术家是相同的”。①

（1）时代因素对电视认同主体审美心理活动的影响。在进一步认识和探索的过程中，电视的经济功能越来越被认可，其市场化、产业化也在一步步地推进，并对主体的审美心理产生了深远影响。由于市场的作用，受众的收视需求被重视，吸引观众的眼球、赢得观众的认可、提高收视率、增加广告额、获取最大的市场回报已经成为绝大多数生产传播主体要考虑的方向和核心任务。因此，近些年，娱乐元素成为电视节目不可缺少的内容，可视性、互动性、参与性、故事性和悬念性成为它们的追求。因此，走“差异化”之路，打造品牌，进而提升影响力，成为电视节目的普遍追求，品牌的打造最重要的就是要挖掘内容的独特优势，寻找优质资源、稀缺资源，做到“人无我有”“人有我优”“人优我特”“人特我绝”。②

在电视发展早期，国内电视节目生产能力相对薄弱，引进国外的节目内容成为必然，从日本到欧美再到韩国，这些国家的优秀剧目无不影响了中国的电视文化。一方面，借鉴西方的优秀剧目有利于提高中国电视节目的制作和创作水平以及中国电视受众的欣赏水平；另一方面，国外电视节目的大量引进也可能产生一些不利影响。

（2）民族因素对电视认同主体审美心理活动的影响。我们的民族传统影响了受众的经验、趣味和态度，那么，在具体心理体验中的心态也就深受影响，这就要求我们的创作要注重民族化、本土化特色，走出一条适合中华民族文化传统、符合民族文化精神的“本土化”之路。什么是中国电视生产的“本土化”？简单说来，就是依据中国的特殊国情，立足中国的社会现实，按照中国电视自身的运行规律，遵循中国观众的接受习惯与实际需要，组织、制作与传播具有中国民族特色、气派、风格、口味的电视节目。

在政策的督促与电视人的努力下，立足本民族历史、挖掘传统文化精华的文化类节目迅速出现并发展出多种类型。以中央电视台推出的《国家

① 〔法〕丹纳：《艺术哲学》，傅雷译，江苏文艺出版社，2012，第14页。

② 胡智锋：《电视品牌的特征及创建》，《中国电视》2003年第9期，第71～72页。

宝藏》《朗读者》为代表的文化类节目坚守本土化制作的原则，集趣味性、教育性、文化性于一身，是对中华优秀传统文化进行创造性转化和创新性发展的典型案例，极大丰富了人民群众的精神生活，并且得到了很多年轻人的关注。

（3）地域因素对电视认同主体审美心理活动的影响。世界各民族、各国家以及不同群体的美学传统与审美趣味的差异，影响了电视审美趣味的差异。以电视剧为例，中国电视剧以现实题材为主，擅长描写大型历史事件与极富时代感的家族兴衰史等内容，如《三国演义》《水浒传》《康熙王朝》等，这是因为中国作为一个文明古国，具有深厚的历史文化积淀，能够滋养出此类的艺术文化作品。又如韩国的偶像剧、日本的奋斗剧、拉美的肥皂剧等电视剧类型各具地域特色。

电视文化和电视艺术的差异化，是我们探讨电视审美品格本土化可能性的前提。我国电视表述方式的本土化，适应了中国电视观众的观赏习惯与传统趣味。需要说明的是，本土化观念并非一个封闭的、停滞的观念，而是一个流动着的、跟随中国社会发展而不断发展着的概念。中国电视生产本土化的战略目标体现在电视的节目内容、文化构成、审美品格与表述方式等多个方面。如同西餐固然有其特色，但对于中国人来讲，中餐是不可替代的一种满足，中国电视表述方式的本土化，意味着中国电视需要制作中国百姓喜闻乐见的“中餐大宴”。[①]从《超级女声》《幸运52》《开心辞典》到《中国达人秀》《中国好声音》，中国电视完成了海外优秀节目的本土化，也在这一过程中充分学习吸纳了海外节目制作的经验，促进了中国电视原创力的提升，与此同时，《中国好歌曲》《中国诗词大会》等蕴含着中华文化元素、极具地域特色的电视综艺也顺利走上了国际荧屏。

（二）影响电视认同主体审美心理活动的内在因素

影响认同主体审美心理活动的内在因素有性别、年龄、受教育程度及职业等几个方面。

（1）性别因素对电视认同主体审美心理活动的影响。依据性别可以将认同主体分为男性受众和女性受众。男女受众在审美接受上的心理需求有

① 胡智锋、杨乘虎等：《电视受众审美研究》，北京师范大学出版社，2010，第84页。

所不同，因此在电视类型、题材、风格等的选择上也有所不同。在电视节目类型上，男性受众更多倾向于选择体育类、赛事类、新闻类等电视节目，而女性则更钟情于电视剧、电视综艺娱乐节目等。与此相关的有两个有趣的现象，一个是“足球寡妇”，一个是“肥皂剧”（soap opera）。所谓“足球寡妇”就是对世界杯期间受到老公冷落的女性的诙谐的称呼。有人称世界杯是男人每4年发病一次的集体癔症，每当世界杯来临，球迷的妻子或者女朋友就很“惨”，男人们一个个扑向了电视机，再也没有机会陪她们。“肥皂剧”通常指一系列连续播出很长时间的、虚构的电视剧节目，每周多集连续播出，因此又称系列电视连续剧（但“连续剧”一词可以泛指一切剧情连续的电视节目）。之所以叫“肥皂剧”是因为最初赞助这种节目的大多是生产肥皂和洗衣粉的公司，这些公司在演播节目时常常插入自己的肥皂和洗衣粉广告。但现在“肥皂剧”一般指的是家庭妇女一边做家务，一边心不在焉地收看的讲述家长里短的长篇连续剧，因此又被称为“搓板伤心剧”（washboard weeper）。

（2）年龄因素对电视认同主体审美心理活动的影响。依据年龄不同，一般可以将认同主体分为儿童、青少年、青年、中年人和老年人。人在不同的年龄段，生理和心理都将发生很大的变化，因此在审美接受心理上也有不同的需求和特征。随着电视专业化进程的推进，年龄越来越被电视节目创作者重视，成为节目策划、生产制作的一个重要的考虑因素，从而出现了大量针对不同年龄段受众的节目、栏目甚至是频道。其中，儿童类的电视节目正在成为电视节目不可或缺的组成部分。在西方发达国家，设立专门的儿童电视频道、重视儿童电视节目的制作和增加播出时间，早已成为各大电视台的重要发展趋势。美国Nickelodeon儿童频道是全美收视率最高的儿童频道；英国BBC更是将频道细分为了CBeebies 幼儿频道 、CBBC 儿童频道 、BBC3青年频道。相对于庞大的需求，中国儿童电视节目数量和质量都相对不足。为增添儿童节目、开发儿童智力，中央电视台少儿频道、地方专业少儿频道开办了很多动画文艺类节目。[①]除了针对儿童和青少年的电视节目之外，针对广大青年受众的青春偶像剧、时尚节目、娱乐类节目、游戏类节目、竞技类节目，在近些年的发展中也取得了不错的成绩，尤其在商业价值和产业价值的开发上收效显著。

---

① 胡智锋、杨乘虎等:《电视受众审美研究》，北京师范大学出版社，2010，第90页。

（3）受教育程度及职业因素对电视认同主体审美心理活动的影响。之所以将两者放在一起，是因为受教育程度与职业往往紧密联系在一起，一般而言，前者与后者的层次会成正相关，即受教育程度高的认同主体所从事的职业在工作氛围、劳动强度、经济收入等方面要优于受教育程度低的主体，因此认同主体在生活方式、生活习惯、消费习惯、生活的质量和层次上也就有了差距，尤其是在精神生活上。毋庸置疑，电视是一种大众文化，其内容应该追求大众化。但是不同认同主体对内容有不同的要求，这是一种客观实际，尤其随着社会的发展、电视节目生产制作能力的提高，这种不同越来越明显，因此，电视节目针对不同的阶层有了不同的内容设计。在节目策划的过程中，找准目标受众或者是理想受众是一项十分关键的工作，而目标受众的判断和确定在很大程度上取决于受众的性别、年龄、受教育程度以及职业状况，因为这直接影响着受众对节目的接受状况。因此，考察影响主体审美心理活动的内在因素十分必要。

三 电视认同主体的审美心理特点

主体的审美认同表现就是主体在认同活动下的艺术接受活动中，涌现的对接受对象审美心理状态的总和，它包括两个方面：一是作为个体对接受对象的心理接受状态；二是作为群体在共同面对受众对象时群体内部各主体心理接受状态之间关系的状态。这两种心理接受状态一般都表现出趋同性和差异性两种特点。所谓趋同性一方面指的是主体对文艺作品的审美认同，即接受文艺作品审美价值，也可以说是主体对创作者的审美认同；另一方面指的是不同主体对同一文艺作品有相同的审美评价。所谓差异性一方面指的是主体对文艺作品不能产生审美认同，即主体对文艺作品的审美价值不认可；另一方面也指不同主体对相同的文艺作品持不同的审美评价。

（一）主体审美趋同的原因

为何电视作品的美能够被主体接受，电视创作者与受众以及不同的受众之间又能够产生共鸣呢？首先，应该从美是什么这个元命题说起，美的本质应该具有普遍性、稳定性和常态性，它不会简单地因为一时一地一人的不同而产生很大的变化，因此创作者认为美的事物，受众一般也会认为是美的；其次，从价值层面看，电视作品归根结底总要有自己的主题思想，这其中包括了审美价值，审美价值是人类的普遍价值，正常人没有不喜欢美的，因此审美趋同也就不足为奇；再次，从审美的认同过程考察，审美认同过程是一个复杂的心理情感过程，而人类的情感结构又具有相似性；最后，与一切艺术活动一样，电视审美认同活动也具有其不可超越的民族性、时代性和地域性，因为任何创作者、受众都是特定时代的产物，他们的创作活动以及审美认同活动同样逃避不了这种“限制”。

（1）美具有普遍性、稳定性和常态性。关于美的定义，古今中外的理论家运用不同的理论，从不同的视角进行探索、阐释和论证，形成了众多派别的定义，但概括起来不外乎客观说、主观说和主客统一说。客观说又可以分为两派，一派认为美是对象的形式规律或自然属性，如古希腊就讲美的各种比例、对称、和谐和数学规律；另一派认为美在于对象体现某种理式、理念和精神等。主观说也有很多流派，但无外乎认为美在于对象表现人的情感、意志、意识和意愿等。所谓的主客统一说又可以划在这两大类之内。[①]总之，关于什么是美、美的本质是什么，截至目前还没有统一的标准。这是一个终极命题，关于它的探讨还将持续下去。

尽管如此，对于美的认识和理解也不是没有共同之处可言，否则我们无法解释为什么一件艺术珍品、一部电视作品、一支乐曲或舞蹈可以在世界范围内流传多年，能够得到不同民族、不同文化、不同政治理念、不同宗教信仰的受众的欢迎、欣赏和一致好评。一些经典影片如《人鬼情未了》《乱世佳人》《魂断蓝桥》《罗马假日》《坦泰尼克号》《廊桥遗梦》《卡萨布兰卡》《西雅图夜未眠》《阿甘正传》不仅深受西方人喜爱，同样流行于其他国家；不仅征服了当时的电影受众，也感动了后来的电影受众；不仅有大量的年轻粉丝，还有大量的中老年影迷。

（2）审美价值是一种普遍价值。电视艺术作品都有自己明显的价值倾向，每部电视作品要表现的重点可能不同。无论是电影还是电视剧，无论是现实题材还是历史题材、是哪个国家的电视作品，它们要表现的主题可能不同，但归根结底都离不开人类世世代代普遍关心的话题，例如爱情、婚姻、战争、和平等；而不论种族、肤色和地域，大家所公认的那些优秀艺术作品宣扬的不外乎千百年来被人类奉为创作中金科玉律的永恒主题，例如褒奖真善美、抨击假恶丑，赞美自由、鞭挞独裁，歌颂和平、反对战

① 李泽厚：《美学三书》，天津社会科学院出版社，2003，第429页。

争，等等。

（3）人的情感结构具有同一性。人的情感结构指的是情感发生的机理和模式，这种结构尽管看不见摸不着，但有它的共性特征，因为它是一定历史积淀的产物。具有相同的情感结构才可能在情感发生时达成情感共识，人类的情感共识指的是人类在对事物的评价中，尤其是情感评价中存在一致性，这种一致性继而成为人类思维中共有的潜在意识。也就是说，当某种相似情感和相同经验无数次在人们的心理上重复后，便会沉淀在人们心灵深处的潜意识里，这种潜意识被荣格称为“集体潜意识”。荣格提出审美认同经验和艺术创造取决于人类的集体潜意识，即美感来源于艺术幻想。而幻想源于人类集体潜意识中的神话原型和意象，源于人类心灵深处的某些陌生的东西，它们像是来自人类史前时代的原始经验，通过遗传存在于个人的潜意识最深层。一旦审美对象的某些特征符合审美主体深藏的集体潜意识中的原始经验和意象，受众就可能获得强大持久的美感。“每一种原始意象都是关于人类精神和人类命运的一块碎石，都包含着我们祖先的历史中重复了无数次的欢乐和悲哀的残余，并且总的说来始终遵循着同样的路线生成。它就像心理深层中一道道深深开凿过的河床，生命之流在这条河床中突然奔腾成一条大江，而不是像从前那样，在漫无边际而肤浅的溪流中向前流淌。”①

（4）审美接受心理具有民族性。“人是社会关系的总和”，每个人都有属于自己的集体、组织，而民族就是一个最稳定、最集中，特色最鲜明的集体或组织。每一个民族的成员都有着共同的所在地域、自然环境、社会环境、生活方式，生活于相同的风土人情中，有着统一的语言、文化和大体相同的心理状态、思维习惯。这些因素综合起来构成了主体审美接受心理鲜明的民族性或者说民族风格。中华民族在审美心理方面具有某些区别于西方国家的共同的特质。中国传统审美文化所提倡的文以载道、天人合一、刚柔相济、美善统一、情理统一、重义轻利等，长期以来深深扎根于每一个中国人的心灵深处，构成了我们审美接受心理的独特个性。

这种民族性首先反映在民族语言上。由汉字组成的语言系统有别于其他语系，有极强的概括力和表现力，在结构上追求韵律、对称的形式

① 〔瑞士〕荣格：《论分析心理学与诗歌的关系》，载〔瑞士〕荣格：《荣格文集》，冯川译，改革出版社，1997，第223～229页。

美。这种语言习惯还影响和决定着主体的思维习惯和心理习惯，进而决定审美倾向和审美习惯。其次反映在民族文化上。中华民族历史源远流长，这不是一句空话，五千多年的历史文化确实为我们的电视创作提供了取之不尽、用之不竭的素材资源，例如流传甚广的神话传说、世代传唱的英雄传奇、数不胜数的历史人物，这些都给中国观众带来了强烈的文化认同感，对他们产生了强烈的吸引力。最后反映在民族精神上。好莱坞电影或明或暗都在宣扬美国人的精神——英雄主义，大至整个星球、宇宙，小至一个国家、地区，美国人始终都在扮演着拯救者的角色，灾难片、战争片、反恐片绝大多数在讲述同样的主题，那就是美国人的拯救神话。上文提到的文以载道、天人合一、刚柔相济、美善统一、情理统一、重义轻利等，是中华民族的文化观、艺术观、自然观、伦理观、行为观、处世观的表现。

进入现代社会，随着工业化、信息化的深入，人类社会的交流更加频繁，相互之间的影响也越来越多，世界各地的距离越来越近，地球也越来越成为“地球村”（麦克卢汉语），信息传播的手段更加先进、快捷，效率更高。全球化最大限度地打破了流行的区域限制，使流行时尚第一时间遍及全球，形成一股强有力的时尚浪潮。为了追求经济效益，更快占领国际市场，现在很多影片都采取全球同步首映策略。尽管世界经济、信息全球化的程度越来越高，文化全球化的口号也在不断被提起，但是我们发现，文化全球化的背后则是文化“本土化”“民族化”的呼声不断响起。各个国家的政府都在为保护自己的文化传统而努力。我们同样如此，我们有几千年灿烂悠久的历史文化，这是我们电视创作取之不尽、用之不竭的源泉，因此中国电视创作一定要符合中国受众的语言习惯、文化生活习惯以及民族精神，坚定地走“本土化”特色之路，这点随后详述。

（5）审美认同活动具有时代性。美是一种发展的文化共识，它不是静止的，而是富有朝气的、动态变化着的。因此，对美的感知也是伴随人类实践的发展而不断变化发展的。人类思想在不断演变，人类审美文化共识的标准也随之改变。美与审美认同活动都具有鲜明的时代标志性。[①]以文学为例，每个时代流行的文学体裁样式各不相同，先秦散文、汉赋、唐诗、宋词、元曲、明清小说分别在各自的时代占据着艺术的最高峰，取得了巨

---

① 彭玲：《影视心理学》，上海交通大学出版社，2006，第154页。

大的艺术成就，也引领着受众的审美风向；从人物画上看，唐朝流行丰腴之美，到了宋朝就变成了以瘦为美。表面上看，这是艺术发展的规律所致，但也反映了受众审美取向的时代变化。

认同主体总是一定时代的人，受一定时代社会生活、哲学思潮、美学观念、艺术思潮的制约和影响，因此具有明显的时代局限性（历史局限性）。电视是一种高度综合的艺术样式，它吸取百家之长，如文学、戏剧、绘画、摄影、舞蹈、建筑等的特色，但同时也受其他艺术的历史发展的影响，同样无法摆脱其时代性。主体的时代性和电视作品的时代性是一个问题的两个方面，都是时代性特征在大的电视生产中的反映。"转型期"的中国电视文化建设又经历了四次反响较大的浪潮，即娱乐化、纪实主义、新英雄主义、平民化。这些浪潮有的造成阶段性的影响，有的造成持久性的影响，不管其影响的程度如何，都体现了中国电视文化在"转型期"阶段最突出、最独特、最鲜明的一些特征，并为未来中国电视文化建设打下了扎实的基础。①

（6）审美认同活动具有地域性。在同一个时代，同一民族生活不同地域中，由于自然环境、社会环境以及人文环境的差异，主体的审美认同活动也会有不同的特点。中国幅员辽阔，民族众多，长期的历史形成了不同的地域文化，大一点说有南北文化的差异，南方稍显婉约，北方略显粗犷；小一点说有海派文化、京派文化、岭南文化等之分。这些文化特征在各种艺术风格上都有体现，包括建筑风格、曲艺风格、文学风格、服饰风格、绘画风格、音乐风格等，深深地影响着主体的日常社会生活，包括主体的审美接受心理。

这种地域性是文化多样性和丰富性的体现，符合我们"百家争鸣、百花齐放"的文化政策，也有利于保持文化的活力和创造力。反过来，不同地域的文化特色也产生了不同的创作风格。在电视剧创作上，自20世纪90年代以来，北京地区创作的《渴望》《北京人在纽约》《大宅门》《贫嘴张大民的幸福生活》等"京味儿"电视剧以深厚的文化底蕴、俏皮的语言风格赢得了观众的喜爱；以陕西电视剧为代表的粗犷而风情浓郁的西部电视剧《白鹿原》《装台》《山海情》等，极富生活质感，别有一番滋味；广

① 胡智锋：《"转型期"中国影视文化建设的四个浪潮》，《电影文学》1999年第10期，第34页。

东地区的《情满珠江》《外来妹》《公关小姐》等电视剧，着重突出广东改革开放前沿阵地位置，极具时代特色。此外，在电视综艺节目方面，东北地区的创作者们以本土文化自带的喜剧元素，占领了中国电视喜剧的半壁江山，而东北口音几乎成为小品的“标配”。

（二）主体审美差异的原因

一部好的电视作品，主创人员评价较高，但是受众却不买账；或者是一部分受众叫好，其他受众却不以为然，这就是主体审美的差异性，具体说有以下几个原因。首先，美是客观的、不变的、是唯一的，但是审美活动却是主观的、相对的，从美到受众的美感不是简单的传递，而是复杂的传播和接受过程，正是因为这个过程中有诸多环节和中介，所以美最终常常形成不了受众的美感，或者是达不到预想的效果。其次，从受众角度考虑，审美接受活动说到底是受众的个人行为，即便是处于同一环境，每个受众的所思所想也不尽相同，因为受众的审美认同能力千差万别。最后，从审美接受活动的角度考察，审美接受是一种高级的心理活动，它需要一定的环境作为支撑，但是电视接受活动的接受环境有很大的随机性和不可控性。

（1）认同主体的审美标准不统一。对于美而言，一个民族认为是美的事物，另一个民族不一定认为其美，或者认为美的程度不一；一个地区流行的东西，在另一个区域就不一定有市场；即使是相同的事物，在此时此地被广泛推崇，在彼时彼地就不一定被受众接受；同一个受众在不同年龄段甚至是不同的接受心境下对同一部作品也会持有不同评价。电视作品同样如此，中国的很多电视作品在国际上没有很高的声誉就是明证，中国的电影与好莱坞的相比，中国的电视剧与韩剧、美剧、日剧相比，在国际上还没有什么市场；冯小刚的贺岁片在内地的票房可谓是鹤立鸡群，是绝对的票房保证，但是“冯氏幽默”却不被香港观众青睐。[①]20世纪90年代曾引起轰动的电视连续剧《渴望》，现在播出就未必有当时那个效果；对于中国受众来讲，小时候几乎都会对老版《西游记》如痴如醉，但成年之后再收看的话就没有那么心驰神往。

（2）认同主体的审美认同能力不同。主体审美认同能力有别，因而他们

---

① 《精品购物指南：冯小刚不该指责香港观众》，新浪娱乐网，http：//ent.sina.com.cn/r/m/2009-04-07/ 18222459816.shtml，最后访问日期：2018年2月4日。

在审美认同活动中所到达的审美认同层次不同，所体会的审美认同愉悦感度也就不同。影响主体的审美认同能力强弱的因素有很多，例如受教育程度、社会经验等。一般来讲，受教育程度越高、社会经验越丰富，他们对审美对象开展审美认同活动就会越容易，审美认同活动的开展也可能越顺利。此外，对审美对象的不熟悉可能导致审美认同活动中的“误读”，但是主体也会因为对审美对象不熟悉而对审美认同活动更加专注，因为这种陌生感时常会激发主体的审美情趣。审美注意不代表主体活动的完成，要得到完整的审美体验，还需要更加复杂的审美理解活动。而审美理解活动是更为深层次的审美心理活动，它恰恰需要调动主体的想象能力、联想能力。如果主体的审美能力达不到艺术作品要求的水平，主体就很难获得完整的审美认同体验。

（3）认同主体的审美期待不同。在审美认同活动中，作为审美认同主体的受众，基于个人和社会的复杂原因，心理上往往会有一个既成的结构图示，这种结构图示就是受众的审美期待。通常，审美期待是受众的一种积极主动并富有活力的心理状态，而且有较强的不确定性，审美主体会依据自身不同的审美需求对审美对象产生不同的期待。[①]

电视认同主体的审美期待包括对创作者的期待、对人物形象的期待、对主题的期待等。电视作品不同于传统的艺术创作，它是集体智慧的结晶，因此，电视受众对创作者的审美期待包括对导演、演员、摄像师，甚至是策划人和制作人等的期待。这其中，尤其是对一些知名的导演、演员的审美期待更为明显，因为他们在以往作品中的表现已经给受众留下了深刻的印象，在受众心中形成了思维定式。这些已有的审美经验都构成了他们的审美期待，影响他们的审美体验。例如，“突迷”（热衷于《士兵突击》的粉丝）对《我的团长我的团》就有十分强烈的审美期待，因为《我的团长我的团》是《士兵突击》原班人马打造的。所谓的“明星效应”就是运用受众对著名演员的审美期待来吸引受众来欣赏他们的作品的。很多电视台就利用这个来编排节目，以达到收视效果的最大化，例如重庆卫视趁着《潜伏》的热播立即播出《落地，请开手机》。就收视效果和作品本身的质量来讲，《落地，请开手机》与《潜伏》相比还是有相当大的差距的，但是孙红雷在《潜伏》里的精彩演出吸引了一部分受众去重新认识或

① 彭玲：《影视心理学》，上海交通大学出版社，2006，第144页。

者接受他主演的作品。[①]

除此之外，还存在一种“续作期待”，有良好的电视作品在前，电视受众也会存在对其续作的期待，这也迫使电视内容生产者要不断创新。续作期待会带来更高的收视期待，比如近年上海柠萌影视推出的“小”系列作品——《小别离》《小欢喜》《小舍得》等，就得到很高的收视期待。

（4）认同主体的审美环境不同。英国心理学家爱德华·布洛在《作为一个艺术因素与审美原则的“心理距离”》一文中提出了审美心理距离理论，它指出审美主体（受众）在心理上要与审美对象保持一定的距离，过远、过近都难以产生美感，因为过远会使审美主体很难到达审美状态，不能进入审美对象中去体验其中的美感，过近的话又使主体将现实世界与艺术作品中的世界混淆等同。主体只有与审美对象保持适度的距离才能体会其中的美感。

现实情况是这种适度的距离很难获得，人们在现实生活中总是会有一种实际的、功利的目的和态度，但是审美活动则要求主体放弃实际利益、摆脱现实困扰。从现实世界迅速过渡到审美世界需要一定的“功力”。电视作品的欣赏有其特殊性，纯粹的“静坐”状态不可能发生，尤其是现在社会通信技术十分发达，电视剧观看随意性十足。由于主体处于家庭伴随式接受状态，所以收看电视的行为一般伴随着聊天甚至是干家务，这种环境下要想保持接受距离的适度很难。正因为如此，有的主体有了相对“虚静”的接受环境，他的审美接受的效果可能就会好；但是这种接受环境具有十分复杂的随机性和变动性，不以个人的意志为转移，也很难预计，因此电视接受环境的差异性相对难以避免，这也是主体在电视审美活动中存在审美差异性的原因。

综上所述，主体的审美趋同是普遍性、共性，而审美差异是特殊性、个性，但没有绝对的趋同，也没有绝对的差异，审美趋同中总是蕴含着审美差异，审美差异中又包含着审美趋同。趋同和差异相互依赖、相互影响，并相互转化，大致可以分为四种情形。

一是同中求同，就是指主体的审美趋同性。当主体的这种趋同审美心理占据上风时，电视艺术创作就会形成一股潮流或者是趋势，但是这种审美趋同也应该有度，不能一味地求同。我们发现这种潮流或者趋势持续的

① 胡智锋、杨乘虎等：《电视受众审美研究》，北京师范大学出版社，2010，第50页。

时间越来越短，只能“各领风骚数年”。其原因有：从艺术本身的发展规律考虑，一味地趋同会导致艺术“独裁”，其结果是艺术的发展动力不足，导致其衰竭甚至消失，这显然违背了艺术多样性的规律；从受众角度考虑，一味地趋同会导致审美疲劳。

二是同中求异，就是主体审美的差异性，这是对“同中求同”的否定。这就是我们在分析某种潮流或者是趋势时必须经常补充和注意的，因为“萝卜青菜各有所爱”，所谓的潮流或趋势也有其相对性，常常一种潮流的流行已经暗含着另一种趋势的兴起，或者是两种潮流杂糅在一起，界限十分模糊。

三是异中求异，就是指单纯的差异，是审美差异化的极端。这种情况基本上不可能存在。因为如果一部电视作品得不到任何主体的认可的话，那么很显然这部作品也就不具备审美价值。但是这不能说明这种审美心理不存在或者是毫无价值，因为求异的心是永不停歇的、永远发展的。

四是异中求同，就是对异中求异的否定。艺术创作最终是为了实现自己的审美价值，必须符合主体的审美需求，作为电视艺术更是以受众的大众化为目标。因此，如何使作品符合主体的审美心理是创作者首先要考虑的问题。

第三节 互联网时代电视认同的审美转向

习近平总书记在给中央美术学院老教授的回信中强调，要“遵循美育特点，弘扬中华美育精神”[①]。电视作品应该具有很强的美育功能，这是电视自身审美认同价值的体现。

随着互联网的飞速发展，尤其是移动互联网的快速普及，大数据、人工智能、万物互联、5G都正在以不可阻挡之势影响和改变着电视创作生产的各个要素、环节和流程，催生出丰富多彩的新的媒体艺术样式和形态，广泛而深刻地影响着人类社会的生产和生活方式，也为电视认同活动本身带来了重要影响。电视艺术诞生于工业化、电气化时期，随着互联网的出现，电视认同活动在互联网时代也发生了审美转向。

---

① 《习近平给中央美术学院老教授的回信》，央广网，http://news.cnr.cn/native/gd/20180830/t20180830_524346547.shtml，最后访问日期：2019年1月2日。

互联网为电视艺术创作生产、传播营销和消费体验等带来的挑战是多方面的。从发展动力上讲，科技已经由外因转化为内因，人类社会相关科技的重大突破必然带动电视艺术的革新；从审美内容呈现上讲，电视艺术从节目形式到内容形态，伴随着互联网思维方式演变而出现新的潮流和时尚；从创作传播过程看，电视艺术已经因为互联网传播方式、参与方式、体验方式的变化，开始更多追求技术带来的速度、广度、深度，追求激情、绚烂、刺激等。

当前，人类正在经历一次新的“语言革命”，它推动着信息传播秩序的演变，即视频语言的强势崛起正在开辟信息时代的开放格局并将再造国际传播秩序。在可以预见的未来，“基于智能VR的发展，人类将回归全感官的传播场景，在虚拟与现实同构的环境中超越时空藩篱和文化差异，进入一个视频天下的新秩序”①。智能影像在时代文化、智能科技与传播媒介合力作用的推动下，正在呈现异质同构的强大文化整合力，并推动着文化娱乐产业在极速发展的进程中呈现多元、交叉、动态、跨界等特性。智能影像的生产能力、产业影响力日益增强，受众规模、传播范围日益扩大，其内容成分与社会功能也渐趋复杂，进而对一个国家的政治、经济、文化等社会领域产生多方位影响。

一　互联网时代电视认同审美转向的基础

电视自诞生以来，就影响着人类社会的审美关系构成、审美体验发生、审美经验积累和审美愉悦获取等多个方面。“中华美学精神”是“以中国传统文化为源泉的生命哲学中具有内涵和艺术光辉的理念”，②它源远流长，贯穿于中华民族优秀的艺术作品当中，构成了中华民族性的一部分。在互联网时代，电视面临全新的社会形态、文化生态和传播格局，尤其是在“科技至上”的审美思维下，“中华美学精神日益失落，从而消解了审美本身的意义和价值”。③因此，探讨互联网时代电视认同活动的规律

① 廖祥忠：《视频天下：语言革命与国际传播秩序再造》，《现代传播》（中国传媒大学学报）2022年第1期，第1页。

② 陈妍如：《中国电视剧中的中华美学精神建构研究》，博士学位论文，中国艺术研究院，2015。

③ 王行、刘雨：《中华美学精神及其当代使命》，《光明日报》2017年6月5日，第15版。

和特点，无论是对于电视艺术创作实践而言，还是对于电视理论研究而言，都具有现实必要性和理论紧迫性。

（一）电视弘扬中华传统文化的需要

我国电视迫切需要“扎根时代生活”，立足中华大地，自觉去传承和发扬中华优秀传统文化。2013年末，国家新闻出版广电总局发布《关于积极开办原创文化节目弘扬和传承优秀传统文化的通知》，对《中国汉字听写大会》《汉字英雄》等节目对中华民族传统文化的弘扬进行表扬与鼓励。随后一系列文化电视综艺节目陆续出现，以中央电视台的《朗读者》《国家宝藏》《经典咏流传》《典籍里的中国》，北京卫视的《上新了·故宫》《了不起的长城》等为主要代表，创作者都利用电视节目对中华优秀传统文化进行创造性转化、创新性发展。在这一过程中，电视当仁不让发挥着重要的功能。

（二）电视社会责任担当的体现

随着我国社会、经济、文化结构的变化，青年一代在社会各个行业领域中的地位逐渐提高，自主意识日益增强，活跃程度越来越高。例如在大型电视综艺等领域，青年一代不仅是消费主力、传播主力也是创作主力，至于在网剧、短视频、网络直播、动漫、手机游戏、电子竞技、交互产品等领域，更是拥有相当的“话语权”和不可替代的影响力。然而，在电视发展越来越年轻化、娱乐化、科技化的趋势下，照顾到不同年龄群体、不同性别群体、不同职业群体、不同收入群体的审美需求，提升全社会的审美素养和审美能力，是电视作为一种兼具鲜明的传媒属性和审美属性的艺术样式理应承担的社会责任。

相较于互联网的即时性和娱乐性，电视依旧在权威性方面占据优势。中国的电视作为官方主流媒体，具有互联网无可比拟的权威性与可信度。因此电视媒体必须承担起社会责任，在社会舆论出现波动时起到“权威发布”的作用。这些年，每当中华儿女遭遇大灾大难，相关电视媒体总是能够站出来，组织大型公益晚会，号召海峡两岸暨香港、澳门明星与全球华人为灾区募捐，支援灾区重建。这些公益晚会最大的特点就是真实、质朴、感人。2010年，为援助玉树地震灾区的灾后重建工作，中央电视台组织了一场名为“情系玉树，大爱无疆”的抗震救灾大型募捐主题晚会，两岸三地200余位演艺圈人士倾情参与。此外，中央电视台50多位主持人集结，担任晚会特别节目中爱心热线的接线员。晚会以新闻事件为主线，串联起文艺演出和募捐活动，展现了地震发生后两岸同胞发自肺腑的同胞之爱和骨肉之情，表达了全国人民对灾区人民的支援和慰问之情。当晚总共发起8轮捐款，捐献款项共21.75亿元。2020年初，面对突发的新冠肺炎疫情，电视媒体果断承担起社会责任，成为传递官方消息的一线权威媒体，开展对新冠肺炎疫情的专题报道，在疫情发展现状、预防防治、政策方针等方面对信息进行传播与确认，在疫情初期人们普遍陷入恐慌的状态时起到了“定海神针”的作用。

（三）电视实践和传媒产业自身发展的需要

当媒介不再仅仅是传播方式，而是成为世界的联结方式，年轻受众的审美认同广泛受到互联网文化的影响，这带来了社会整体的文化转向，也必将波及传统电视媒体业。如何接纳新兴文化，实现“守正创新”，是整个电视行业的时代命题，而这一命题，也呼唤电视认同审美转向。

在移动互联网、超级互联网高速发展的形势和背景下，我们为了理解和处理电视实践活动面临的新现象与新问题，需要将审美活动作为一个突破点去重新审视其中的问题：在审美活动中的创作主体上，如何理解诸如电视创作传播者的“跨界跳槽”、传播载体的技术依赖等现象；在审美受众上，如何理解诸如年轻受众审美心理的“乌合之众”、“娱乐至死”与“朋友圈文化”现象以及受众审美接受方式的交互式体验、沉浸式体验；等等。这些问题的思考与解决，关系到电视审美价值的评判、传播方式的变革、受众市场的规模变化以及产业链的打造。

二　认同主体在电视创作传播过程中的审美转向

从电视审美活动的实际发生过程看，只有“人”的存在，还不足以完成电视创作传播，还必须有传播介质作为载体，即“传媒”的存在。因此，电视创作传播过程中的认同主体包括“人”和“物”两个方面。其中，人是电视创作传播的核心层，即创作者和传播者；此外，还有“物”这个外围层，即与认同活动相关的传播机构、传媒技术等。

（一）认同主体的角色分工：由自由性到专业性再到跨界开放

在传统艺术的创作传播过程中，艺术的创作者、传播者常常混杂在一起，没有职业界限或者说职业边界比较模糊。艺术家既是作品的创作者，也可能是自己作品的宣传推广者；或者创作只是个人的兴趣爱好使然，没有自觉的传播意识。因此，从艺术创作传播的人员分工的角度讲，传统艺术的认同主体处于相对自由的状态。

随着机器工业的发展，在电视艺术创作中，电视创作传播不再是“手工劳作”，而是呈现机械式的、大规模的、流水线的、成批量的生产传播模式。从创作传播主体上讲，已经由个人化的呕心沥血转向集体智慧的分工合作；从创作传播流程上讲，已经由“为艺术而艺术”转向“艺术生产”[①]的链条化。因此，出现了专业性的传播者和职业化的创作者，如导演、编导、演员、编剧、播音员、主持人、摄影师、录音师、配音师、剪辑师、美术师等。他们按照分工不同在不同流程当中各司其职。[②]

在互联网时代，数字化时期中，电视传播主体在人员层次上不再一定是艺术精英、社会高端人员，艺术的传播与享用也不再是精英小圈子、上层社会的特权，媒体的发达、使用门槛的降低，尤其是自媒体的出现，已经催生了“大众传播、大众分享”的传播格局，主要体现在三个方面：一是传播个体大众化，人人都有成为传播者的权利、条件和潜质；二是传播技术大众化，技术本身的便利性和使用的低门槛，为普罗大众成为传播主体奠定了基础；三是传播趣味的大众化与传播内容的通俗化，即电视对于传播人群最大化的诉求，使电视传播态度更加亲民，传播姿态更加下沉，传播形式更加通俗。

网络技术的进步、网民数量的增加对于传媒业态的影响十分巨大，如信息生产流程再造、产品形态创新、商业模式改革、技术融合。这种融合对于传播主体的影响表现在传播手段的丰富、传播时机的增加、传播空间的自由、传播语态的掌控。以我国的电视业为例，随着传媒体制改革的推行，尤其是近些年，新媒体行业的崛起和电影产业的快速发展，传媒文化市场越做越大，电视生产传播的相关元素和资源都被价值化和市场化，这加速了传媒资源的合理配置和自由流通，进而提高了电视行业的生产力，

---

① 马克思早在《1844年经济学哲学手稿》中就提出了“艺术生产”的概念，在《共产党宣言》中直接提出“精神生产说”，在《〈政治经济学批判〉导言》中，正式提出“艺术生产”是人类掌握世界的方式之一。

② 周建新：《传统化回归与螺旋式升级：论互联网时代传媒艺术审美活动的转向》，《现代传播》（中国传媒大学学报）2019年第1期，第109页。

也促成了整个电视行业生产关系的调整。电视的创作者、传播者和消费者之间的界限变得越来越模糊，没有绝对化的职业化分工。[①]优势传媒领域在市场竞争中急需大量优秀人才，优秀人才也亟须在更为广阔的传媒行业舞台上发挥价值，于是传媒行业人才的流动尤为明显：一方面，广播、电影、电视、网络工作者在各个媒体之间兼职或"跳槽"，很多优秀的广电人才纷纷离开广电媒体到新媒体内容制作公司或电视公司谋求发展，如罗振宇、刘春、哈文、李咏、张泉灵、马东等；[②]另一方面，同一艺术行业内不同的工种之间也是彼此"兼职"，界限被打破，以电影行业为例，近些年内地"演而优则导"的明星不在少数，如徐峥、王宝强、吴京等，"文而优则导"的明星也不少，如韩寒、郭敬明等。

综上，电视人才由模糊不清的"自由择业"状态发展到职业化、专业化状态，再到人才市场开放、跨界流动的状态，似乎在互联网时代，电视创作传播对于人才的要求又回归到了传统艺术的"自由择业"状态，但事实并非如此。第一，从对人才的职业性有要求到跨界流动，并非专业性要求的降低，只是这种专业性不再以既定的学历、经历等固有标签作为依据，而是将人才的实际才能和人才标签分开，这是尊重人才和才能的正确选择。

第二，人才的跨界和快速流动，是传媒市场规律的必然要求，优秀人才必然在市场竞争中能够谋求更好的位置。

第三，人才跨界也符合电视创作规律的基本要求，体现了电视审美规律的连贯性，因为电视创作尽管领域比较宽泛，但基本的艺术规律、美学要求是统一的。[③]从实际市场效果看，无论是优秀电视工作者去新媒体平台打拼，还是电影界的"演而优则导"和"文而优则导"的明星作品，都是比较成功的。如罗振宇离开电视媒体打造的"罗辑思维"是网络视频脱口秀、同名微信公众账号以及知识型社群融合形成的知名品牌，有着很好的市场效益和社会影响力。[④]

---

① 周建新：《传统化回归与螺旋式升级：论互联网时代传媒艺术审美活动的转向》，《现代传播》（中国传媒大学学报）2019年第1期，第109页。

② 刘桑妮、周建新：《如何看待电视节目主持人"跳槽"？》，《新闻战线》2014年第3期。

③ 周建新：《传统化回归与螺旋式升级：论互联网时代传媒艺术审美活动的转向》，《现代传播》（中国传媒大学学报）2019年第1期，第109页。

④ 周建新：《2016年北京电影行业发展报告》，载北京市新闻出版研究中心编《北京新闻出版广电发展报告（2016~2017）》，社会科学文献出版社，2017，第142页。

（二）传播载体的迭代升级：由人的延伸到技术依赖再到人的回归

“媒介是人的延伸”①，从人类传播历史可以看出，语言是人类听觉系统的延伸，文字是人类视觉系统的延伸，电子和网络传播则是人类综合感知系统的延伸。传统艺术时期，传播介质受技术条件限制，难以突破物理时空的局限，传播的广度和速度有限，这也大大影响了审美认同活动的效果。

在电视艺术创作过程中，电子技术为审美认同活动带来了新载体、新平台，使其更大程度地摆脱了地域、时间、语言、文化等要素的阻碍，“时空压缩”②后的人类社会传播变得更加“随心所欲”和“天马行空”，也为审美认同活动提供了新视野、新体验。本雅明认为，“艺术作品的可机械复制性在世界历史上第一次把艺术品从它对礼仪的寄生中解放出来”③。然而，机械复制一方面加速推广了艺术品审美价值的传播，另一方面“在艺术的审美观念转型中，……也导致了艺术对技术的过度依赖”④。从电视机的诞生到彩色电视机的出现，只用了短短不到30年的时间。从小屏幕到大屏幕，从模拟信号到数字信号，从无线传播到有线传播再到卫星传播，从家庭收视到户外收视……电视机的成像技术，信号传输技术、接收技术等飞速发展，各种各样的电视机，如等离子电视、宽屏电视、数字电视、户外大屏、公交电视、楼宇电视、网络电视等以及电视收看方式纷纷出现，都始终围绕着一条主线或者说一个目的，那就是丰富电视受众的感知。

在互联网时代，尤其是移动互联网出现以后，网络又快速催生了许多新的媒介传播方式，智能手机、平板电脑在高速网络环境下，已经完

① 〔加〕马歇尔·麦克卢汉：《理解媒介——论人的延伸》，何道宽译，商务印书馆，2000，第1页。

② 〔英〕齐格蒙特·鲍曼：《全球化——人类的后果》，郭国良、徐建华译，商务印书馆，2001，第1页。

③ 〔德〕瓦尔特·本雅明：《机械复制时代的艺术作品》，王才勇译，中国城市出版社，2002，第17页。

④ 周建新：《传统化回归与螺旋式升级：论互联网时代传媒艺术审美活动的转向》，《现代传播》（中国传媒大学学报）2019年第1期，第109页。

全可以将人类现有的媒介功能集成在一起，使人们随时随地获取传媒信息和新的审美体验。多屏互动带来传播手段和审美认同活动方式的丰富多元，传播渠道建设进一步迈向现代化、自动化，而这一切的关键就是人工智能。智能影像将直接带动影像产业的升级，改变人们对影像信息的接收模式，人们可以在移动终端上获得IMAX影厅的观影效果，实现360度、720度观影，享受刺激强烈的沉浸式体验。用它甚至可以观看物体的真实三维再现，影片中的人物就如真的在观众身边，并且观众可以与其对话、交流。虚拟现实感、增强现实感的进一步加强，将使观众身边的"拟态环境"进一步"环境化"。观看方式的改变将带来影像制作、传播等各个领域的相关改变，给影像及其相关产业带来革命性的变革。目前，Meta、迪士尼等国际巨头公司，已实现通过智能影像生产降低视频内容生产成本。影谱科技创建的从视频中捕获动作的技术系统（MCVS），不需要预先进行动作捕捉合成的高度结构化数据，就可以让机器直接模仿大量已存视频片段来学习高难度技能，允许数据驱动的模仿以生成无监督学习。这些技术系统的应用可以帮助播放器、视频网站、电视台、影像制作企业等理解社交网络上每天诞生的数十亿的图像和视频，并实现自动化内容再生。

综上，在电视认同活动中，从单一的人类感知需求的满足到越来越清晰、越来越快捷、越来越丰富的传媒技术依赖，再到智能媒体的潜力无限，人民群众对于电视的审美需求总是在不断升级。然而在互联网时代，不管是对于人工智能的应用还是对于大数据技术潜力的挖掘，人类对于信息传播及其带来的审美需求似乎又回归到了"人的需求"这个原点，即基于人的心理、生理和审美的需要，这也是大家探讨"智慧媒体"的缘由。换句话说，无论技术多么先进，它所模仿和依据的都是人的需求而非技术或机器的需求。

但事实远不是如此简单地回到原点，而是螺旋升级。首先，人类审美需求离不开技术的推动与呈现，但是艺术传播与传播艺术都是建立在人类审美感知的基础上的。各个媒介沿着"人的延伸"的思路发展没有问题，千条大河入海流，只要终点是人的审美需求就不会有方向错误。其次，无论传媒技术如何进步，传媒载体如何先进，万变不离其宗，它们都是"人的各种神经感知的延伸"，因此，对于技术的依赖、崇拜甚至是技术理性的"拜物教"也并无必要，毕竟技术的进步和艺术的发展最终服务的还是人的审美需求，人的需求是其永恒的出发点。最后，人的感知是复杂的一个整体，不是单一的听觉、视觉、味觉、触觉，各种感知系统都需要在审美活动中获取它相应的信息刺激。因此，互联网带来的媒体融合是符合人内心的审美需求的，这是不可阻挡的趋势。[①]

二 认同主体在电视接受过程中的审美转向

认同主体是认同关系构建的必要部分，也是审美活动发生发展的重要推动力量。与传统艺术相比，认同主体在电视审美活动中扮演着越来越重要的角色，尤其是在认同关系的建构与审美体验的发生过程中更加彰显自己的声音、形象、话语、地位、权力。因此，电视审美活动中无论是认同主体内在的审美心理还是外在的参与方式，都与在传统艺术的审美活动中有所区别。

（一）审美心理变化：由遵从到盲从再到随从

20世纪60年代，德国“康士坦茨学派”提出了接受美学理论。姚斯认为，“他（作家）必须对受众的‘期待视野’做出预测，预先考虑自己的新作能否对读者产生吸引力并引起读者的兴趣，能否为读者理解与接受，必须预先确定自己对现存的社会观念与道德常规以及不同的欣赏趣味的态度”。[②]尽管受众的地位在传统艺术的接受过程中已经得到了认可和肯定，但相对于电视而言，传统艺术受众群体仍然是小众化的，再加上传统艺术文本的经典性和传播范围的限制，受众内心对于传统艺术的审美期待更多表现为高度认同，将审美活动中的价值崇拜、文化传承、文以载道、道德引领等作为价值追求。

在电视审美活动中，“艺术生产”在机器工业复制技术下效率大大提升，与此同时，传媒技术在飞速发展，传播手段变得更加丰富多元，大众文化、流行文化、时尚文化随之而来，对于电视受众而言，五彩斑斓的电视节目犹如霓虹灯一样耀眼夺目，他们在欢喜之余也不自觉地融入了娱乐流行的大潮中，审美认同心理发生了较大变化，表现在如下几方

---

① 周建新：《传统化回归与螺旋式升级：论互联网时代传媒艺术审美活动的转向》，《现代传播》（中国传媒大学学报）2019年第1期，第110页。

② 章国锋：《国外一种新兴的文学理论——接受美学》，《文艺研究》1985年第4期，第73页。

面：在审美趣味上更多由细细品味走向简单跟风，“什么流行喜欢什么”；在审美期待上更多由内在价值认同走向外在趣味趋同，“什么花哨喜欢什么”；在审美取向上更多由“娱神”走向“娱人”和“自娱”，“什么娱乐喜欢什么”。一个明显的特征就是追求文化的流行性、娱乐性、浅表性、时尚性。

在互联网时代，认同主体在审美活动中不再是盲目地跟风流行与大众狂欢，而是更加突出和强化个性意识与“小圈子意识”，不同的职业、地域、性别、学历等因素越来越成为文化类型内部进一步细分的依据，如年轻人的粉丝文化、二次元文化、异次元文化、丧文化、杀马特文化等，尽管还有大众流行的因素在内，但是同一种文化类型里因为审美认同趣味不同出现了不同的分流，而且彼此界限十分清晰。[①]电视节目的制作不再倾向于广泛的受众群体，开始注重圈层化的节目定位，“从小众入手，向大众靠拢”成为许多节目创作的出发点。

2020年湖南电视台制作的《说唱听我的》上线湖南娱乐频道，2020～2021湖南卫视跨年演唱会的前两个节目均是说唱歌曲，这个案例说明电视节目较早进入互联网平台将说唱、街舞、摇滚乐等偏小众的亚文化成功推向大众，与主流文化相融合，最终也成功反哺了电视艺术。究其原因，首先，互联网为受众审美认同活动提供了多元的创作平台、交流平台、互动平台和消费平台。与此相适应的是，新媒体艺术中受众参与创作传播活动的机会越来越多，这使得认同活动本身具备了受众的个性特征，受众的观点、态度、情绪、兴趣、爱好直接影响到电视的生产制作和传播。其次，由于社会的高速发展和生活的快节奏，社会群体的变化和流动比较普遍，新媒体艺术无疑适应了这种节奏的变化。最后，随着社会阶层分化越来越明显、代际分化问题越来越突出，年轻受众也理所当然地成为文化主力建构者、传播者和消费者。资本、传媒与受众三者的共谋，几乎将电视文化打造成为年轻人的亚文化。

综上，审美认同心理由小众化的遵从到大众化的盲从，再到分众化的随从，在互联网时代，受众在审美认同活动中无论是心态还是价值判断，似乎又回归到了传统艺术时期的圈子窄化和人际化传播的特点，但事实并

① 周建新：《传统化回归与螺旋式升级：论互联网时代传媒艺术审美活动的转向》，《现代传播》（中国传媒大学学报）2019年第1期，第112页。

非如此。首先，分众化不是受众的减少，而是群体的细分，无数个审美价值相对独立的受众群体集中在一起构成自己的小圈子文化、朋友圈文化，是电视数字化时期的一个明显特征。其次，分众化是受众审美认同心理与电视审美取向的共谋。“分久必合，合久必分”的道理在电视审美认同活动中也同样适用，互联网时代的受众已经由庞大的、模糊的群体概念演化为具体的、精准的“用户”概念，因此对于电视的精准传播和受众的精准定位而言，分众化势在必行。最后，分众不是受众失去审美价值判断，相反，是受众审美认同心理更加独立、成熟和理性的表现，对于作品的选择及其价值评判不再是人云亦云、受他者因素左右，而是基于自己的审美感知、审美经验、审美理想。

（二）审美体验方式变化：由虚静坐观到主动参与再到沉浸式体验

在传统艺术中，审美主体对艺术作品的体验讲究“静观”[①]、高峰体验、顿悟品读，从而创构“艺术意境”，“窥见自我的最深心灵的反映”。[②]从体验方式看，接受者与作品或接受者与创作者之间是有距离的、无功利的、单向度的关系。

在电视认同活动中，这种关系变成更加近距离的、主动的互动，也因此，接受者的角色不再是被动者而是参与者。接受者其在认同活动中的主动参与体现在以下几个方面。首先是伴随性参与，对于电视作品创作过程全程参与、高度介入，甚至成为创作内容十分重要的组成部分。其次是互动性参与，电视认同活动的形式从“我播你看”，变为“大家做大家看”和“边做边看”。最后是决策性参与，不管是作为哪种角色参与到认同活动中，接受者依然还是保持着现实生活中的身份、立场去发表言论，其有所思后的“主动出击”，是出于“自我改造”或“他者评判”的目的。

在互联网时代，随着计算机图形技术、仿真技术、传感技术、显示技术等技术的开发，虚拟现实相关创作手段在电视创作生产领域中得到应用，沉浸式影院、沉浸式画展、沉浸式戏剧、沉浸式游戏、沉浸式主

---

① 孟凡生：《从“静观”到“介入”——论环境美学的“参与”维度》，《中北大学学报》（社会科学版）2018年第5期，第61～67页。

② 宗白华：《美学散步》（彩图本），上海人民出版社，2015，第76页。

题乐园等产品不断涌现，这些新鲜体验方式“吸粉”无数。所谓沉浸式体验指的是多感知、多维度、互动性的审美体验。首先，它强调的是在电视产品体验中，虚拟现实技术营造的逼真的情景，让受众视觉、听觉、触觉、嗅觉等多种感知系统在此得到刺激。其次，它强调的是在电视产品体验中，受众可以立体、多维地去观察、感知，历史与现在的时间界限被打破，二维的空间局限被打破，主体与客体的界限也被打破。最后，它强调的是想象、联想、理想的现实应验的即时性与交互性，只要愿意，梦想可以在此成真，理想可以在此得以实现。简单地讲，沉浸式体验对于受众而言的最大吸引力在于让认同活动的复杂过程变得简单，重重困难被逐一克服。

综上，审美体验方式由“虚静坐观”到主动参与再到沉浸式体验，在互联网时代，电视认同活动的审美体验方式似乎又回到了传统艺术审美体验中的“情景交融”、“心物交感”和“天人合一”的“感兴”状态，但事实并非如此简单。首先，在传统艺术审美体验中，“虚静”体验到的沉浸感“是一种非参与性的沉浸”，是精神上的参与而非“物”（现实）的参与；而在沉浸式产品的审美体验中，主体无论是“身”还是“心”都已经投入产品营造的“境”中，尽管这种投入是技术性的，是基于感官上的“错觉”的，来自“刺激—反应”模式的生理机能。[①]其次，在传统艺术审美体验中由审美感知到审美想象，再到审美愉悦、审美感悟，是一个层层递进的过程，而在沉浸式产品中也许一步到位或者是很快实现，它更多指向的是技术手段带来的互动的即时的梦幻感。最后，在传统艺术审美体验中，审美感知发生对主体的知识储备、思维能力、审美能力有要求，至于审美想象、审美愉悦和审美体悟阶段的要求就更高了；但在沉浸式产品中，知识、阅历、心情、境况都不是体验效果的决定因素，只要愿意参与，无论是对于儿童还是老人，技术手段都可以实现审美体验的“物我同构”以及“他我”与“自我”互通。[②]

从由传统艺术到电视艺术诞生，再到互联网时代艺术审美变化的历史

---

① 程赟、丁筑兰：《论虚拟现实艺术的“沉浸”》，《重庆文理学院学报》（社会科学版）2017年第5期，第70页。

② 陈伯海：《生命体验和审美超越——论审美体验的由来与归趋》，《河北学刊》2011年第4期，第102～109页。

纵深视角去审视电视认同活动，我们会发现电视认同活动的审美转向有其清晰的逻辑线条。首先，无论是从“人”的层面还是从“物”的层面分析，无论社会如何发展、技术如何进步，人总是认同活动的主体，人的审美需求永远是认同活动的旨归。其次，电视认同活动中，无论是从心理层面还是体验层面分析，无论受众群体如何变化、参与方式如何创新，愉悦总是认同主体共同的目标，审美体验永远是认同活动的最高追求。最后，认同活动的审美转向呈现连续性的、明显的向传统“回归”的趋势，笔者将其称为螺旋式“升级”。根本上，这也是因为“美”离不开人的审美活动，[①]“媒介是人的延伸”，“人是媒介的旨归”。[②]

① 叶朗：《美是什么》，《社会科学战线》2008年第10期，第225页。

② 周建新：《传统化回归与螺旋式升级：论互联网时代传媒艺术审美活动的转向》，《现代传播》（中国传媒大学学报）2019年第1期，第112～113页。

第三章　电视认同客体：群众文化需求驱动下电视艺术内容生产和产业发展

本章重点研究的是电视认同的“客体问题”，首先创新性提出“群众文化需求”的核心概念，主要从需求驱动的角度解读我国电视艺术内容生产和产业发展的嬗变历程与审美转型。

群众文化是新中国文化和群众日常生活的重要组成部分，具有鲜明的自发性、自娱性、业余性、参与性、集体性等特征。“群众文化需求”顾名思义即群众的文化需求，对其理解至少有三个层面需要把握：它首先是群众的，其次是文化的，最后是生活的。“群众的”强调其群体性、集体性，因为群众文化需求不可能是小众的、专属于某个特定阶层的，而是广泛的、全民的，可以概括为民意的主流性；“文化的”强调其根基性、时代性，因为群众文化需求不可能是脱离历史的，也不可能是复古的，而是传统与现代的结合、历史与当下的结合，可以概括为民族的根基性；“生活的”强调其生活性、具体性，因为群众文化不可能是超越生活的、神秘的，而是日常的、亲近的，可以概括为民众生活的日常性。

新中国电视艺术发展的特色在于，与群众文化发展步调，包括群众文化空间的变化以及群众文化需求的变化基本一致，在内容样态上不断推陈出新，以新的文艺潮流适应着群众生产生活方式的节奏。由于群众文化的发展状况和国家经济社会建设的重心在变化，群众文化需求也随之发生变化。因此，一个明显的主线是，随着群众文化空间的物理属性向虚拟属性再到虚拟现实交融属性的转变，群众文化需求也发生了由同构到分化再到细化的变化；与此相对应的是，电视艺术内容呈现从以“宣传品”为主到以“作品”为主再到以“产品”为主的三个不同的历史阶段，并显现相应的面貌、特征。

在媒介融合环境下，电视艺术发展面临新的媒介环境、文化环境、市场环境，在互联网巨浪席卷的形势下顺势而为，不仅需要推进电视艺术创作内容的审美转向，还需要电视艺术美学法则规制的创新，尤其表现在技术赋能下艺术真实与生活真实的关系处理上。

第一节　群众文化需求的内涵及其特征

从新民主主义革命到社会主义革命，从社会主义改造到社会主义建设，无论哪个时期，发展群众文化一直是党和国家文化战线、文化工作的一个重要内容，从计划经济体制到市场经济体制，从社会主义初级阶段的发展任务的设计到“两个一百年”奋斗目标的确立，党和国家都对群众文化发展提出了不同的要求。

群众文化需求的内涵主要体现在“三民”上，即国家主流民意的表达、民族传统文化的彰显和民众日常生活的体现。因此，群众文化需求不限于一般意义上的受众需求的范畴，不仅指群众文化生活功能性的满足，还包括社会层面、精神层面甚至哲学层面的需求，简单讲是知识需求、社会需求、文化需求和身份认同的综合体。它是一个时期内社会生产生活方式的一种外在反映，是全社会文化总需求的共识和最大化，之所以说它是群众认同性需求的现实注脚，其主要原因也在于此。因此，群众文化需求是客观性与主体性的结合、民族性与时代性的结合、多元性和趋同性的结合。

群众文化需求具有群体性。它是一个时期社会总体文化需求的一种反映，它代表着社会主流人群的文化需求，是国家意志与社会民意的有机结合和高度统一，同时也遵循相应的文化发展规律和市场原则。

群众文化需求具有民族性。丹纳认为，“因为风俗习惯与时代精神对于群众和艺术家是相同的；艺术家不是孤立的人……只因为这一片和声，艺术家才成其为伟大”①。

群众文化需求具有生活性。民众的“日常生活”和“非日常生活”在群众文化空间中实现了统一。在群众文化营造的生活空间中，民众的时间和空间实现了统一，时间因为文化活动的开展在长度和宽度上都得到了延伸。群众文化作为一种特殊的文化现象，特点在于其“顶天立地”地构建了一种独特文化生活空间，所谓“顶天”，指的是群众文化空间是国家

---

①〔法〕丹纳：《艺术哲学》，傅雷译，江苏文艺出版社，2012，第11～12页。

主导构筑的社会文化空间，具有鲜明的意识形态性、强制性；所谓“立地”，指的是群众文化是全民享有的日常生活方式，具有明显的广泛性、伴随性。

一 群众文化需求是国家主流民意的表达

群众文化是国家意志和群众对文化的诉求的统一。国家利用群众文化，达到意识形态传播和保证政权安全的目的，也借此提升全民的文化水平；反过来，民众也通过群众文化需求的满足，来提升自己日常生活幸福指数。群众文化需求具有时代代表性、民族传承性和日常生活性。按照需求类型，群众文化满足了人们的生物性需求、工具性需求和社会性需求，如交往、安全、教育、艺术、娱乐等。从我国国家政权属性分析，国家意志与群众在文化需求上是高度统一的。查尔斯·H. 库利认为，“社会是由无数个人相互作用并借助某种符号系统组成的一个整体，文化传播是人类社会赖以存在和发展的机制，或者说是联结社会秩序的一种工具和手段”。[①]新中国群众文化与社会主义革命、社会主义现代化建设有着不解之缘，具有极强的红色文化特征和鲜明的意识形态性。

（一）群众文化的国家意志属性

在群众文化中，国家通过多种渠道和方式，强制实施相关措施或开展互动治理，来实现意识形态的表达与传播，至少体现在以下四个方面。一是国家建立庞大的、自上而下的文化管理机构，中央层级是国务院文化主管部门、新闻出版、广播电视主管部门，往下依次是省、市、县级地方人民政府文化、新闻出版主管部门、广播电视主管部门。二是国家建设专门的群众文化设施体系，包括文化馆（站）、群众艺术馆、公共图书馆、博物馆、纪念馆、美术馆，还有工会系统的工人文化宫、共青团系统的青年宫、教育系统的少年宫。三是国家出台相关的法律和政策文件，法律如《中华人民共和国公共文化服务保障法》《中华人民共和国电影产业促进法》等，政策文件如《关于关心人民群众文化生活的指示》《关于加强城市、厂矿群众文化工作的几点意见》《中共中央关于构建社会主义和谐社会若干重大问题的决定》《关于加快构建现代公共文化服务体系的意

① 司马云杰：《文化社会学》，华夏出版社，2011，第273页。

见》《关于实施中华优秀传统文化传承发展工程的意见》等。四是国家规划实施专门的文化惠民工程，如新闻出版系统与广播电视系统的农家书屋工程、广播电视“村村通”工程、农村电影放映工程、“西新工程”，文化系统的非物质文化遗产保护、中国传统工艺振兴计划、文化信息资源共享工程、数字图书馆工程、公共电子阅览室工程、送戏下乡、文化精准扶贫等。

（二）群众文化需求体现了主体特征

群众文化需求的主体特征有两层含义。第一，受众作为社会群体中的人，具有群众属性，归属于不同的社会范畴，例如性别、年龄、职业、阶层、团体等，不同的社会范畴有不同的文化标签、文化规则、认同原则，这一方面带来了受众主体的多元化，另一方面也带来受众需求的多元化。尤其是在全球化大潮汹涌、社会变迁剧烈的当今时期，要考察受众需求的清晰样貌难度十分之大。

第二，群众文化作为一种“文化再生产”的产物，其生产机制天然要求任何一个文化活动样式承载的“需求”的主体不仅指涉群众，还要包括国家意志、精英群体、市场构成的多元需求主体。国家意志、精英意识、市场诉求以不同的方式存在于群众文化的具体样态中，实现自己的传递。也就是说，不只是群众有文化需求，国家、市场和文化精英都对文化有不同的需求，但不管一个文化活动样式有多少主体的需求要表达，要想取得群众的认同，必须最终服从于群众的需求，这是需求—认同机制的必然要求。当然，国家意志、精英意识、市场诉求并非与群众需求不可调和，它们可以共存于具体的文化活动内容当中，只是需要“传播艺术”作为桥梁与纽带。因此，群众文化需求具有群体性，即对社会主流人群文化需求的代表性，群众文化需求是一个时期内社会总体文化需求的一种反映，是国家意志与社会民意的有机结合和高度统一，同时也遵循相应的文化发展规律和市场原则。

二　群众文化需求是民族传统文化的彰显

人类文化需求是文化发展的最基本动因，从原始到野蛮再到文明时代，人类的文化需求作为内生动力驱使着文化不断向前发展。丹纳认为，“一件艺术品……显而易见属于一个总体，就是属于作者的全部作品”；“艺术家本身，连同他所产生的全部作品，也不是孤立的……隶属于同时同地的艺术宗派或艺术家族”。[①]群众文化建构的文化生活空间，因为传播载体不同，呈现以下两种不同的空间形态，即器物载体和传媒载体所传播的群众文化形态，二者表达方式和呈现手段都有不同，但器物和传媒都属于民族传统文化的一部分，因此所传播的群众文化自然也就有了民族和传统的烙印。

（一）器物载体传播群众文化

由器物作为载体所建构的文化生活空间更为现实和“冰冷”，因为不管是文化馆（站）还是博物馆或者是其他固态建筑设施，群众在这种空间中参加文化活动都是看得见、摸得着的，以博物馆参观为例，“社群介入就是自身文化得到再现的人的参与”，来参观的群众有着共同的身份认同和文化共识，尽管在参与互动的过程中充满“争议、拒绝或者是破坏”，然而博物馆就好比“一种社会机构，分享和创造围绕事实、神话与记忆的各种主张与叙事”，因此，“争议即认可”。但是“虽然它们（博物馆）用自由互动的方式吸引公众，让他们（公众）身临其境地去想象过去真实的状态，（博物馆）仍然是权威，因为他们（博物馆管理人员）掌握文化活动的解释权，是集体记忆的建构者”。[②]因此，器物群众文化传播设施更易给公众带来互动感、参与感，但是器物本身的冷漠和权威也制造了其与公众的距离感和陌生感。

（二）传媒载体传播群众文化

由传媒作为载体建构的文化生活空间更为虚拟和亲切。所谓虚拟指的是传媒建构的文化空间是一种“媒体内容图景描绘”，它往往以虚构和娱乐的方式富有成效地表现现实生活的情感与戏剧性，不断用一种“想象性的真理”为受众提供超越经验之上的真实，让公众的生活充满大量的欢腾话语和创造性。[③]但是这种虚拟又让公众觉得自己与媒体塑造的“名

---

① 〔法〕丹纳：《艺术哲学》，傅雷译，江苏文艺出版社，2012，第11～12页。

② 〔美〕马克·D.雅各布斯、〔美〕南希·韦斯·汉拉恩编《文化社会学指南》，刘佳林译，南京大学出版社，2012，第251～255页。

③ 〔美〕马克·D.雅各布斯、〔美〕南希·韦斯·汉拉恩编《文化社会学指南》，刘佳林译，南京大学出版社，2012，第69～71页。

人”“英雄”距离很近。以电视真人秀节目为例，它就是通过模仿真实生活，捕捉或揭露真实生活，或者将真人放到“超真实”的环境中，让观众觉得自己其实与名人距离很近，甚至自己在很多方面的表现比名人更好，以此来模糊精英与大众之间的界限，强调名人日常生活与普通大众的“相似性”和关联度，以制造与观众之间的“亲密关系”。当然，这种虚拟的狂欢和真实也遭到了批判。

再以历史题材电视剧为例，其深受群众欢迎的原因有很多，例如叙事的传奇性，人物形象生动、鲜活，故事情节跌宕起伏、深入人心等。因此，现实情况就是历史剧向来是中国电视荧屏上不可或缺的类型，观看历史剧是中国观众读解历史、瞻仰历史、品味历史、消费历史的重要手段之一，甚至成为一种文化习惯。近年来，历史剧的创作手法更为新颖、多元，制作也更为精良，如穿越艺术创作手法的成熟运用、考究的宫廷故事场景设置等，激发了受众天马行空、自由驰骋的想象，在一定程度上也很好地迎合了他们追逐新奇、好玩、刺激、娱乐的心理。即便是在海外，我国电视剧也深受欢迎。据调查，古装剧、武侠剧受欢迎程度较高，此外，偶像剧和一些反映现实生活的电视剧，也开始引起部分外国观众的关注，例如《上海滩》《包青天》《孝庄秘史》《天外飞仙》《倚天屠龙记》《还珠格格》《老房有喜》《乔家大院》等电视剧都曾在泰国播出，且反响不错。韩国、日本、德国、蒙古等国家的观众也都对我国历史剧、反映现实生活的剧目表现出浓厚的兴趣。

三 群众文化需求是民众日常生活的体现

摩尔根认为，人类社会“每一期，各有其不同的文化，并呈现多少独具一格的生活方式”[①]。梁漱溟认为，“文化就是人类生活的样法”[②]。胡适也认为文化是“文明所形成的生活的方式”[③]。群众文化是多种文化类型融合构筑的我国群众的文化生活方式。“（群众文化）作为一种艺术活动，几

① 〔美〕路易斯·亨利·摩尔根：《古代社会》，杨东莼等译，商务印书馆，1981，第12页。

② 梁漱溟：《东西文化及其哲学》，上海人民出版社，2015，第11～14页。

③ 耿云志编《中国近代思想家文库》（胡适卷），中国人民大学出版社，2015，第566～574页。

乎涉及所有的文学艺术活动形式。”[①]从文学、戏剧、绘画、音乐、舞蹈、美术、电影到广播电视等人类的艺术样式，群众文化无所不包。但它又不是某一文化艺术的全部，例如看电影，群众文化能满足的电影观赏需求是有限的，题材、类型、品种、播映时间等，都不可能与商业院线等同；再如看电视，无论是频道数量、节目数量，还是接受质量等都不可能与有线电视、付费频道等同。一个时期的群众文化是一个时期群众生活方式的整体显现和意义表达，那么这种生活方式必然有其特殊的文化需求，群众文化为电视艺术发展提供文化土壤、人才支撑、艺术创新的动力和广泛的受众基础，应自觉树立群众意识，将内容生产与新时期群众文化活动的开展主动结合，自觉走群众路线，凝聚草根大众，植根群众文化，吸引广大群众参与。

（一）群众文化中的文化艺术

有两点是可以明确的：一是群众文化的重点不在于文化创造而在于文化传播，对于国家而言，其将先进的文化传播到广大群众当中，吸引广泛参与，但是不要求群众文化给予多少“现实回报”，例如创作出多少作品、产生多少经济效益等；二是群众文化的重点不在于专业文化鉴赏与批评而在于文化参与，群众文化具有参与的全民性、活动的业余性、内容的普及性、形式的自娱性、方式的公共性等特征。因此，无论是传统文化还是新兴艺术，对于满足群众文化需求而言，重要的不是艺术品鉴、艺术批评，群众文化需求对其的关注点更多在于通过文化参与来自娱自乐、丰富生活内容、提高生活品质，因此说群众文化需求是社会“日常生活世界”[②]的重要部分。反过来看，任何一种艺术样式都有其“群众文化化”阶段，当其成为社会广泛的需求，这时只要和国家主导文化诉求趋向一致，它就必然会成为群众文化的一部分，国家就会通过专门的文化渠道将其传播到全社会都乐于接受、便于接受的文化空间中，使其被全社会各个阶层欣赏、接受。

---

① 谢彬如：《群众文化学引论》，贵州省艺术研究室，1988，第2页。

② 东欧新马克思主义代表人物、布达佩斯学派代表人物及发言人阿格妮丝·赫勒在《日常生活》里阐述：日常生活存在于每一个社会中，每一个人，无论在社会劳动分工中占据的位置如何，都有自己的日常生活。本书提到的“日常生活世界”是一个文化哲学术语，引用至此主要目的是想利用胡塞尔、赫勒、哈贝马斯的生活世界理论来分析当前社会的文化生活结构。

2020年初，新冠肺炎疫情突袭而至，多地建设了方舱医院，其中涌现的方舱群众文化现象即群众文化上述特点的明证。作为方舱医院社区生活不可或缺的一部分，“方舱书屋”“方舱数字文化之窗”“艺术长廊”“方舱时光”等多种文化服务平台在官民协作下建设起来并开始运转，这背后是党和国家对群众文艺的高度重视和对习近平总书记对防疫工作的重要指示精神的积极响应。随着方舱文化现象的持续发展，逐渐出现了一些推动群众文艺活动开展的代表人物，如“清流读书哥”“广场舞大妈”“新疆舞领队”“红歌领唱大爷”。根据方舱医院实际情况，群众文艺特有的配套设施与场景逐渐完善，如读书驿站、信心树、文化长廊、文化墙以及云上图书馆、博物馆、演出剧目点播平台等“互联网＋文化服务”的移动服务平台；同时方舱生活也催生了一批医患人员自编自导自演的《打倒新病毒》《方舱地道站》等具有抗击疫情特色的群众演艺作品，还有由非物质文化遗产传承人、民间手工艺人、医护工作人员创作的“武汉剪纸”、“青山版画”、风趣漫画、幽默插画等群众文艺作品。“动员群众，文化抗疫，抚慰心灵”成为方舱医院特有的文化生态与氛围，阅读、舞蹈、唱歌、小品、绘画、剪纸等已然成为日常生活图景，在群众文艺活动高效、有序、自主、积极的开展过程中医护人员与患者形成了密不可分的命运共同体。群众文艺活动在方舱医院的全面、多元化开展不仅缓解了医护人员的压力与患者的恐惧，更满足了人民群众对于安全、爱与尊重以及自我实现的需求。

（二）群众文化需求是社会生产关系的体现

群众文化属于上层建筑，群众文化需求是社会生产关系的体现，而生产关系是生产力的反映并受制于生产力的发展。因此，群众文化需求尽管有其主观能动性，但需求能否得到体现、获得认同的程度如何，取决于特定历史时期的经济社会发展状况。既然需求是主体行为，就必然有其主观能动性，但不管是强势需求主体还是弱势需求主体，需求的表达一定是社会客观现实的反映，它可以有超前性和预见性，但仍是客观现实的适度延伸，不会无穷尽地超越客观现实，这样的需求也不切实际，等于无效需求，是难以实现的空想。在群众文化的现实实践中，国家、市场和精英任何一个力量的缺失，都将使群众文化失去生存的依据，这是中国的现实，也是世界的现实。

（三）群众文化需求是对现实生活的真实反映

群众文化需求是群众生产生活的直接反映；群众文化是群众自娱自乐、自我参与的文化活动样式，因此具有日常性和随意性。群众文化需求因为所处时代、地域、民族、阶层、环境等的不同而呈现多样化，哪怕是同一个人，当其处于不同的年龄段、拥有不同的境遇、怀揣不同的心情，对于文化的需求也是不尽相同的。当前我国群众文化需求的基本趋势是，从原有的针对“小文化”概念过渡到涉及文化、体育、卫生、健康等综合一体的“大文化”范畴，从传统的文化需求过渡到“传统+现代”的融合模式文化需求。“所有的文化都是动态的”，“为了保持良好的运行，文化必须拥有足够的灵活度，以便在面临不稳定或变化的情况时做出调整”。[①]

第二节　群众文化需求的变化对电视艺术内容生产的影响

群众文化对电视艺术发展的影响在不同的时期有不同体现，因互动形式和内容的不同，对电视艺术的影响也不同，而中国电视艺术在每一个阶段取得的成绩、产生的问题、形成的特点，也与二者关系的亲疏远近有关联。

新中国群众文化拥有特殊的文化生活空间，根据其物质属性，主要有两种空间结构，即实体空间和虚拟空间，两种空间既是群众文化的传播形式又是群众文化的生产和接受形式，按照这个逻辑，也可以将群众文化发展的过程分为三个阶段，即实体空间为主的阶段、虚拟空间为主的阶段、交互空间为主的阶段。前一个阶段主要是以文化馆（站）等群众文化设施为主体的物质空间文化时期，主要特征是文化空间同构；中间一个阶段主要是以电视为主体的传媒空间文化时期，主要特征是文化空间分化；后一个阶段主要是以互联网为主体的交互空间文化时期，主要特征是文化空间交互。每个阶段的群众文化在国家意志与群众文化诉求互动上、群众日常生活和非日常生活方式的交叉上都呈现不同的状态。

---

① 〔美〕威廉·A.哈维兰等：《文化人类学：人类的挑战》，陈相超等译，机械工业出版社，2014，第34页。

从群众文化需求变化考察，以上三个阶段呈现不同的特点。新中国成立至改革开放以前，可以概括为群众文化的“需求同构”期。受此影响，电视艺术呈现强调宣传、淡化娱乐的状态，外在的表达表现出集体性、一致性等特征。

改革开放以后至20世纪90年代中后期，可以概括为群众文化的“需求分化”期。受此影响，电视艺术主要呈现“作品”特征，艺术独立性和文化自觉性日益增强，不再强调政治宣传功能，而是注重电视艺术本身的本体自觉和文化创新，以及观照市场转型期背景下的群众家庭生活和家庭伦理变化。

20世纪90年代末尤其是21世纪以来的时期，可以概括为群众文化的“需求细分”期。受此影响，电视艺术也迎来了前所未有的挑战，越来越呈现“产品”特征，即更加市场化、年轻化、商品化、娱乐化、同质化，有时甚至滑向了“低俗化”。

一 群众文化的“需求同构”期与电视艺术的“宣传品”特征

新中国成立后，由于国家经济基础是“一穷二白”，再加上国际环境局势的不利影响，群众文化需求让位于基本的生存需求，文化建设实践让位于生产劳动实践。从群众文化空间讲，处于物理现实空间为主的时期；从群众文化需求讲，处于“需求同构”期，即国家需求、社会需求和群众个人需求被强势整合。

受此影响，电视艺术刚刚诞生，作为党和人民的喉舌，具有宣传功能，电视艺术内容生产的动力及其制作需求与国家意志、宣传需求基本一致，呈现“宣传品”特色。

（一）群众文化的“需求同构”期

1958年，在中国文化史上是极其特殊的一年。这一年，群众文化活动十分活跃，群众文化事业发展取得里程碑式的成就，文化部成立了专门的群众文化事业管理局，[①]“全国初步形成了文化大普及的局面。一个以文化馆（站）为中心的群众文化辅导网，以俱乐部为中心的群众文化宣传活动网已经基本组成。据不完全统计，全国民办文化馆（站）已达63300多

① 周德辉主编《中国群众文化史》，北京人文函授大学，1986，第266页。

个，俱乐部已达104万多个”[①]。也是这一年，中国电视诞生，在管理体制上隶属于中央广播事业局。群众文化在乡村地区的文艺形式有文艺演出、黑板报、墙报、读报、广播、图书借阅、放映电影、放映幻灯片等，不少地区开展了写“三史”（家史、村史、公社史）活动。厂矿企业职工主要是举行革命歌咏活动和歌曲创作活动、群众业余美术创作活动。部队群众文化活动蓬勃发展，全军掀起大唱革命歌曲的热潮，举办文娱晚会和课外游戏活动，1958年全军成立了战士业余演出队713个。[②]

新中国成立后，革命时期的群众文化路线和方针被继承了下来。这个阶段，国家意志的表达方式主要为“在现场”，国家通过各种文化设施、文化管理制度、遍及全国各地的文化传播网络和宣传网络，对群众文化实现把控和指导；反过来，群众文化的表达方式基本表现为服从命令、听从安排。在文化生活方式上，群众“日常生活”与“非日常生活”的界限很模糊，甚至出现过生产时间和生活时间界限模糊的时期。因为生产力发展程度较低，再加上国家处于经济建设初期，工业化尚在起步阶段，经济异常困难，无论是乡村还是城市，生产方式比较落后，主要依靠体力劳动，生产方式也主要是“集体大生产”，例如在农村一度是人民公社的集体生产，在厂矿企业也是集体劳动，因此，生活方式主要体现“集体性”特征。这种背景下，群众日常生活被非日常生活挤压“侵占”，文化生活空间狭小、选择空间小，自由度几乎没有。生活与生产同构，国家意志与群众文化诉求同质。故，本阶段可以称为群众文化的“需求同构”期。

（二）“需求同构”期的电视艺术概述

1958年5月1日19时，我国第一座电视台——北京电视台开始试验性播出，这一次播出的内容有：中央广播实验剧团表演的诗朗诵《工厂里来了三个姑娘》《大跃进的号角》，北京舞蹈学校演出的舞蹈《四小天鹅》《牧童与村姑》《春江花月夜》。6月15日，我国第一部电视剧《一口菜饼子》直播成功。6月26日，第一次剧场转播节目成功，包括梅兰芳主演的《穆桂英挂帅》，尚小云主演的《双阳公主》，周信芳主演的《四进士》，马连良和张君秋合演的《三娘教子》，张君秋、叶盛兰、杜近芳合演的《西

① 梁泽楚编著《群众文化史（当代部分）》，新华出版社，1989，第82页。

② 周德辉主编《中国群众文化史》，北京人文函授大学，1986，第305页。

厢记》。1959年国庆期间，北京电视台举办了5场戏剧晚会，邀请著名表演艺术家马连良、谭富英、张君秋、裘盛戎、尚小云、荀慧生、小白玉霜等登台表演。另外还转播了前来参加演出的苏联芭蕾舞团表演的《天鹅湖》、乌兰诺娃主演的舞剧《吉赛尔》和《海峡》片段。此外，1958年10月1日中华人民共和国成立9周年庆典和1959年的10周年建国大庆中，北京电视台都通过电缆转播了天安门广场的焰火晚会实况。1958年12月31日，上海电视台播出《欢庆新年文艺晚会》，这场由15个专业和业余文艺团体参与演出的晚会的播出，是继北京电视台播出联欢晚会性质电视片后的一大创举。而新中国历史上第一次真正意义上的电视晚会的举办是在1960年的春节，北京电视台首次在演播室里排练、播出了综合性文艺晚会，节目有诗朗诵、相声、歌舞等。1961年，北京电视台第一次播出专题晚会《笑的晚会》，此后共连续举办了三次"笑的晚会"。"笑的晚会"对中国电视晚会的影响是颇为深远的，它是对于革命浪漫主义的喜剧精神的重要表达。[①]在第二次"笑的晚会"中小品第一次出现在了电视屏幕上，同时茶座式的演出现场革新了传统意义的观演关系，"第四堵墙"的打破让观众的即兴互动和参与成为可能。到1963年1月24日，北京电视台春节晚会已经长达4个小时。1966年，北京电视台转播北京市民拥政爱民、拥军优属联欢晚会的同时，也直播了该台组织的一场迎春晚会。[②]这些晚会是如今中央电视台春节联欢晚会的雏形。每逢"五一"和"十一"这两个重要的节庆时间点，天安门广场都会有焰火晚会，而且具有一定规模，这些劳动节和国庆节的焰火晚会，都由北京电视台进行实况转播。1971年5月1日北京电视台更是通过微波干线将"五一"焰火晚会的实况传递到20个省（自治区、直辖市）。

中国电视从20世纪50年代末诞生以来的一路发展可谓步履维艰，60年代到70年代末这十几年的时间，发展步伐缓慢甚至处于停滞，"1966年至1976年的十年间，北京电视台播出的文艺节目不是转播样板戏就是转播适应文革需要的节目，还有就是转播每年五一劳动节和十一国庆节在天安门广场举行的焰火晚会"[③]。

---

① 刘习良主编《中国电视史》，中国广播电视出版社，2007，第51～53页。

② 钟艺兵主编《中国电视艺术发展史》，浙江人民出版社，1994，第383页。

③ 刘习良主编《中国电视史》，中国广播电视出版社，2007，第104页。

1976年之后，电视晚会迎来一个发展的小高潮。中央电视台先后转播了几次大型文艺晚会，在全国观众中引起了强烈的反响，因为晚会反映了人民的心声、适应了时代的需要。当然，这也与这一时期庆祝活动较多有直接关系。同时，这一时期中央电视台转播的诗歌朗诵会（如《诗刊》社组织的几次诗歌朗诵会、纪念周总理诞辰诗歌朗诵会、鲁迅和郭沫若诗歌朗诵会）、音乐会（如中央乐团庆祝粉碎“四人帮”胜利音乐会）、纪念性综合文艺活动（如怀念毛主席逝世一周年文艺演出、纪念台湾“二二八”起义30周年文艺演出、庆祝建军50周年演出、庆祝十月革命60周年演出）也比较密集。1978年2月6日，中央电视台再度举办了春节联欢晚会，晚会内容有歌舞、猜谜、新电视片、新故事片、新排演的戏曲等，一些著名文艺人士如杨沫、李瑛、李苦禅、王晓棠、于蓝、马季等出席并表演了节目。这标志着电视晚会开始复苏。1979年，后来担任中央电视台春节联欢晚会总导演的邓在军，与电视导演杨洁也组织了一台引起广泛关注的春节联欢晚会，进一步奠定了中央电视台春节联欢晚会的基础。[①]受彼时政治意识形态的相关需求、中国庙会式大杂烩的艺术传统影响，电视作为传媒和艺术载体都未能体现其独立性，加之彼时技术手段能呈现的电视艺术形式相对有限等诸多因素，在电视艺术诞生之初，“杂烩”式的电视晚会成为其主要的呈现方式。这一阶段，电视晚会作为体现国家庆典、人民庆祝的重要方式，出色地完成了国家的政治宣传任务。由于很多晚会采用的是直播形式，一些经典作品未能流传于后，十分可惜。

（三）“需求同构”期电视艺术的“宣传品”特征

从传播方式分析，受技术条件限制，早期的中国电视传播形式主要是现场直播、实况转播。因此从本质上讲，这些节目只是采用了电视这种新的传播手段来呈现，还不能算是具有电视化特点的电视节目。从接受情况分析，受客观条件影响，当时的电视接收机数量十分有限，“北京电视台开播时，北京市才有三十多台，地方就更少，而且多数集中在高级干部家庭中或机关单位之中”[②]，看电视对于绝大多数人而言是遥不可及的奢望，

① 钟艺兵主编《中国电视艺术发展史》，浙江人民出版社，1994，第402页。

② 刘习良主编《中国电视史》，中国广播电视出版社，2007，第32页。

从受众规模和影响力上讲，电视还远远达不到大众传播的目的。从节目内容分析，不管是电视戏曲、电视诗歌还是电视音乐、电视舞蹈，演出人员都是专业的甚至是明星，节目内容属于当时的精英文化和“贵族文化”，这都不是普通群众在日常生活中能欣赏到的内容。但是，早期的电视起码为广大群众欣赏高雅艺术以及采用电视这种新的宣传教育方式展示主流文化提供了可能性。

第一，从群众文化主体来看，对于广大群众而言，能够欣赏到高层次的文化艺术是基本的文化需求，而电视恰恰使这种“窥视欲”的满足具备了技术上的可能。有学者认为现代人爱看电视的原因之一就是它满足了人类普遍的“窥视癖”心理。社会心理学家研究后认为，秘密是有目的的行为，它必须由当事人紧紧隐藏，被视为个人的精神财产，正是因为具有排他性，暴露秘密才有吸引力和价值，秘密才会使人想知道。①

第二，对政府宣传主体而言，“电视传播不但强烈地规范着社会行为，而且在制造社会舆论，从而树立社会意识规范方面起着举足轻重的作用”。此外，“电视第一次为广大受众提供了一个全民教育的机会……根据施拉姆的观点，电视一方面具备教育的效力——能使收视者受到强烈影响，另一方面又能够几乎不受限制地传输到任何地方，因而必定要成为当代最重要的教育工具之一，并且极大地改变了当代社会的教育面貌。20世纪50年代以来，类似的思想其实是相当普遍存在的，而且由此引发了许许多多的电视教育实践活动”②。由此可见，技术条件的限制、电视艺术自身独立性的欠缺、政治活动的频繁开展、节庆仪式活动的开展为早期的电视晚会的发展创造了有利条件。因此，这一阶段，中国电视整体上传播的内容属于稀有的“贵族文化”，且带有浓厚的宣传教育色彩，与广大普通群众基本“无缘”。

二　群众文化的“需求分化”期与电视艺术的“作品”特征

改革开放以后至20世纪90年代中后期，社会需求的“大一统”一元格局逐步解体，尽管国家需求依然处于重要地位，但市场需求和群众需求的地位开始逐渐提升，尤其是精英需求强势凸显，由隐性向显性靠拢，精

① 苗棣、范钟离：《电视文化学》，北京广播学院出版社，1997，第17页。

② 苗棣、范钟离：《电视文化学》，北京广播学院出版社，1997，第269、278页。

英主体自觉日益明显。这一时期最为明显的特征是国家、市场、精英、群众四者之间的互动已经开始，需求的平衡不再依靠政府维持，而是依靠四方势力在相互角逐中自觉维护场域的生态平衡。

受此影响，电视艺术的发展轨迹与群众文化需求变化表现出一致性，逐渐摆脱政治束缚，追求艺术本体的独立性表达和创新性发展，在集百家之长的情况下扬独家之优势。

（一）群众文化的“需求分化”期

“文革”结束以后，党的十一届三中全会召开，全国上下解放思想、实事求是，国家发展重心转移到经济建设上。“在科学、教育、文艺的全面复苏与振兴之中，电视事业也焕发出勃勃生机……到1979年，尽管电视节目谈不上丰富，但是在改革开放的大背景下，随着进口电视机的涌入和国产电视机产量的增加，电视的优势被日趋增多的普通观众所领略。”①前面有所论及，群众文化全面复苏的标志之一就是出台了“两个红头文件”，分别是1981年颁布的《中共中央关于关心人民群众文化生活的指示》（以下简称“31号文”）和1983年中共中央转批中宣部等四个部门颁布的《关于加强城市、厂矿群众文化工作的几点意见》（以下简称“34号文”）。

在解放思想、实事求是的思想指引下，群众文化建设更加尊重经济社会发展实际，探索“以文养文”、“以文补文”或“以工补文”的建设思路，并逐步予以实施。“以文养文”的思路在31号文和34号文中都得到了肯定，31号文强调加强农村群众文化工作的重要性，34号文强调的是加强城市、厂矿企业群众文化工作的重要性。②这两个文件是指导新时期我国群众文化建设的纲领性文件，把群众文化建设纳入我国精神文明建设，尤其强调了群众文化的娱乐功能。1984年3月28日，国务院办公厅转发文化部《关于当前农村文化站问题的请示》，要求文化站工作任务、人员、房屋、经费“四落实”。1987年2月，文化部、财政部、国家工商行政管理局联合下发了《文化事业单位开展有偿服务和经营活动的暂行办法》；1987年12月，财政部又下发了《关于文化事业单位开展有偿服务和经营活动有关税收问题的通知》。这些文件旨在鼓励文化事业单位根据自身特

① 刘习良主编《中国电视史》，中国广播电视出版社，2007，第155页。

② 梁泽楚编著《群众文化史（当代部分）》，新华出版社，1989，第141页。

点和优势开展经营活动，摆脱群众文化活动经费不足的困境。1992年，文化部颁布实施了《群众艺术馆、文化馆管理办法》，从机构、性质、任务、干部、设施设备、经费、制度等方面对群众艺术馆、文化馆进行了规范。

这个阶段，国家对于群众文化建设的态度可以概括为“三个放手”，指的是相对于前一个阶段，采取更加缓和的政策导向，但并非放手不管。首先是对群众文化功能属性的放手，不再一味地强调其政治属性、宣传教育功能，娱乐功能、消费功能被予以肯定和重视。其次是对群众文化事业管理的放手，对于群众文化的发展除了强调政府的责任，也对市场的力量、社会的力量表示了积极欢迎。最后是对于群众文化活动开展方式的放手，不再“大一统”“一刀切”，而是转为在坚持正确导向的前提下，践行“业余、自愿、小型、多样、节约”的原则。随着改革开放的逐步深入和市场经济的发展，群众文化的发展活力被进一步激发：传统民俗以其顽强的生命力重新在广大乡村地区蓬勃发展，并在规范乡村社会的生产、生活秩序中扮演着重要角色；城市群众文化活动设施建设进一步加强，活动样式丰富多样。

这个阶段，国家在意志的表达上，主要使用象征符号和“把关人”式审查机制[①]：将一系列相关的国家象征符号镶嵌在文化内容当中，通过传媒机构向全国传播；对文化内容意识形态的把控则主要采用的是“把关人”式的审查机制，对广播、电视、电影、报刊等的内容进行把控，确保意识形态安全。但需要关注的是，由于生产力的解放、工业化的推进，群众从沉重的生产活动当中逐步得到解放，生产与生活开始出现分化，群众日常生活的地位开始提升，日常文化活动的时间在延长，需求也在逐步增加，日常生活方式已经由上一个阶段的集体生活方式过渡到家庭生活方式，这为电视这种以家庭传播为主的文化样式提供了巨大的发展机遇。这种背景下，群众文化需求开始与国家意志表达博弈，并利用自己的渠道主动表达，国家对于群众文化需求开始重视并从多方面给予满足，随着群众文化活动开展方式的增多、产品类型的丰富，群众文化在丰富的文化活动当中对国家意志表达也出现了自由选择的倾向。故，本阶段可以称为群众文化的“需求分化期”。

（二）“需求分化”期的电视艺术概况

“1979年，中国内地共有电视接收机485万台……也正是从这年开始，

---

① 郭庆光：《传播学教程》，中国人民大学出版社，1999，第193页。

电视机的家庭拥有量和电视在社会上的影响力一起迅速提升。到1983年，猛增至3611万台。”[①]中国电视事业也因此获得了快速发展的机遇，“1980年，电视在中国的大中城市开始深入家庭，走向普及”[②]。“1983年到1991年是我国电视业的转型期……电视机开始作为普通家用电器进入平常人家。为满足广大观众日益增长的文化需求，荧屏内容也逐渐变得丰富多彩起来……截至1990年底，中国电视共有频道554套，平均每周播出时间为22298小时，其中文艺节目占67.2%。到1991年，全国共有电视台543座，电视的人口混合覆盖率达到80.7%，全国有电视机2亿台。”[③]“那么多家庭都有了一台电视机，当然不只是摆在那里充充样子，这个世界上的大多数人早已养成了看电视的习惯。……电视机旁的生活早已作为一种新的生活方式得到了人们普遍认同。”[④]因此，从20世纪80年代开始，电视就逐渐成为群众文化的重要组成部分，且观众比例逐渐提高，成为“传播之广、观众之多、容量之大、信息之新、影响之深”[⑤]举世罕见的文化艺术样式，丰富了广大群众的日常文化生活，并成为群众文化的日常伴侣。

在这种背景下，电视艺术的内容生产、创作诉求、评价机制都经历了相应的变化。除时代的文化需求以及创作者的主动创新外，外在的、具体的电视艺术生产传播也发生了一些变化，促使电视艺术不得不改变形态，即增加节目播放数量、创新节目样态。首先是观众的需求，虽然在“文革”结束后，一些电视节目复演、复映，但这已经不能满足观众们的精神文化需求，观众纷纷来信来电要求电视台增加节目播出量、创新节目内容和形式。其次是节目的来源问题，到了新时期，中国电影发行放映公司停止了向电视台供应新的故事片，不少剧团也随之提高了对电视台录制新戏的收费标准，使得电视台不得不开始独立创作自己的电视节目。最后是主管部门的要求，中央广播事业局向电视台提出要求，包括增加电视播出次数、延长节目时间，而电视不能仅仅播出原有节目，需要有新的电视内容的创作、播出。

---

① 刘习良主编《中国电视史》，中国广播电视出版社，2007，第155～156页。

② 苗棣、范钟离：《电视文化学》，北京广播学院出版社，1997，第162页。

③ 刘习良主编《中国电视史》，中国广播电视出版社，2007，第155、259页。

④ 苗棣、范钟离：《电视文化学》，北京广播学院出版社，1997，第159页。

⑤ 张凤铸主编《中国电视文艺学》，北京广播学院出版社，1999，第2页。

（三）"需求分化"期电视艺术的"作品"特征

随着中国电视节目的增多，以单一节目为基本单位的播出方式就暴露出了一个突出问题，即电视节目制作与播出统一标准的缺乏、规则的随意性与观众需要形成确定"约会关系"的稳定性的矛盾。要想缓解这一矛盾，电视工作者就必须树立服务意识，提高服务质量，确保节目规范化播出，这就为电视综艺专栏的出现及快速发展提供了先决条件。1981年1月，广东电视台开播了一档"综合性杂志式文艺节目"《万紫千红》。1982年6月5日，中央电视台开播了《舞台与银幕》栏目。1984年，上海电视台开播了后来具有全国知名度的《大舞台》《大世界》栏目。1984年7月1日，中央电视台《周末文艺》开播，这在中国电视栏目发展史上具有里程碑意义。1990年3月14日，中央电视台推出的每两周一期、每期50分钟的《综艺大观》栏目正式开播，它是在《周末文艺》和《文艺天地》等栏目的基础上拓展而成的新品牌。1990年4月21日，中央电视台与泰国正大集团联合制作的《正大综艺》栏目开播。1991年，中央电视台推出了《曲苑杂坛》栏目，其前身是1984年开播的《曲艺与杂技》栏目。20世纪80年代中后期，全国各地电视台大胆探索，精心开办了很多地方色彩浓郁、注重艺术性与知识性、定位鲜明的文艺栏目。如山西电视台开播的《电视桥》栏目，它由多个不同的小版块组成，其中引人注目的是《电视征婚》版块，这是我国第一个电视征婚类节目，它的播出代表着电视又向普通人的生活迈进了一步；又如天津电视台的《画中曲》《戏曲之花》，吉林电视台的《艺林漫步》《星期六》，陕西电视台的《秦之声》，河北电视台的《每周一歌》等栏目。这些文艺栏目根据各地不同特点，力求贴近生活、贴近观众，积极吸引观众参与，做到寓教于乐。就全国范围而言，1990年是创办综艺栏目的高潮，除中央电视台《综艺大观》《正大综艺》以外，还有吉林电视台的《盼今宵》《你好周末》、云南电视台的《云屏艺苑》、河北电视台的《万花丛》、上海电视台的《今夜星辰》、湖北电视台的《戏曲大看台》、浙江电视台的《调色板》。

多年的电视栏目化建设使得电视艺术内容异彩纷呈，电视栏目分布合理、各有分工、风格鲜明、宗旨明确、时长统一、包装多样、播出时间固定。电视节目的栏目化特征更加明显，节目从制作到播出都高度依托栏目而进行。栏目化使节目的题材逐渐专门化，自觉意识增强，风格趋向规范和成熟；同时，栏目树立的品牌形象，在节目推广以及吸引、凝聚特定的观众群方面发挥着不可替代的作用。到了20世纪90年代中后期，中国电视整体的荧屏形象已由以节目为核心变成以栏目为核心，基本形成了电视节目全面栏目化的格局。从国家电视台到省、市、县各级电视台，栏目化观念在逐步推广。随着对栏目化认识的提高，许多电视栏目根据不同的媒介环境和社区环境进行了本土化的探索与实践，取得了许多宝贵的经验。电视节目的栏目化，既符合电视节目管理需要，又适合观众观赏选择，打破了旧的舞台模式，创立了全新的电视观念，是电视发展的必然趋势。与此同时，电视节目的栏目化也存在一些问题，如同质化严重，跟风抄袭频发，风格、特色不明显，独立性不强，缺乏自主创新能力等。

这一时期，随着改革开放政策的推行、市场经济体制的逐步建立，社会生产力快速发展，生产方式也由上一个时期的集体生产转向家庭为主的生产，群众文化需求随着生产力的发展、生产方式的改进和生活的日益富裕有了更大的可能性，其表达更加主动、积极和自觉，再加上文化产品的丰富、文化艺术样式的增加，这些都为群众文化需求中的选择增加了可能性和多样性。国家、市场、精英和群众在文化需求中的主体地位也随之发生变化，国家与群众需求中的同构出现了分化，国家意识形态诉求在文化领域开始尝试与群众实现包容协商，精英文化也获得了相当大的自主权和发展空间。受此影响，电视艺术主要呈现“作品”特征，即艺术独立性和文化自觉性日益增强，不再强调政治宣传功能，而是注重电视艺术本身的本体自觉和文化创新，以及观照市场转型期背景下的群众家庭生活和家庭伦理变化。

三　群众文化的“需求细分”期与电视艺术的“产品”特征

20世纪90年代末以来，尤其是进入21世纪后，文化领域的国家需求开始转型，由显性转向隐性，由“在现场”的存在方式转向“符号在场”的存在方式，全能型的国家转向服务型的国家。国家的“退场”意味着市场、精英和群众地位的上升，尤其是市场需求在这个阶段得到了全面的彰显，它不时以群众需求的名义出现，又巧妙地融合了国家需求和精英需求，在这一时期获得了最大化。

受此影响，电视艺术内容生产和产业发展面临巨大压力，这种压力不仅来自自身的艺术创新需求，还来自国内外整体电视艺术大环境的变化。

一方面，这刺激了电视艺术快速发展、快速市场化，为多元主体需求下的自由选择提供了基础；另一方面，电视需求的个人化越来越明显，也给电视审美认同带来了挑战。

（一）群众文化的“需求细分”期

“需求细分”期开始的标志是国家以“公共文化”的概念来阐释群众文化建设。从群众文化到公共文化、从群众文化事业到公共文化服务体系建设的转变，体现了国家群众文化建设的新思路，即面对我国文化体制事业与产业交织的复杂格局，突出国家的服务性、责任意识，将群众基础性、公益性的文化需求的满足作为政府的职责来予以实现。

20世纪90年代后期，随着经济体制改革步伐的加快、市场经济主体地位的确立，群众文化的事业属性也逐渐发生了变化，由原来纯粹的国家大包大揽分化为公益性文化事业和文化产业并行的两条线。尽管国家一再强调群众文化公益性事业的重要性，但是在现实的市场利益驱动和资本逻辑下，文化的公益性一再被挤压；相反，文化产业发展势头却越来越迅猛，甚至成为国家重要的经济支柱。对文化市场的开拓、对文化产业性的激活本没有错，是文化发展的必然趋势，也符合世界文化发展的潮流，但是我国的文化体制的起点是公益性的，这一前提是世界其他国家所不具备的。这种文化起点和基本逻辑一旦发生变化，文化的公益性便会处于“弱势地位”，因此首要的工作应该是对公益性文化的保护，或者说对群众基本文化需求的尊重，也只有这样，才能保证我国文化根基不会出现大的偏斜。

2003年，国务院颁布施行《公共文化体育设施条例》，从规划、建设、服务、管理和保护等方面确定了促进群众文化设施发展的基本制度。2006年，《国家“十一五”时期文化发展规划纲要》首次将“公共文化服务”纳入其中，提出要以公共文化服务均等性为原则，完善博物馆、图书馆、文化馆等公益性文化设施网络建设；加强以广播电视“村村通”工程、农村电影放映工程、乡镇综合文化站建设和配备流动综合文化服务车等为主要内容的农村公共文化服务设施建设；普及文化知识；建立健全文化援助机制；鼓励社会力量兴办公益性文化事业。2006年，《中共中央关于构建社会主义和谐社会若干重大问题的决定》再一次强调“坚持把社会效益放在首位，坚持把发展公益性文化事业作为保障人民文化权益的主要途径，推动文化事业和文化产业共同发展……突出抓好广播电视村村通工程、社区和乡镇综合文化站（室）工程、全国文化信息资源共享工程”。

在这个阶段，随着现代化的深入推进和全面铺开，个人从劳动生产中得到了极大的解放，个人的休闲时间边界显著扩张，日常生活丰富性也较以前有很大提升。同时，随着国家整体经济实力的增强，个人物质生活水平得到了显著提升，对精神文化生活的要求也随之提高，而国家对文化软实力提高的重视程度也日益上升。因此，随着国家群众文化服务投入的增加，群众文化设施在场地空间、设备方面的条件得到了显著提高和改善，群众文化不再如上一个阶段呈现“虚拟空间”一超独大局面，“实体空间”和“虚拟空间”两翼齐飞，不仅大大拓展了群众文化生活空间，而且出现了两种空间自觉交互的局面，为群众文化生活带来了新的格局、活动方式和文化样式。由于阶层、职业出现了多元化现象，群众文化生活方式已经由家庭生活为主向个人生活过渡。群众文化生活格局也由过去的以集体生活、家庭生活为主的二元主体格局，发展成为集体生活、家庭生活和个人生活三足鼎立的格局，且个人生活空间和时间呈现逐渐扩张的趋势。

在这种形势下，随着互联网、移动互联网对生活的强力介入，群众文化需求出现了多样化、动态化、便利化的趋势。这种便利的时空结构，促进了群众文化的“圈子化”，原有的集体、组织、家庭的凝聚力在这个阶段已经失去了把控力，群众文化出现了个人化的倾向，并基于个人的兴趣、爱好、习惯迅速形成一个个文化圈子。于是，原有的“把关人”角色对群众文化的监督引导也出现了弱化，国家意志表达的难度进一步加大，国家权力符号甚至在各种各样的文化圈子里被消解，失去原有的权威性和严肃性，这种权威性与严肃性需要依靠法规制度和群众的文化自律来得到恢复。同时，群众文化需求也因渠道的增多、方式的变化、内容的丰富，出现了严重分化。随着科技的快速发展、生产力的提高、全球化的推进，以及对于政治民主化诉求的愈发强烈，再加上互联网、移动互联网的快速发展，我国综合实力显著提升，不仅为群众文化需求提供了牢固的物质基础，还将其作为拉动经济的一种手段，提升文化产业在国家经济发展中的贡献。因此，群众文化需求在双重的“诱惑”和刺激下开始不断细分，年龄、性别、区域、职业、城乡等都成为影响文化需求分野的因素。故，本阶段可以称为群众文化的“需求细分”期。

（二）“需求细分”期的电视艺术概况

随着现代人生活节奏的不断加快和信息获取渠道的增多，人们更希望通过看电视得到精神的放松，而以往那种经年不变的单向输出的“填鸭式”电视语态，显然已不能让观众满意。他们渴望与电视节目广泛交流、参与其中。在这些观念的交织之下，电视选秀风潮席卷了中国荧屏，成为本阶段电视最为重要的特征。例如，湖南卫视2004年开始举办的《超级女声》，开启了电视娱乐选秀的潮流。这一时期的电视从演播室逐渐走到户外，从转播逐渐回归到直播，仿佛经历了一个循环。笔者认为，在娱乐化潮流盛行的当下，电视节目也开始有了社会责任的自觉意识，在主题把握、价值观引领上越来越多地关注社会现实、讨论社会话题并宣传主流价值观，电视节目策划、创制的重点也由吸引眼球的外在形式与模式更新渐渐回归到了涤荡心灵的内在思想性、精神性的表达上来，如《我是歌手》对音乐的回归和对电视呈现艺术的探索、《爸爸去哪儿》对亲情的呼唤与展示、《极速前进》对兄弟情义的彰显等。这些令人欣喜的现象表明，广大中国电视工作者并没有满足于已有的成功，而是在不断探索如何创作更多“有意思”且“有意义”的电视节目。与此同时，随着社交媒体的兴起与迅猛发展，群众的娱乐需求因互动性的增强而得到了更为充分的满足，观众既可以通过“海选”报名，直接参与节目，也可以利用新兴的社交平台，如QQ、微信、微博、抖音、快手等参与节目。这不但满足了电视观众的需求，也实现了电视台、赞助商和通信服务商的多方“共赢”。

（三）“需求细分”期电视艺术的“产品”特征

在电视市场化、产业化的大环境下，中国电视艺术面临激烈的竞争，因此在满足多元文化需求、区分不同受众群体上需要不断求变求新以获得审美认同。以电视综艺节目为例，它们在保持一贯的娱乐功能的同时凸显社会服务的功能，主要体现在情感、职场、健康、生活等内容方面。

在情感服务方面，以江苏卫视《非诚勿扰》为代表的婚恋交友节目在相当长一段时间里成为中国电视观众的首选和家喻户晓的电视话题，同类节目有湖南卫视的《我们约会吧》《称心如意》，东方卫视的《百里挑一》《谁能百里挑一》，浙江卫视的《爱情连连看》《婚姻保卫战》，安徽卫视的《缘来就是你》，山东卫视的《爱情来敲门》，湖北卫视的《相亲齐上阵》等。婚恋交友节目的流行有其深厚的社会背景、文化背景以及受众基础，因为爱情婚姻这个话题具有普遍性、永恒性，而且随着当前社会单身男女的增多，这个话题下更有说不完的故事，而大量青年受众的欣赏需求也使这类节目的存在具有了合理性和必然性。然而，满荧屏充溢着婚恋交友节目，甚至仅仅简单地换个形式、换个名字、换个主持人、换几个嘉宾就又开设一档新的婚恋交友节目，这无异于相互拆台、自相残杀。婚恋交友节目除了根除同质化发展问题，还需要在泛娱乐的道路上踩刹车。值得一提的是，经过相关部门的勒令整改之后，不少婚恋交友节目改掉原先的风格，调整了泛娱乐路线，由重娱乐开始走向重服务，即提供情感婚恋服务。以《非诚勿扰》为例，目前它以情感服务为理念，在嘉宾选择、身份确认、讨论话题选择、录制过程审查等方面采取了一系列措施，理性探讨当代年轻人情感婚恋和家庭生活价值观，传递更加健康的婚恋交友观，同时也非常注意社会主流价值观的引导和彰显。

在职场服务方面，以天津卫视的《非你莫属》和江苏卫视与中国教育电视台打造的《职来职往》等为代表的职场真人秀节目，引起了广大观众的关注。《非你莫属》中，每期12名一流企业高管组成BOSS团现场招聘，具有不凡身世背景及奋斗经历的他们，对应聘者进行犀利的评判和严格的挑选；每期有3～4位来自全国各地的真实应聘者，他们直面挑战、积极展示，以获得自己喜欢的工作。节目还有一位国内资深职场人士和一位心理专家，提供给应聘者真实的就业指导意见、心理分析和职场忠告。《职来职往》节目囊括各行各业，亦可窥见人生百态，通过行业达人和求职者之间的对话，反映当下最热点的行业话题并产生观点的碰撞。通过不同行业、职位人群的不同思维与视角展示社会的本来面目，通过理性、客观、全面、真实的分析展示真正的职场。这类节目都有较强的娱乐特性，但是值得肯定的是节目在满足娱乐需求的同时没有偏离职场服务的功能，主要内容还是聚焦就业难等这些当前社会热点话题，积极寻找解决问题的路径，为应聘者的求职提供真实宝贵、丰富实用的经验、技巧。

在健康服务方面，《中华医药》《养生堂》等被广大观众尤其是中老年观众所关注。以《养生堂》为例，它以“传播养生之道、传授养生之术”为宗旨，秉承传统医学理论，遵照中国传统养生学“天人合一”的指导思想，按照二十四节气来安排节目内容，每期节目既系统地介绍中国传统养生文化，又有针对性地介绍实用的养生方法。随着收入水平和物质生活水平的提升，人们的生活压力加大，生活节奏加快，身体也往往处于亚健康状态。因此，健康问题越来越受人关注，健康的生活方式、良好的生活习惯更加受人追捧，尤其是对于中老年观众而言。但是看病贵、看病难、治病难又是当前社会难以解决的一个问题，因此收看健康养生类节目，保持好的生活习惯、饮食习惯、作息习惯，学习与了解生活常识、养生常识等内容是广大受众需求。[①]

在生活服务方面，比较引人关注的社会服务类栏目是河北卫视的《家政女皇》，作为一档生活服务类节目，它产生了很好的社会效益和市场效应。它用综艺形式，将老百姓的“家常里短”“婆婆妈妈”的琐事制作成街头喜剧，告诉观众如何将每天必须面对的普通生活装点得妙趣横生、丰富多彩。这类节目扎根于百姓生活，在生活中寻找快乐、在服务中寻找欢乐，具有很好的社会效益。[②]这些节目在娱乐大众的同时服务受众，弘扬社会主流价值观，在娱乐方面和服务百姓日常物质、精神生活方面具有重要的价值。

综上，群众文化一直受到党和国家高度重视，这是无产阶级政党的属性决定的，也是我国社会主义制度优越性的一种体现。群众文化事业建设与发展关系到国家文化阵地的巩固与发展，涉及国家文化安全、社会治理和政权安全。电视艺术属于我国群众文化活动的重要组成部分，二者统一于社会主义文化事业的建设实践中，统一于群众的日常文化生活中，随着社会生产生活方式的变化而变化。从实践层面出发，我国电视艺术自诞生开始，就在环境营造、人才流动、需求满足等多方面与群众文化保持着紧密的互动。回顾群众文化发展的历程，它始终集中在两条主线上：一是在空间上，由实体空间转向虚拟空间，继而向交互空间倾斜；二是在时间上，“日常生活”越来越脱离“非日常生活”的边界束缚走向独立，越来越朝着个人化的方向发展。受群众文化需求影响，电视艺术内容特点和节目形态也发生了相应的变化，在群众文化“需求

---

① 胡智锋、周建新：《2011年中国电视内容生产热点解析》，《中国广播电视学刊》2012年第2期，第12~13页。

② 胡智锋、周建新：《2011年中国电视内容生产热点解析》，《中国广播电视学刊》2012年第2期，第12~13页。

同构”期，回应的是集体主义，电视艺术内容呈现“宣传品”特点，主要节目类型是电视晚会；在群众文化“需求分化”期，回应的是向家庭回归的趋势，电视艺术内容呈现“作品”特点，主要节目类型是电视栏目；在群众文化“需求细分”期，回应的是个人主义，电视艺术内容呈现“产品”特点，主要节目类型是电视娱乐选秀。

第三节　互联网时代电视艺术生存环境变化与内容生产转向

互联网时代的到来对人类生产生活方式的影响是全球性的，任何一个国家都无法避免；它也是全面性的，任何一个领域都有所涉及；它还是深度性的，任何一个时空都有所体现。其中，它对于我国群众文化及群众文化需求的影响极其深刻。与此最为密切的变化就是新时期群众文化层面出现的新的认同危机。在当前生产生活环境下，它更多折射出人自我身份感的丧失，或者是一种自我价值感的丧失，是处于位置危机中的个体对于价值建构体系基点的寻唤。[①]回到群众文化，实体传播空间并没有因为虚拟传播空间的“符号霸权”就“丢盔弃甲”，尽管电视和互联网都采用了各种互动办法，但在人际交流功能上，虚拟传播空间无法取代实体传播空间。

很长一段时间里，我国电视艺术内容生产存在的主要问题是：电视同质化严重，创新力匮乏，作品品质参差不齐，有“高原”但无“高峰”，公共服务满意度不高，主流价值观传播责任意识不强，民族文化传承与创新意识不强，文化安全意识不强。如此一来，群众文化需求被当作了低级趣味和肤浅喧嚣，电视的艺术性越来越让位于工具性，电视的审美功能越来越沦落为市场逐利手段。

在互联网时代，面临新的媒介环境、文化环境、市场环境，电视艺术的适应性和灵活性似乎显得不足，难以应对互联网虚拟传播叠加强大社交能力的双重冲击。而互联网在适应群众日常生活个人化、个性化趋势的同时，进一步加剧了这种趋势。

在互联网巨浪席卷的形势下，电视艺术顺势而为，借力发力，通过以下两方面的努力，推进内容生产的审美转向。一方面是电视艺术文本形式的创新，即文本边界体现出较强的开放性，推动创新的速度越来越快，如

---

① 陈明华：《华语电影叙事的文化身份》，暨南大学出版社，2016，第27页。

新的艺术元素的运用、新的艺术类型的产生；另一方面是电视艺术美学法则规制的创新，尤其表现在技术赋能下艺术真实与生活真实的关系处理方面。

一 互联网时代中国电视艺术发展面临的环境

现代社会的科技发展、生产力进步改变了我们生存、生产、生活的空间。生存空间是人类的空间，生产空间是社会空间，生活空间是个人空间，互联网时代，它们是更加开阔还是狭窄，是更加开放还是封闭？这些问题既是哲学命题也是文化问题，更是人们日常生活中遇见的问题。

在时代的变化中，群众文化空间发生变化，即由物理的实在空间向虚拟空间，再向虚拟与现实的交互空间变化。空间的变化相应地带来了时间的变化，时空的变化带来了群众文化需求的变化。此外，传媒发展的环境又会发生什么样的变化呢？本部分就是要对这些变化进行思考。

（一）互联网社会对群众文化需求造成的影响

（1）信息化社会人类生存的时空变化。哈维认为，现代社会生产的逐利本质在很大程度上导致了时间和空间的距离、结构、关系以及节奏的变化，以至于时空的客观性被消解，取而代之的是主观性的矛盾冲突，表现为两方面的“压缩”：一是花费在跨越空间上的时间急剧缩短，二是空间收缩成了一个“地球村”（global village）。前者是“使时间空间化”，即“存在”；后者是“通过时间消灭空间”，即“形成”。两种“压缩”矛盾性地互动交织，构成了最大的社会现实。“时空压缩这一术语概括了目前正在进行的人类状况参数的多层面改变。”①

因此，我们不得不面对这样的问题：一方面，全球各地相互交流的机会和频次增加，横向和纵向的依赖程度增加；另一方面，人们的生产生活因为“空间化”的问题面临各种新的挑战，如“空间”资源的再分配带来的利益关系调整和其他资源的再分配，这背后是在“通过时间消灭空间”能力上的角逐与竞争以及由此引起的一系列新的社会矛盾、文化冲突和政治斗争。

---

①〔英〕齐格蒙特·鲍曼：《全球化——人类的后果》，郭国良、徐建华译，商务印书馆，2001，第1页。

在生产领域，这种时空变化突出表现在原先规模化、标准化、集约化的福特主义生产方式逐渐受到了短暂的、灵活的、快捷的、分割的弹性生产方式的挑战。同时，运输技术、通信技术、交流技术的变化都在改变社会的时空关系，“逼使我们进入新的物质实践和空间再现模式。与之相应，测量和划分时间的能力也经历着革命，这首先体现在日益精确的计时器的生产和传播上，其次体现在生产速度和调节机制（自动化和机械人）受到密切关注，以及货物、人群、信息等成为人类社会事务中流动而非固定的节点上”①。

（2）现代社会生活的流动性与无序化。鲍曼在其“流动现代性三部曲”（《流动的现代性》《流动的爱》《流动的生命》）中提出了“流动性”社会的概念，他将“流动性”作为晚期现代性的主要特征，主要是基于时空关系急剧变化而不再是静态不变的。在这种局面下，与时间相对应的速度成为权力主宰，而固态的空间的意义显得不那么重要。“在描述固体时，我们可以总体上忽略时间；而在描述流体时，不考虑时间将是一个严重的错误。”②此外，生产生活方式由生产型向消费型转变，由定居型向游牧型转变，对消费品的依赖已经成为保持自由和获得身份自由的前提条件。“在沉重的现代性时代，‘进步’意味着放弃游牧式的生活方式，寻求定居式的生活方式。这时，支配意味着直接而密切的干预，意味着领土征服、兼并和殖民。在流动的现代性阶段，情况正在发生逆转，定居生活相对于游牧生活的绝对优势在迅速消失，占绝大多数的固定人口正在受到游牧精英的控制。”③为了形象地说明这个问题，鲍曼将洛克菲勒和比尔·盖茨的企业模式作为案例来进行分析，前者是稳固的现代性的典范，代表固定的、空间扩张的生产生活方式；后者代表流动的、分离的、时间割裂的生产生活方式。无疑，在全球化、网络化的时代，后者的速度优势、时间优势迅速得到了体现。

（3）社会大分工下人类生活角色的演变。贝尔认为，“人的品格和人的社会关系模式在很大程度上是由他们所做的工作塑造成型的。倘若我们把工作当作区分品格模式的一种原则，那么我们就可以分别讨论前工业社

---

① 黄少华：《哈维论后现代社会的时空转变》，《自然辩证法研究》2005年第3期，第15页。

② 〔英〕齐格蒙特·鲍曼：《被围困的社会》，郇建立译，江苏人民出版社，2005，第2页。

③ 郇建立：《现代性的两种形态——解读齐格蒙特·鲍曼的〈流动的现代性〉》，《社会学研究》2006年第1期，第238页。

会、工业社会和后工业社会的工作”。前工业社会的主要内容是对付自然，劳动力起决定作用，人们靠体力工作，用的是代代相传的办法，时间感就是一种期限感，工作进度因季节和天气变化而变化。工业社会由于生产商品，其主要任务是对付“制作的世界”，这个世界变得技术化、理性化。机器主宰一切，生活节奏由机器来调节。这是一个编排程序的世界，也是一个等级和官僚体制的世界。后工业社会是一个群体社会，其中的社会单位是团体组织而不是个人。后工业社会的中心是服务——人的服务、职业和技术的服务，其首要目标是处理人际关系，其中的原则是合作和互惠，而不是协调和等级。“工业革命归根结底是一种用技术秩序取代自然秩序的努力，是一种用功能和理性的技术概念置换资源和气候的任意生态分布的努力”，“后工业化秩序对前两种秩序不屑一顾”，“对自然世界来说，其宇宙观的发展逻辑是从命定到机遇”，“技术世界是由理性和进步确定的”，“技术时代是时钟的时代”。社会世界具有在“恐惧和战栗”中生活的特点。“由于存在三种背景和三种宇宙论，那么也存在三种个人赖以寻求自己同世界关联的认同方式。这就是宗教、工作和文化。”①

综上，互联网社会中，现代化带来群众文化空间的扩大，这又直接带来群众生活的扩容，其本质上是人的“延伸”。爱德华·霍尔认为，在一些文化中，“人们深刻介入彼此的活动，信息得到人们的广泛共享，我们称之为高语境文化。在这种文化里，意蕴丰富的简单讯息自由流动。这类文化可能会被机械系统压垮，丧失其整合一体的文化个性”。低语境文化即那些高度个性化的、人际关系疏远的、分割肢解的文化。在低语境文化中，人们相互介入的程度相当低，显然他们能够吸收和利用机械延伸，同时又不至于丧失自己的文化个性。②其实，在全球化、媒介高度融合的今天，任何低语境文化的个性保持都难度极大而又显得急迫。然而问题在于，群众文化空间属于公共文化空间，服务于群众的日常生活，其范围并非越大越好，因为它的拓展势必给个人文化空间带来挤压，让“日常生活”和“非日常生活”的分界线产生位移。于是，需要反思的是：电视艺术从节目、栏目到频道，如此庞大的体量，究竟哪些是对群众文化需求的

---

① 〔美〕丹尼尔·贝尔：《资本主义文化矛盾》，赵一凡等译，生活·读书·新知三联书店，1989，第197～209页。

② 〔美〕爱德华·霍尔：《超越文化》，何道宽译，北京大学出版社，2010，第39页。

回应，哪些属于国家意志的表达，哪些受到市场利益的驱动？必须注意的是，当电视艺术内容生产中的“群众主体性”被“隐去”、被忽略、被漠视的时候，电视艺术也将在需求—认同中被冷落。

在我国，群众文化作为一种重要的文化形态，在多元的文化生态系统中具有重要的地位，与主流文化、精英文化、大众文化等文化形态有着复杂的关系，它们共同形成了一定时期内我国的文化格局，而它们在这种关系下的彼此角逐，也形成了文化场域。群众文化场域主要是其与主流文化、大众文化、精英文化三者博弈形成的时空环境，但更是国家意志表达与群众文化需求的互动构建的文化空间。在这里，任何力量的充盈残缺都将影响整个社会的文化走向，电视艺术作为这个场域中的一个存在，也必须顺应这种潮流。当前由于社会转型带来文化政策转型，出现了重产业而轻事业、重市场利益而轻社会效益、重商业利润而轻公共服务的现象，因此电视艺术在发展方向和重心上就难免会倾向于市场和商业，忽略艺术本身的追求，也忽略作为具有中国特色的媒介所应担负的社会责任、政治责任。

更加有趣的是，在互联网强化虚拟传播空间霸权的形势下，电视开机率呈下降趋势，但群众文化并没有因此就一边倒向互联网虚拟空间，反而有向实体传播空间偏移的倾向，如城市广场舞的出现、农村民间民俗文化活动的兴起。因此，对于群众文化而言，实体传播空间和虚拟传播空间同样需要平衡。这对电视艺术发展策略制定的启示是，在与其他艺术、文化活动的竞争上，不能偏离社会本性，要挖掘社会现实、寻找时代智慧、着力创新，要立足当前现实、积累群众智慧、共创行业繁荣。

（二）传媒环境变化对电视艺术发展造成的影响

群众文化需求发生的变化，自然映射到电视本身的变化上。电视受众需求是群众文化需求的一部分，电视满足群众文化需求的方式也不是一成不变的，更不能跟风。因有“羊群效应”的存在，群众文化需求不是永远正确的；因有市场利益的驱动，群众文化需求也不是永远客观的。要确认什么才是群众的“真需求”，必须立足当前群众的生产生活实际，不能随意打破日常生活和非日常生活的边界。厘清群众文化真实需求之后就是满足这些需求，这是电视艺术发展成功的必要条件。当前电视艺术面临着“阳春白雪”与“下里巴人”的平衡问题，即电视艺术需要在主流文化、精英文化、大众文化之间寻求一个平衡，找到一个互利共赢的方法。此外，群众文化需求不是单向度制约电视艺术，电视艺术也会反过来刺激群众文化需求的变化，从而让二者处于良性互动的状态。

电视艺术发展面临的挑战不止于此，还受到贴近自身的传媒环境的影响。传媒环境对传媒发展的影响日益深刻，影响了中国乃至世界传媒的发展进程，概括起来，主要有三大趋势：一是全球化进程加速，二是跨界融合升级，三是公共服务诉求强烈。三大趋势构成了我国传媒发展宏观的话语背景。在这种背景下，中国电视艺术的生存环境显得格外复杂，面临全球化与本土化的交织、新媒体与传统媒体的纠结、事业与产业的困惑等。

（1）全球化进程不可阻挡。"所谓文化全球化，不过是表明当今全球各种不同地区文化之间的跨地域、跨民族或跨层次的频繁渗透、复杂交融这一特定状况。简单地说，文化全球化就是指符号表意系统的全球关联性。"①也就是说，文化全球化不是全球一体化，文化全球化带来了频繁的互动，同时加速了文化身份的自我认同。其实，全球化是一个老话题，从哥伦布航行就有提及，甚至可以说资本主义发展史就是一部全球化进程史。正如贝尔所说，"在地理上讲，世界的界限已经打破了。不仅在文学、绘画、雕塑、音乐这些传统框架之外的艺术范围被扩大，就是这些框架之内的艺术范围也是无边无际的。事态的发展不仅仅限于艺术市场的国际化，也不仅仅导致了跨国戏剧。更有甚者，文化自身的范畴也大大地混淆了"②。"文化学中的全球化概念，同全球文明的争论紧密相关，并在20世纪80年代后期作为一种批评概念而出现。"③

尽管在不同历史阶段、不同国家有不同表征和体现，甚至出现一些国家对全球化抵制的现象，但总体而言，从经济到文化，全球化步伐稳健，从未停止，即便是曾对全球化有激烈言辞的唐纳德·特朗普，在成功当选美国总统后也发生了态度转变。如今，在市场化和信息化的作用下，文娱元素在全球市场快速流动并全部开放使用，传媒产品也随之在全球市场的

---

① 王一川：《文艺转型论——全球化与世纪之交文艺变迁》，北京师范大学出版社，2011，第7页。

②〔美〕丹尼尔·贝尔：《资本主义文化矛盾》，赵一凡等译，生活·读书·新知三联书店，1989，第149～150页。

③ 黄炼：《全球化学术探讨》，《社会科学动态》1999年第12期，第4页。

快速流动中得到普及，在国内收听美国之音早已是常态，在互联网上同步追美剧、英剧、韩剧更是青年观众的爱好，人们对电影、游戏、动漫等产品的全球同步宣发也早已司空见惯。

（2）跨界融合日趋激烈。前些年，我们还在热议新媒体与传统媒体的媒介融合和打造全媒体的问题。我们惊叹传统电影、电视综艺、电视剧、动漫、游戏之间的界限越来越模糊：电视剧中电影手法被大量使用，电视综艺节目衍生成为电影产品，一个热门的文学IP可以开发成游戏、动漫、电影、电视剧等，而且彼此交叉相融。媒介融合的案例已经是稀松平常，对于传媒发展而言，其面临的已经不是新媒体与传统媒体之间的竞争和合作那么简单，而是跨界融合的趋势不可阻止，更有愈演愈烈之势。

有学者认为，“随着媒介终端的数字化，电影、电视、电脑、移动终端之间的界限日益模糊，相互融合日渐频繁。内容产品已经难以仅从电影、电视、网络视频、游戏等传统分类进行识别。”[①]传媒艺术各个品种类型之间交叉融合，促使地产、金融、矿业、建筑等其他行业资本强势进入传媒行业，且努力实现生产平台、创作平台、后期开发等构成的链条的全打通，组建全媒体文化集团，典型的案例就是万达集团对全球电影产业上中下游的通盘整合。我们发现，传统美学中关于“真”“善”“美”的理论辨析在当前电视艺术作品评价中呈现尴尬的状态，例如艺术真实正在受到VR（虚拟现实）、AR（增强现实）等技术的挑战，道德在虚拟游戏世界与现实生活的交织关系中变得更加难以把握，传统艺术理论中关于美的形式和特征的论述在新媒介环境下发生了变化甚至有颠覆性的错位和失衡。产品形态自不必说，以前的电视综艺已经衍生出网络综艺，以前的电影已经衍生出网络大电影和微电影等新艺术样式，它们跨界相生。传媒的格局则是在网络媒体及其他各种资本介入形势下变得更加复杂多变，传统的广播、电视、电影与新媒体内部各艺术类别格局发生了变化，传统媒体与新媒体之间的竞争格局同样发生了巨大变化。

（3）公共文化服务不可或缺。公共文化服务诉求是由我国传媒的政治属性决定的，而且随着传媒产业化、市场化进程的加快，传媒公共服务职能也被凸显，它将成为我国传媒政策调控非常重要的一个抓手，被用于制

① 尹鸿、袁宏舟：《从渠道到内容 从内容到IP 综艺大电影与多屏融合时代的电视发展》，《电视研究》2015年第6期，第22～24页。

约传媒的泛娱乐化，并把握传媒的价值导向。从“农家书屋”到广播电视“村村通”“户户通”，再到农村电影公益放映、全国艺术院线建立、农村数字化工程建设等，我们看到政府关注到了人民群众日益增长的精神文化生活需求，并为满足这些需求付出了努力。

全球化要求电视艺术在全球浪潮与本土自觉中寻求发展之道，这是文化本体的必然要求；跨界融合则要求电视艺术在跨界融合与自主创新中寻求生存空间，这是艺术主体的题中应有之义；公共文化服务则要求电视艺术在产业利润与社会责任中寻求生存路径，这是传媒主体的必然选择。这些新的形势和趋势影响着电视艺术内容生产的走向。

二 互联网时代中国电视艺术内容生产存在的问题

群众文化需求错位、失位现象是电视失去群众基础的结果。群众文化需求在群众文化活动开展中可以得到实现和表达，也可以利用电视节目得到反馈和满足。当然，电视也可以对群众文化需求进行稀释和误导。电视作为大众媒体，追求受众的最大化是其本性，但是培育、引导观众的文化需求，甚至是提高观众的文化品位，也是电视的责任所在。因此，了解我国真实的群众文化需求，从社会结构角度认真分析哪些是群众的真实需求、哪些是迫切需求、哪些是虚假需求，是群众文化活动开展的前提，也是电视节目生产创作的核心。

笔者曾经撰文提出，“20世纪90年代中后期以来，随着电视传媒市场化程度不断加深，电视的内容与市场、与观众的收视日益紧密地结合在一起。产业化、集团化、市场、效益、效率、收视率、受众需求以及成本核算、营销、广告等影响着电视实践”[①]。电视市场化发展方向和路径没有问题，是符合电视发展规律的，但是在电视产业化的进程中，仍有一些问题必须引起关注，具体而言有以下几点。第一，在价值导向上的错位，例如“三俗”问题严重，节目趣味、格调、品位、价值观水准、审美性不断下滑，娱乐、喧嚣成为主基调和“救命稻草”。第二，在创新方向上的错位，各种潮流你方唱罢我登场，各领风骚才几年，创作者疲于创新，花样不断翻新，但翻来覆去，能够活跃荧屏的多数是一些洋版节目，本土原创节目

① 胡智锋、周建新：《从“宣传品”、“作品”到”产品”——中国电视50年节目创新的三个发展阶段》，《现代传播》（中国传媒大学学报）2008年第4期，第1～6页。

疲软，版权保护意识淡薄，文化安全意识隐患重重。这些问题产生的原因有很多，但最主要的是电视艺术作为群众文化活动的一种重要样式，在群众文化需求把握上出现了生硬、极端的情形，即群众文化需求在电视艺术创作生产、文本构成以及传播与接受的过程中，没有得到应有的重视，要么被隐藏，要么被忽视，甚至直接被无视，创作者自行其是，对群众需求不管不问。

（一）精品呼唤背后的同质化：惰性压倒个性

电视艺术竞争以内容为王，因此无论是对于国家管理部门还是媒体，抑或是广大观众来说，电视精品内容都是永恒需求。“改革开放以来，我国文艺创作迎来了新的春天，产生了大量脍炙人口的优秀作品。同时，也不能否认，在文艺创作方面，也存在着有数量缺质量、有‘高原’缺‘高峰’的现象，存在着抄袭模仿、千篇一律的问题，存在着机械化生产、快餐式消费的问题。”[①]对此，有学者直言，“在这个崇尚品牌的时代里，对于任何电视栏目来说唯一的应对办法即以个性品牌塑造为突破口提升自身的竞争实力，加速自身变革，拓展自身生存空间”。[②]

21世纪以来，从“娱乐选秀热”到“唱歌风潮”，从“婚恋交友风”到亲子节目热，你方唱罢我方登场。娱乐选秀节目如《超级女声》《我型我SHOW》《加油！好男儿》《梦想中国》《名师高徒》等；歌唱类节目如《我爱记歌词》《中国好声音》《中国好歌曲》《最美和声》等；婚恋类节目如《非诚勿扰》《我们约会吧》等；亲子类节目如《爸爸去哪儿》《星星知我心》《正大综艺·宝宝来啦》《饭没了秀》等。这种追逐、效仿收视高的电视节目的热潮，对于节目创制本身来讲，在一定程度上可以减少风险，降低探索的成本，但“克隆化”“雷同化”节目的层出的确是一种令人焦虑的现象，因为它的结果必然是电视节目缺少特性、丢失个性，自然也就难以产生精品。在定位千篇一律、风格大同小异的环境下，“个性化”就成为各个电视节目竞相追求的目标。

有学者认为，“所谓节目的个性化，就是指栏目拥有自己独特的传播

---

① 习近平：《在文艺工作座谈会上的讲话》，《人民日报》2015年10月15日，第2版。

② 于丹、杨越明：《栏目品牌建设的六大要旨》，《中国广播电视学刊》2005年第2期，第43～45页。

内容，独特的表现形式，进而拥有自己独特的风格。要实现独特风格，必须做到人无我有、人有我优、人优我特、人特我绝，也就是说彰显节目的稀缺性、独特性、优质性、极致性，实现节目品牌的核心价值”[①]。从20世纪80年代“扬独家之优势，汇天下之精华”的“自己走路”方针确立，到后来“四级办电视、四级混合覆盖”政策的出台，电视节目不仅迅速摆脱了对电影、戏剧、文学等艺术的依赖，大大增强了独立意识，而且大大解放了生产力。但是，随着电视节目生产数量的增加，电视节目的质量便难以保证，甚至出现了下滑趋势。

（二）电视内容同质化背后的创新乏力：引进压倒原创

电视艺术市场化阶段，娱乐选秀节目一枝独秀，迎合了市场的需求，呼应了转型期社会的矛盾点，尤其是抓住了年轻观众个性化的需求。但是值得关注的是，大部分现象级节目系海外引进，这也带来了国产电视艺术整体的创新惰性。近些年闪耀荧屏的《中国好声音》《中国梦想秀》《中国达人秀》《爸爸去哪儿》等一系列综艺节目，无不是“海外血统”。当然，成功的案例背后也有夭折的现象出现，例如《我心唱响》《激情唱响》等节目，就没有获得观众和市场的认可。

引进不可怕，可怕的是“引进依赖症”及“闭关主义”下对本土原创失去耐心、信心。“对于电视节目引进与原创的态度，我们反对两种极端的错误倾向：一是‘关门主义’，即夜郎自大、闭门造车，以井底之蛙的意识和形态而盲目自信；二是崇洋媚外，过分依赖引进，过分热衷引进，试图投机取巧、照搬照抄、一劳永逸，结果导致片面理解、囫囵吞枣、食而不化，更有甚者借机以引进为噱头大肆炒作，赚取利益，吸引眼球。两种倾向对于中国电视节目创新而言都是一种深深的伤害，同样带来节目原创力的惰性和创意的枯竭。”[②]

面对这样的发展态势，我国电视节目亟须寻找内生性发展动力，树立文化自信，从中华五千年博大精深的优秀传统文化中汲养，通过对优秀传统文化、传统艺术资源进行内容整合，以独特的文化编码形式使之契合大

---

① 胡智锋主编《电视节目策划学》（第三版），复旦大学出版社，2020年，第45页。

② 周建新、胡智锋：《电视节目引进为何压倒原创》，《光明日报》2013年11月23日，第9版。

众的审美心理结构，通过文化记忆唤起文化共同体的价值认同，从而弥合娱乐与审美的裂隙。

三 互联网时代电视艺术内容生产的转向

互联网时代，艺术思维、审美特征、展示平台、传播方式等都发生了剧烈变化，对电视艺术创作、市场发展、产业发展产生冲击。一方面，视频网站凭借即时收看、随时收看等便利性、互动性优势，分流了电视观众，确实对电视媒体提出了严峻的考验，但是它也为电视提供了全新的播出平台，改变了一些观众收看电视的习惯，满足了一大批网民随时随地收看电视节目的需求。从这个角度上讲，它对于电视产业依旧有其贡献。另一方面，视频网站吸纳了风投资本而具有雄厚的财力，与电视台争夺热播电视节目，为电视销售提供了很好的渠道。2011年，电视剧《浮沉》曾以单集120万元、网络版权总额超过3000万元的价格刷新了网络视频成交价最高纪录。[①]此外，视频网站还向电视制作的上游延伸，为“网络观众”量身定制剧集和节目。

（一）互联网时代电视艺术文本类型的转向

艺术类型是“对艺术世界作为类别、门类、样式、品种、种类和体裁的系统的分析”[②]。人类历史上的各种艺术门类可以称为一种艺术类型，电视的各种艺术样式以及一种电视艺术下的不同艺术品种也可以称为一种艺术类型，如某一节目内容样态。艺术文本类型指的是艺术文本最终的呈现形式及其隐含的审美规律。

在传统艺术时期，艺术的类型是相对开放的，留给创作者尽情挥洒的空间。在电视的电子化时期，随着传媒产业化和市场化的发展演进，类型成为艺术文本审美价值的呈现方式和实现过程，是一个时期艺术文本普遍遵从和使用的修辞语法，这种现象称为“类型化”。类型化是一种程式化的艺术生产方式，是传媒工业的必然产物。以电视为例，“如果说电视新闻是典型的‘非虚构’类传播内容，电视剧和其他电视艺术作品是典型

---

① 梅子笑：《2011国际影视展综述——热钱涌入电视剧市场 谍战剧降温》，网易娱乐网，http://ent.163.com/special/bidsjzs/，最后访问日期：2018年5月2日。

②〔苏联〕卡冈：《艺术形态学》，凌继尧、金亚娜译，学林出版社，2008，第1、406页。

的‘虚构’类传播内容，那么居于二者之间的，如电视纪录片、电视专题节目、电视综艺节目、电视谈话节目、电视娱乐节目等大量节目，都应属于中间状态的传播内容，即同时包含着‘非虚构’与‘虚构’元素的传播内容”[①]。总之，电视节目类型的划分既是认识和理解电视艺术的前提，也是电视审美认同活动的开始，因为不同类型节目的审美价值、审美特点不同。艺术类型对于受众意味着一种特定的审美接受心理，是“定向期待”“创新期待”与“隐性期待”的统一。[②]

在互联网时代，网络文化构成全新的电视语境。“时至今日，以网络为代表的数字媒介正以不可抗拒的技术力量，带来社会审美文化的历史性转向。”[③]这种形势下，电视艺术各个类型不断进行重新组合嫁接，产生新的艺术样态，对电视文本审美形态产生了重要影响。“艺术是什么？这个问题没有过时，也不会过时。边界的模糊，是说边界需要调整，而不是取消。”[④]也就是说，类型化并非一成不变，这不符合艺术创作的基本规律。“类型创造是艺术创造的基本技法之一，它包含了相似、翻新、扩延和突破等艺术手法与意义……类型创造也是艺术历史性创造的基本原则之一，在一定程度上说，艺术的发展就是非类型—类型—非类型的辩证过程。”[⑤]

综上，文本形式从边界的开放性走向相对的程式化，又在模式化和类型化过程中不断交叉融合，走向了“反类型”的局面。而在互联网时代，电视艺术对于文本形式的探索似乎又回到了传统艺术时期的“开放无际”的状态。但事实并非如此，首先，“反类型”不等于不要类型，类型化依然是传媒工业的生产方式，电视艺术文本的美学范式、审美规则在工业化流程当中日趋固定。其次，“反类型”并非审美的终结。恰恰相反，类型自身在蔓延、在不停地生长，一方面，主类型不断衍生出各种次类型（亚类型）；另一方面，各个成熟的类型之间相互“越界”“混搭”“杂糅”“侵蚀”，

---

① 胡智锋：《电视传播艺术：一个学术命题的新的整合——“中国电视传播艺术研究”之一》（上），《现代传播》（中国传媒大学学报）2002年第5期，第52页。

② 马楠楠：《解读大众心理密码——类型电影探魅》，《电影评介》2007年第10期，第7、34页。

③ 欧阳友权：《网络审美资源的技术美学批判》，《文学评论》2008年第2期，第47页。

④ 高建平：《美学在当代的复兴》，《文史知识》2014年第11期，第6页。

⑤ 蓝凡：《电影类型新论》，《艺术百家》2012年第6期，第136页。

于是出现“融类型”“跨类型”等新兴的电视艺术审美样态。[①]最后，“反类型”归结于艺术“自律性”的内生张力和“他律性”的外部需求的相互作用，内因和外因共同推动电视艺术文本的审美范式在不断自我批判、自我扬弃的路径上演进。[②]

（二）互联网时代电视艺术真实呈现方式的转向

“美是人类文明之花。真、善、美是人类追求的三大价值。”[③]真实是艺术的生命，是电视艺术孜孜不倦的追求。然而，传统美学在阐释电视艺术的真实性的问题时，有时会面临比较尴尬的局面，或者解释不清楚，或者无法解释，更有甚者，其解释与传统美学理论、观念相悖。

在传统艺术审美活动中，一般认为艺术真实源于现实生活，服务于现实实践。“生活真实与艺术真实是文学创作中两个重要的理论范畴。生活真实是文学作品的创作源泉，艺术真实是文学作品的创作原则之一。”[④]但是对于什么才是生活真实、有无绝对的生活真实一直有着很大的争论。

在电视艺术时代，因为人类社会的照相技术、录像技术、录音技术越来越成熟，“模仿”和“还原”现实的能力空前强大，人类纪实本领大大突破了时空的局限。这种背景下，传媒的“纪实观念”也被社会各界广泛认可和接受，成为一种美学思潮，深深影响电视纪录片和其他电视节目的创作。[⑤]但是，纪实主义并未完全解决电视面临的媒介现实与社会现实之间的矛盾，或者是艺术真实与生活真实之间关系的问题。有观点认为，所谓“媒介现实”，“是指媒介正日益扩大而不是缩小我们的见闻……媒介带给我们的是经过它转述的世界，而不是现实本身”。[⑥]一般而言，大家会认为

---

① 杨林玉：《跨类型、超类型与反类型：当下国产青春电影的类型发展态势》，《民族艺术研究》2017年第6期，第15～22页。

② 胡智锋、周建新：《从“宣传品”、“作品”到“产品”——中国电视50年节目创新的三个发展阶段》，《现代传播》（中国传媒大学学报）2008年第4期，第1～6页。

③ 胡智锋：《媒介融合语境下中国电视文化艺术之变》，第三届浙江青年电影节·新电影论坛发言。

④ 张艺鸣、季峰：《浅谈生活真实与艺术真实的关系》，《新闻研究导刊》2016年第19期，第39页。

⑤ 胡智锋、周建新：《从“宣传品”、“作品”到“产品”——中国电视50年节目创新的三个发展阶段》，《现代传播》（中国传媒大学学报）2008年第4期，第1~6页。

⑥ 胡正荣：《传播学总论》，北京广播学院出版社，1997，第254页。

眼见的、耳听的为真实，但无数的事实可以证明人的感官其实是非常受局限的，也很有可能是片面的、狭窄的、暂时的，因为对于真实的认知既可能是个体的也可能是群体的，既可能是客观的也可能是主观的，既可能是静态的也可能是动态的。

在互联网时代，网络利用虚拟现实（VR）技术几乎可以构建出与现实社会完全对应的虚拟角色、虚拟人群、虚拟社区、虚拟世界，并由此延伸，利用增强现实（AR）技术、混合现实（MR）技术和扩展现实（XR）技术来制造更加“真实”的“媒介现实”。尽管大家知道“媒介制造的现实不等于现实生活中原生形态的真实，而是制造了一种‘媒介现实’”[①]，而且“‘媒介现实’（是）与现实差距很大的‘社会现实’”[②]，但是，虚拟现实技术依旧有其广阔的应用空间和市场前景，这是因为我们可以借此在艺术审美过程中真正体会到身临其境的感觉，在那一刻的体验过程中，其“真实感”是前所未有的。[③]传统美学受到的挑战就在于，面对虚拟现实技术制造的“真实”，人们明明知道这不是真实，但愿意相信这是“真实的”，尤其是心理完全接受这个“真实”。以3D技术为例，其技术应用都是为了让观众有最真实的体验，尤其是在欣赏的那个时刻，相信你眼前的一切——尽管那一刻之前或之后，大家都知道自己其实是在做一个梦，但是这不妨碍艺术审美过程中“真实”的体验。

由此延伸到另一个相关的问题：什么才是真正的艺术美？这是传统的美学问题，但在新的媒介环境下所谓美丑发生了变化甚至有颠覆性的错位和失衡，传统美学中的严肃、整体、优美和崇高受到了娱乐、琐碎和残缺的挑战。

首先是娱乐化，不管是电视综艺还是网络综艺，不管是电视剧还是网络剧，不管是动画片还是游戏，不管是微电影还是微视频，作品的审美认同趣味已经出现严重的娱乐化倾向，不顾一切来搞笑、搞怪成为诸多传媒产品的卖点和生存之道。

其次就是碎片化，不追求缜密的逻辑、不要求统一的整体，碎片式的

---

① 胡智锋：《电视传播艺术学》，北京大学出版社，2004，第4页。

② 陈力丹：《舆论学——舆论导向研究》，中国广播电视出版社，1999，第79页。

③ 周建新：《传统化回归与螺旋式升级：论互联网时代传媒艺术审美活动的转向》，《现代传播》（中国传媒大学学报）2019年第1期，第108～111页。

记忆、琐碎的情绪、碎片化的语言构成了诸多传媒产品的叙事风格，似乎这种撕裂感就是个性的宣言和反叛的标志。于是，我们越来越看不懂一些电视剧的线索和结构，没有人物故事，没有现实生活，更多的是毫无逻辑的视频拼贴、眼花缭乱的快感剪辑、绚烂至极的场景画面，这成为一种对美的追求。

最后就是道德批判与消解，传统艺术中强调的道德教化、文化责任、英雄礼赞在一些电视作品中被不同程度地消解，那些被歌颂、传唱的人物品格不再成为主流，甚至被诸多媒介产品鄙视。在一些网络剧中，各种故意献丑、扮丑来取悦网民的故事和人物大量存在，种种反道德、反伦理的生活丑作为素材被填充在网络作品中，进入观众的视野。同样的，这种表现历史虚无主义价值观，否定一切、怀疑一切、只破不立的创作态度在电视作品中也不算稀少。

综上，在对待艺术真实与现实生活的关系上，电视艺术经历了由模仿现实到还原现实，再到虚拟现实的过程，而在互联网时代，电视艺术对于现实的虚拟与重构本质上还是对现实的模仿，只是这种模仿更加逼真、全面和立体。在此，需要我们思考的是三个问题。首先，什么才是真实？与此相关，艺术真实与生活真实的关系该如何处理？很显然，这个艺术元命题在互联网时代并非不再重要，也并未得到彻底解决，而是带来了新的美学难题。其次，虚拟现实算不算真实？与此相关，为什么虚拟现实更容易让人接受为真实？有观点认为，所谓真实其实是真实感，这种真实感不见得与事实多么相符，但一定是在感情上让受众最信以为真。最后，在审美法则的掌控上，真实似乎在一步步靠近，但真相却未必再现，与此相关，虚拟真实与美和善的关系，尤其是由此引发的伦理问题该如何处理？虚拟意味着重构，难免会对现实进行改造和破坏。那么，如何能保证对现实的忠诚和统一？“技术理性”在此再一次挑战了人类社会的常识逻辑判断。①

① 周建新：《传统化回归与螺旋式升级：论互联网时代传媒艺术审美活动的转向》，《现代传播》（中国传媒大学学报）2019年第1期，第108～111页。

第四章　电视认同机制：电视需求—认同对位模式研究

本章重点研究电视认同的“过程问题”，创新性地提出需求—认同对位模式这一核心概念，从需求与供给的互动关系角度来分析我国电视认同的机制与模式，并分析影响电视需求—认同对位模式的核心要素。

在电视艺术实践中，从需求到认同存在很大的“落差”。受霍尔的“编码与解码”、萨义德的“对位阅读”（Contrapuntal Reading）等理论的启发，本书提出“对位模式”概念，来描述电视需求—认同的对应关系。

电视需求—认同的对位模式从实际产生的效果看可以分为两大类，即需求—认同的“到位”效果和需求—认同的“错位”效果。两种电视认同效果又可以细分为四种对位模式，分别是“需求强认同”、“需求认同”、“需求弱认同”和“需求不认同”。相应的，电视受众在这四种需求—认同对位模式中的审美体验感不同、内心认同度不同，扮演的角色也各不相同。从认同效果的强弱看，受众的角色依次是“追随者”、“伴随者”、“伪装者”和“反对者”。

决定电视需求—认同对位模式变化的核心要素是“认同性需求”的满足情况，认同性需求本质上是由人内在需求的多元性和层次性决定的，实现认同性需求的满足，需要从包括其符号识别度、情感深度和价值高度在内的几方面入手。

对于电视艺术实践或电视认同活动而言，不是每一个节目都能满足受众的“认同性需求”，也不是每一次电视接受活动都能达到很好的认同效果。“需求强认同”“需求认同”“需求弱认同”“需求不认同”四种对位模式，也分别满足、对应了受众的四种需求类型，即“认同性需求”“普通性需求”“失位性需求”“缺位性需求”。

对电视需求—认同对位模式的认知与理解的意义在于，它有助于使电视艺术创作、传播与接受实践正视人民群众的真实文化需求，因为四种对位模式给予受众的满足强度依次降低，受众的认同程度也依次降低，直至认同转移。如果“需求强认同”模式满足的是受众的“认同性需求”，那么“需求认同”模式满足的就是受众的“普通性需求”，“需求弱认同”模式满足的是受众的“失位性需求”，“需求不认同”模式满足的是受众的“缺位性需求”。

第一节 电视需求—认同的存在方式

认同是一个宽泛意义上的逻辑推理，也就是说，不管是一种文化、理念还是价值，其之所以被接受，是因为被认同；之所以被认同，是因为被需求。认同始终与需求相伴相随，没有无需求的认同，也没有无认同的需求，需求是认同的原因和动力，认同是需求的结果和目标。反过来讲，没有需求，认同将成为无源之水；没有认同，需求也将无所适从。

电视艺术是当今社会最具群众基础、最具社会影响力、最具日常生活感的艺术样式之一，电视需求—认同的问题不仅存在，且作为一种客观存在贯穿于电视艺术的创作生产、文本构成、传播与接受的“艺术生产”全流程（见图4–1）。

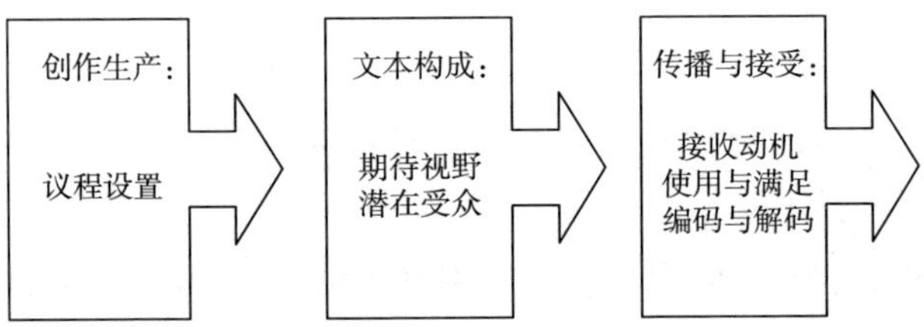

图4–1 电视需求—认同在电视艺术“艺术生产”全流程中的体现

电视需求—认同的发生必须具备三个元素：一是认同主体，即受众；二是认同资源，即电视文本；三是认同需求，即受众接受电视节目的内在心理动机。

理解电视需求—认同过程需要把握三点。首先，作为一个主体行为，没有认同主体的存在，一切将无从谈起，认同是主体的认同，需求也是主体的需求，这是电视树立受众意识的根本原因。其次，“需求”与“认同”之间有“中介”存在。从需求到认同不是直接的对应，而是依靠电视文本来连接，电视受众的需求是否能够满足，其满足程度如何，取决于节目内容击中了受众哪些需求点。最后，在电视需求—认同过程中，需求与认同既彼此独立、各有特点，又相互依存、相互连接、互为因果。

一　电视艺术创作生产过程中的需求—认同现象

电视艺术创作者与受众同处一个时代，时代精神、风俗习惯都灌注于全社会的日常生活和文化氛围当中，因此二者在“总体上”具有了一定程度的“趋同性”。于是，受众的需求是什么、需要达到什么样的认同目标在节目策划阶段很有可能已经“设计”完成，并在节目制作中予以体现。这个环节类似于传播学中的“议程设置”，那么为什么要“设置”、怎样“设置”，关键就是看受众的“需求导向”。在电视艺术创作生产过程中，“需求导向”的重要特征是需求的时代性和相关性。

（一）电视艺术创作生产“需求导向”中的时代性

丹纳认为，“艺术家不是孤立的人……他们（艺术家与同时代的其他人）都有同样的习惯、同样的利益、同样的信仰，种族相同、教育相同、语言相同，所以在生活的一切重要方面，艺术家与群众完全相像”①。也就是说，艺术家是特定时代的艺术家，群众也是特定时代的群众，尽管不同时代之间有交错的现象，例如艺术家因为艺术作品的历史继承而对后世产生影响，但艺术家的思维、语言、风格等依然属于某个特定时代。“艺术家与群众息息相通，密切一致，所以我们可以肯定地说，要了解艺术家的趣味和才能，要了解他们为什么在绘画和戏剧中选择某个部门，为什么特别喜爱某种色彩、表现某种感情，就应当到群众的思想感情和风俗习惯中去探寻。”②艺术家的喜怒哀乐、兴趣爱好不是凭空产生的，而是受那个特定时代的群体影响，因为群体的社会心理、社会情绪、社会思维、价值导向成为一种社会思潮主流，影响到每一个人，艺术家也不例外。因此，丹纳提出他的艺术规则就是“要了解一件艺术品、一个艺术家、一群艺术家，必须正确地设想他们所属的时代精神和风俗概况”③。

---

①〔法〕丹纳：《艺术哲学》，傅雷译，江苏文艺出版社，2012，第14页。

②〔法〕丹纳：《艺术哲学》，傅雷译，江苏文艺出版社，2012，第14页。

③〔法〕丹纳：《艺术哲学》，傅雷译，江苏文艺出版社，2012，第14页。

这对于电视艺术创作生产也是一样的，因为“即时性”是电视艺术的重要特征。[①]电视讲究时效性，因此不管是创作的主体还是拍摄的元素、关注的题材、使用的技术、邀请的嘉宾、参与的观众、担纲的主持人等，都有很强的“时代性”特征。黑白电视机时代不可能出现彩色电视节目，信息以模拟信号传播的时代不可能有高清电视节目，计算机出现之前，网络综艺的节目形式不会存在。有学者认为，不论电视的样式、方式、形态等有多少新奇怪异的组合，“电视内容作为传媒的本质永远是第一位的，而这一传媒本质又集中地体现在一个‘时’字上。电视内容生产创作天然就拥有了作为人们日常生活伴生物的独特传媒性质”；电视创作中“时代性”就是“电视内容所发生的最宏大的背景，如果电视内容能够体现足够的时代感和时代特色，它就会为人们所关注、所记忆。不论是多么动人、感人和有深度的内容，如果不能体现我们时代最富普遍意义的价值取向、精神气质和心理状态、情感状态，电视内容就很难成为观众的宠儿”。[②]笔者曾经与其他学者共同撰文提出，“中国电视半个多世纪的历史进程，从某种意义上看，就是一部不断满足中国百姓日益增长的文化需求的创新史”，在每一发展阶段，电视节目因为要满足受众的不同需求而呈现不同的时代特点。[③]

以电视剧为例，现实题材电视剧之所以能够引起大家的关注，很重要的一点就是这些剧往往能够聚焦当代社会的情感伦理，透视群众生活的焦虑。主人公无论是青年人还是中年人、无论是男人还是女人，故事无论是发生在农村还是都市，都逃离不了我们现实生活中的家长里短、亲情伦理、爱情婚姻，而这些作品都或多或少直面揭示了人们时下的困惑，概括起来大致有以下几种焦虑状态。一是青年爱情婚姻生活的无奈，代表性作品有《裸婚时代》《双城生活》《北京爱情故事》。《裸婚时代》以夸大、戏谑、自嘲的方式，展示了年轻人向往美好婚姻却又不得不面对现实生活所带来的苦恼的状态；《双城生活》通过年轻人的异地恋情来表现南北方不

① 苗棣：《电视艺术哲学》（上编），北京广播学院出版社，1997，第34页。

② 胡智锋、顾亚奇：《中国电视内容生产的潮流与趋势》，《中国广播电视学刊》2006年第1期，第24页。

③ 胡智锋、周建新：《从“宣传品”、“作品”到“产品”——中国电视50年节目创新的三个发展阶段》，《现代传播》（中国传媒大学学报）2008年第4期，第1页。

同风土人情，以及南北两个普通家庭中的种种酸甜苦辣。二是中年婚姻生活的徘徊与犹豫，代表作品有《男人帮》《人到四十》《我的前半生》《小欢喜》《小舍得》等。《男人帮》表现了大龄男女对男女关系中双方相遇相知相惜的困惑；《人到四十》则诠释了外在的功成名就与内心焦虑虚伪的矛盾，随波逐流与疯狂奋斗的悲辛；《小舍得》讲述了年轻父母对子女教育的焦虑与迷茫，展现了当下浮躁的社会环境和育儿心态。三是婆媳关系的纠葛，代表作品有《当婆婆遇上妈》《婆婆来了》《青春期撞上更年期》等，这些描写婆婆与媳妇斗智斗勇的婆媳剧表面上反映的是婆媳之间的千古矛盾，其实真正折射的还是现实生活的种种焦虑。现实生活是复杂的、多面的，在当前复杂的社会环境中，每个人以及每个家庭都有自己“难念的经”，这是我们现实题材电视剧必须面对的话题。①

（二）电视艺术创作生产“需求导向”中的相关性

对于电视艺术而言，受众共识的形成就是认同的产生，要让受众对节目内容产生认同，在电视节目创作生产中就需要关注受众的“需求导向”，并开展对“导向需求”的处理。受众对于媒介的需求无疑是有差异的，即“需求导向”不同。

所谓“需求导向”中的“相关性”，就是内容与受众之间的一种关联度。②“大众媒介的传统议程设置功能涉及传播的环境监测和共识形成，唤起社会关注当下新的和主要的议题，并且影响到这些议题先后缓急的排序。”“相关性低意味着导向需求低；相关性高与不确定感低导致中等导向需求；而相关性与不确定感都高则意味着高导向需求。”③具体而言，节目内容是不是受众所迫切需要的、是不是与受众紧密相关的、是不是受众所高度关注的，是判断内容是否具有相关性的重要标尺。电视艺术创作生产的过程就是根据受众“需求导向”，通过主题、题材、形式、内容的选取，对某一人物、事件、现象、活动进行“地位赋予”，从而塑造

① 胡智锋、周建新：《2011年中国电视内容生产热点解析》，《中国广播电视学刊》2012年第2期，第12页。

② 胡智锋、顾亚奇：《中国电视内容生产的潮流与趋势》，《中国广播电视学刊》2006年第1期，第25页。

③〔美〕麦克斯韦尔-麦考姆斯：《议程设置理论概览：过去，现在与未来》，郭镇之、邓理峰译，《新闻大学》2007年第3期，第59页。

出受众心目中的“刻板印象”，进而完成“形象建构”以及“把关”。尤其是在电视节目的策划环节，对“相关性”这种“需求距离”的把握显得十分重要。不管是电视晚会、电视综艺栏目还是娱乐选秀，第一个环节就是“选题策划”，“选题策划”就是典型的“相关性”假设，要考虑的因素包括近期社会关注的热点有哪些，近期有什么样的纪念活动、庆祝活动等。

例如，建党95周年时，我国电视媒体创作了众多具有“相关性”的电视节目，像中央电视台推出了《伟大的旗帜——庆祝中国共产党成立九十五周年文艺特别节目》，各大省级卫视也围绕建党95周年庆祝活动举办文艺晚会、推出特别节目，活跃了庆祝气氛，也在不同程度上满足了观众的娱乐、认知和教育需求。再如2020年初，新冠肺炎疫情在全球大规模暴发，根据广大群众对于病毒的认知需求、对于防疫形势的掌握需求、对于我国应对疫情措施的了解需求等，中央电视台以及各省级卫视的春节联欢晚会及时根据实际需求，迅速调整、增补以疫情为主题的节目。同时，各类疫情相关新闻报道特别节目、电视纪录片、电视专题片，也被迅速策划与制作、播出。

在电视艺术创作生产，特别是内容生产过程中，“相关性”与“悬念性”的平衡把握至关重要，“好的电视内容应当是相关性与悬念性的有机结合”。电视内容自身的结构、叙事应当充满悬念、令人期待，这一点在电视内容生产中得到普遍重视。各种类型的节目都在追求充满悬念的故事性，这一点无可厚非，但“相关性”的强调对于今天的电视内容或许更加重要。

二 电视艺术文本构成中的需求—认同现象

接受美学认为，读者在文学文本中只是一个潜在的、隐含的存在，但是对于电视艺术文本而言，受众已经不只是一个隐含的存在，而是越来越明显、越来越主动，参与性与互动性明显增强。与此相关的粉丝关注度、收视率已经成为衡量目前电视收视效果的一种最重要的衡量标准，成为“电视节目、广播节目和广告交易的‘通用货币’”①。

① 鲁伟：《收视率大面积造假，谁在幕后操控这一切？》，虎嗅网，https：//www.huxiu.com/article/177685.html，最后访问日期：2021年6月7日。

（一）电视艺术文本中的“隐含读者”

姚斯认为：“一部文学作品，即使是最新发表的作品，也不是信息真空里出现的绝对的新事物……它总是要唤醒读者对已阅读过的作品的记忆，使读者进入某种情绪状态，一开始便唤起读者对作品的期待，而这种期待在阅读过程中又会依照文学种类的一定规律或一定的作品形式保持、变化、转移或消失”，“一部文学作品在它发表的历史时刻以何种方式适应、超越、辜负或驳斥读者的期待，显然为确定它的美学价值提供了一种标准”[①]。也就是说，艺术作品在其形式与内容的构成中，就已经考虑到了读者的存在，所以为读者留下了巨大的空白，便于读者解读和重新阐释、建构新的符号意义和价值。

同样的，一部电视艺术作品也总是会关注受众的“记忆”和“情绪”，包括年龄、职业、区域、性别等因素，以满足受众的不同期待。这种期待就蕴含在电视节目当中，成为内容的一部分。以真人秀节目为例，有学者认为，电视真人秀包含了人物、动力、结构、环节、情境、细节、感染七个基本元素。仔细分析，我们会发现这七个元素的设计与融入都与受众有着千丝万缕的联系，“作为动态的具有目的性的线形叙事模型，是对自愿参与者在规定情境中，为了预先给定的目的，按照特定的规则所进行的竞争行为的记录和加工”[②]。在不少人看来，电视综艺就是“玩乐”，与社会现实关联度不大，然而哪怕最娱乐的电视综艺也很难脱离现实的社会关怀，尤其是处在社会转型期的中国社会正面临诸多社会问题、社会矛盾，充满复杂多变的社会心理与社会情绪。作为主流媒体，电视无疑应当自觉地将目光投向百姓，用自己搭起的舞台吸引百姓来参与、来表现，并带给他们生活的自尊、自信和自强，从而向他们传达媒体的温暖与关怀。[③]

以中央电视台《星光大道》为例，节目中的选手大多是来自基层的普通人，他们身份各异，但都体现了转型期中国社会复杂多变的状态、问

① 章国锋：《国外一种新兴的文学理论——接受美学》，《文艺研究》1985年第4期，第71～79页。

② 尹鸿、陆虹、冉儒学：《电视真人秀的节目元素分析》，《现代传播》（中国传媒大学学报）2005年第5期，第47页。

③ 胡智锋、周建新：《2011年中国电视内容生产热点解析》，《中国广播电视学刊》2012年第2期，第13页。

题、情绪和心理。《星光大道》的舞台为他们而搭设，帮助他们为实现自己的梦想、走上成功的道路积累宝贵的经验。再如湖南卫视的《天天向上》，它用各种形式来传播中国几千年流传下来的礼仪文化，让国民在娱乐嬉笑之余了解、学习中华传统美德的精髓并发扬光大，这是节目定位的深度体现，也是节目创建的背景。随着节目题材范围的拓宽，节目现在的核心气质是青春励志，并将“青春励志”和“传统礼仪”作为必守的原则。①再如浙江卫视的《中国梦想秀》，它的定位是“给平民惊喜、帮平民圆梦”。节目邀约明星作为梦想使者，帮助那些怀揣着不平凡梦想的平凡小人物，让他们真诚热爱和美妙憧憬的梦想变为现实，渡过生活中的艰难坎坷，体会社会的温暖关怀和友善。

如果说纸质传播时代，受众在文本中还只是一个隐藏者的话，那么在电视传播时代，受众已经是“跃然纸上”，不仅不再隐藏，而且越来越彰显自己的声音、形象、话语、地位、权力，越来越参与到文本的创作当中。

（二）电视艺术文本中的“互动者”

对于电视艺术而言，受众的位置越来越重要，甚至变得“显赫”，争夺观众群就等于争夺收视率，就等于赢得广告、占领市场，因此，吸引观众参与节目，是因为观众的反应不仅是其美学标准中一种重要指标，还涉及其经济利益。有学者认为，电视与受众的互动形式分为两种，即“传统互动”和“现代互动”。“传统互动”指的是“受众借助电话、手机短信等形式参与节目或部分受众作为嘉宾参与节目录制过程的低层次互动”；“现代互动”则是“受众通过新媒体收看电视节目，并借助新媒体平台提供的各种技术支持直接参与到节目的制作中来的高级互动”。②

21世纪以来，中国电视综艺选秀节目从明星的“一枝独秀”到众人参与的集体狂欢，其门槛越来越低，越来越大众化。这从综艺选秀节目的内容、形式上就可见一斑。总结起来，综艺选秀节目大致可以划分为三种：一是“明星选秀”，即充分利用明星的号召力和话题效应，制造诸多“卖点”吸引观众；二是“平民选秀”，即依靠其平民性、草根性

① 胡智锋、周建新：《2011年中国电视内容生产热点解析》，《中国广播电视学刊》2012年第2期，第13页。

② 欧阳宏生等：《电视文艺学》，陕西师范大学出版总社有限公司，2012，第118页。

吸引广大受众参与；三是“明星+平民选秀”，它将前两者的特点结合在一起。[①]当前的电视综艺选秀节目基本属于“现代互动”，更强调观众的参与感和互动感、节目的实时性和现场性。从某种程度上讲，这些年电视综艺娱乐节目如此火爆也与此有关，即调动人民群众的积极性和参与性。有学者以婚恋交友节目《非诚勿扰》为例，用“平民电视化”和“电视平民化”的观点来解读当前一些综艺娱乐节目、选秀节目的成功原因，“《非诚勿扰》体现了平民主动完成电视化的过程。节目中的平民参与者，不仅已经从被动地进入电视，满足电视传媒的需要，发展变化为主动选择走进电视屏幕，而且将这种主动从以往的表层参与节目，或做节目的看客，或秀相貌、秀才艺、秀情感，发展进行到当下的深层介入，深度呈现，真诚坦率地展示自己的内涵与价值观。在一种玩心态、秀状态、赌感觉中，包裹着骨子里的认真与期待”[②]。

当然，为了追逐收视率而关注受众需求的行为太过市场功利，也造成当前传媒市场中存在大量收视率造假的恶劣现象，电视综艺、电视晚会的收视率也不同程度受到过质疑。所以，电视节目在收视率问题上广受诟病，有学者批评道：“收视率导向之所以值得批判的原因在于，收视率导向将收视率强调到了对节目的去留具有决定性影响的地步，使收视率从测量节目的手段变成了节目存在的目的。商业逻辑置入文化领域，收视率掌控传媒文化，在这个过程中，文化同商品等同，公民同消费者混一，消费能力代替文化品位，受众的文化选择遭到了极大的限制。与其说收视率是规范的民主，倒不如说是金钱的暴政或群氓的狂欢。”[③]

三　电视艺术传播与接受过程中的需求—认同现象

受众的媒介接触行为受到媒介心理动机的驱使，是媒介“使用与满足”功能的实现，是“媒介依赖”的体现。受众会比较自觉地接触媒介，“在很大程度上可以由个人的需求和兴趣来加以解释”；“需求是人的生理

① 胡智锋、周建新：《新世纪十年中国电视内容生产热点分析》，《社会科学辑刊》2011年第5期，第182页。

② 俞虹：《电视平民化与平民电视化之辨析——〈非诚勿扰〉之我见》，《现代传播》（中国传媒大学学报）2010年第5期，第87页。

③ 时统宇、吕强：《收视率导向批判——民主的视角》，《现代传播》（中国传媒大学学报）2006年第6期，第6页。

和社会要求的反映，是人类一切行为的内驱力，在现实性上，具有无限的丰富性和多样性”。[①]

（一）电视受众的需求期待及功能满足

“媒介依赖”（Media Dependency）理论是由德福勒等人在1976年提出的。该理论认为，媒介是社会系统的一个组成部分，受众作为社会成员对于利用媒介获得信息是有依赖性的。这为本书分析电视受众的需求期待及功能满足提供了参考。

（1）电视受众的需求期待。卡兹认为：“受众的媒介使用动机是由问题情境激发，在受众中产生信息期待，从而产生接触媒介信息的需求动机的媒介期待，它由能够满足媒介需要的具体媒介使用行为而产生。”[②]对于受众而言，电视节目的收视期待不可能轻易得到满足，解码过程不会一蹴而就，而恰恰这一点被媒介运用到电视播出行为当中，成为一种“电视传播艺术”技巧，体现在如传播的“五时”观念、电视的栏目化等方面。

电视无法脱离“日常生活伴生物”的传媒本质，具体而言，体现为包括时代、时尚、时机、时下、时段的“五时”，“环境定位、行为促发和效果强化的多重指向性使电视传媒本质的‘时’较之传统的‘时效观念’具有了更为复杂、丰富和多义的内涵，也直接或间接地衍生出实际电视传播与接受中需要灵活掌控的诸多关系”[③]。以电视新闻节目为例，自从《南京零距离》（后更名为《零距离》）在南京乃至全国异军突起后，开设电视民生新闻栏目成为一股热潮，新的电视民生新闻栏目纷纷出现，如湖南的《都市一时间》、安徽的《第一时间》、山东的《民生直通车》、湖北的《经视直播》等。民生新闻栏目以其全新的新闻报道方式，贴近实际、贴近生活、贴近群众，表达不同阶层人们的心声，表现他们的心理情感与心理需求，回应他们生存与发展中面临的民生问题。这种报道方式对过去那些忽视百姓关切、无视社会问题，高高在上、盲目乐观、报喜不报忧、热衷歌功颂德的新闻报道理念、报

① 〔英〕丹尼斯·麦奎尔、〔瑞典〕斯文·温德尔：《大众传播模式论》，祝建华、武伟译，上海译文出版社，1987，第102页。

② 周庆山：《传播学概论》，北京大学出版社，2004，第170页。

③ 胡智锋、顾亚奇：《中国电视内容生产的潮流与趋势》，《中国广播电视学刊》2006年第1期，第25页。

道内容、报道方式是一种积极的修正和必要的补充，因此深受欢迎。

适应并满足受众的“需求期待”，是电视栏目化现象出现的重要原因。电视栏目化，能在固定时间以特定内容、形式、风格的文艺节目吸引稳定的观众群。它要求保证定时、定量播出的节目来源，也要求电视工作者多年养成的工作习惯和思维观念实现变革。因此可以说，电视栏目化是电视内容生产传播“现代化”的标志，是为了长期锁定目标受众而进行的必然选择。

“电视栏目是电视节目的一种载体方式，是特定的电视传播内容按照相对统一稳定的标准和规则组织串连在一起的一种载体方式。电视栏目与其他电视节目相比较更强调相对统一稳定的播出时段、时间长度及标识、标志等。”①从1985年中央电视台提出“全部节目实行栏目化播出”的要求，到1993年5月《东方时空》的播出，中国电视栏目化的观念趋于成熟。电视栏目化对中国电视节目生产与传播整体能力与水平的提高，对满足广大电视观众不断变化的需要和口味有着积极和重要的意义与作用。栏目化包含两层含义：第一层含义是栏目机制，电视节目被分门别类、定时定点地播出，整个节目从策划到制作都由制片人负责，与“制片人制”紧密结合；第二层含义是栏目形式，指所有时间较短的、内容相关的节目被划入“版块”进入栏目，借鉴了杂志对内容进行编排的形式，相关内容被串联成一个整体再行播出。②如《综艺大观》作为中央电视台直播的栏目，版块众多，包括《送你一支歌》《开心一刻》《请你参加》《艺术彩虹》等，撑起了每期50分钟的栏目时长，丰富的版块内容设计以及多元的互动方式设置，极大调动了观众的收视兴趣。

（2）电视受众的功能满足。H.拉斯维尔认为，大众媒介有三个基本功能：环境监测、社会协调和社会遗产传承。当新的媒介或媒介产品出现以后，受众与其就形成了一定的依赖关系，这种依赖关系不是单向的而是双向互动的，“人们越是希望收到有用的信息，只要他们还没有失望，他们的依赖性就越强烈”。在信息交流的生产、流通、分配/消费和再生产四个环节中，受众始终通过符号解码的形式来进行信息接收和认知，各个环节是彼此联系但又相对独立的，这个过程既有赖于技术和物质工具，也取决

① 胡智锋：《中国电视策划与设计》，中国广播电视出版社，2004，第78页。

② 胡智锋、周建新：《电视节目编排三论》，《现代传播》（中国传媒大学学报）2006年第5期，第84页。

于传播者、媒介和受众的社会关系。[①]

“建立在社会主义政治体制背景下的中国电视，从一开始就奠定了其特殊的重要地位——党和政府的喉舌和宣传工具。”[②]因为电视的稀缺性、重要性，早期中国电视艺术主要围绕党和政府的中心工作来创作生产，“主要体现的是宣传教化功能，扮演着党和政府的喉舌角色，突出强调的是意识形态的要求”。[③]而电视综艺节目的出现，则成为中国电视艺术诞生初期，对于内容严肃的大多数节目的宣传教化功能的调剂与补遗。

早期电视综艺节目样式就很丰富，具有典型的晚会特点，如相声、小品、诗歌朗诵、音乐、戏剧、舞蹈、曲艺、杂技等多种艺术样式的杂糅、组合，体现了那个时期受众的欣赏需求。如播出了三期的《笑的晚会》试图突破局限，创作适于电视演播的喜剧节目，它之所以如此受欢迎，是因为那个时代娱乐元素和娱乐形式不足。这种需求—满足的不充分作为一种内在动力推动着电视晚会发展，于是随着电视综艺节目生产能力的提升，从中央电视台春节联欢晚会到各界春节晚会再到元宵晚会，从中央电视台到省级卫视再到地方频道，一个个传统节庆晚会烘托出中国传统节庆的气氛，其中最具代表性的还是中央电视台春节联欢晚会。电视作为大众媒介，使中央电视台春节联欢晚会在特定的时间、地点以直播的方式呈现，通过仪式的共享、共有等特性将拥有共同文化记忆、文化体验、文化传统以及文化信仰的中华儿女联结在一起，唤醒海内外中华儿女在神圣时间与背景下的集体无意识，由此激发受众内心的崇高感、自我归属感与社会认同感。这是在电视作为传播载体之前所无法想象的。

（二）电视艺术接受的“选择性”与“不对称性”

在电视艺术传播与接受过程中，受众的媒介接触行为是主动的和自觉的，绝对不是被动接受媒介传播的信息的。当然，因为受众自身的情况不同、接受环境不同、接受心理不同等诸多因素影响，在电视认同活动中，

---

① 〔美〕梅尔文·德弗勒、〔美〕桑德拉·鲍尔-洛基奇：《大众传播学诸论》，杜力平译，新华出版社，1990，第351页。

② 刘习良主编《中国电视史》，中国广播电视出版社，2007，第30页。

③ 胡智锋、周建新：《从“宣传品”、“作品”到“产品”——中国电视50年节目创新的三个发展阶段》，《现代传播》（中国传媒大学学报）2008年第4期，第1页。

同一个信息源所带来的认同效果也不同，即信息的接受出现不对称的情形。

（1）艺术接受的“选择性”。克拉珀认为“受众选择性因素”由三个方面组成，即“选择性注意”、“选择性理解”和“选择性记忆”。“选择性注意”指的是，面对众多的媒介信息内容，受众成员会根据自己的需求，如喜好、习惯、习俗、情景、心情等，有选择地使用；“选择性理解”指的是，受众给予已经被注意或感知的大众传播的信息的意义，以及围绕这些信息的观点、思想等，会受自己的经历、文化素质、媒介动机，自己对事件、人物、行为的看法和态度的影响；“选择性记忆”则是指受众会根据自身的需求，将部分对自己有价值的信息长久地印入脑海中，而其他不相关的、不重要的媒介信息则被从记忆中排除。①从“选择性注意”到“选择性理解”再到“选择性记忆”，受众的信息接受是有层次的，也就是说信息传播不等于信息到达，信息到达不等于信息接受，这也是传播有效性的问题。当一个节目无法引起受众注意的时候，认同就无法产生，因为连最起码的认知阶段都没有；即便是到了“选择性注意”、“选择性理解”和“选择性记忆”的阶段，受众的认同也是有“选择性”的。

（2）艺术接受的“不对称性”。霍尔认为，受众因为社会环境、知识储备、性别、年龄等因素不同，在接受信息时会有各自不同的解读，出现信息接受的“不对称性”，究其原因或表现，霍尔认为有四种，有编码和解码的符号信息不对称、编码者和解码者所处的位置不对称、传播者与受众地位不对称、信息来源和接受者符号之间的不对称。这些“不对称性”归根结底是信息传播者和受众之间在文化关系、社会关系和权力结构中的差异导致符号传播与接受之间缺乏“相宜性”，即传播过程中，信息被“曲解”和“误解”，造成信息接收的“多义性”和“多声部”。电视艺术节目总是希望有“完全清晰的传播”的结果，但是不得不面对“系统地被扭曲的传播”的现实。为此，霍尔提出“三个立场说”来描述信息传递过程中的“编码与解码”，即主导霸权式立场、协商式立场、抵制式/对抗式立场。“不同的立场形成了不同的主体位置，受众就在这样的位置之间不断地滑动。因此他们是位置性的，而不是社会的实体。”②

无论是艺术接受的“选择性”还是“不对称性”，最终的结果都是信

① 周庆山：《传播学概论》，北京大学出版社，2004，第177～178页。

② 邹威华：《斯图亚特·霍尔的文化理论研究》，中国社会科学出版社，2014，第56页。

息传播与接受之间的不对称，这是信息传播与接受复杂过程中最简单的表象。其实，就受众信息接受这种单一主体、单一活动来看，受众从产生信息需求到实现认同也是“不对称”的，这在根本上是由信息接受的主观属性决定的，也是由受众本身的复杂结构决定的。①

第二节　电视需求—认同的对位模式

电视创作、传播与接受过程本质就是一个信息符号的传递过程，媒介信息传递到受众时，有一个接受的“选择性”，这就是选择性差异，对受众选择什么不选择什么、选择多或少，媒介信息的传播者已经失去了控制。

媒介信息传播者的理想受众认同效果与现实中的受众认同效果是有差异的，信息传播者不能脱离受众的认同性需求而要求达到某一认同目标或者效果，只有提供的信息内容满足了受众的认同性需求的时候，才有相应的认同效果。受众理想中的“认同目标”也总是与现实中的“需求供给”有很大的差异。这些差异带来了需求与认同复杂的对应关系。

电视受众在认同过程中是充满选择性、自觉性和主动性的，因此受众在这个过程当中也并非只扮演单一的角色，而是经常随着需求的变化、认同效果的变化呈现不同的角色面貌。

对于电视研究和实践而言，我们要理性看待电视需求—认同效果问题，追求“需求强认同”的理想是可以的，这也是每一个电视节目创作者的目标和追求，但必须警惕“需求弱认同”和“需求不认同”的“错位”效果，因为本质上三者之间的差异不是很大，稍微不留神就会由“需求强认同”变为“需求弱认同”甚至是“需求不认同”。

因为电视需求—认同的对位模式属于常态，所以在需求—认同的平衡关系处理上把握好“度”，进而寻求需求—认同的合理对位，体现了每一个电视创作者、传播者、研究者和观众的理性态度。

一　“对位”概念阐释

电视需求—认同的过程最终都要落实到具体的电视节目这个“中介资

① 周建新：《电视艺术需求—认同的对位模式研究》，《东岳论丛》2021年第4期，第97～104页。

源”上，因此，从受众需求的产生到需求的节目化呈现，再到内容的文本生产以及节目的传播与接受，中间经历的环节越多，信息传播与接受之间的“误差”也就越大，信息难免会出现“不对称性”。再加上信息传播与接受是主体性行为，受主观因素的制约较多，受众难免会在信息接受上产生“选择性”。

（一）什么是“对位”

“对位”顾名思义是位置对应关系，指的是互为对应的双方的相对应元素之间进行组合的可能性，常见于音乐旋律对位、影视声画对位以及化学分子结构对位等。

（1）音乐创作中旋律的对位现象。音乐中的“对位法”指的是“在音乐创作中使两条或者更多条相互独立的旋律同时发声并且彼此融洽的技术”，是音乐史上最古老的创作技巧之一，是复调音乐的主要写作技术。[①]在实际的音乐创作中，旋律对位分为单对位和复对位，复对位又分为纵向对位、横向对位和纵横对位。因此，音乐旋律组合构成也不是只有一对一的简单对应方式，这种复杂性造就了多种旋律和丰富的音乐作品，这正是音乐艺术的奇妙之处，反过来讲，如果音乐世界真的只有简单的一对一旋律对应法则，那将失去很多美妙的音乐。

（2）影视叙事中声画的对位现象。在影视创作中，镜头的画面语言与声音语言相互独立又相互作用，二者按照各自的生产规律用不同手法创作并表达不同的内容，又根据不同的方式结合起来，相互作用。常见的对位方式有声画同步、声画分离和声画错位等对应形式：声画同步重点在于强调叙述语言的真实性；声画分离有时是出于隐喻、反讽、回忆等形式上的需要；声画错位分为超前错位和滞后错位等不同形式，都是对于创作者主观情绪的一种表达。[②]声画不同的对位关系组合大大扩大了影视叙事的容量，打破了画面的时空局限。

（3）化学分子结构中的对位现象。在化学分子结构组成中，对位现象同样存在，指的是分子的结构变化与组成。有对位必有“原位”，但是实际的化学物质构成当中，“原位”与对位并非一一对应，对位有可能偏离

① 杨勇：《对位法》（第二册），湖南文艺出版社，2013，第1～2页。

② 李稚田：《影视语言教程》，北京师范大学出版社，2004，第16～20页。

"原位"本该对应的位置，而出现在邻边甚至是更远的位置，如果出现在邻边我们称之为"邻位"，出现在更远的位置我们称之为"间位"。在化学分子构成中，"邻位"和"间位"所带来的空间变化都会形成不同的分子结构，产生新的物质。[①]

由此可见，不管是对于音乐创作艺术、影视叙事艺术，还是化学中的分子结构来说，元素之间都不是简单的一一对应，而是呈现一种复杂的对应关系，这是艺术世界丰富多彩的原因，也是物质世界丰富多彩的原因。

（二）萨义德的"对位阅读"理论

萨义德在其后殖民理论的经典著作《文化与帝国主义》中借用音乐学中的对位现象，提出了著名的"对位阅读"理论，即"通过现在解读过去"，"回溯性地和多调演奏性地"进行文学阅读。这不仅是一种新的阅读视角，更是新的文化批评观念和批评方法。这种"多调演奏"的方法从本质上说，是对文化霸权的回应与批判，即主张多元互动的混杂文化模式。

萨义德提出的"对位阅读"理论是基于其"东方主义"的文化逻辑，他发现很多"帝国主义"时代创作的小说在叙事中忽略了帝国主义的侵略历史，湮没了对非洲和东方殖民的事实。这不一定是作家要美化战争和殖民，很可能是作家的"集体无意识"，因为他们的创作也是从历史经验出发，在无形中，作家的小说创作充当了殖民的文化工具，维护了殖民的"正当性"和"合法性"。"这些十分互异的传统可以放在一起来阅读与理解，因为它们属于相仿的人类经验的领域，即霍布斯鲍姆描述为试图'与恰当的历史建立连续性'的那些经验。为了看出十九世纪末英国国王加冕典礼与印度藩王接见之间的联系，必须用一种比较的或者更理想的对位的方法。那就是说，我们必须能够同时透彻地考虑与说明不同的经验。这些经验的每一种都有其特别的重点与发展速度，有它自己的内部构成、内部和谐与外部联系的体系，它们并存而且相互作用。"[②]

① 邻位效应，指苯环内相邻取代基之间的相互作用使基团的活性和分子的物理化学性能发生显著变化的一种效应；"间位"带来的场效应是一种长距离的极性相互作用，是作用距离超过两个C—C键长时的极性效应。

② 〔美〕爱德华·W. 萨义德：《文化与帝国主义》，李琨译，生活·读书·新知三联书店，2016，第41～42页。

简单理解，文本的“对位阅读”就是要透过文本中的“现在”，“回溯”那些被“湮没的历史”。对于殖民主义文学而言，就是要透过帝国主义文化“回溯”那些殖民文化，如此才能还原历史真实和文学真实。在萨义德看来，帝国主义与殖民主义是一对孪生兄弟，殖民地当前的现实是被帝国主义殖民之后的结果，二者是紧密联系的，绝不应该是看起来毫无关联或者很少关联的“邻位”和“间位”关系，如果说“现在”是“对位”的话，那么“历史”就是其“原位”；如果说帝国主义是“对位”的话，那么殖民主义就是其“原位”（见图4–2）。

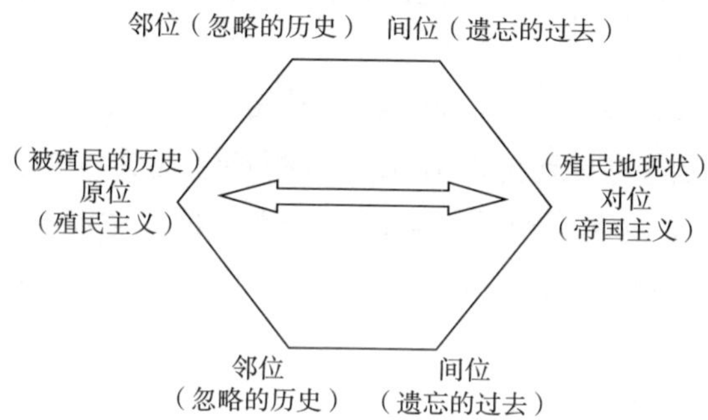

图4–2 帝国主义与殖民主义语境下的“对位阅读”

二 电视需求—认同的对位效果及模式

与化学物质世界中的对位原则相似，有“对位”，必然有“原位”，如果说认同是“对位”的话，那么，需求就是其“原位”。“原位”到“对位”并非直接联系，中介是“认同资源”。因为认同主体的认同资源是由“他者”来提供的，要实现需求—认同的“到位”有相当大的难度。因此，“不到位”的情形常常出现，我们将其称为需求—认同“错位”。

因此，根据实际效果，需求—认同对位效果可以分为两大类，即“到位”与“错位”。需求—认同“到位”，即认同效果好，需求—认同效率高，二者成正相关关系，也许不需要满足太多的需求就能收获很好的认同效果；需求—认同“错位”，则意味着认同效果不好，需求—认同效率低，二者成负相关关系，付出的成本越高，反而效果越差。但是在现实实践中，主体需求是多元的、多层次的，而且需求与认同二者之间的关系并非单向度的因与果，认同的情况又可能反过来刺激不同的需求或减弱特定的需求，随着需求层次的变化，认同的程度也是千差万别。[①]

在电视创作生产、文本构成、传播与接受的流程中，我们发现：当我们把握了受众需求的存在，并很好地予以节目化和传播艺术化的时候，就会实现受众认同效果的最大化；当我们把握了受众需求的存在但不能很好地予以节目化或传播艺术化，或者当我们只是意识到了受众需求的存在，而不能精准地把握它的时候，受众的认同效果都会打折扣，只能收到普通的认同效果；当我们意识到了受众需求的存在，在节目化和传播的过程中却将其置于隐性的位置时，受众认同的效果更加不明晰；当我们无视受众需求的存在，自说自话的时候，受众认同的效果根本就无从谈起。

我们可以将以上需求—认同的对位模式分为两大类，前两种情况为一类，即需求—认同的“到位”效果；后两种情况为一类，即需求—认同的“错位”效果。这两类情况又可以细分为四种对位模式，分别是“需求强认同”“需求认同”“需求弱认同”“需求不认同”（见图4–3）。相应的，受众在这两类对位模式中扮演的角色也各不相同，分别是“追随者”“伴随者”“伪装者”“反对者”。

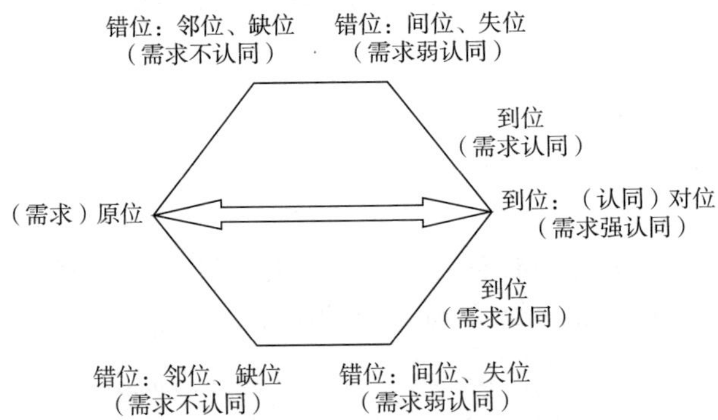

图4–3　电视需求—认同对位效果与模式

（一）电视需求—认同的“到位”效果

所谓电视需求—认同的“到位”，即受众在电视节目的欣赏体验中，

① 周建新：《电视艺术需求—认同的对位模式研究》，《东岳论丛》2021年第4期，第97～104页。

其认同需求点能够通过欣赏体验得到认同心理的回应，也就是进入了认同发生的“认知阶段”和“同化阶段”，受众对于电视节目是接受的、喜欢的，也是充满情感的，双方是可以互动的，但是能否到达认同的“内化”甚至是“外化”阶段还不一定，因为后两个阶段的发生因人而异、因景而异、因情而异。所谓因人而异指的是认同主体自身的客观条件，如性别、职业、年龄、受教育程度等影响认同的效果；所谓因景而异指的是认同情景也影响认同的效果，这里的情景有宏观的社会文化氛围，也有微观的接受情景，如个人当时所处的空间、时间、环境情况等；所谓因情而异指的是认同主体自身的情绪状态也会影响认同的效果，如同一个人在喜、怒、哀、乐等不同状态下对同一个节目的认同程度也不尽相同。

（1）需求强认同对位模式。此种模式效果尽管实现起来难度很大，但是需求—认同的理想对位是存在的，这种情况下受众的需求点在电视文本当中都得到了完全的体现。此时，受众的心理类似于拉康在“认同三阶段”中提到的婴幼儿阶段，即需求得到了“圆满具足”的实现，受众的“需求期待”与“认同目标”无缝对接，实现了“同一性”；也类似于霍尔的信息接受论中的“主导霸权式立场”，即“受众在主导符号的范围内进行解码，其对信息解码的方式和过程与传播者编码的程序和期望相一致”，属于“完全清晰的传播”[①]。

理所当然，此时的认同效果是最大化的，认同主体对于电视文本的接受心理表现为一种痴狂状态。电视节目中的“现象级节目”的出现，或者狂热粉丝追看一档节目就属于这类心理情形。我们称这种需求—认同的对位模式为理想模式，即“需求强认同”模式。必须解释的是，需求强认同对位模式强调受众认同效果的强烈程度对比，因此这种强弱也是相对而言的，它是一个定性描述而非绝对的定量描述。之所以说一些“现象级节目”的出现属于此类，就是因为受众对于节目的狂热状态在一定时期内是空前的。[②]

---

① 邹威华：《斯图亚特·霍尔的文化理论研究》，中国社会科学出版社，2014，第141～157页。

② 周建新：《电视艺术需求—认同的对位模式研究》，《东岳论丛》2021年第4期，第97～104页。

例如，从影响力、传播力、受众范围来看，中央电视台春晚在与同期同类节目的比较中肯定属于需求强认同的对位模式。因春节联欢晚会的节目形式涉及不同文化类型，主流文化、流行文化乃至西方的一些民族文化均被优质的节目内容承载，受众在除夕这个充满仪式感的日子很容易对这类节目带来的艺术形式产生强认同。如2021年河南卫视的春节联欢晚会成为众人关注的热点，其为抗击疫情创作的节目《我们能》以及上演的《穆桂英挂帅》《天仙配》等戏曲选段受到了广泛赞誉，很多受众表示感受到了导演组浓浓的人文关怀，选用的几段戏曲作品将视角对准了广大白衣天使，结合抗疫现场真实发生的故事，谱写了一曲女性自强自立、勇敢担当的青春之歌，很多受众尤其是女性受众也因此产生了对于节目立意与精神价值的强认同。还有一些其他类型的节目，如婚恋交友节目中的《非诚勿扰》，音乐真人秀节目中的《中国好声音》《超级女声》，亲子节目中的《爸爸去哪儿》，文化类综艺节目中的《国家宝藏》《朗读者》，也在一定时期内获得了大量的关注，皆因满足了需求强认同的条件，成为现象级节目。

（2）需求认同对位模式。很显然，电视是一种日常生活艺术，对于个人而言，它通常扮演的是伴随性的角色，提供日常性体验、生活性消费，个体不大可能总是对其产生“强认同”，为其长期处于狂热状态。对于一档节目而言，要实现“需求强认同”的效果，需要“天时地利人和”等多种因素累加：首先，它必须是符合广大受众文化需求的；其次，在创作生产的时候需要达到高超的艺术水准；最后，它还要有科学合理的传播艺术、技巧，需掌握好传播时机，甚至是时代、时段、时效、时尚等各种传播要素。[①]

需求认同对位模式以及较之更为明显、强烈的需求强认同对位模式的实现，在具体的电视内容生产创制过程中可能会面临若干因素之间关系处理的问题，主要包括以下几个方面。

必视性与可视性。在相当长的一个时期内中国电视内容的评价标准经常围绕着“可视性”，简单地说就是要“好看”。“可视性”或“好看”对电视而言无疑是重要的，但是仅仅追求“可视性”或“好看”

① 周建新：《电视艺术需求—认同的对位模式研究》，《东岳论丛》2021年第4期，第97～104页。

显然是不够的。在今天，若想使电视内容获得理想的传播效果，强调"必视性"也许更为重要。所谓"必视性"，简单地说就是一定要看。为什么在信息传播技术不发达的时期，天气预报常常在各种电视节目收视率的排行中名列前茅？原因就在于天气情况与人们的日常生活、工作安排息息相关，"不看是不行的"，因此天气预报拥有了"必视性"的特质。

同样，一些重大的时事新闻、重大的体育赛事、重大的节日庆典以及不同群体观众均特别感兴趣的内容都具有"必视性"，因此电视内容的生产除了内容自身应当追求"可视性"外，还应当想办法通过导视或宣传预热等手段强化其"必视性"。[①]以主旋律题材电视剧为例。主旋律题材电视剧始终是我国电视剧创作的重要部分，如2011年是中国共产党建党90周年，主旋律题材电视剧无疑是重头戏。入夏以来，从中央电视台到地方电视台纷纷播出主旋律题材电视剧，如中央电视台的《开天辟地》《中国1921》，湖南卫视等的《风华正茂》《我的青春在延安》《红槐花》《党的女儿》等，这些电视剧将故事时间锁定在火红的历史革命年代，故又有人称之为"红色剧"。这些"红色剧"不同于以往的革命历史题材电视剧，不再突出表现硝烟弥漫、枪林弹雨的革命战场，也不再停留于表现为国捐躯、英勇就义的志士仁人，而是将富有革命色彩的青春气质展现得淋漓尽致。不管是讲述领袖的故事，还是歌颂英雄的事迹，"红色剧"的视角和内容重点转移到了人物的青年时期，即他们如何怀揣着青春理想，燃烧着青春激情，追逐着青春步伐，不畏艰难、矢志不渝，走向伟大的革命道路。[②]其中，湖南卫视为打造"红色青春季"所推出的《风华正茂》《我的青春在延安》两部电视剧，表现了青春在战斗中闪闪发光的主旨，彰显了青春同革命一起成长、人物在历练中走向成熟的主题，这也是让广大受众产生认同感、共鸣感的内核所在。可以说，这一时期的"红色剧"在回归个体、回归青春、回归历史、回归审美等维度取得了一定的成功。而采用青年视角，将剧中个人命运与时代潮流、民

---

① 胡智锋、顾亚奇：《中国电视内容生产的潮流与趋势》，《中国广播电视学刊》2006年第1期，第25页。

② 胡智锋、周建新：《2011年中国电视内容生产热点解析》，《中国广播电视学刊》2012年第2期，第11页。

族命运相结合的诗性表达，更唤起了受众对于革命历史文化以及主流价值观的强烈需求。

点与面。所谓“点”，包括情节点、事件的转折点，也包括具体个别的细节点、兴趣点和高潮点等，是受众可以直接捕捉、直接感受的具体、生动的那些内容。所谓“面”，则往往是相当宏观的、具有普遍性的那些内容。在过去很长的一段时间里，电视的内容相对重视“面”而对“点”的捕捉和表现不足，给人留下宣教味、说教味重，不生动、不具体的印象。近期，一些优秀的电视内容非常重视“点”的选择、设计与表现，这固然是可喜的进步，但有时也会出现“只见树木，不见森林”的问题，在高度重视具体、生动、细致的“点”的捕捉、设计与表现时，往往忽略了普遍意义，忽视了对于电视内容典型性和本质性的挖掘。真正有价值的电视内容应当体现点与面的有机结合，[①]这也是实现受众需求（强）认同的要义所在。

真与假。对于这一对因素的关系，业界与学界已经探讨了若干年，本书认为在处理这一关系时，可能出现至少四种情形：假的内容产生假的效果，假的内容产生真的效果，真的内容产生真的效果，真的内容产生假的效果。[②]假内容产生假效果当然应该唾弃，这应是一个简单清晰的判断；假的内容产生真的效果尽管未必可取，但的确可以体现内容生产者的功力；真的内容产生真的效果当然是我们所提倡的；而真的内容做出假的效果则是令人非常遗憾的，可是恰恰是这种情形大量存在于电视内容中。许多真实、真切、真诚的内容，被内容生产者、制作者处理加工后却在电视播出时给人以虚假、做作、矫情的感受。因此，如何避免把真的做假了，以防受众的需求强认同或需求认同转而沦为需求弱认同甚至是需求不认同，是目前要回答的主要问题。

情与理。情感与理智、感性与理性、感受与理解的关系，是电视内容生产中经常需要处理的关系。在对这类关系的理解上，尽管内容生产者都懂得情理交融、寓情于理、寓理于情的道理，但真正做起来则难免有所偏

① 胡智锋、顾亚奇：《中国电视内容生产的潮流与趋势》，《中国广播电视学刊》2006年第1期，第25页。

② 胡智锋、顾亚奇：《中国电视内容生产的潮流与趋势》，《中国广播电视学刊》2006年第1期，第25页。

颇。有的内容抓住了动情的素材，就一味地放大、放纵、放任情感的表达，使得电视内容滑向过度感性而失去控制，无法给观众留下足够的审美张力和领悟空间。有的内容抓住了很有说服力的道理、哲理，就一味地强化、渲染，使得内容过于说教或过于沉重和板滞，从而失去了电视内容应有的情感真实与灵动表达的空间。以电视综艺节目为例，其近些年尽管依旧坚持娱乐内容，但是在泛娱乐、过度娱乐、娱乐化的路上出现了理性的回归，在娱乐的同时彰显公益价值，中央电视台的《梦想合唱团》就因此成为大家广泛关注的节目之一。节目中，8位明星回到各自的家乡，寻找20位来自各行各业的当地居民组建一个城市梦想合唱团，分别以为“孤儿救助”“溪桥工程”“新长城特困生帮扶”“多媒体教室筹建”“爱佑童心”“天使之家”“瓷娃娃救治”“无障碍艺途”等公益项目赢取不同等级的梦想资金为目标而比拼。与其他电视选秀节目不同，它没有停留在对个人价值的关注上，而是更进一步追求集体价值、社会价值的实现。参加的选手带着梦想而来，但不再怀揣一夜成名的梦想，而是人人都为公益而来，希望通过这个平台放大自己的力量，去实现帮助他人的愿望。每一个公益梦想都凝聚了当地政府、媒体、企业、明星、公益组织、基层群众方方面面的力量，承载了被帮扶者改变命运的希望，节目用歌声向千万观众传递爱心与力量，[①]有观众称它就是在“守护爱心的沃土”。

深与浅。电视内容不论其原始品质如何，总要以特定的方式表述，而如何表述则不可避免地面临深与浅关系的处理问题。在深与浅的关系上也至少有四种情形：浅入浅出、深入深出、深入浅出和浅入深出。“浅入浅出”自然轻松、放松；“深入深出”尽管从电视观众瞬间接受的特点来看不值得提倡，但也算可以为观众所理解。“深入浅出”当然是电视追求的最高境界与目标，能够把复杂深厚的内容以直接、易懂、明晰的方式表达出来，让大多数观众接受，这不仅要提倡也是要永远追求的目标。当然，要达到这一目标是很不容易的，但无论如何，我们坚决反对“浅入深出”的表述，原本简单明了的事件，由于缺乏清晰的逻辑、合理的结构或恰当的叙事，有时甚至是故弄玄虚而出现简单的内容复杂化的情况，给人或艰

① 苏墨：《电视节目的有益探索——评央视〈梦想合唱团〉大型公益节目》，《光明日报》2011年12月9日，第14版。

涩或迷惑的印象。这种状态和结果是我们必须避免的。[①]

上述五种关系很难在同一部电视艺术作品中完全体现，因此在中国电视艺术历史的大部分时期，对于大部分节目而言，最多的认同效果就是一般认同，即到达认同的“认知”和“同化”阶段，因为这种需求认同对位模式属于常态，所以我们称之为“需求认同”模式。需要解释的是，一档节目处于需求认同模式并非就意味着这个节目失败，只是在认同性需求的满足上还有所欠缺，至于是欠缺艺术水准、传播技巧，还是受众本身的原因导致了这种模式，有待具体问题具体分析。此外，需求强认同和需求认同对位模式中认同效果的强弱是针对受众而言的，正如前文所言，因为受众结构本身太过复杂，即便是同一受众对于节目的接受状态也会因为条件、环境的变化而产生变化，因此不应该将需求强认同与需求认同截然对立，更不能以此来对节目进行“阶级划分”。

（二）电视需求—认同的“错位”效果

这里的“错位”又分两种状况：一种是需求—认同的失位，另一种是需求—认同的缺位。

（1）需求弱认同对位模式。需求—认同的失位意味着需求弱认同对位模式。所谓“失位”，即传播主体提供的文本内容超出或不足以满足受众的“内在需求”，导致受众情感上难以接受，或者价值观上难以实现认同，但是鉴于一些外在条件，或权势，或社会的限制，受众又不得不暂时与传播内容达成“妥协”，这类似于霍尔信息接受立场中的“协商式立场”，即“媒介霸权”和“解码扭曲”同时存在。一种模式的电视节目突然引起轰动后，很容易产生雪球效应，节目的同质化发展使得受众仅能对诸多趋同的节目进行选择，但在情感上和价值上却难以产生认同，即很难进入情感同化和价值内化的阶段，更不用说“行动外化”了。如湖南卫视于2017年推出的《向往的生活》带来了慢综艺的热潮，各大电视台纷纷把注意力聚焦到这种贴合繁华都市青年人向往田园生活、缓解浮躁焦虑心理的节目上，随即湖南卫视接连推出了《中餐厅》《亲爱的客栈》《朋友请听好》《妻子的浪漫旅行》等节目，东方卫视也推出了《青春旅社》等，相同类

---

① 胡智锋、顾亚奇：《中国电视内容生产的潮流与趋势》，《中国广播电视学刊》2006年第1期，第25页。

型的节目迅速扎堆，同时也造成了受众的审美疲劳。其中，除了湖南卫视推出的《向往的生活》《中餐厅》两档慢综艺在收视率成绩上表现不俗外，其他几档慢综艺的收视率都不尽如人意。东方卫视的《青春旅社》平均收视率仅为 0.65%，浙江卫视的《漂亮的房子》、北京卫视的《生活相对论》的收视率仅在 0.3% 左右。在口碑方面，豆瓣评分显示，大部分慢综艺只能在及格线边缘徘徊。[①]由此可见，需求内容的供给并非越多越好，但也不能“偷工减料”，需要一个度的掌握。当需求—认同“失位”问题长期得不到解决的时候，受众就会出现认同疲劳，认同效果自然就减弱，因此称这种模式为“需求弱认同”模式。

（2）需求不认同对位模式。需求—认同的缺位指向需求不认同对位模式。所谓“缺位”，简单讲就是节目供给与受众需求的严重不平衡，甚至是没有供给，或者是提供的内容与受众的期望大相径庭，以致受众在认知上难以理解，在主观意愿上不愿去接触，产生排斥情绪、逆反心理，甚至会在行动上表示斥责和反对。这类似于霍尔信息接受立场中的“对抗式立场”，即受众在信息传播的过程中出现逃避或抵抗。常见的情形是传播主体提供的内容无视或严重偏离了受众的真实需求，或者传播的“效率”十分低下，在时间上不及时、在数量上不充足、在质量上不达标等。

例如，在涉及乡村传播时，随着移动互联网和终端技术的快速发展，微信、抖音、快手等新兴媒介成为村民获取信息、沟通交流的重要渠道。与此类社交媒体传播的内容相比，大众传播内容更具有权威性和专业性，然而当前大众传播内容在尊重村民的主体性、挖掘村民需求等方面存在诸多不足，尤其是最贴近乡村的县级媒体因行政任务压力，将报道重心聚焦于政府领导和当地重要会议活动等，其传播内容没有真正体现村民的主体性。而农业、农村、农民始终是乡村传播的内容主体，乡村传播不仅要展现农业农村发展新面貌，而且要深入挖掘村民需求，使其成为信息传播的主要内容。以涉农电视节目为例，一方面，其题材要贴近乡村、贴近生活、贴近村民，将村民作为节目表现的主体；另一方面，要以广大村民喜闻乐见的方式进行传播。只有增强节目的趣味性和互动性，才能提高节目的吸引力，才能使党的政策方针在乡村传播得更广，才能让农业科技知识

① 曾琦：《中国慢综艺发展与困境并存》，《视听》2019年第10期，第21页。

更好地得到普及；只有增强村民的主体性和参与性，引导村民参与乡村的建设与规划，进行知识的交流与传递，才能提高乡村社区的决策和管理能力，建立共同的规范和行动原则。[①]当需求—认同缺位问题长期得不到解决的时候，受众就会出现认同转移，即受众会寻求别的内容来实现需求的满足或电视内容的替代，这时受众对原有节目内容的认同便也无从谈起，因此我们称这种模式为“需求不认同”模式。

必须说明的是，“需求强认同”“需求认同”“需求弱认同”“需求不认同”四种模式之间的界限也不是绝对的。从中国电视发展史看，“需求强认同”的时期并非长久存在，这是艺术创作的基本规律，因为一旦需求旺盛，就必然刺激生产规模扩大以满足受众需求，大量的艺术作品出现，供给与需求自然就呈现一种平衡。对于具体的电视作品而言也是同样的道理，任何一个节目都不可能一直占据“需求强认同”的位置，因为有大量的竞争者、模仿者，还有其他的艺术样式来填补这种需求，因此对于任何一档电视节目而言，要保持好的认同效果，需要在处理好上文所分析的五对关系的同时，进行持续不断的创新。对于不同的受众群体而言，道理相似，所谓“萝卜青菜，各有所爱”在这里体现得很明显。简单举例，对于年轻受众而言，娱乐选秀节目也许就能产生一种需求强认同的接受效果，但是老龄观众却不以为意，他们更喜欢的也许是养生类节目，因此，娱乐选秀节目在老龄观众这里可能就只能产生一种需求弱认同接受效果。我们常常发现电视在发展潮流与趋势上，总是几家欢喜几家愁，各领风骚几年甚至只有几个月，这从根本上讲是观众需求的变化所致。

三　电视需求—认同对位模式中的受众角色

学界对“受众的选择性因素”有三种解释，一是认知连贯论的解释，二是实用论的解释，三是可获得性论的解释。认知连贯论认为“受众的选择性因素是帮助受众避开与自己固有观念不和谐的信息的骚扰，从而保持心理平衡和认知一贯性的机制”。也就是说，受众在信息选择过程中，常常会有意识地选择那些与自己的立场观点相一致的内容，而对那

① 周建新、包圆圆:《融媒环境下乡村传播的功能转型及其路径创新》,《现代出版》2021年第1期，第59页。

些与自己立场观点不一致的内容，则不予注意、回避或不接触，避不开则通过选择性理解和解释，减少其与自己固有观念的冲突。实用论认为“受众往往接触、理解并记住那些能够满足自己需要或兴趣的信息，这些信息可能与他们原有的观点相一致，也可能不一致”，但是只要具有某种“合目的性”就会被选择。可获得性论认为“受众常常选择那些最易获得、最易吸收的产品内容”，哪怕选择这些信息没有什么特殊理由，只是容易记住而已。①

有学者认为，认同过程中认同主体的行为角色分为四种，即不接受不追随的“反对者”、不接受但追随的“伪装者”、接受但不追随的“伴随者”、接受且追随的“追随者”。②受以上观点的启发，本书认为，电视受众在需求—认同对位模式中也对应存在四种不同的认同角色（见图4–4）。

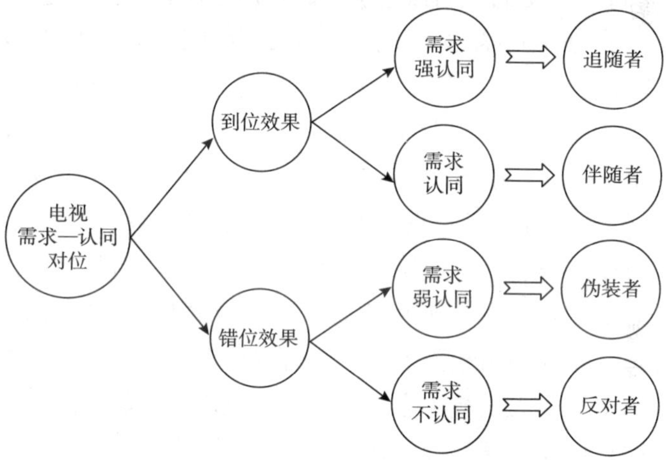

图4–4 不同电视需求—认同对位模式中的电视受众认同角色

（一）电视需求—认同中的追随者

在“需求强认同”模式中，认同主体内心处于亢奋和着迷状态，此时的受众就类似于粉丝，其角色可以称为“追随者”，既接受节目内容又对节目本身的价值理念持高度认同的态度。2008年在中国历史上是一个极其特殊的年份，这一年，中国既成功举办了举世瞩目的奥运会，又发生了重

① 周庆山：《传播学概论》，北京大学出版社，2004，第177～178页。

② 刘辉：《认同理论》，知识产权出版社，2017，第28～30页。

大灾难。2008年年初，我国南方大部分地区遭受了百年不遇的冰雪灾害，几个月之后，我国又遭受了“5·12”汶川地震，这些都是新中国历史上罕见的灾难。电视工作者情系灾区，全力筹备赈灾专题文艺晚会和活动，动员全社会力量，为灾区义演募捐，鼓舞受灾群众与救援人员的士气和斗志，向世人展现中华民族敢于拼搏、坚韧不拔、团结互助的民族精神。这些晚会与活动的观众，一定程度上就属于“追随者”。3月2日，中央电视台播出《情满中国——2008抗击冰雪专题文艺晚会》，主要包括《冰雪中国》《热血中国》《温暖中国》《花开中国》四个版块，通过纪实形式再现了雪灾发生后，发生在灾区一幕幕感人的画面，再现了抗击冰雪灾害时的许多真实故事与其中人民子弟兵、电力抢修工人以及普通的民众一次次感人的行动。除此之外，湖南卫视播出了《爱心大融冰——我们一起过年》《春暖人间——2008元宵晚会》，贵州卫视播出了《抗凝冻、保民生》《情暖寒冬》，广西卫视播出了《爱心奉献　风雪同行》，广东卫视播出了《2008广东春运温暖献爱心大型义演——暖流行动》，各级电视台纷纷以实际行动为赈灾奉献爱心，引起了全社会的广泛关注。“5·12”汶川地震发生一周后，中央电视台便播出了《爱的奉献——2008宣传文化系统抗震救灾大型募捐活动》，通过动人的歌曲、震撼人心的诗歌、感人至深的故事，谱写了一曲万众一心、众志成城、共度国难的壮歌。这是新中国成立以来中国宣传文化界最大的一次募捐活动，共筹善款15.1429亿元人民币，在全国各地和海外华人中引起强烈反响。各界群众一致认为，这次活动震撼人心、催人泪下，极大鼓舞了全国各族人民抗震救灾的斗志，极大振奋了民族精神。时任国家主席胡锦涛还专门做出重要批示，对这次活动给予充分肯定和热情鼓励。

除此之外，四川电视台、成都电视台、凤凰卫视、四川人民广播电台并机直播四川省抗震救灾大型特别节目《以生命的名义》，通过讲述、采访和诗朗诵再现抗震救灾中涌现的团结互助和自强不息的感人事迹与英雄人物，用行动告诉世界四川人的坚强与勇敢。浙江卫视的《情系汶川——浙江人民支援四川地震灾区特别晚会》突出了悲壮性、共鸣性和互动性，吹响了全省爱心总动员的集结号。其他省市电视台如湖南卫视、甘肃卫视、江苏卫视、上海东方卫视、北京卫视、广东卫视等也制作了赈灾义演募捐文艺节目。这些专题赈灾晚会真实记录了许许多多感人事件、感人群体和个人，吸引了全球华人乃至全世界的目光，传播了真、善、美的人间大爱，得到了全国上下、社会各界的支持、认同和褒奖。受众不仅对此类节目产生强烈认同，还将其认同化为实际行动，追随节目步伐，这有利于发动全社会力量进行抗灾救灾，正是基于此，这类节目在积极寻求国际人道主义援助方面发挥了重要作用，影响巨大，意义深远。

（二）电视需求—认同中的伴随者

收看电视节目是主体日常生活的一部分，具有伴随性、随意性和日常性，理性来看，受众在收看电视节目时常常是“伴随者”的角色，即持接受但不追随的态度。也就是说，对于大多数节目而言，受众的认同效果都属于需求认同模式，其角色也多是“伴随者”。比如中央电视台一直重视中国传统戏曲艺术，甚至专门开设电视频道播放戏曲节目，弘扬戏曲文化，但大多数受众对此却是“赞叹有余，追随不足”，有时对于某些节目会进行观看并赞赏，不过很少有年轻受众会专门追随性收看此类节目。同样的状况也会出现在其他类型电视作品中，受众会在搜索频道时因为某个明星的出现锁定某档综艺节目并对节目内容产生认同，下次在同一时间段却不一定会再次追踪此档节目。收看电视节目时随意、日常的心态造就了接受但不追随的“伴随者”。

（三）电视需求—认同中的伪装者

在“需求弱认同”模式中，因为节目难以引起受众的兴趣，尤其是情感认同和价值认同，所以认同主体心不在焉，尽管电视机开着，节目在播着，但这只是因为家人在看或者没有别的可看，又或者是因为别的原因不得不“假装”在看，这样的认同主体的角色可以称为“伪装者”，即持不接受但追随的态度。年轻受众对当下中央电视台春节联欢晚会（以下简称“央视春晚”）的态度可以归入此类模式，央视春晚中一些表达过于直接与生硬，加之程式化的节目串联与编排，使得“Z世代”的年轻受众难以产生认同感，然而“60后”“70后”对于央视春晚有较强的认同，这对于他们来说已然是一场不可错过的仪式。而在这样的情境下，年轻受众往往就处于“弱认同”的状态，即虽然央视春晚正在播出，但年轻受众对其并没有足够的兴趣和热情，反而是互联网上吐槽央视春晚的评论和网络春晚更能吸引他们的注意力。

（四）电视需求—认同中的反对者

在“需求不认同”模式中，认同主体对电视内容处于不接受状态、持批评态度，认同度很低甚至没有，受众常常会产生认同转移，即将视线和注意力转向别的电视节目、别的传播媒介或者是其他的文艺活动，这时的受众角色可以称为“反对者”，即持不接受也不追随的态度。不同的文化、民族有自身可以接受的文艺观，在欣赏其他文化背景国家制作的节目时，有时会出现“需求不认同”的现象。以一些靠流量明星来吸引粉丝的节目为例，“铁粉”群体集中在微博、豆瓣、知乎等互联网平台，对热衷的节目或剧集进行集中讨论，一片叫好。像2020年湖南卫视的现象级综艺《乘风破浪的姐姐》利用上述互联网平台的明星粉丝带动流量，让粉丝为自己喜欢的节目和明星造势，并接受节目传递的价值观和角色人设。但是另一部分“黑粉”群体也没有闲着，他们利用其他的渠道发出反对声音，引起不同的粉丝群体相互谩骂、诋毁甚至人身攻击。再如美国有一档节目会在每期邀请一男一女和他们的“孩子”在现场进行亲子鉴定，判断这位男子是否为这名孩子的亲生父亲。如果是的话，男子需要支付大笔抚养费；如果不是，该男子会兴高采烈进行热舞，并且与场下的亲友团进行互动，女方则痛哭流涕。对于中国广大受众而言，这类节目严重违背了中国传统的道德观与伦理观，是消费社会下审美主客体共谋的结果，亦是非理性取代理性所导致的审美主客体的双重失落，迥异的文化背景与思想认知，使得电视受众极难对其产生认同，更不会接受与追随。

第三节　电视需求—认同对位模式的关键因素

马克思强调，“人和绵羊不同的地方只是在于：他的意识代替了他的本能，或者说他的本能是被意识到了的本能”[①]。他认为需求不仅是人的本性，还是人的“内心意向”，构成了人们活动和生活的原动力和原目的，构成了社会物质生产的存在原因。[②]很多心理学家都注意到，认同发生的内在动力，无论是源于“自我”寻证、“需求冲突”还是“外在表现”，都肯

① 《马克思恩格斯选集》（第一卷），人民出版社，2012，第161～162页。

② 郭维平：《社会主义核心价值观生成与认同研究》，学习出版社，2016，第241页。

定了需求对于认同的重要性。

电视需求—认同是一个无休止的发展过程，不是静态的，也不是一次性的，而是复杂的、相互比较的，甚至伴随着需求—冲突—满足—认同—新需求无限循环的过程。也就是说，电视的需求—认同在电视的传播与接受过程中长期存在，受众不断有新的期待，新的期待又被不断地满足，如此循环往复。

电视认同过程的层次性决定了其满足功能针对的不是单一的需求，而是多面的、有阶梯的需求，即认同性需求。那么，什么是认同性需求？它对电视需求—认同对位模式有什么样的影响？

影响电视需求—认同对位模式的关键因素是受众认同性需求的满足程度，包括符号识别度、情感深度和价值高度。

当需求的意向、强度或理想的方式指向一定的对象并激起人的活动时，人类活动的动机就形成了，动机是行为的出发点，这是电视需求—认同活动的关键。

电视受众对于节目需求的满足程度与认同感呈正相关。按照认同的发生过程，只有符号得到识别才有认知发生，只有深度共鸣才有情感同化，只有价值接受才有思想内化，而这些都满足之后才有可能“外化于行”，实现最终的认同。

任何一个电视节目样式，最应有的基本立场和原则就是尊重受众的认同性需求，并努力去满足它，而不是想当然或自以为是地做无谓的努力，更不能以为可以把自己的想法强加于受众的真实需求之上，否则将会做很多吃力不讨好的工作。

一　电视认同性需求的符号识别度

弗洛伊德认为，“认同作用”是主体的无意识活动，“自我是从自居作用中产生的”。[①]埃里克森认为，认同是人类从婴儿到青春期，再到老年的一个持续不断的过程，尤其是在青春期，“现实需求”与个人的“心理需求”开始出现冲突，个人的“认同危机”开始出现。[②]因此，“历史不过是

① 〔奥〕西格蒙德·弗洛伊德：《弗洛伊德后期著作选》，林尘等译，上海译文出版社，1986，第198页。

② 〔美〕威廉·布鲁姆：《认同理论：其结构、动力及应用》，王兵译，《社会心理研究》2006年第2期，第1页。

追求着自己目的的人的活动而已”[①]。帕森斯和哈贝马斯认为，“认同是一种具有动力的人类需要”，“通过共同的认同，人们在相同的心理特征上联系在一起，而且会采取一致行动，来保持、维护和提高他们的共同认同”。[②]

（一）认同性需求的内在结构

从人类需求动机本身来讲，需求同样是有层次的。按照马斯洛的论述，“需要可以划分为生理需要、安全需要、归属和爱的需要、自尊需要、自我实现需要，以及审美和认识的需要等若干层次”[③]。需求的多元性必然导致动机的多元性，构成受众集合体的无数个体，可以具有无限丰富多样的动机。

德弗勒与丹尼斯认为，受众获取信息的动机有五种，分别是获取所期望的信息、迎合养成的媒介习惯、休息或寻求刺激、逃避烦闷或无聊、陪伴或避免寂寞。[④]有学者从传播学视角总结认为，受众接受信息的基本动机主要包括消遣娱乐、满足信息需求和心理需求、获取知识、提高文化水平、相互交往。[⑤]

受此启发，本书认为，电视的认同性需求不是普通意义上的“需求”，它是以“认同”为目的的需求，除了最浅层的生理需求之外，还有更深层次的社会交往需求、艺术审美需求和文化需求，即社会认同需求、自我认同需求和民族认同需求。拉康认为，自我认同的发展过程分为三个不同的阶段。在第一个发展阶段，即6个月以内，“我”与“它”的关系就是需求与满足的关系，因为只有简单的安全和生理“需求”，而且这种“需求”问题都能够圆满得到解决，所以主客混沌一体，没有语言也不需要语言，这是一个超语言的“现实界”。到了第二个发展阶段，即6～18个月，“我”与“它”的关系开始出现分离，个人的需要不再是原始的、生理的“需求”，而是“请求”，因为有“语言”障碍，所以“请求”得到的永远只是部分的满足，因此，出现认同失落的缺乏感和缺憾感。到了第三个发展阶段即18

① 《列宁全集》（第五十五卷），人民出版社，2017，第19页。

② 〔美〕威廉·布鲁姆：《认同理论：其结构、动力及应用》，王兵译，《社会心理研究》2006年第2期，第1页。

③ 〔美〕马斯洛著，刘烨编译《马斯洛的人本哲学》，内蒙古文化出版社，2008，第27页。

④ 〔美〕梅尔文·德弗勒、〔美〕埃弗雷特·丹尼斯：《大众传播通论》，颜建军等译，华夏出版社，1989，第425页。

⑤ 郭庆光：《传播学教程》，中国人民大学出版社，1999，第113页。

个月以后，因为个人已经具备了语言能力，个人的需要完全可以通过语言来表达，而语言又是象征性的符号，是希望、欲求、意象等构成的一个又一个“能指”及其形成的“能指链”，在这个场中，“它”成为“大写的它”，“它”的中心是语言的中心，是与“我”永远分离、无法缝合的，“欲求”永远无法得到满足（见表4–1）。

正是在这个意义上，拉康认为，作为一个“成年人”，自我认同的过程就是一个力图对“能指链”加以“固定—破坏—再稳定”的过程。因此，“自我的建构离不开自身也离不开自我的对应物，即来自‘镜中自我’的影像；自我通过与这个影像的认同而实现。镜像阶段是一个自欺的瞬间，是一个由虚幻影像引起的迷恋过程，是想象性思维方式的起点。‘自我’并不是自己的主宰，人们苦苦寻找‘自我’，而当找到它时，它却外在于我们，总是作为一个他者而存在，被自身无法掌控的外部力量所决定，永久地被限定在与自己异化的境地。镜像阶段的想象性认同与人类知识同构具有相似性”[①]。但是不能忽略的是，尽管这种“自恋”的“镜像认同”是“虚伪”的，但是这种想象给儿童带来了胜利的快乐和弥补的满足。

表4–1 拉康的认同发展阶段

发展阶段	年龄	心理	反应	主客关系	认同特点	认同过程
发展阶段一	6个月以内	需求	圆满具足	主客不分，混沌一体	现实界	超语言结构
发展阶段二	6～18个月	请求	部分的满足	主客分离，部分当整体，镜像当自我	想象界	想象结构
发展阶段三	18个月以后	欲求	永远无法满足	“大写的它”与“小写的它”，“我”与“它”，自我意识形成	象征界	语言结构

对此，霍尔有类似观点，他提出了“认同重现理论”，认为认同不是追认历史中的某种本原，而是使用“正在变化而非存在过程中的历史、语言和文化”来“重现我们自己”，它所关乎的“不是我们是谁或我们从哪儿来的问题，更多的是我们会成为谁，我们如何重现、如何影响到我们去怎样重现我们自己的问题”。所以，认同在“重现”之中而非“重现”之外，与“传统的发明有关，也与传统本身有关”，它不是“回到根源”，而

① 刘文：《拉康的镜像理论与自我的建构》，《学术交流》2006年第7期，第24页。

是接纳我们的“路径”。因此，认同是“部分在幻想中”，“或至少是在幻想的领域中构成的”。[①]由此可见，拉康跟霍尔都重视想象在认同中的重要性。

（二）电视认同性需求中的符号呈现

“镜像”也好，想象也罢，最大的区别就是符号外在表现的不同，但实质都是通过一种符号形式来寻找“自我”，获得认同感。霍布斯鲍姆的“被发明的传统”和安德森的“想象的共同体”就更加直接地肯定了符号、想象在认同建构中的重要性。霍布斯鲍姆在他和兰格的《传统的发明》一书中，通过苏格兰民族服装的起源、威尔士的典籍再造、英国皇家仪式的变迁、大众文化的变化等六个案例来阐释“一切真历史都是当代史”[②]、历史是一种“文化再生产”[③]等历史观。他们认为，传统是被当代人发明和发现的：“传统不是古代流传下来的不变的陈迹，而是当代人活生生的创造；那些影响我们日常生活的、表面上久远的传统，其实只有很短的历史；我们一直处于而且不得不处于发明传统的状态中，只不过在现代，这种发明变得更加快速而已。”[④]值得注意的是，发明传统的工具是语言，也就是说人们是利用了语言的力量对传统进行重构。他们强调，人们会“为了相当新近的目的而使用旧材料来建构一种新形式的被发明的传统。这样的材料在任何社会的历史中都有大量积累，而且有关象征实践和交流的一套复杂语言常常是现成可用的”[⑤]。

本尼迪克特·安德森在《想象的共同体：民族主义的起源与散布》中提出，现代民族“是一种想象的政治共同体——并且，它是被想象为本质上是有限的，同时也享有主权的共同体”。关于如何构成想象，他进一步指出，

---

① 〔英〕斯图亚特·霍尔：《导言：是谁需要“身份”?》，载〔英〕斯图亚特·霍尔、〔英〕保罗·杜盖伊编著《文化身份问题研究》，庞璃译，河南大学出版社，2000，第4~11页。

② 这是意大利哲学家贝内德托·克罗齐的著名历史哲学观，他认为，历史是活的历史，历史是当代史，历史主要是思想行动。“一切历史当它不再被思考，而只是用抽象词语记录，就变成了编年史，尽管那些词语曾经是具体的和富有表现力的”，“当生活的发展逐渐需要时，死历史就会复活，过去史就变成现在的”。

③ 法国社会学家布迪厄在1970年出版的《再生产》中提出“文化再生产”的观点，认为“文化再生产”既不是无中生有的创造，也不是一成不变的重复。

④ 〔英〕E. 霍布斯鲍姆：《导论：发明传统》，载〔英〕E. 霍布斯鲍姆、〔英〕T. 兰格：《传统的发明》，顾杭、庞冠群译，译林出版社，2004，第6页。

⑤ 〔英〕E. 霍布斯鲍姆：《导论：发明传统》，载〔英〕E. 霍布斯鲍姆、〔英〕T. 兰格：《传统的发明》，顾杭、庞冠群译，译林出版社，2004，第7页。

"民族本质上是一种现代的想象形式——它源于人类意识在步入现代性过程当中的一次深刻变化。促成这一变化的重要推动力之一就是，作为现代传媒的报纸和表达民族情感的小说，为重现民族这种想象共同体提供了技术的手段"[①]。安德森对想象的重要性的强调是基于客观的社会现实的，因为对于同一个民族的任何一个成员来讲，除了自己的家人、朋友，即自己熟悉的"小圈子"之外，谁也不可能认识太多的其他成员，或者直接和别人交流。所以，"民族只是作为联结为一体的意向弥散在每一位成员的心中"[②]。

以重庆卫视曾经的定位改革为例。《雾都夜话》的推出，开创了我国第一个介于戏剧和新闻节目之间的，介于虚构与现实之间的节目形态——栏目剧，形成了影响全国的栏目剧创制热潮。再如《拍案说法》，它开创了中国电视法制节目的一个全新的样式。它不仅把观众拉到现场，而且使观众成了介入法案的重要的参与者，这时候我们看到了热情的面孔，在冷冰冰的法律面前有一点人气，有一点温情，有一点亲情，甚至有一点美感，这在法制类节目的生产中开了一个先河。《龙门阵》和《生活麻辣烫》等方言节目，则比较早地开拓了中国电视的另外一种景观，即"方言播报"节目，不仅为中国电视节目的开拓创新做出了重要贡献，对民族文化、地域文化保护理念的传播也具有重要意义。[③]

综上，不管是从认同的心理考察还是从认同的过程分析，不管是从认同的根源探寻还是从认同的手段总结，由语言以及想象、思维、幻想、图腾等非语言形式构成的符号在认同发生发展过程中永远处于核心地位。符号不仅是语言形式，还是信息传播载体和艺术呈现方式，这就为电视艺术在认同发生过程中的重要地位提供了支撑。尤其需要关注的是，安德森等学者已经注意到传媒在促进"民族想象认同"中的重要作用。从这种意义上讲，电视作为一种现代传媒艺术样式，它以独特的语言形式、高科技的传播方式和通俗的艺术内容，构成一种语言符号，为人类提供了一种全新的需求内容和认同方式。

---

① 〔美〕本尼迪克特·安德森：《想象的共同体：民族主义的起源与散布》，吴叡人译，上海人民出版社，2003，第9～10页。

② 张志忠：《现代民族共同体的想象与认同——论"十七年文学"的现代性品格》，《文史哲》2006年第1期，第83页。

③ 司思：《重庆电视人的理论和实践探索——中国传媒经济理论30年（重庆）峰会会议纪要》，中国传媒经济理论三十年（重庆）峰会会议论文，重庆，2008年3月，第2页。

二 电视认同性需求的情感深度

（一）认同性需求中的共情逻辑

弗洛伊德认为，“自居作用”（认同作用）具有情感性，是通过“移情”方式来实现的，[①]移情是“以医生本人来替代以前的某人。换句话说：一部心理经验的整个系列被唤醒，不仅是属于过去的，而且适用于目前的医生”[②]。他进一步阐释医生、病人及其亲人之间的移情作用：病人把对亲人的感情转移到医生身上是“正性移情”，医生对病人产生亲密感情是“负性移情”。之后，不少心理学家对此进行更加深入的阐释，麦独孤和沙利文说，“移情是主体移入他人的情绪状态”；霍夫曼认为，“移情是对他人的一种设身处地的情绪反应”。[③]这是精神分析角度对于移情的阐释，不管情移何处、如何移动，它们都强调了主体与客体之间的情感作用、情感影响，尤其是情感交互。

美学家同样注意到了移情在艺术审美活动中的作用，对移情最早做出系统阐述的是德国美学家里普斯，他在《论移情作用》里说：“审美欣赏的特征在于在它里面我感到愉快的自我和使我感到愉快的对象并不是分割开来成为两回事，这两方面都是同一个自我，即直接经验到的自我。”[④]也就是说，主体在审美体验活动中，对审美对象产生的愉悦感与审美对象已经结合在了一起，此时的“自我”与体验中的“他我”是同一性的。

社会心理学家把移情放到人际交往过程中研究，将移情看作主体与他人发生情绪的共鸣，理解他人的立场和感受的能力。麦独孤在《社会心理学导论》中认为，移情在人们的社会生活中具有十分重要的价值，是主体“由于看到其他人或动物的某种情感情绪表现而亲身感受到这种情绪情感体验”，其中“作用者的情绪情感兴奋直接引发接受者同样的情绪兴奋”。[⑤]

---

① 〔奥〕西格蒙德·弗洛伊德：《弗洛伊德后期著作选》，林尘等译，上海译文出版社，1986，第198页。

② 〔美〕墨顿·亨特：《心理学的故事》（修订版），李斯、王月瑞译，海南出版社，2006，第175～176页。

③ 王先霈：《中西移情理论之异同》，《沈阳工程学院学报》（社会科学版）2009年第1期，第2页。

④ 〔德〕里普斯：《论移情作用》，朱光潜译，载古典文艺理论译丛编辑委员会编《古典文艺理论译丛》（第八册），人民文学出版社，1964，第44、45页。

⑤ 〔英〕威廉·麦独孤：《社会心理学导论》，俞国良等译，浙江教育出版社，1997，第75页。

中国古人很早就注意到了移情在文学艺术创作与接受中的作用，大致分为两个层面：一是人对自然景象的情感反应，是因物起情，寄情于物，是刘勰《文心雕龙》中的“物色之动，心亦摇焉”，这里，因物起情之物如屈原《离骚》中的芳草、周敦颐《爱莲说》中的莲花、陶渊明《归园田居》中的菊花、李白《梦游天姥吟留别》中的天姥山、苏轼《赤壁赋》中的江河等；二是人与人之间的移情，主要体现在孔子学说中的“忠恕”理论，从朱熹的“推己及人”到王阳明的“格物致知”，系统阐释了人与人之间的情感的“忠”与“恕”，即满怀同情心地对待他人。

综上，精神分析中的情感转移、审美体验中的审美愉悦、社会心理学中的情感体验、中国古代文学中的因物起情与“忠恕”，都在强调情感在人与人、人与物之间的中介作用。那么，对于认同而言，自我认同也好，社会认同也罢，抑或是民族认同，本身都是一种需求，是认同发生的根本动力，也是认同前进的方向。而主体对物或人等客体对象必须投入一定的情感，否则我就是我，它就是它，难以实现融入，真正的认同也就不可能实现。

（二）电视认同性需求中的情感共鸣

电视作为一种艺术样式，对其的认同过程一定是具有情感性的，它不是一般的基于生理功能的需求满足，也不是工具性的需求满足。有学者在分析当前真人秀节目成功的原因时，就注意到了真情实感的重要性，“从电视节目的功能和本质上来说，真人秀节目所有的形式归结为一点，是要真实、真挚，而显示真挚的方法有多种，加入素人成为真人秀电视节目转型升级的新趋势，这种坚持以草根平民为中心的创作导向，能够让真人秀节目在平凡细微中发现感人之处，让明星的光环与素人的能量碰撞产生火花，让真人秀节目更加真诚感人”[①]。而电视“三俗”现象产生的根本原因就在于将对电视的功能需求简单等同于生理的娱乐需求，而忽略了它的层次性、方向性和情感性，因此，也就失去了情感深度。但是，我们不得不面对当前电视尴尬的现实，正如习近平总书记批评的，有的电视节目“搜奇猎艳、一味媚俗、低级趣味，把作品当作追逐利益的‘摇钱树’，当作感官刺激的‘摇头丸’”。“人类文艺发展史表明，急功近利，竭泽而渔，

---

① 王甫：《“互联网＋”时代电视节目转型升级的叙事学解读》，《视听》2016年第1期，第7页。

粗制滥造，不仅是对文艺的一种伤害，也是对社会精神生活的一种伤害。低俗不是通俗，欲望不代表希望，单纯感官娱乐不等于精神快乐。”①

在对情感元素的重视上，江苏卫视可以作为一个经典案例予以重点分析。2004年，江苏卫视“以情感立台”，提出“以资讯为核心，以情感为特色”的定位。如何把情感特色落到实处？一方面是细化定位。在收视范围上，提出“锁定全国，做大江苏”；在受众定位上，提出“锁定女性，兼顾大众”；在内容生产上，提出“锁定大众消费品，兼顾其他”。我们可以发现，这种定位有主有次，重点突出，灵活机动，兼顾全面。另一方面是强化特色。突出情感类主题，以“情感”为核心打造“情感地带”节目群。一是优化情感栏目，如2005年推出的《新三言二拍》《激情60秒》；二是推出情感活动，如2005年推出的“感动2005·中国十大真情故事评选”及“七夕红豆相思节”，2006年又在此基础上继续加大力度推出“感动2006·中国十大真情故事评选”和“七夕中国情人节”；三是打造情感剧场，2006年，江苏卫视以一亿元的投资对情感剧场进行资源倾斜；四是重视情感类资讯的传播，新闻节目内容除满足政治需求外，主打亲情、友情、爱情等主题的社会新闻。

2010年，随着国家生产力的发展和人民收入水平的提升，“幸福感”成为全民关注的话题，江苏卫视紧扣这一主题，又提出了“情感世界，幸福中国”的品牌定位，将节目制作理念从“情感”延展到了“幸福”，对节目制作进行了更为细致的把握，2015～2018年推出的明星恋爱真人秀节目《我们相爱吧》通过明星组CP的方式，探究爱情的美妙和意义。此外，一些节目所讨论的话题、传递的婚恋观都能真实反映现实生活，引发不同年龄段观众更深层次的思考，② 2019年，江苏卫视推出了《新相亲大会》，将男女双方的父母引入节目流程，突破了传统相亲节目只有单身男女嘉宾参与的模式。当然，江苏卫视的成功经验不仅在于此，业界和学界关于江苏卫视之成功的经验探讨和理论总结也还在继续。但可以肯定的是，对于情感的挖掘、呈现与诠释是江苏卫视能够取得成功的关键。

放眼中国电视60多年的发展，实现了由无到有、由借鉴到本土化的转

---

① 习近平：《在文艺工作座谈会上的讲话》，《人民日报》2015年10月15日，第2版。

② 张毅：《江苏卫视“双头部”传播战略下的创新与突破》，《中国广播影视》2020年第24期，第91页。

变，从资源利用和表达方式两个层面解读中国电视发展的本土化，可以发现中国电视本土化从以下三个方面满足了受众的情感需求，实现了情感认同。

一是通过回归现实社会让受众产生情感认同。中国电视反映现实生活，从丰富多彩的现实生活中汲取营养，不断挖掘政治的、社会的、经济的、法律的现实素材，贴近社会现实、贴近人民生活、贴近文化需求，瞄准当下社会人群的现实生活，从职业、年龄、阶层、性别等不同角度出发，反映人们的思想和情感，满足他们的精神文化需求，[①]通过讲述发生在中国人身上的故事，体现人民文艺为人民，使人民群众的情感诉求得到深度的满足。2020年、2021年火爆荧屏的电视剧作品《大江大河2》《山海情》《觉醒年代》等均完成了对本土内容资源的深挖，几部作品或是展示改革开放浪潮中不断探索、寻求突破的普通人，或是表现20世纪90年代人民群众和干部为响应国家扶贫攻坚政策进行的不懈探索，或是讲述觉醒年代里的社会风情和人生百态。它们均将个人的发展与选择、理想与信仰同国家发展、民族命运紧密联结，使广大人民群众从中找到了情感寄托、思想共鸣。

二是通过开掘丰厚的历史资源让观众产生情感认同。具体地说，是给传统文化插上电视的翅膀，使电视拥有源源不断、价值连城、独具特色的素材、资源和智慧，拥有丰富的内容呈现、多样的形式创造和经典的价值传承，拥有更强大的竞争力、更广阔的传播范围和更持久的影响力。[②]对这一点，很多历史文化类节目可以予以佐证，本书也有很多分析。受众的心理诉求可以简单概括为两个方面：一是现实心理诉求，二是历史心理诉求。前者侧重当下发生和即将发生的事情，具有暂时性；后者则是由长期的历史文化积淀所赋予的，具有延续性。所以，电视创作对受众心理诉求的把握不能简单化，应该从现实与历史两个维度去把握：一方面，要体现“以人为本”，关注当下百姓的生活状态、生存状态，反映这种状态下的百姓心理状况，拉近与受众的距离；另一方面，也要满足百姓历史文化心理诉求，在现实意义和历史价值两个层面上深入开掘文化资源。[③]

---

① 胡智锋、周建新：《新时代、新使命、新理念——寄语中国电视事业发展60年》，《电视研究》2018年第10期，第21～22页。

② 胡智锋、周建新：《新时代、新使命、新理念——寄语中国电视事业发展60年》，《电视研究》2018年第10期，第22页。

③ 胡智锋、周建新：《话说春晚“仪式秀”》，《当代电视》2006年第12期，第63页。

三是通过表达方式的本土化实现观众的情感认同。在电视语言呈现、语态表达、内容叙事上更多强调中国式的情感表达，既有胸怀宇宙（天下）和国家的“大情”，如天人合一的终极关怀、忠心报国的家国情怀、边塞战士的豪情等，又有集体、家庭和朋友之间的“小情”，如家人凄凄离别之情、可歌可泣的爱情、“莫愁前路无知己”的友情等。[①]“小情”与“大情”息息相关、互相融合，体现了中华传统文化中的家国情怀。历年的央视春晚，均把“小”与“大”的关系作为重要的情感脉络——人与人相聚形成一个小家，一个个小家组成一个国，春晚的舞台缺少不了对家的赞美、对国的歌颂，这是中华民族共同体的体现，也是中国电视表达方式本土化的体现。

三　电视认同性需求的价值高度

查尔斯·泰勒在《自我的根源：现代认同的形成》中深刻辨析了认同与善之间的关系，提出文化作为一种“集体善”，个人认识到它是好的、积极的，对其结果满意的话，就会加入其中，以实现这种善的最大化，“保存并加强这种文化”。[②]对于作为社会中个体的人而言，认同是一种价值追求，是集体生存的需要。

（一）电视认同性需求的思想内涵

有学者认为，认同就是在思维不断求真的过程中，将意愿上的善转化成行动上的美。实现认同，还要找到自己内在的善，这需要内在的意愿的参与，无论是孟子的“性善论”、曾子的“止于至善”，还是王阳明的“致良知”，都是内在意愿对善良的要求，“只有意愿上的善才能产生和其他人的良性互动，才能产生认同。寻求美是我们实现认同的终点，万物之所以成为一体，是因为有秩序，这种秩序不仅存在于人类的行为，还存在于世间万物，甚至浩瀚太空，没有行动上的美，就无法表达我们思维上的真、意愿上的善，无法展现我们的完美”[③]。

---

① 胡智锋、周建新：《新时代、新使命、新理念——寄语中国电视事业发展60年》，《电视研究》2018年第10期，第22页。

②〔加〕查尔斯·泰勒：《自我的根源：现代认同的形成》，韩震等译，译林出版社，2012，第136页。

③ 刘辉：《认同理论》，知识产权出版社，2017，第16～17页。

传播学者认为，“有三种动机促使人们同媒介建立依赖关系，这三种动机分别是对知识和信息的需求，对认同和规范的需求，还有就是对娱乐的需求。认知需求关注的是个人对自己和世界的基本了解，认同需求关注的是个人为了和他人有效交往需要了解的行为规范，游戏或者是娱乐需求则提供了运动、舞会、节庆等渠道，也会帮助个人了解社会角色、规范和价值观”。哈尔珀认为，社会地位、特殊的政治认同和媒介依赖之间存在联系，政治认同是对不同的媒介资源的使用，其效果是相联系的。①

可以从中央电视台春晚、《渴望》、《超级女声》三个电视作品的文本出发，分析电视需求—认同到位的关键点，即对群众文化需求中的传统文化、时代精神和社会现实需求进行全面观照。其中，传统文化需求主要指涉的是民族民俗、历史文化传统的传承和发扬，这是集体无意识的文化基因，是群众最基本的文化欲求；时代精神需求主要指涉的是时代主流价值观的培育与宣传，这是国家意志的体现，是意识形态的表达；社会现实需求主要指涉的是生产生活方式的变革所呈现的基本样态，这是生产力决定的生产关系现实，是群体意见的集中反映。从需求与认同的关系角度，可以在此基础上概括出传统需求认同、时代需求认同、社会需求认同。

任何一个成功的电视节目都在保持受众的需求与认同平衡关系上做得很好。需求与认同的失位问题主要表现为针对群众需求的供给不足，造成认同转移；需求与认同的越位问题主要表现为针对群众需求的供给同质化、重复，造成认同疲劳。但是二者共同的原因均在于群众的内在需求被外在需求掩盖，真实需求被虚假需求掩盖，自觉需求被自发需求掩盖。中央电视台春晚的成功在于抓住了传统民俗现代化改造下的家国认同，《渴望》抓住的是在改革大潮冲击下对家庭伦理的反思与认同，《超级女声》抓住的是个性化张扬时代中的年轻一代的自我认同，也就是说它们都不约而同地满足了那个时代群众的“认同性需求”。

（二）电视认同性需求的价值导向

电视观众对电视节目认同，不仅认可电视节目本身，也认同电视节目背后蕴藏的核心价值观，满足了观众“认同性需求”的电视节目成为社会

① 周庆山：《传播学概论》，北京大学出版社，2004，第174～175页。

治理的重要工具，让社会治理更加高效。以中央电视台春晚为例，对于春晚“仪式秀”而言，重要的是要做到“内外兼修”，有形式更有内涵，“秀”得“有形”，更“秀”得“有情”“有心”，注重可视性、可听性的同时，也不能忽视对思想、品位、内涵、意蕴的追求。[①]唯有此，春晚“仪式秀”才有可能在欢声笑语中增强不同主体对彼此的认知、认定和认同。在“寓宣传导向于情感表现”的过程中，大小情感应当相互依存、相得益彰，过于强调“大情”难免有“过度渲染宏大叙事”“大而不当”之嫌，过于强调“小情”，又容易琐碎、不够大气。春晚“仪式秀”情感表现如果欠缺，就是“无情”“少情”，容易说教味十足，干瘪而无内容，空洞而不鲜活，呆板而无生机；但是情感表现过多，则容易给人“多情”“滥情”“矫情”甚至是“伪情”的感受。所以说，春晚“仪式秀”把宣传导向寓于情感的表达之中，只是第一步，如何把握好情感表现的“度”，做到圆润、自然、真诚、委婉地表达情感，才是关键。[②]

理性来看，对于大多数电视节目而言，常态情况下受众应该是“伴随者”角色，我们鼓励每一个节目都追求满足目标受众“认同性需求”，从而实现“需求强认同”的理想，然而必须认识到这是一个倾力付出也难以实现的目标。但是最起码应该做的是避免在目标受众的需求满足上出现“越位”和“缺位”情形，尤其是在受众可以在诸多文艺活动样式中进行选择的今天，无视受众的需求，他们会选择“认同转移”。既然受众的需求如此重要却又如此难以把握，我们应该如何应对？应努力满足受众的“认同性需求”，以实现“需求性认同”。那么，什么是受众的“认同性需求”，有没有规律可循？所谓“认同性需求”就是相应时代的社会上最稳固、最广泛、最基础的文化需求，因此具有根基性、群体性和普遍性的特点，包含着丰富层次以及情感深度和价值高度。

由此可见，电视认同性需求是有价值导向的，这种价值不只是一般的消遣放松和感官娱乐，还涉及更丰富更高级的价值认同。认同是基于个人存在的，也存在于人类组织和社会中，只不过是人数多少的差异而已。从这个角度讲，受众对于电视的需求性认同具有观念濡化、内心趋同、思想统一与注重价值追求等特点。

① 胡智锋、周建新：《话说春晚“仪式秀”》，《当代电视》2006年第12期，第63页。
② 胡智锋、周建新：《话说春晚“仪式秀”》，《当代电视》2006年第12期，第63页。

必须强调的是，这里的价值不是简单的功利价值，而是一种崇高价值、美学价值，即真善美的统一，落实到电视内容创制层面，则是要求历史性、思想性和艺术性的统一。恩格斯在给斐迪南·拉萨尔的信中表示，艺术作品的最高标准既是美学的，又是历史的。[①]对此，有学者认为，“电视艺术常常把几个缺乏文化涵养、审美品位不高的笑星，误作为当代电视艺术创作的主将。这是缺乏当代中华民族最高的审美思维成果支撑的缘故”。电视应该去“传播一种文明，去提升消费者的素质，坚守人类的精神家园，建设和传播先进文明和先进文化，引领大众在普及的基础上提高审美修养和精神素质”[②]。

总之，电视的认同性需求是符号性的、情感性的，也是价值性的。无论是考察电视创作生产、电视文本，还是电视的传播与接受活动，对受众的需求应该具有理性的、全面的、立体的认识，而不是仅将其作为浅层的、低级的、暂时的、消费的需求。决定电视艺术创作质量高低的是创作者的态度、细节、诗意和智慧，即“态度决定一切，细节影响成败，诗意提升现实，智慧改变世界”。其中，细节关注的就是电视的符号表意，而态度和诗意都是情感的一种表达，智慧无疑就是思想深度的挖掘和引领。例如，在收看《人间世·抗击疫情特别节目》的时候，受众体验的不仅是节目本身，还有节目传达的那种面对苦难的悲痛情感、在灾难面前人与人的互帮互助的情感，受众从中感受到民族团结的力量、国家富强的伟大以及“人类命运共同体”[③]理念的崇高。

四　电视认同性需求与需求性认同的高度统一

受众的需求因人、因情、因境不同都会有不同的变化，要满足怎样的需求，或是如何抓住受众的需求，关键是看认同性需求的满足程度。认同性需求就是层次上有广度、情感上有深度和价值上有高度的需求，只有有了多元的层次呈现才能具有代表性和普遍性，有了真诚的情

---

① 《马克思恩格斯选集》（第四卷），人民出版社，2012，第443页。

② 仲呈祥、杨乘虎：《电视艺术生态环境的忧思与净化——访中国文联副主席仲呈祥》，《现代传播》（中国传媒大学学报）2005年第1期，第68～69页。

③ “人类命运共同体”是习近平就任总书记之后提出的，是中国政府关于人类社会的新理念。2011年，《中国的和平发展》白皮书提出，要以“命运共同体”的新视角，寻求人类共同利益和共同价值的新内涵。

感表达才能具有吸引力和凝聚力，有了价值的内化才能具有长久性和行动性。[①]

（一）电视需求性认同与认同性需求的一体两面性

对于电视实践而言，不能仅仅停留在满足受众“无认同的需求”上，而应实现受众的民族认同、社会认同和自我认同，否则需求将落入“三俗”的境地。然而，认同的发生不是随随便便、无缘无故的，需要具体的、“面对面”的刺激。欧文·戈夫曼认为，人们在日常生活当中会强调的是扮演的“自我”，当回到“自我”情景的时候，这个“面具”又将摘掉。[②]除了社会、个体等因素会影响受众接触媒介的动机外，家庭关系、生活方式等也会影响受众对媒介的选择与接触，时间、空间变化等情景的不同，也会影响认同效果，而且这些因素彼此还会相互影响，产生叠加效应。

如果传媒意识到受众的认同性需求的存在但并不将其放在一个重要的位置，收获的认同效果也必定不会很好。当然，这里有主观态度的问题，也有实际能力的问题，还有客观条件的限制以及受众自身的复杂性等诸多问题。

因此，电视需求是认同的根本动力。没有需求，认同便无从谈起，认同是需求驱动的认同，需求是认同的出发点；同时，认同是需求供给的结果呈现，没有认同，需求就意味着无果而终。需求—认同对位模式这个核心概念，包含需求性认同与认同性需求两个高度统一的部分，其意义在于它不仅将“认同”过程化、内容化、具体化，而且将“需求”层次化、目标化、方向化。如果说电视在“需求强认同”模式下满足的是受众的认同性需求的话，那么它在“需求认同”模式下满足的是受众的“普通性需求”，[③]“需求弱认同”模式下满足的是受众的“失位性需求”，“需求不认同”模式下满足的是受众的“缺位性需求”。

---

① 周建新：《需求与认同的逻辑：论电视艺术审美认同的发生机制》，《现代传播》（中国传媒大学学报）2020年第10期。第109页。

②〔美〕理查德·谢弗：《社会学与生活》，赵旭东等译，世界图书出版公司，2014，第119页。

③ 周建新：《需求与认同的逻辑：论电视艺术审美认同的发生机制》，《现代传播》（中国传媒大学学报）2020年第10期，第109页。

所谓“普通性需求”“失位性需求”“缺位性需求”，都是相对于认同性需求而言的，“普通性需求”顾名思义意味着电视火候不够、内容欠佳，从质量和数量两个层面上讲，距离主流受众的主流需求还有较大差距，内容的品质、高度、广度和深度都有待提升；而“失位性需求”涉及的已经不再是火候欠佳的问题，而是关涉方向上的错位问题，即内容供给与受众的认同性需求可能是风马牛不相及；“缺位性需求”更为严重，其背后已经不再只有内容层面、方向层面的问题，而是直抵性质问题、态度问题，即根本无视受众认同性需求的存在，将其抛在脑后置之不理。与此相对应的是，如果电视无视受众的认同性需求，也必将被受众所抛弃，最后的结果就是被受众“选择性遗忘”。因为在一个文化艺术样式品种丰富、接受方式多元、接受渠道多样的时代，最不缺的就是节目内容。

（二）电视需求性认同的影响力

电视作为一种家庭传播的艺术，其传播与接受过程是切实的、具体的、可感知的，对促进家庭成员之间的感情亦有很大帮助。正是在这个意义上，电视家庭传播被很多传播学者重视。家庭传播（Family Communication）理论最早于20世纪20年代被提出，1926年，伯吉斯第一次将家庭看作相互影响的个体的集合，随后沃勒、赫斯、伯格、凯尔纳、杰克森、思鲁兹、哈利、莱恩等或延伸互动论研究，或从系统论、控制论等其他视角继续深入家庭传播研究。20世纪70年代，随着罗格斯大学的婚姻互动模式研究，劳什、巴里的夫妻冲突研究，坎特、里尔的家庭模式研究，费兹派克的家庭类型研究等一大批成果的出现，丰富了电视家庭传播的理论，电视家庭传播的功能一是促使家庭内部的夫妻、亲子等多种二元关系更加新密，二是加强家庭作为一个整体与外界的互动的影响。

但理性来讲，对于多数电视节目而言，属于常态的情况还是满足受众的“普通性需求”，最后达到的只能是受众的“需求认同”效果。因为，现在早已经不是电视“一超独霸”的时代，电视的竞争对象全球化、全网化，越来越多的新的文艺形式诞生，越来越多的新的传播样态产生，越来越多的新的交互方式出现，受众目不暇接，媒体疲于应付，这是当前的媒介现实也是未来的发展潮流与趋势。但是这绝对不等于说，媒体要失去追求满足受众认同性需求的理想和气魄。这个道理很简单，“求其上者得其中，求其中者得其下，求其下者无所得”。而具体到电视认同活动当中，电视的收视人群仍然很庞大，高品质的电视品牌、“现象级”的电视节目依旧显现了强大的“吸粉能力”。

以地面频道建设为例，笔者曾经撰文提出，地面频道的地缘优势明显，内容与当地群众生活贴近性强，能实现当地群众需求与认同的高度统一，因为其在发展策略上可以做到立足实际、突出特色。

一是立足本地的政治、经济发展实际需求。电视地面频道的发展与本地域的发展密不可分。一方面，在政策上，电视地面频道有义务为本地域的经济社会发展做好宣传工作；另一方面，电视地面频道的发展也是当地政治文明、经济建设、文化建设的重要组成部分，在一定意义上它是一个区域、一个城市外宣的重要窗口。而与此同时，本地域的经济社会发展也为地面频道的发展创造了机会，包括政府的政策支持、资金支持，广告客户的增加、收视氛围的改善等。

二是立足本地文化实际需求，即坚持从所处地域和当地民族的实际出发，既重视开掘本地域人文景观、自然景观等物质遗产，又重视开掘本地域历史文化、民俗民情等非物质文化遗产，本地的文化资源是地面频道取之不尽的宝藏，同时电视地面频道本身也有传承和发扬本地优良文化的义务。

三是立足本地群众实际需求。电视地面频道有特定地域的目标受众，因此，研究本地居民的喜好、兴趣、需要，研究他们的生活状态、精神状态、心理特征、思维特征、语言特征、审美取向、价值观念，研究他们在政治、经济、文化等方面的意见、需求、思想、观点等也应该是地面频道着重考虑的。只有深入地了解、理解这些特定的服务对象，地面频道在节目生产上才能有的放矢。值得一提的是，随着“民工潮”的出现，各区域间的人口流动迅速加剧，他们的利益诉求、价值诉求也应得到地面频道的及时回应。

四是立足本台发展实际需求。频道扩张不是频道发展的目的，内容建设才是频道发展的重点，应依据本台的现有的人力、物力、财力以及潜在的资源优势，合理规划战略布局，有所为有所不为，有所先为有所后为，确定频道建设的重点，集中优势资源，推出富有个性的原创性节目，建设品牌栏目，打造优势频道。

第五章　电视认同效能提升的路径

本章重点研究的是电视认同的“结果问题”，主要站在国家战略需求和人民文化需求的高度，从我国电视的功能价值与电视认同效能提升的关系入手，分析当前我国电视艺术面临的新形势与新任务，以及提升电视认同效能的路径。

我国电视艺术具有显著的公共性，一方面，电视艺术具有公共服务职能，电视公共服务是公共文化服务的重要组成部分，是建设中国特色社会主义现代化国家的必然要求，是社会主义优越性的重要体现；另一方面，基本公共服务标准化、均等化等对我国电视艺术发展提出了新的要求。电视艺术创作与传播活动涉及社会公众、社会资源甚至公共保障，影响公共利益，电视认同效能提升的目的是为人民群众提供尽可能丰富多样的“信息福利”。

习近平总书记关于小康社会建设、公共服务建设和文化发展的系列重要论述，深刻阐释了新形势下我国公共服务体系建设的方针原则、目标任务，为公共服务发展指明了前进方向、提供了根本遵循。党的十九大报告明确提出，“中国特色社会主义进入新时代，我国社会主要矛盾已经转化为人民日益增长的美好生活需要和不平衡不充分的发展之间的矛盾”。从“物质文化需要”到“美好生活需要”的转变，全面反映了改革开放以来我国经济社会建设取得的伟大成就，也生动反映了人民群众对生活水平、生活质量的新追求。

中国电视也应提升认同效能，更好地服务于群众文化需求。需要积极面对媒介全球化、媒体高度融合化、国家需求强化的现状以及电视内部自身的新形势、新要求和新趋势，精准把握好人民群众的认同性需求，并在电视创作生产、文本生成、传播接受等环节予以具体呈现。一方面，坚持以人民为中心的创作导向，推动电视节目主旋律化，即在坚持主旋律创作过程中增强节目的凝聚力和吸引力，最大限度提高群众的社会认同度、提升群众的自我认同力、强化群众的民族认同感；另一方面，积极参与社会治理，以极强的社会责任感和使命感回应人民群众的关心关切，不断提升节目质量，满足人民群众不断增长的精神文化生活需求，不断提升公共服务的供给水平和现代化水平。

第一节　我国电视认同的现状与问题

中国电视作为新中国群众文化的重要内容，在几十年的发展历程中丰富了荧屏，创造了独特的文化艺术景观，为广大观众提供了丰富的精神食粮，特别是在巩固社会主义政权、建设中国特色社会主义文化、推动经济社会发展、满足人民群众的文化需求等方面做出了重要贡献。党的十八大以来，我国电视艺术立足于历史发展的新高度，以全新的速度发展，取得了丰硕成果。但必须清醒地认识到，电视艺术发展伴随着中国社会的发展和创新，既受传媒和艺术本身的客观规律制约，又受宏观层面的政治、经济、文化、技术等因素的影响。

党的十八届三中全会首次提出“推进国家治理体系和治理能力现代化”这个重大命题，并把“完善和发展中国特色社会主义制度、推进国家治理体系和治理能力现代化”确定为全面深化改革的总目标。提高社会治理水平，实现社会善治，离不开媒体的参与。电视的发展与社会发展是协同演进的过程，作为大众媒体的代表，电视的信息传递、文化传播、娱乐供给特点显著，成为反映时代风貌和社会生活的“窗口”，也构成了参与社会治理的基本形式。

从电视需求—认同对位的角度去分析，我国电视认同存在三个不良倾向：“需求强认同”不强，如节目质量方面“高原”多于“高峰”；“需求弱认同”趋弱，如公共服务方面服务大于需求；“需求不认同”趋恶，如价值导向方面娱乐化过强。造成电视需求与认同不“对位”的主要原因有两种。一是内容供给从认同主体的内在需求“溢出”了，主体难以消化吸收，类似于消化不良，我们称之为“需求逾越”，结果是受众产生“认同疲劳”。例如，向老年观众提供大量热闹的娱乐节目，即便节目质量和水准都很高，他们也很难接受，更不可能谈得上认同；向女性观众提供大量的极限挑战类综艺节目，也很难带给她们很强的认同感。二是内容供给“落后”于认同主体的内在需求，跟不上认同主体需求的变化节奏，无论是节目定位还是主题设置，无论是节目形式还是节目内容都过于老化，我们称之为“需求滞后”，结果是受众难以理解，对节目内容形成的完全是一种陌生化的认识，这带给受众的不是审美距离，而是认知距离。

一　电视发展面临的新环境

习近平总书记指出：“文化是一个国家、一个民族的灵魂。文化兴国运兴，文化强民族强。没有高度的文化自信，没有文化的繁荣兴盛，就没有中华民族伟大复兴。要坚持中国特色社会主义文化发展道路，激发全民族文化创新创造活力，建设社会主义文化强国。”①从国内看，新时代社会主要矛盾发生变化，现代化建设在取得新成就的同时面临新课题。与此同时，我国在和平崛起、实现中华民族伟大复兴的道路上也面临来自国外的压力与挑战。作为世界第一人口大国、第二大经济体，中国需要在复杂的国际政治经济格局当中确立自己的国际形象，传播更加真实、全面、立体的中国，传播好中国声音、讲好中国故事，不断增强国际传播能力，赢得更多国家的尊重与支持。当今中国乃至整个世界，都处在革故鼎新历史转型期，百年未有之大变局为中国电视创作创造了新环境、带来了新任务，国家战略也对此提出了新要求，科技进步则为其带来了新技术和新趋势。

（一）电视发展取得的新成绩

党的十八大以来，中国电影、广播电视、互联网文艺积极进取，为中国特色社会主义文艺事业发展积累了经验、提供了启示。中国电视获得了令人瞩目的成绩，这些新成绩集中体现在体量增加、质量提升、影响力扩大三个方面。

（1）电视节目总体体量增加。进入新时代以来，中国电视规模不断扩大，已经跃居世界前列。2020年，全国播出电视节目时间1988.31万小时，同比增长1.91%；全国电视节目综合人口覆盖率为99.59%，比2019年提高了0.20个百分点；农村电视节目综合人口覆盖率为99.45%，

① 《决胜全面建成小康社会，夺取新时代中国特色社会主义伟大胜利——在中国共产党第十九次全国代表大会上的报告》，新华网，http://www.xinhuanet.com//politics/qcpcnc/2017-10/27/c_1121867529.htm，最后访问日期：2018年6月25日。

比2019年提高了0.26个百分点。[①]截至2019年，中国电视剧年生产总量已多年维持在1万集以上；2020年，中国电视综艺文娱市场规模超300亿元人民币，电视剧市场规模达千亿元。无论是从电视内容的数量上看，还是从电视的人口覆盖率上看，中国都已经成为名副其实的电视大国。

（2）电视节目质量整体提升。中国电视创作手段及内容不断优化，品质日益提升。一是电视创作传播手段升级。“十二五”期间，我国就实施了广播电视数字化工程、电影高新技术应用工程等重大科技项目，大大提升了电视创作与传播的数字化水平，这为“十三五”时期和进入“十四五”时期以来媒介融合步伐的加快奠定了基础。二是电视本土原创能力不断增强。这体现在高端大制作的本土电视内容不断涌现上，借助新的运营理念和技术手段，《中国诗词大会》《国家宝藏》《典籍里的中国》等本土原创电视内容越来越多地呈现在百姓面前，取得了令人瞩目的收视成绩。三是本土电视类型不断丰富。以《朗读者》《经典咏流传》为代表的文化类节目不断推陈出新，重大革命历史题材电视剧伴随着建国、建党、抗美援朝等的纪念活动登上荧屏，丰富人民群众精神生活，满足更为多元的人民群众需求。

（3）电视节目国内外影响力的不断扩大。新时期以来，中国电视的国内国际影响力稳步提升，中国电视越来越受到海外观众的青睐。从国内来看，导向积极、观众喜爱、收视率高、口碑好的本土原创电视佳作成为中国电视内容市场主力。从国际来看，中国电视走出去的步伐不断加快，中国电视市场开放度不断提升，泰国、印度、日本、俄罗斯、韩国等国家的优秀电视作品纷纷与国内观众见面。中国还通过联合投资、摄制、发行等方式加强与国际电视市场的交流与合作，使资本、人才、技术等电视市场要素充分流动，为国内电视的市场生存提供开放环境，为国内外电视的合作交流提供便利。《媳妇的美好时代》《大秦赋》《甄嬛传》《香蜜沉沉烬如霜》等国产电视剧成功出海，已经深受海外观众喜爱。

（二）建设电视强国的新战略

新时代的国家事业发展对电视服务国家战略提出了新要求。首先是服

---

① 《2020年全国广播电视行业统计公报》，国家广播电视总局网站，http：//www.nrta.gov.cn/art/2021/4/19/art_113_55837.html，最后访问日期：2021年6月5日。

务于构建现代公共文化体系的要求。党的十八届三中全会审议通过的《中共中央关于全面深化改革若干重大问题的决定》要求加快构建现代公共文化服务体系。加强公共文化产品和服务的供给，是构建公共文化服务体系的重要环节，这就要求提升电视创作的供给能力，以应对人民群众日益增长的电视收看需求。其次是服务于电视文化软实力提升的需求。中国作为世界第二大经济体，电视文化软实力与世界大国的国际地位不匹配。“人类命运共同体”理念、新时代中国特色大国外交理念的实践，“一带一路”倡议的践行，需要文化的参与，电视在其中无疑扮演着重要角色。电视艺术关乎文化原创力提升，而原创力是电视文化软实力的战略起点。①

党的十九届五中全会提出了“建成文化强国”的要求，党的二十大再次强调了建设“文化强国”的任务。“文化强国”的建设是实现人民美好生活的必然要求。中国的现代化事业和中华民族伟大复兴，需要我们走充满自信的文化道路，新时期中国特色社会主义先进文化应兼具时代性、民族性、包容性。

电视艺术是中国文化的重要组成部分，建设电视强国是建成社会主义文化强国的题中之义。“广播电视战线要认真贯彻落实习近平总书记的重要指示精神，牢牢把握中央关于文化改革发展的一系列重要思想、重要原则、重要部署，在新的实践中不断加深理解、坚决贯彻执行”，为实现中华民族伟大复兴中国梦做出积极贡献。②因此，建设电视强国是“文化强国”建设的必然构成部分，是提升中华文化国际传播力与话语竞争力的必备条件。

（三）人民群众文化需求的新期待

改革开放以来，我们对于“中国”的想象在几十年剧烈的社会变迁中已经发生了重大的变化，对于自身的探讨和认知已经在一个完全不同的维度上展开了。因此，当前对中国人自己的“文化身份”的认识、对文化认

---

① 胡智锋：《原创力：中国影视文化软实力提升的战略起点》，《艺术百家》2015年第5期，第100页。

② 蔡赴朝：《深入推进广播影视改革发展 为实现中华民族伟大复兴中国梦贡献力量——读〈文化强国之路——文化体制改革的探索与实践〉几点体会》，《光明日报》2013年12月25日，第7版。

同的建构意义的思考，就具有诸多新的含义和价值。[①]

1981年，党的十一届六中全会通过了《关于建国以来党的若干历史问题的决议》，提出社会主义初级阶段我国社会主要矛盾是“人民日益增长的物质文化需要同落后的社会生产之间的矛盾”。2017年，党的十九大报告明确提出，“中国特色社会主义进入新时代，我国社会主要矛盾已经转化为人民日益增长的美好生活需要和不平衡不充分的发展之间的矛盾”。时代在变化，社会在发展，社会主要矛盾也随之发生变化，人民群众对生活的要求从“物质文化需要”到“美好生活需要”的转变，全面展示了改革开放以来我国社会主义建设取得的伟大成就。[②]“美好生活需要”内涵丰富，不仅包括衣食住行等物质层面的“硬需求”，还强调精神层面的“软需求”。正因如此，艺术表达要结合时代、联系实际，着重表现新时代人民群众的新生活，这也对我国电视创作提出更多更高的要求。

（四）科技进步的新环境

从电视行业本身发展看，新兴科技力量不断推动电视生产与传播方式变革，3D、4D、IMAX等电影呈现技术以及4K、8K高清影像技术，虚拟现实技术、增强现实技术和混合现实技术，5G传输技术，区块链、人工智能、大数据等高新技术的出现，深刻改变了电视的创作、传播和运营环境。短视频、Vlog、微电影、视频直播等新影像内容呈现方式迭代出现；PGC（Professionally-Generated Content，专业制作队伍制作的内容）、UGC（User-Generated Content，用户主导制作的内容）、MCN（Multi-Channel Network，与视频平台合作，将内容创作者整合起来为其提供帮助的机构）等带来的视频创作和运营的创新模式应运而生。科技进步为人民群众美好生活提供了新的可能，也为电视创作带来了功能拓展和需求升级。

除了基础的信息传播、文化娱乐功能外，电视还承担了促进社会交往乃至国家层面深度交往的功能。电视创作必须回应和满足科技进步所带来的新环境和新功能的要求。电视内容生产领域要搭乘技术进步的“快车”，

① 张颐武：《“公民身份”与“新世纪文化”》，《文艺争鸣》2009年第4期，第6页。

② 周建新：《如何理解新时代我国影视以人民为中心创作导向的内涵和意义》，《粤海风》2021年第1期，第29～30页。

进一步整合优质资源，淘汰落后产能，提高生产效率，服务和满足人民美好生活需要。

（五）影视文化产业改革的新背景

中国电影票房从2001年的不足10亿元，发展到2019年的642.66亿元，疫情笼罩下的2020年，中国电影票房仍达到了203亿元，这是中国首次在电影票房上超越北美，成为全球第一大票仓。2016年，国产电影《美人鱼》的票房达到了33.9亿元，这在当时已经非常惊人；2017年，一部《战狼2》就冲到了56亿元，这在全球电影票房排行中都名列前茅。除了电影，中国电视的资本体量也非常大。2019年，电视仅广告收入就已经有近1000亿元的体量，这还不算影视新媒体化的贡献，如果再加上其拉动的其他行业，这是一个很大的盘子。戏剧产业与行业也获得了长足的发展，各类剧场商业化、公益性的戏剧演出以及业余表演、院校表演日益丰富和活跃。因此，我们看到中国影视业经过若干年的发展的确已经成为一个巨型产业，这个产业还在快速成长中，[①]电视产业产值在未来将会继续增加。

新时代中国社会主要矛盾的转化，意味着各领域必须结合经济社会实际，探索更加集约高效的发展模式，推动供给侧结构性改革。针对电视行业中存在的发展不平衡、不充分的结构性问题，电视内容领域正在积极开展供给侧结构性改革，整合优质资源，淘汰落后产能，不断提高电视行业的生产效率。在这样的背景下，高质量的精品内容将更加受到行业和市场的欢迎，而粗制滥造、浑水摸鱼的电视作品必然会遭到行业和市场的淘汰。电视行业结构性改革的大背景与大趋势，既是电视创作的新机遇又是不小的挑战。

（六）人类命运共同体视阈下的新全球化格局

亨廷顿在《文明的冲突与世界秩序的重建》中肯定了发达的大众传媒、通信工具在文明交流上发挥的重要作用，但也指出“娱乐不等于文化转变，通信迅捷不会导致信仰趋同”。当今世界，在文化多元存在和多元

① 胡智锋:《新环境下中国“戏剧与影视学”学科面临的新挑战与发展前瞻》,《戏剧（中央戏剧学院学报）》2018年第2期，第9页。

发展的背景下，没有大一统的“普世文明”，受到工业化、现代化在全世界推进加速，民主化进程加快的影响，非西方文明没有在与强势的西方文明之间的交往、竞争、冲突中失去自我，反而增加了自信，出现了复兴的迹象和趋势。这对当前我国电视发展最大的启示就是要坚持走本土化、民族化的发展道路，树立文化自信和文化自觉，坚持自己的文化价值观和文化导向。

以往我们理解的传媒“本土化”多是发展中国家或者是弱势文明地区的事，但是亨廷顿告诉我们，西方文明，主要是美国文明，之所以是西方文明、之所以在全世界有自己的强势地位，不在于其普世性，而在于其独特性。换句话说，西方传媒同样应该坚持“本土化”特色。这就是传媒在复杂的世界文明格局中应该明确的定位与角色，即立足自身所属文明的历史与传统，传播自身所属文明的价值观。固守委曲求全讨好他人的价值理念难以走得长远，唯我独尊、强人所难、非此即彼的一元传媒价值定位只能在文明交往交流中引起冲突。①

有着五千年历史的中国，在确立世界政治大国、经济大国地位的同时，自然而然需要文化身份的建构。因此有学者呼吁，我们几千年的文明资源如果不加以开掘加工并从中提炼出民族文化身份，就难以成为国家文化软实力的真正来源。“我们的文化产品必须赢得大众的普遍心理认同，因为相对于经济、军事的硬实力，文化软实力属于那种‘非强迫性、非强制性’的力量，它更多的是通过自觉、自愿的方式，而不是通过强迫、强制的方式让人们接受。没有普遍吸引力的文化只能成为一种文化传统，并不能成为推动社会前进的文化力量。”②所以，本书认为电视要解决文化安全问题、节目原创问题、创新动力问题，要从我国几千年来形成的文化传统出发，具体而言，可以概括为三“俗”。为了区别于当前艺术发展的弊病，称之为“新三俗”，即充分尊重我国的文化风俗、充分挖掘我国的文化民俗、充分吸收我国传统艺术精神并使之得到通俗化表达。

---

①〔美〕塞缪尔·亨廷顿：《文明的冲突与世界秩序的重建》(修订版)，周琪等译，新华出版社，2010，第199、200页。

② 贾磊磊：《主流文化的体系建构与国家文化软实力》，《电影艺术》2008年第1期，第41～48页。

二　电视“需求强认同”不强的困境分析

（一）电视“需求强认同”的基本条件

任何一个电视节目，要达到受众“需求强认同”的效果至少需要符合以下几个条件。

（1）电视文本具有足够的吸引力。如果一个节目在某一时间段是一个极其特殊的存在，在层次深度和价值高度上满足了受众文化需求，具有不可替代性，“艺压群芳”，独占鳌头，在同位竞争中，就会处于绝对优势。一般而言，一种创新节目类型的出现就会造成这种情形，例如20世纪80年代中央电视台春晚形成的围观效应、20世纪90年代综艺栏目形成的家庭聚集收看效应，21世纪以来综艺娱乐选秀形成的粉丝追捧效应，这也是传媒机构鼓励节目创新的根本原因。

（2）与社会文化氛围和文化思潮高度契合。这相对于具体的文本而言是偏中观层面的原因。在某一个时间段，社会文化氛围中流行着某一种文化艺术样态、某一种文化产品，这种产品自然就成为这个时期的一种主流接受文本，吸引大批观众。它文本质量不见得有多么优秀，其流行的关键在于稀缺性，因为占据了“舍我其谁”的位置，所以受众只能疯狂于此。在电视诞生之初，其之于观众是神秘的，本身就存在巨大的吸引力，因此播什么不重要，重要的是在播、受众在看。

（3）与社会生产生活方式的高度适应。改革开放以前，不管是城市还是农村，不管是工业还是农业，集体生产、大锅饭是主要的生产方式和生活方式，正因为集体劳动、集体生活，从日常生活时间到非日常生活时间，个人与集体在时空上是相同的，所以集体主义观念占据主导。改革开放以后，农村家庭联产承包责任制开始实施，城镇也有大量的个体户、乡镇企业出现，上一个时期的集体生产生活方式变为以家庭为主的生产生活模式，为电视机成为一种客厅文化代表提供了基础，这就是电视能够在20世纪八九十年代获得飞速发展的社会原因。

（二）电视“需求强认同”不强的问题及解决方法

电视是当代中国受众最广泛、关注度最高的艺术样式之一，是人民群众重要的精神食粮。“人民日益增长的美好生活需要”必然对电视节目创作生产的质量提出新的更高的要求，而这与新时期我国由电视大国走向电视强国的奋斗目标和战略定位是高度契合的。在全媒体和媒介融合环境下，经过多年的发展，无论是从电视生产量、播出量，还是从电视受众群体、市场规模等指标考察，中国都已经成为全球电视大国，但是还谈不上是电视强国，主要表现之一就是电视作品有“高原”缺“高峰”，这里的“高峰”作品就是电视精品。20世纪90年代，电视“精品意识”“精品战略”陆续被提出，其内涵和外延也日益被深化。[①]然而，缺乏“高峰”的问题至今依然存在，以至于成为中国电视发展的一个重要阻碍。当前电视精品创作还需要在以下三个方面不断发力。

（1）精品理念的追求。何为电视精品？习近平总书记在文艺工作座谈会上强调，“推动文艺繁荣发展，最根本的是要创作生产出无愧于我们这个伟大民族、伟大时代的优秀作品”[②]。精品之所以“精”，就在于其思想精深、艺术精湛、制作精良。所以，电视精品创作是为了谁、表现的主体是谁、评价的主体是谁，就是电视精品创作导向的核心问题。毫无疑问，这三个问题的答案都是“人民”。人民群众的“美好生活需要”是电视精品创作的动力源、根本出发点。坚持为人民服务、为社会主义服务是“党对文艺战线提出的一项基本要求”，是对我国电视事业和产业发展的基本要求，也是决定我国电视事业和产业前途命运的关键。鉴于此，本书提出，在人民的“美好生活需要”日益增长的背景下，我国电视发展必须坚持“以人民为中心的电视精品创作导向”。具体而言，应将满足人民群众“美好生活需要”作为电视精品创作的出发点和落脚点；应将人民群众为满足“美好生活需要”所做出的努力作为电视精品讲好故事、传播好声音、塑造好形象的基础和支撑；应将人民群众“美好生活需要”满足与否或满足程度高与低，作为检验电视精品创作效果的根本标准。

（2）创作价值导向的正确认识和理解把握。需要从三个层面努力：在宏观战略层面，弘扬社会主义核心价值观，树立文化自信，挖掘本土资源，坚持立足传统文化土壤，发掘民间民族文化资源宝藏，深入人民群众的文化生活；在中观策略层面，加大行业监管力度，坚决制止电视市场的不良风气和不端行为，处理好电视创作经济效益与社会效益之间的平衡关系，彰显媒体的社会责任和文化认同功能；在微观操作层面，创新电视创

---

① 胡智锋：《中国电视策划与设计》，中国广播电视出版社，2004，第59～64页。

② 习近平：《在文艺工作座谈会上的讲话》，《人民日报》2015年10月15日，第2版。

作价值评价体系，树立健康的、绿色的娱乐价值观，使人民“美好生活需要”贯穿并指导电视创作生产、文本构成以及传播接受各个环节。

（3）现实主义创作方法的践行。人民群众的现实生活是电视创作取之不尽、用之不竭的源泉，创作者沉下心来，到人民群众的生活中去寻找创作的灵感，汲取丰富的创作营养，是创作精品力作的正确路径。电视艺术创作在反映现实生活困境的同时也要注意寻求生活中的美好，这就要求现实题材作品在面对现实问题、处理现实矛盾的时候一定要注意“度”的把握和权衡，一味宣扬焦虑、苦闷、彷徨、无助这些消极的情绪也是失之偏颇的。

三　电视“需求弱认同”趋弱的困境分析

当前电视受众市场越来越细分且越来越年轻化的原因就在于“需求弱认同”的趋弱。尤其是全球化背景下，全世界电视资源都可以通过互联网方便获得，这种共享性和便利性刺激了受众需求多元化和高速变化，如果内容供给考虑不到认同主体对“认同资源”的占有情况而盲目供给、为提供而提供，结果就是好心办坏事，得不到应有的认同效果。

（一）引进压倒原创

中国电视发展呈现井喷式的局面，但在这令人欣喜的成绩背后，中国电视在品质、品格、品位等方面不断招致诟病。当前电视创作导向问题主要集中在三个方面——过度“洋化”、过度“低俗”化、过度商业化，简称“媚洋”“媚俗”“媚利”三种错误倾向。“媚洋”表现在大量美剧、英剧、韩剧、泰剧、日剧通过网络渠道或者其他途径进入中国，西方价值观裹挟其中、乘隙而入，造成整体电视节目价值观混乱，本土创新惰性成灾；“媚俗”表现在电视节目充斥着“廉价的笑声、无底线的娱乐”，道德底线一再被突破、价值导向滑坡、“三观”不正等；“媚利”表现在电视节目市场形成了“明星战”“广告战”“收视率战”等恶性竞争的不良风气，不看质量看颜值，不重价值重热闹，不追理想追庸俗。[①]

电视创作导向偏移的主要原因是，在社会主要矛盾变化下，电视创作

① 胡智锋、杨乘虎：《中国电视节目创新问题之观察与思考——中国电视节目创新问题研究之一》，《现代传播》（中国传媒大学学报）2011年第6期，第63、64页。

者对“美好生活需要”变化估计不够、理解不透，对“以人民为中心的创作导向”贯彻不力：“媚洋”问题是因为全球化大潮中中国电视的文化自觉意识不够，缺乏文化自信，创新的方向迷失、动力不足、能力不强；“媚俗”问题是因为社会转型期背景下传统道德失范而新的伦理重建不及时，故将低俗、庸俗等同于通俗，狂欢等同于休闲，搞怪等同于幽默，喧嚣等同于个性；“媚利”问题是因为市场化环境下电视媒体生存法则越轨、竞争环境恶化，市场力量绑架节目创作生产与传播，满足利益诉求成为最大动机，经济效益成为主要追求。

此外，放眼世界，当前全球电视创作的类型化、模式化、网络化、娱乐化趋势愈加明显，应围绕弘扬社会主义核心价值观、满足人民“美好生活需要”对电视节目内容进行深度和全面开发，提升创新能力，向全球输出模式和价值观，这成为电视创作最大的价值。

（二）年轻化压倒多元化

青春、时尚是电视作为大众文化、流行文化本应有的价值内涵。早在20世纪90年代，电视“湘军”湖南卫视就以《快乐大本营》《玫瑰之约》等一批定位于青年观众的节目迅速在我国电视竞争格局中占据重要的位置，进入21世纪以来，其成为引领中国电视综艺娱乐的一股重要力量。对于电视节目年轻化，有学者认为，这是受“广告商选择”的影响，也是“电视学会了如何与新媒体互动，学会了借助新媒体点对点网络化传播的扩散与聚集能力，扩大电视在网民特别是青少年网民中的到达力和影响力”的结果；[①]也有人认为这是电视媒体与新媒体竞争与合作过程中的必然选择，因为“得年轻人者得天下，得未来”。“无论是从产业发展的角度看，还是从与新媒体争夺受众的角度看，甚至是从主流价值观的有效传播角度看，电视媒体将自身的目标观众向年轻一代倾斜都是相当明智的选择。从产业发展的角度说，年轻受众的市场价值显然更容易为广告商所追捧；从新媒体布局的角度说，年轻观众对于各类新媒体手段的娴熟运用可以最大化拓展传统电视内容的影响空间；从主流价值观的有效传播角度看，年轻人的价值取向代表着这个民族的未来。”[②]

---

① 尹鸿：《电视正在变年轻》，《中国广播电视学刊》2013年第1期，第7页。

② 戴元初：《电视的年轻化追求与年轻人的电视需求》，《视听界》2016年第1期，第125页。

电视重视年轻观众本身没有对错之分，这是电视市场激烈竞争的必然选择，但是有以下三点必须注意。第一，年轻化不等于偏向亚文化，不是外围化，而是意味着主流化，因为年轻人才是祖国的未来。因此，在年轻化的同时强调节目的社会责任是对年轻观众负责，也是对传媒自己负责，更是对祖国未来负责。第二，中国的社会现实其实是朝着老龄化迈进的，也就是说除了年轻观众外，还有相当大数量的老年观众，如果媒体为了竞争的需要，将大量的人力、财力和物力都盯准年轻人投入，那么大量的老年节目的质量将如何保证？理性的电视市场应该是多元的，要照顾到各个年龄层次受众需要，这同样也是电视的大众属性决定的，否则年轻化就会如同贵族化、市场化一样陷入另一种极端。第三，年轻化不等于娱乐化，低级的、肤浅的搞笑、欢乐不是年轻化的全部，年轻意味着朝气也意味着责任，意味着快乐也意味着要经历挫折。

（三）娱乐化压倒主旋律化

近年来，一些“抗日神剧”“虐心剧”屡屡上演匪夷所思、违反常理、违背人性的情节。如《抗日奇侠》《女子炸弹部队》《一起打鬼子》等被戏称为“抗日神剧”的作品中，出现了手撕鬼子、石头炸飞机、裤裆藏雷、自行车当飞机、解救莎拉波娃等雷人场景；而《回家的诱惑》《贤妻》《盛夏晚晴天》《樱桃红》等被戏称为“虐心剧”的作品则出现了夫妻间、婆媳间以及亲子间的“虐心戏码”。一些网络剧更是利用网络媒体的传播优势，肆意搞笑、恶搞以赚取眼球，导致“三俗”泛滥。这些形成了电视创作中的歪风邪气，散发着铜臭气、传播着负能量，误导着广大受众尤其是年轻一代的世界观、历史观和价值观，这在当前文艺领域乃至政治、社会等其他领域产生了不良影响。

造成这种现象的原因有很多。首先，电视评判标准过于倾向经济指标。在市场化、产业化的背景下，电视作品的价值评判几乎唯票房和收视率马首是瞻，艺术价值、社会责任等标准的重要性受到严重削弱。与此同时，一些电视从业者品行恶劣，令人担忧。如今的娱乐圈，导演和明星吸毒、嫖娼如定时炸弹般不时被媒体爆出，一部分电视从业人员的思想道德、言行举止、生活作风每况愈下……这种情况下其创作水平、创作质量等很难不受到影响。[①]

其次，寻求受众需求变化规律也有相当大的难度，甚至是有风险的，这也是部分学者提到的创新风险的含义。“中国电视节目创新确实存在共性与普遍性的风险”，包括市场风险、宣传风险、社会风险、技术与艺术风险，尤其是市场风险，它并非简单的资金投入产出比问题，关键在于“准确性”的掌控，一是对于市场需求的准确掌控，二是对于目标对象的准确掌控。[②]不管是市场需求还是目标对象定位都涉及受众“认同性需求”的把握问题。对于很多媒体而言，选择风险不如选择稳妥，那么对于当前电视而言，最稳妥的内容就是娱乐，因为娱乐需求是无止境的，也是最大众的。

笔者曾经撰文提出，“2005年的《超级女声》火爆全国，演变成一个电视事件、媒介事件、文化事件”，此后，“娱乐选秀节目的出现和走向火爆，固然部分满足了一个时期一个阶段部分观众的外在、内在的某些需求，但从整体和长远来看，这显然是一种可以产生极大负面效应的潮流”。[③]这个负面效应就是娱乐化带来的问题，娱乐化的节目一方面“麻醉”了观众，消解了审美价值的严肃崇高，也消解了生活本应该有的丰富层次；另一方面助长了社会纸醉金迷、娱乐喧嚣的不良风气。

因此，以怎样的价值观引领电视发展，是电视媒体在复杂的语境中必须首先正视的问题。电视既是传媒也是艺术，既承担着社会责任、媒介责任，也具有文化传承与创新、艺术审美价值提供的功能。当前，中国电视依然在构建和谐社会、弘扬民族文化、塑造国家形象、满足人民群众不断增长的精神文化需求等方面担当重任，如果偏离了社会主义核心价值观，不论做得怎么花哨，其权威性、公信力和影响力都迟早会丧失。在激烈的竞争中，弘扬社会主义核心价值观、传递社会正能量，关注现实、关注民生，弘扬真善美、鞭笞假恶丑，是每个电视节目义不容辞的职责。正因如此，国家广电管理部门出台了相关政策，如《关于进一步加强电视上星综合频道节目管理的意见》要求，“从2012年1月1日起，34个电视上星综

---

① 周建新、胡智锋：《刹住影视创作的不正之风》，《光明日报》2015年7月27日，第14版。

② 胡智锋、杨乘虎：《中国电视节目创新问题之观察与思考——中国电视节目创新问题研究之一》，《现代传播》（中国传媒大学学报）2011年第6期，第63、64页。

③ 胡智锋、周建新：《“娱乐选秀热”忧思》，《人民日报》2006年10月12日，第9版。

合频道要提高新闻类节目播出量，同时对部分类型节目播出实施调控，以防止过度娱乐化和低俗倾向。电视上星综合频道是以新闻宣传为主的综合频道，要扩大新闻、经济、文化、科教、少儿、纪录片等多种类型节目播出比例……各电视上星综合频道还要开办一个弘扬中华民族传统美德和社会主义核心价值体系的思想道德建设栏目。”[①]

（四）公共文化服务中需求与供给错位

“建立在社会主义政治体制背景下的中国电视，从一开始就奠定了其特殊的重要地位——党和政府的喉舌和宣传工具。”[②]中国电视不仅是市场竞争主体，承担着做大做强电视产业的责任，最重要的是还要承担发展我国电视事业的责任，尤其是提供电视公共文化服务的责任，这也是电视作为群众文化最基本的要求。而在人民群众物质生活水平普遍提高的今天，电视的公共文化服务功能显得尤为重要，它已经作为公民的一项基本权益被写进了《公共文化服务保障法》。但是，电视公共文化服务的供给与需求常常存在错位现象，尤其是在农村地区比较普遍。笔者对此曾做过专门的调研，大致的情况如下。

农村地区电视公共文化服务经常存在的误区是，认为农民更愿意收看与农村有关的电视节目，尤其是能够帮助农民科学致富的节目。但事实上并非如此，一些完全聚焦在农业科技上的节目并没有受到农民的追捧。这是因为长期以来农民被看作观念落后、信息闭塞、文化水平较低、思想保守的人群，在这种定位下，电视媒介常常以信息传播主体地位自居，以“精英”的角色主动承担对农民进行“启蒙”的责任。而事实上这“启蒙”是主观认定农民需要什么样的节目，中国当代的对农电视节目大多向农民发布各种科技信息和致富信息，期望这些先进农业科学技术能够帮助农民脱贫致富，但忽略了农民收视的真正特点和真实需求。

事实上，农民在电视收看中最主要的需求并不是农业科技信息。一方面，在中国农村经济以家庭经营为主的背景下，农民虽然有采用技术提高收入的愿望，但是家庭收入的有限性使农民不但很难承担技术更新的成本，更无力承担技术投资的风险，很难真正通过农业科技节目实现

① 《广电总局“省级卫视限娱令”正式发布》，《今传媒》2011年第11期，第81页。

② 刘习良主编《中国电视史》，中国广播电视出版社，2007，第30页。

科学致富的愿望。另一方面，相对于政府主导的各种农业科技站，电视明显不存在能够与之相比的权威性、可信性。在采取新科技有一定风险、成本较高的前提下，农民对电视中的各种科技的信任度不高、积极性不强完全是可以理解的。因此，电视中提供的科技信息往往并不是农民们真正需要的，农民并不把电视看作与他们现实利益紧密相连的发展工具。事实上，农民看待电视的态度与其他城镇居民的态度有很多相似之处，甚至信息相对闭塞的农民更愿意把电视作为一个观察、认识外部世界的窗口，文化生活相对贫乏的农民也更愿意把电视作为一个提供娱乐的主要渠道。忽视农民的这一要求而臆测他们都喜欢把电视看作经济生活的帮助手段，是对农民的真正需求的误解，带着这种误解去创作对农电视节目，得不到农民欢迎也就不足为奇了。

与此相关，我国对农电视传播中的农民形象建构也存在严重的“错位”。有学者曾经将电视的权贵化倾向看作对农电视的匮乏的原因，不无道理。[①]电视作为一种大众化、工业化的产物，天生就有很强的经济指向性，因此，在工业化的进程中，作为财富象征的城市和市民就成为电视的衣食父母和服务的对象，而贫瘠的乡村、贫穷的农民和落后的农业无疑就难以吸引电视的眼球。于是，电视荧屏中我们发现一系列奇怪的现象，即“农民形象的缺失”[②]、农民形象的妖魔化。作为国家革命和建设时期的重要力量，农民要么远离了媒体的视线，要么就成为盗窃、赌博、卖淫、嫖娼等犯罪活动的“代言人”，贫穷、饥饿、愚昧、庸俗也成为这个特殊群体的“身份标签”。因此，农民新形象的树立需要媒体话语的转向、叙事的转向、价值的转向、观念的转向、思维的转向、身段的转向和意识的转向。

四　电视“需求不认同”趋恶的问题及原因

需求不认同产生的原因可以从两个层面分析：一是内容层面，即文本超出受众的认知范畴、伦理价值认可的范畴，通俗讲就是“看不懂”“不能看”，受众甚至没有进入认知环节，认同也就无从谈起，如为市场而市

---

① 李升科：《权贵化取向：对农电视节目萎缩的心理症结》，《现代传播》（中国传媒大学学报）2006年第1期，第162页。

② 陈崇山：《谁为农民说话——农村受众地位分析》，《现代传播》2003年第3期，第35～36页。

场的“低俗化”行为就会导致产生这样的文本；二是主体层面，即创作与传播主体将自己的需求强加于文本当中，取代认同主体需求，这种情况常见于电视为宣传而宣传的教化行为中，我们称之为“主体僭越”。很显然，这两类情况下的文本都是很难实现受众认同的，结果就是受众“需求不认同”。

（一）将群众的生理娱乐需求等同于全部需求

有学者认为，所谓电视“低俗化”，就是出现“突破了人类生存和欲望的最底线、有违公众伦理道德底线的内容。它主要集中在两个领域，一是涉性领域，二是暴力领域，也分布在由此外延的一些其他领域。有些节目，像美体、美容、内衣广告，某些情感类节目等，尽管并不直接表现色情内容，却是涉性的外延”[①]。当然，对于正处于转型期的中国来说，低俗化的界定又带有了“中国特色”，如拜金主义、享乐主义、追星主义、奢靡之风等不健康、不积极的内容，可能与暴力、色情不沾边，却有违社会主义的核心价值体系，也被纳入低俗化内容范畴。所以“低俗化”就表现在“暴力、涉性以及背离社会主义核心价值体系的内容”上。电视“低俗化”产生的原因有多方面，如国家主流价值观的影响力问题，社会转型期的价值体系重建问题，大众文化、流行文化大行其道的问题，艺术审美日常化、生活化的问题，等等。[②]其中，本书认为主要原因还是市场的恶性竞争。

群众文化需求并非只有单一类型，而是一个多元的、复杂的、综合性的存在。人类学家认为，所有文化的功能最终都是要满足那个地方的人类的需求，需求包括三个层次，即生物本能需求、工具实用需求和整合总体需求。生物本能需求是浅层需求，主要指的是生理、心理等方面基本的生物需求；工具实用需求主要指人为了实现社会化生存而产生的对教育、法律等的工具性的社会需求；整合总体需求主要指的是人作为一个独立的、自由的、解放的“类”所具有的审美的、艺术的文化需求。心理学家马斯洛认为，人的需求有生理需求、安全需求、感情需求、尊重需求和自我实现的需求。[③]由此可见，从不同的划分角度出发会得出不

① 胡智锋：《电视低俗化三题》，《中国电视》2008年第9期，第17～18页。

② 胡智锋：《电视低俗化三题》，《中国电视》2008年第9期，第17～18页。

③〔美〕马斯洛著，刘烨编译《马斯洛的人本哲学》，内蒙古文化出版社，2008，第27页。

同的需求类型。但不管从哪个角度分析，受众的需求都不是单一的，它由多个层次构成；也不会是静止的，它会根据情景的变化发生新的变化，甚至会与认同相互刺激而产生变化。

“在娱乐选秀的若干节目中如一夜成名、急功近利、私欲膨胀、过度炒作、暗箱操作、冲破道德底线等价值取向和暴露出的运作中的种种问题，都使得传媒生态中唯利是图、金钱至上之风大行其道。而科学的、严谨的、严肃的、有着深厚文化底蕴的内容受到干扰或削弱，尤其是那些弘扬民族传统文化、发扬时代精神的健康进取、昂扬向上的主旋律内容得不到足够的宣扬。长此以往，传媒文化的生态和社会文化生态将会遭受严重的破坏，而再度修补和维护所付出的成本和代价是相当昂贵的。娱乐选秀如果单从电视形式的探索意义上看无可厚非，但其承载的内容却需要我们认真、严肃地予以设置和处理。”①

为此，在2017年召开的“两会”上，政协委员马国湘提案要取缔“娱乐性的吃喝玩乐”真人秀节目。他认为，“当下新媒体、新技术、新语境下，广大民众的心灵接受量、包容量在逐步增容，但是一些电视台、互联网和直播平台受市场影响，盲目追求高收视率、高点击率，充斥着大量低俗媚俗庸俗、传播畸形人生观和错误价值观的娱乐节目”，步入了“狂欢与聒噪”“审丑与窥私”盘根错节的“迷途”，误国误民，令人扼腕，必须及时制止。②“群众文化需求”是多元的，电视受众的“认同性需求”也是多层次的，将娱乐需求无限放大肯定会失去平衡，也会舍本逐末。正如习近平总书记所强调的，“文艺不能在市场经济大潮中迷失方向，不能在为什么人的问题上发生偏差，否则文艺就没有生命力”；“低俗不是通俗，欲望不代表希望，单纯感官娱乐不等于精神快乐”。③

（二）群众主体地位被僭越

“主体僭越”指的是电视创作与传播主体完全无视认同主体的存在，受众在电视创作、传播的全过程中一直处于缺席状态，节目制作播出就是一

---

① 胡智锋、周建新：《“娱乐选秀热”忧思》，《人民日报》2006年10月12日，第9版。

② 王静：《政协委员建议取缔“娱乐性的吃喝玩乐”真人秀节目》，新华网，http：//www.xinhuanet.com/politics/2017-03/11/c_129507043.htm，最后访问日期：2018年5月3日。

③ 习近平：《在文艺工作座谈会上的讲话》，《人民日报》2015年10月15日，第2版。

种霸权行为，没有受众定位，没有受众认同目标，只是为了完成某项任务，如为了政治宣传任务而忽略受众的实际需求，包括娱乐需求、艺术需求等。

“文革”时期，电视发展陷入了停滞。1966年，北京电视台做出了关于宣传“社会主义文化大革命”的节目安排。1967年1月2日，北京电视台播放通知：从1月3日起除重大政治事件和重要节目仍播出外，在一个时期内暂时停止一般性的电视节目播出。1月6日，北京电视台暂停播出，直到一个月后的2月4日才又恢复播出。同年12月12日，中央广播事业局实行军事管制，这样的局面一直持续到1973年1月。

1971年10月起，又增加转播新创作、排演出来的京剧样板戏《龙江颂》《杜鹃山》和革命现代舞剧《沂蒙颂》。为了调剂、改变几出“样板戏”撑台面的冷清局面，1972年，中央广播事业局军官小组曾提出建议，拟增播一些地方戏，如根据同名样板戏移植的湖南花鼓戏《沙家浜》，还有越剧《半篮花生》。

综上，当前我国电视认同的难题突出：所谓“现象级节目”的品牌维护力不强，瓶颈凸显；诸多节目、栏目、晚会的创新能力不强，同质化、娱乐化、片面年轻化、低俗化等问题较为严重。

第二节　坚持以人民为中心，提高电视认同度

党的十八大以来，习近平总书记就文艺工作、文化发展、传媒发展、舆论宣传等发表了一系列重要论述，特别是在文艺工作座谈会上的重要讲话，为深刻理解和准确把握新时代中国电视发展任务与方向提供了强大的认识论和方法论工具。习近平总书记在文艺工作座谈会上的讲话指出，“社会主义文艺，从本质上讲，就是人民的文艺”[①]，这为新时代文艺的发展指明了方向。从毛泽东同志的延安文艺座谈会讲话到习近平总书记的文艺工作座谈会讲话，可以清晰发现，社会主义文艺鲜明的政治特色就在于强调其发展源头、发展目的、依托基础都是人民群众，这就是我国社会主义文艺的人民性内涵。[②]

① 习近平：《在文艺工作座谈会上的讲话》，《人民日报》2015年10月15日，第2版。

② 周建新：《如何理解新时代我国影视以人民为中心创作导向的内涵和意义》，《粤海风》2021年第1期，第28页。

要增强电视节目的凝聚力和吸引力，一要尊重宣传思想工作要求，彰显社会主流价值、抓住社会主流人群，最大限度提升人民群众的社会认同度；二要尊重人民群众的基本需求，引导其消费需求，提高其精神需求层次，最大限度提升群众的自我认同力；三要尊重我国的文化风俗，挖掘我国的民俗，吸收我国传统艺术精神并使之得到通俗化表达，最大限度强化人民群众的民族认同感。因此，从人民群众文化需求与电视认同之间的辩证关系看，要解决当前电视发展面临的认同度不高问题，需要尊重社会主流民意，深入民众生活，植根传统文化。

一 坚持以人民为中心，增强国家凝聚力

毛泽东同志在《在延安文艺座谈会上的讲话》中指出“为什么人的问题，是一个根本的问题，原则的问题”，从而明确了社会主义文艺为人民服务的方向。

延安文艺座谈会“极力提倡工农兵文艺，力促中国现代文艺家从现实中提炼、生发理论”，对当时的文艺实践产生了革命性影响，其“义素符码”构成了中国共产党领导下的革命时期文艺工作的基本语汇，这种“红色文化意识形态记忆的记忆母体”的影响力持续到新中国成立以后，成为“中国共产党在文艺管理方面的意义目的和价值旨趣”。①

（一）以人民为中心创作导向的政治内涵

习近平总书记指出：“党性和人民性从来都是一致的、统一的。”② 以人民为中心作为电视创作原则、出发点和落脚点，是社会主义电视的意识形态底色，鲜明地体现了中国共产党“为人民服务”的根本宗旨。人民群众对美好生活的向往，就是中国共产党的奋斗目标与方向。新中国成立以来，中国电视快速发展，已经成为广大人民群众精神文化生活的重要内容。从马克思主义文艺观立场出发，人民群众始终是我国电视创作的“剧作者”、“剧中人”和“评判者”。

---

① 张清民：《两个文艺“讲话”的话语意义分析》，《文学评论》2020年第1期，第7页。

② 习近平：《胸怀大局把握大势着眼大事 努力把宣传思想工作做得更好》，《人民日报》2013年8月21日，第1版。

（1）人民群众是电视创作的“剧作者”。“人民是文艺创作的源头活水”，电视创作离不开人民群众生产实践的“源头活水”，凝结着人民群众的劳动和智慧。“一切优秀文艺工作者的艺术生命都源于人民”，人民群众的生存状态决定了电视艺术的存在形式。人民群众是社会生产的主体，毫无疑问也是电视创作的主体；同时，电视艺术作为一种文艺创作表达，展现的主体也自然是广大人民群众。所以说，人民群众是电视创作的“剧作者”。

（2）人民群众是电视创作的“剧中人”。“歌唱祖国、礼赞英雄从来都是文艺创作的永恒主题，也是最动人的篇章”[①]，人民群众是伟大斗争的英雄、伟大工程的劳动者、伟大事业的建设者、伟大梦想的追梦人，理所当然是电视艺术抒情、抒怀、书写的主角。近年来，电视以现实主义创作原则讲述时代发展的故事，《大江大河》《都挺好》《最美的青春》《人民的名义》等现实题材电视剧聚焦人民群众生活百态，用朴实无华的电视艺术语言，传递新时代的正能量。2020年，新冠肺炎疫情全球大暴发，涌现了许多令人敬佩的抗疫英雄，他们救死扶伤、舍生忘死的抗疫精神让历史永远铭记，他们可歌可泣的感人故事也成为电视作品展现的重要内容，如中央电视台的抗击疫情系列报道、纪录片《科学战“疫”》《人间世·抗击疫情特别节目》、“抗疫”主题晚会等。

（3）人民群众是电视创作的“评判者”。作为一种重要的通过大众传播渠道提供的文化消费品，电视艺术最终要为人民群众服务并接受其检验与批评，因此人民群众又是电视创作的“评判者”。[②]“以为人民不懂得文艺，以为大众是‘下里巴人’，以为面向群众创作不上档次，这些观念都是不正确的。”[③]电视艺术作品只有被人民群众接受以后才算完成其艺术创作生产的全部流程，也只有被人民群众接受才能证实其艺术价值所在。在移动互联网时代，社交平台、网购平台、专业网站等利用大数据、人工智能、云计算等技术能很快将观众意见和需求汇聚起来，弹幕技术更是可以

① 习近平：《在中国文联十大、中国作协九大开幕式上的讲话》，《人民日报》2016年12月1日，第2版。

② 周建新、杨宾：《主体性、历史性、生活性：新时代我国电视文化的人民性内涵》，《中国电视》2020年第11期，第89～90页。

③ 习近平：《在中国文联十大、中国作协九大开幕式上的讲话》，《人民日报》2016年12月1日，第2版。

实现受众与作品实时互动，使创作者及时掌握社会反响，从而改进创作实践。

（二）以人民为中心创作导向的历史内涵

电视艺术是人类文化艺术的一次新集成和新转化，是电子工业革命以来全世界观众最主要的精神食粮和审美内容之一。丹纳在《艺术哲学》中提出艺术的“三个总体”说：一是艺术品总体，即“属于作者的全部作品”；二是艺术家总体，即“（艺术家）所在的同时同地的艺术宗派或艺术家族”；三是时代总体，即围绕艺术家族、群众与艺术家相同的“社会风俗、习惯与时代精神”。[①]从马克思主义唯物史观出发，任何一个民族的电视创作都有其特定的历史源头、发展现状和未来趋向。中国电视创作有其历史脉络、普遍性规律、独特性特征，坚持“以人民为中心”的创作导向，是社会主义电视文化的特色优势。

（1）电视发展不忘本来。中国共产党领导是中国特色社会主义制度最大的特色和优势，中国共产党在“领导中国人民反抗帝国主义、封建主义和官僚资本主义的长期革命历程”中形成的革命文化，是“一笔宝贵的政治资源和精神财富”。[②]中国电视在其发展历程中始终重视革命文化的历史继承问题，利用电视作品发扬革命传统、宣传革命精神、讲述革命故事、塑造革命英雄人物。《亮剑》《历史的天空》《激情燃烧的岁月》《可爱的中国》等革命历史题材电视剧之所以有很庞大的观众群，重要原因就在于此。与此同时，优秀电视作品大多注重优秀民族文化的历史继承和时代传承，挖掘五千年灿烂文明留下的宝贵财富和素材，并在电视创作中实现创造性转化与创新性发展。近年来，《中国诗词大会》《国家宝藏》《朗读者》等文化类综艺节目，《中国文房四宝》《我在故宫修文物》《本草中国》等文化类纪录片的热播就显现了中华优秀传统文化的永恒魅力。

（2）电视发展着眼未来。中国电视在社会主义文化大家庭中茁壮成长并促进社会主义文化繁荣发展，利用自身技术与艺术的高度融合性、语言文化的普适性快速发展，尤其是在当前融媒体、5G技术、人工智能、大

---

① 〔法〕丹纳：《艺术哲学》，傅雷译，江苏文艺出版社，2012，第14页。

② 刘建军、彭蓉：《试论革命文化的创造性转化与创新性发展》，《西北工业大学学报》（社会科学版）2019年第4期，第3～4页。

数据得到广泛应用的背景下，着眼于技术赋能下电视创作的新趋势、新动向。因为技术赋能，一些电视新业态不断涌现，例如虚拟现实类电视短片的出现，再如电视、游戏、动画的交叉融合与类型重组。

（3）电视发展不拒外来。习近平总书记指出："这个世界，各国相互联系、相互依存的程度空前加深，人类生活在同一个地球村里，生活在历史和现实交汇的同一个时空里，越来越成为你中有我、我中有你的命运共同体。"[①]这一思想指导中国电视创作实践为推进中西方文明平等对话、交流互鉴，构建人类命运共同体和"一带一路"贡献中国智慧和中国力量。尽管当前中美关系受到挑战，全球化遇到阻碍，但中国电视放眼世界的心态和理念不会变化，中国电视市场的开放性、包容性不会变化。在世界百年未有之大变局下，我国电视坚持阐释中国立场、讲好中国故事、传递好中国声音，从而提升生命力和影响力。

（三）以人民为中心创作导向的时代内涵

中国有底气、有能力直面社会发展的不平衡不充分问题，并向全世界庄严宣告新时代中国共产党奋斗的新航向和新征程。社会主要矛盾和人民群众生活需求的新变化将对我国电视创作提出更多更高的要求。

（1）在价值取向上突出社会效益。"以人民为中心"要求电视创作要为了人民、反映人民、关照人民，电视创作应将人民群众在为美好生活而奋斗的实践中的故事讲述好、声音传播好、形象塑造好、风貌展现好、精神阐发好。在社会主义市场经济条件下，电视创作应坚持社会价值优先原则，习近平总书记指出，"一部好的作品……应该是把社会效益放在首位，同时也应该是社会效益和经济效益相统一的作品……文艺不能当市场的奴隶，不要沾满了铜臭气"[②]。电视不应做市场的奴隶，而应努力创造和传递中国优秀文化，服务和滋养人民群众的精神家园。人民群众美好生活需要满足程度的高与低是评判电视创作效果的最高标准。"一句话，离开了人民，文艺作品就没有价值和意义。"电视创作的艺术生命源于人民，"文艺家要既当学生又当先生，既适应群众又提高群众"。

（2）在内容生产上力创高峰精品。人民美好生活需要高质量、高水

---

① 习近平：《习近平谈治国理政》（第一卷），外文出版社，2018，第272页。

② 习近平：《在文艺工作座谈会上的讲话》，《人民日报》2015年10月15日，第2版。

平的电视作品，而不能是低水平的重复、浅表层的娱乐。满足人民美好生活的需要，不能“让廉价的笑声、无底线的娱乐、无节操的垃圾淹没我们的生活”。力攀经典高峰，是人民和时代对电视创作的要求与期望。[①]一是树立精品意识，即创作思想精深、艺术精湛、制作精良的节目作品，实现思想性、艺术性和观赏性的统一。二是制定精品战略，即围绕“出精品”出台一系列方针、政策、措施，包括确定电视精品选题的范围、加大电视精品的策划力度和后开发力度。[②]三是建设精品工程，即按照相关的政策，拿出专门的人力、物力和财力来支持一些具体的作品创作生产，推动资源要素向创作源头倾斜、向优质原创项目倾斜、向优质团队倾斜，推出一批叫得响、传得开、留得住，适于多媒体传播的精品力作。[③]

（3）在公共服务上提高供给质量。改革开放特别是党的十八大以来，我国电视基本公共服务在标准化、均等化等方面持续发力，体现了我国社会主义制度优越性。新时代我国电视公共服务内容供给面对的主要问题已经不是“缺不缺、够不够”，而是“好不好、精不精”。电视创作作为公共文化服务体系的供给侧，应优化创新创作结构，及时更新创作理念，不断提高内容质量。[④]人民群众的“需求”与“认同”相伴相生、密不可分。把握好人民群众的需求，需求与认同将协同一致，即表现为伴生模式和协同模式；把握不好，需求与供给不对称、不相符或出现过度需求的情况，将使需求与认同产生矛盾对立，即表现为冲突模式。“以人民为中心”的创作理念要求电视创作以满足人民需要为动力源、出发点和落脚点，时刻摆正创作者与人民的关系，让“人民”成为“生活这幕大戏的真正主角”。

政治内涵、历史内涵、时代内涵三者紧密联系、缺一不可，共同构成我国电视以人民为中心创作导向的内涵。其中，政治内涵是我国电视的党性和人民性问题，强调的是意识形态底色和内生动力；历史内涵是其民族

① 周建新：《如何理解新时代我国影视以人民为中心创作导向的内涵和意义》，《粤海风》2021年第1期，第27～30页。

② 胡智锋：《中国电视观念论》，北京师范大学出版社，2000，第19页。

③ 聂辰席：《撸起袖子加油干 努力推动新闻出版广播影视工作再上新台阶——在2017年全国新闻出版广播影视工作会议上的讲话》，《中国广播》2017年第1期，第7页。

④ 周建新：《如何理解新时代我国影视以人民为中心创作导向的内涵和意义》，《粤海风》2021年第1期，第30页。

性和历史性问题，强调的是发展源头和发展脉络；时代内涵是其现实性与未来性问题，强调的是其需求与供给平衡。[①]

二　回应主流民意需求，增强社会认同感

不同的历史时期，群众文化需求因为社会政治经济状况的变化，群体结构、社会情景的不同等而发生变化。例如在新中国成立初期，群众文化需求处于隐性位置，服务于社会生产实践，个人文化需求也让位于集体文化需求，处于弱势地位，这个时期国家主流文化需求处于主导地位。改革开放以后，群众文化需求随着生产生活方式的变化出现增长趋势，文化需求的数量和质量都逐渐提高，集体生产生活方式逐步过渡到家庭生产生活方式，集体文化需求逐步让位于家庭文化需求，这个时期精英文化需求处于主导地位。随着市场经济发展的逐步深入，尤其是21世纪以来，社会生产力获得更大的解放和提高，群众文化生产生活趋于日常化和个性化，家庭文化需求又让位于个人文化需求，越来越“窄”、越来越“宅”，群众文化需求处于主导地位。文化需求—认同的机制模型如果只存在于文化接受环节当中，这样描述已经很全面。但是在现代文化艺术生产实践中，没有纯粹为受众需求而生产的文化艺术样式，也没有纯粹“为了艺术而艺术”的文化艺术样式，需求—认同的整体性不仅在于二者是互动辩证统一体，还在于其完整贯穿于文化艺术生产的始终。此外，电视需求—认同主体作为一个社会中的人又难以“独善其身”，其必然受制于客观的社会现实和传媒现实。

（一）我国电视面临着多元需求的主流重塑

改革开放以来，中国发生了翻天覆地的变化，其发展令世界瞩目，中国电视也不断调整适应随之产生的需求。例如，2008年被中国人称为“奥运年”，奥运会前期和举办期间，包括中央电视台在内的各电视台推出了许多与奥运会相关的文艺节目，如中央电视台《百年圆梦——迎2008北京奥运会文艺晚会》、上海东方卫视直播晚会《喝彩！北京奥运》、河南卫视《梨园春》特别节目《梅花赋——梅花奖艺术团庆奥运专场演出》、北

① 周建新：《如何理解新时代我国影视以人民为中心创作导向的内涵和意义》，《粤海风》2021年第1期，第30页。

京2008年奥运会开（闭）幕式和残奥会开（闭）幕式……在所有的奥运文艺节目中，北京2008年奥运会开幕式是最具代表性、艺术水平最高和收视率最高的节目。它将五千年的中华文明与百余年的现代奥林匹克传统紧密地结合在一起，在鸟巢上演了一场华美、壮观并充满高科技的视觉盛宴和视觉奇观，令全球20多亿观众为之倾倒。北京2008年奥运会开幕式被誉为年度电视大秀，它不仅在艺术层面、技术层面和文化层面，还在形式层面、内容层面，不仅在奥运史上，还在电视史上，称得上是标杆性作品，代表一个时代的高度。它为奥运会开了一个好头，给广大观众奉献了一场“无与伦比”的开幕式。

又如2019年，为了庆祝改革开放40年的巨大成就，从中央电视台到地方电视台，各个层级的电视机构以高度的政治责任感，圆满完成了各项重大宣传任务。中共中央宣传部、中央广播电视总台联合制作了18集电视纪录片《我们一起走过——致敬改革开放40周年》，展现40年来各条战线的辉煌成就；湖南卫视继续唱响青春主旋律，推出献礼改革开放40周年系列纪录片《未来已来》《路过零点》等，通过40年来经历过中国大事件的代表人物和当前青年代表的记忆来再现伟大的时代变迁，表达对祖国深深的敬意；东方卫视、北京卫视首播庆祝改革开放40周年献礼剧《大江大河》，获得广大观众的认可和好评。

（二）电视的多元文化需求要求人才类型多元化

电视作为传媒艺术与文化的重要类型，属于我国上层建筑的意识形态领域，因此，无论是实践还是研究，都不能脱离具体的政治经济文化生活构成的社会实际。脱离这个实际去谈，有如空想，更难以找到解决问题的办法。中国电视无疑植根于中国社会实际，受政治、经济、文化、科技等多方面的影响，是社会文化系统中的一个因子，不能将其与大的环境割裂开。我国电视的文化社会属性，概括起来主要是政治属性、艺术属性和产业属性三者的交织，呼应的是国家主流意识形态表达、精英阶层的艺术专业主义诉求、大众文化的商业运行逻辑，还有最广大阶层的群众文化需求。

电视行业的发展需要多元化的人才供给，而且必须形成“问渠哪得清如许，为有源头活水来”的人才培养与管理体系。本书认为，建立开放多元的电视人才培养体系，需要做到“三通”：一是专业人才培养的进口与出口疏通，二是非专业人才与专业人才的晋升渠道打通，三是行业内人才与行业外人才的流动渠道畅通。首先，电视人才包括创作人才、管理人才、营销人才、传播人才等专业人才。专业人才尤其需要专业化的培养，因此相关的院校、院团、机构、团体等都是培养这些人才的地方，但是这个人才培养的环境或者是体系，必须是开放的，不能单一，否则就会带来一个弊病，即人才培养单位与人才使用单位难以找到契合点，使得专业人才的就业数量和质量都不高。其次，我们还必须注意到一个问题，那就是自古以来，艺术专业人才的成长环境或规律导致艺术专业领域常出现“高手在民间”的现象，很多专业领域的艺术家都不是来自专业培养单位而是在社会实践中诞生，甚至在“出道”之前就是平民草根，因此，如何建立非专业人才与专业人才的晋升渠道就显得非常重要。最后，随着媒介行业的飞速发展，尤其是传统媒体与新媒体之间融合的加速，经济领域中的跨界融合升级加速，所以行业内人才与行业外人才之间的流动渠道也要建立，这样才能保证电视人才有源源不断的供给。

（三）我国电视应弘扬时代精神创作时代经典

电视具有留存时代经典、传达时代声音的重要意义和价值。力攀经典高峰，是电视创作的使命。

（1）以反映时代为己任。“文章合为时而著，歌诗合为事而作”，电视创作应当反映时代风貌，记录时代变迁，彰显时代精神，努力创造时代经典之作。人民是时代的缔造者，是艺术创作的源泉。创造时代电视精品，要求电视创作与人民群众保持密切联系，应聚焦人民群众的现实生活，而不能靠主观的臆想，那只会让电视创作成为无源之水、无本之木。“没有各行各业的社会阅历，创作难免以管窥天，作品必将落入咫尺之义；没有真切与人民相通的情感体验，创作难免隔靴搔痒，作品也终将是蜻蜓点水。”①

（2）不断磨炼创作技能。以人民为中心的电视创作，要求创作者主动融入社会生活实践，与时代同频共振。坚持“大情怀、正能量”，突出“公益性、原创性”，走出一条翻越高原、勇攀高峰的电视精品发展路线。

① 丁国旗：《如何实现“以人民为中心”的创作导向？》，《人民日报》2018年2月2日，第24版。

同时，电视创作要不断追求精深的思想境界、高超的艺术水平、精良的制作工艺，彰显民族风范，关注人类发展，创作生产出无愧于伟大民族、伟大时代、伟大人民的电视作品。

以中央电视台春晚（简称“央视春晚”）为例，自1983年创办以来，其一直是每个岁末年初人们的热点话题。可以说，央视春晚见证了中国政治、经济和文化动力共同作用下央视乃至电视技术和文化的变迁，[①]已经成为深入人心的集体记忆。尽管夸赞与批评两种声音一直围绕在央视春晚身边，但不可否认的是，人们对央视春晚这个电视节目产生了强烈的认同感，它成为中国人新年晚宴上不可或缺的“盛宴”，而央视春晚也通过吸纳流行语、固定节目编排等“仪式秀”不断强化人们对央视春晚这一节目的认同感，进而强化人们对社会主义核心价值观的认同。

央视春晚“仪式秀”有着多样的功能：一方面，它要负载春节仪式的传统功能，如对欢聚、祈福、辞旧迎新等意味进行表现和传达；另一方面，它也被赋予了社会治理的新功能，通过宣传导向与情感表现满足观众的感官和实现其心理诉求。关于宣传导向与情感表现，春晚“仪式”是意识形态宣传的重要时机，同时也是百姓获得国家与民族荣誉感、认同感、自豪感、凝聚感的一个重要时机。可以看到，宣传导向是自上而下、由外而内的，而情感表现则是一种自下而上、由内而外的行为。因此，如何让外在的宣传导向被观众内在的情感所接受，正确处理二者内外之间、上下之间的关系，是央视春晚“仪式秀”始终需要面对的重要问题，尤其应当强调“寓宣传导向于情感表现之中”，在“动之以情”中“晓之以理”，在“润物无声”中完成社会主义核心价值观的传达。[②]

三　把握群众文化需求，增强自我认同感

查尔斯·泰勒认为，“我们常常在同我们关系密切的人对话或者争执的过程中定义我们的身份。即使我们在成长过程中摆脱了某些身份，例如家长的身份，终其一生，我们仍然在和这些身份对话”。艾米·古特曼

① 谢卓潇：《春晚作为记忆实践——媒介记忆的书写、承携和消费》，《国际新闻界》2020年第1期，第154～176页。

② 胡智锋、周建新：《话说春晚“仪式秀”》，《当代电视》2006年第12期，第63页。

（Amy Gutmann）认为，“在多元文化主义和思想背景中，认同不仅是一种礼貌，而且是人类需求的重要组成部分”。前者是站在个人生存生活角度来阐述认同的主观需求，后者是站在人类角度来解释认同的客观需求。个人的文化需求总是常变常新，“一旦有新的传播方式、媒介样式、艺术样态出现，社会新的‘文化意识’就会及时出现，旧有的‘文化意识’会随之衰落或消失，人们将转向追逐新的文化流”[①]。类似观点在文化学功能主义研究、社会学结构主义研究、符号学互动研究、传播学受众研究以及民俗学、心理学、人类学等的研究成果当中也大量出现。

（一）群众文化基本需求是电视发展原动力

马林诺夫斯基认为，所有地方的人们都有一些共同的生物和心理需求，而所有文化制度的最终功能都是满足这些需求，并据此将文化功能分为三种，即满足人类生物性的本能需求的功能、满足人类工具性的实用需求的功能和整合性的社会调适功能。[②]因此，本书认为要解决当前我国电视面临的需求—认同问题，需要立足群众文化需求实际，做到“三位”，即群众文化生活的基本需求不能缺位、群众文化的真实需求不能错位、群众文化的欲望需求不能越位。长期以来，我国的文艺创作一直坚持植根社会生活、服务人民群众，“从人民的伟大实践和丰富多彩的生活中汲取营养，不断进行生活和艺术的积累，不断进行美的发现和美的创造”。电视也不例外，可以说，群众是其毋庸置疑的服务对象，服务群众是每一个电视节目制作播出的最大动力。

有学者指出，中国电视创新能力不强，雷同化、同质化问题的背后是对电视创新的认识误区，其中之一，就是在“生产传播主体和接受主体”的关系上，将电视节目创新理解为生产传播主体的单方行为，忽略了接受主体——受众的存在与影响。创新“并不意味着可以忽视受众作为接受主体的社会、文化、审美等多重需求，因为受众的需求与认同是检验节目创新是否有效的关键。历来赢得赞誉的节目创新实践证明，只有满足了受众需求、得到了受众认可的节目创新才是有效创新。如果不能满足受众的实

---

① 司马云杰：《文化社会学》，华夏出版社，2011，第286页。

②〔美〕威廉·A. 哈维兰等：《文化人类学：人类的挑战》，陈相超等译，机械工业出版社，2014，第39页。

际需求，不能获得受众认可，即便是节目创新有着较高的专业水准，那也难免陷入孤芳自赏的境地。所以，受众的需求与认可，是电视节目创新的起点与归宿”①。

（二）群众真实性文化需求的复杂性

中国电视受众有其独特的媒介素养和收视需求，如何满足这些需求的问题是其他任何一个国家的任何一种理论都无法解答的，必须深入中国社会实际做客观调查。这里尤其需要考察清楚的有：从生活本身出发，群众文化生活的基本需求有哪些；群众文化生活的真实需求有哪些；哪些需求是群众的主观愿望，哪些又是被动强加的；群众文化在电视文化需求上是起到了正向引导作用还是负面误导作用。

（1）什么是群众文化生活的基本需求。群众文化生活的基本需求是人民群众的基本权益。当前的国家现代公共文化服务体系中规定了我国群众的基本文化权益，即看电视、听广播、读书看报、进行公共文化鉴赏、参与公共文化活动等，也就是说群众文化需求是具有时代性特征的。当然，群众文化生活的基本需求是一种均等化、福利化、理想化的基本需求，它不是“大锅饭”，也不是平均主义，而是一种社会制度的内涵。它随着国家民族的进步不断扩容，也随着国家综合国力的日益强盛不断增加。当前，国家通过“村村通”以及其他电视公共服务工程，建立覆盖广泛的电视公共服务网络体系，实现了电视节目信号的有效传输，保证了广大农村地区、偏远山区、西部地区最基本的节目收看需求，但这只是在硬件上完成了电视公共服务的阶段性任务。电视公共服务对于政府而言，绝不仅仅是节目信号的传输，还包括有效提供更多更好的广大群众喜欢的节目内容；对于广大群众而言，能够收看到喜欢的节目才算是真正享受到电视公共服务的成果。可以预见，电视公共服务当前以及下一阶段的工作重点应该是在继续保证信号成功传输的基础上，为广大群众提供更多更好的节目内容。

（2）什么是群众文化生活的真实需求。近些年的电视发展趋势告诉我们，“娱乐文化更注重和日常生活与人们对幸福感的追求相适应，同时也

① 胡智锋、杨乘虎：《中国电视节目创新问题之观察与思考——中国电视节目创新问题研究之一》，《现代传播》（中国传媒大学学报）2011年第6期，第61页。

注重和普通人的关联。普通人越来越倾向于在电视中看到和自己相似的人的表现，而不是超级明星的表现”[①]。笔者认为，所谓真实需求，应该是群众文化生活的内在需求，这种内在性的含义有三方面：一是内在自觉性，即契合使人成为人的主体自觉，这种需求有它的方向指引、内容形式、情感依托、价值判断，而非千篇一律；二是自在性，即符合社会的客观现实，这种需求具有物质性、时代性、历史性，扎根在泥土里，扎根在行为表现里，扎根在每个人、每个组织、每个社群当中；三是自为性，即主动性、创造性、能动性、变化性，这种需求不可能亘古不变，它自带的创造性是人创造力的源泉，也是社会不断进步的动因。了解内在需求，自然就知道了群众文化生活本身之外的需求，也就清楚了哪些是强加的需求。当然，所谓内外并非严格的二元对立，外在需求对于内在需求是一种补充，二者可以形成一种综合、一种和谐。但是，一旦外在的需求占据了显性位置，那么生活本身也就不能称为生活。站在这个角度上讲，我们必须反思：我们的内心真的需要那么多电视娱乐吗？我们的日常生活本身有那么多娱乐吗？如果不是，那么它为什么存在？文化麻痹、市场逐利，还是社会浮躁、文化空虚？这些问题值得深入思考。

（3）群众文化需求的多样性、复杂性、动态性。贝尔在《资本主义文化矛盾》一书中提到现代文化生活具备“感觉革命”“视觉文化”“距离销蚀”等特性，这些都有助于我们深刻理解电视的艺术特征，而追求新奇、轰动、同步、冲击的审美认同反应就是电视的命脉。如今，不管是电视晚会、电视综艺专栏还是电视娱乐选秀，无不以“新奇”自居，似乎也唯有这样，才能在市场上找到观众，才能获得关注、吸引眼球。而传统的崇高、尊严、统一、权威、连续性及相关原则都被抛之脑后。审美日常化、审美生活化，庸俗、低俗在艺术世界屡见不鲜。“现代性同高雅文化对峙的最重要的手段之一就是否定艺术的单一等级观念，或者文化的一统观念。”“目前居统治地位的是视觉观念。声音和景象，尤其是后者，组织了美学，统率了观众。在一个大众社会里，这几乎是不可避免的。”[②]

笔者曾经撰文分析电视娱乐选秀节目呈现的形式及火爆的原因，认为

① 张颐武：《电视的“临界点”：电视文化的三大趋势》，《中关村》2011年第5期，第1页。

②〔美〕丹尼尔·贝尔：《资本主义文化矛盾》，赵一凡等译，生活·读书·新知三联书店，1989，第172页。

关键在于其对“生活万花筒”的表现。娱乐选秀节目良好的收视效果吸引着各大电视媒体趋之若鹜，形成复杂的竞争格局，也正因如此，娱乐选秀节目在形式层面有所创新，呈现多元趋势，主要表现在“谁在秀”和“秀什么”上。一是秀的主体多元化。主要有三种类型：“平民选秀”，如《快乐男声》《星光大道》等；“明星选秀”，如《名声大震》《舞动奇迹》等；“明星+平民选秀”，如《名师高徒》等。“平民选秀”依靠自己的平民性、草根性和以往超强的人气依旧在电视娱乐选秀节目中占据着重要的位置；后两者充分利用明星的号召力和话题效应，制造诸多“卖点”吸引观众的眼球，如秀明星鲜为人知的技能，让演艺明星、体育明星秀歌，歌星秀舞、秀戏等。总之，选秀主体的职业、身份、性别、年龄都呈现多元化局面。二是秀的内容多元化。随着选秀主体多元化，选秀点也趋向多元化。不仅要“秀音乐”，还要“秀舞蹈”；不仅要“秀身体”，还要“秀演技”；不仅要“秀知识”，还要“秀武术”。在市场利益的驱动下，各种各样的选秀点被开发，电视荧屏俨然成为一个大“秀场”。经过一段时间的发展，娱乐选秀节目在节目的形态创新方面已经实现了向前发展，由模仿创新到继承创新，再到原始创新，如湖南卫视和上海东方卫视，它们打造了“湖南制造”与“上海制造”的概念，为综艺娱乐节目特别是“真人秀”节目的创新发展提供了有益借鉴。

新媒体在增加信息数量和来源的同时，不可避免地会带来信息冗余、创作质量参差不齐等问题。我国电视创作活动在质量上拥有相当大的成就与潜力。近年来，中央电视台推出的大型纪录片《故宫》《再说长江》《大国崛起》《森林之歌》《复兴之路》等，以其恢宏的气势、丰富的内涵、深厚的底蕴、绚丽的色彩、精湛的制作造就了中国电视创作活动鲜亮的风景。这给我们一个启示：集中优势兵力，瞄准国际前沿，推出思想性、艺术性和观赏性俱佳的精良制作内容，打造荧屏精品，是电视创作活动拓展自己生存发展空间、增强社会认同的重要途径。①

（三）以工匠精神打造精品力作

满足人民群众文化生活需要，电视创作一定是高质量、高要求的，绝

① 胡智锋、周建新：《新媒体语境下电视节目生产的发展空间》，《视听界》2008年第5期，第33页。

不能是低水平的重复、浅表层的娱乐。这意味着，电视创作要保持与人民群众的密切联系，聚焦人民群众的现实生活，以工匠精神打造精品力作。

（1）树立“精品意识”。所谓“精品意识”，从狭义上讲，“是指电视记者、电视台都要多搞一些好新闻、好专题和好的文艺节目或开办一些高档次的栏目，摄制一些高水平的电视剧，使之在社会上引起较大的反响，在观众的心目中有着特定的位置”[①]。从广义上讲，就是要立足于全面提高我国电视节目的总体水平，让广大观众喜欢电视节目，看了以后有所收获。国家关于文艺精品的总体要求是思想精深、艺术精湛、制作精良，对于电视而言就是要达到思想性、艺术性和观赏性的统一。

（2）设计“精品战略”。所谓“精品战略”，指的是“国家对电视创作从宏观规划到微观落实，都围绕着‘出精品’出台一系列方针、政策、措施”。“精品战略”为中国电视发展指明了方向。近年来，中国电视最优先的任务，就是为国家“精品战略”的实现做出自己的新贡献，包括确定电视精品选题的范围、加大电视精品的策划力度、后开发力度，[②]即在电视创作生产的前期、中期和后期进行全面扶持、监控和鼓励。首先，根据人民群众文化生活需要，确定入围精品的电视作品选题，以重点保证其生产和质量。其次，对于已经被纳入精品战略的电视作品，重在策划，在前期策划中精心构思、设计，尽量将社会主流民意和希望体现在策划之中。最后，对被确定为精品的电视作品，不仅要在艺术上把关，也要在“后开发”上予以强劲支持，如为相关电视产品提供制作出售、发行渠道上的优惠等，使之发挥应有的影响力和作用。

（3）实施“精品工程”。所谓“精品工程”，是对“精品意识”和“精品战略”的具体化、操作化，即具体的电视作品扶持奖励计划。对于国家而言，就是按照相关政策拿出专门的人力、物力和财力来支持一些作品创作生产。具体而言，要“坚持以人民为中心的创作导向”，围绕党和国家“重要会议、重大活动和重要时间节点”，“明确路线图、时间表、任务书，确保按时推出一批主旋律标志性作品……推动资源要素向创作源头倾斜、向优质原创项目倾斜、向优质团队倾斜，推出一批叫得

① 周成益：《电视精品意识浅议》，《中国广播电视学刊》1993年第6期，第83页。

② 胡智锋：《中国电视观念论》，北京师范大学出版社，2000，第19页。

响、传得开、留得住，适于多媒体传播的精品力作”。[①]“精品工程”要求“文艺工作者要志存高远……随着时代生活创新，以自己的艺术个性进行创新……要坚持百花齐放、百家争鸣的方针，发扬学术民主、艺术民主，营造积极健康、宽松和谐的氛围，提倡不同观点和学派充分讨论，提倡体裁、题材、形式、手段充分发展，推动观念、内容、风格、流派切磋互鉴”[②]。

四 植根传统文化基因，增强民族认同感

毫无疑问，传媒是文化或者文明的一个组成部分，电视艺术作品及其本身对艺术的传播构成了颇具特色的传媒文化，属于一个特定的民族。电视既是一个内容主体又是一个传播载体，也属于相应的民族。孙家正说，文化艺术是一个民族的精神记忆，作为民族的灵魂表征和血脉标识，它经由民族古老的祖先传承下来，随着历史的发展而不断更新，又始终保持着祖先的基因和特质，由此而形成民族共有的文化与艺术的认同感、归属感和凝聚力。优秀的文化艺术传统是中华民族祖先文化创新积累的结晶，不断创新，是这一传统得以延续和发展的决定性因素，当代中国的艺术创新是中国传统艺术向现代形态的转化与重塑。[③]而从中国电视的发展历程去观察分析，“建立在以抒情为偏向的艺术表现基点上的电视，是中国本土传统所积累造就的。中国电视传统是历史哺就的，中国电视传媒和艺术的紧密关系，自中国电视的诞生伊始就开始培育，在她的历史发展中，电视艺术的独有特性得到一步步加强”[④]。

（一）我国电视艺术的历史性

电视艺术作为中华当代文化的组成部分，承载着历史，更书写着历史，由此产生了新时代我国电视艺术的历史性。具体来说，我国的电视艺术不仅继承了中华优秀传统文化的基因，吸收了革命文化的养分，而且在

① 聂辰席：《撸起袖子加油干 努力推动新闻出版广播影视工作再上新台阶——在2017年全国新闻出版广播影视工作会议上的讲话》，《中国广播》2017年第1期，第7页。

② 习近平：《在文艺工作座谈会上的讲话》，《人民日报》2015年10月15日，第2版。

③ 孙家正：《关于文化创新问题》，《光明日报》2003年9月3日，第2版。

④ 周星：《改革开放30年中国电视剧发展要评》，《现代传播》（中国传媒大学学报）2009年第1期，第71页。

社会主义建设和改革实践中积累了丰富的素材、汲取了充沛的养料。

（1）电视艺术与中华优秀传统文化。我国电视艺术继承了中华优秀传统文化的强大基因。丹纳在《艺术哲学》中提出艺术的“三个总体”，即艺术品总体、艺术家总体、社会总体，并进一步提出把种族、环境和时代作为艺术的三种基本动因。换言之，任何艺术创作与艺术家所处的时代及其民族传统都有着密切关联，电视艺术也不例外。[①]中华优秀传统文化是我国电视创作生产的肥沃土壤和庞大资源宝库。从中国电视艺术的发展历史中可以看出，传统文化资源始终是电视媒体挖掘和展示的重点。“四大名著”、《聊斋》、《封神演义》等古典文学名著不断被改编搬上荧屏，多数成为电视经典。近年来，《中国诗词大会》《经典咏流传》《风华国乐》《国家宝藏》等电视文化类节目和栏目对传统文化进行了创造性转化和创新性发展，深受观众喜爱。《故宫》《河西走廊》《我在故宫修文物》等人文历史类纪录片，让中国传统文化瑰宝走出博物馆馆藏的封闭空间，走向大众视野甚至走出国门，展现出中国传统文化的蓬勃生命力、强大吸引力和持久传播力。

（2）电视艺术吸收了革命文化的养分。“革命文化的历史来源，是近代以来中国人民反抗帝国主义、封建主义和官僚资本主义的长期革命历程。”[②]作为“一笔宝贵的政治资源和精神财富”[③]，它融于我国电视艺术的精神内核之中，主要表现在以下两个方面。一方面是电视作为党和人民的喉舌，以其直观性、感染力和大众性成为权威信息的发布媒介，承载着传承和践行革命文化的历史使命。以重大节庆活动的电视直播为例，开国大典、历届“两会”、香港回归、国庆阅兵……电视直播活动在记录党和国家重要历史时刻的同时，更因与人民群众共襄盛举而凝聚民心、鼓舞士气。另一方面是电视以其强大的叙事能力和艺术感染力，讲述革命故事、塑造革命英雄，及时有效地传播了老一辈革命家砥砺奋进、众志成城、艰苦奋斗的精神，发挥了凝心聚气、鼓励人民群众共克时艰的社会动

① 〔法〕丹纳：《艺术哲学》，傅雷译，江苏文艺出版社，2012，第14页。

② 曾汉辉：《革命文化传承、创造与发展的若干思考》，《学习时报》2019年12月27日，第8版。

③ 刘建军、彭蓉：《试论革命文化的创造性转化与创新性发展》，《西北工业大学学报》（社会科学版）2019年第4期，第4页。

员作用。《毛泽东》《长征》《延安颂》《解放》《历史转折中的邓小平》《海棠依旧》等革命历史题材电视剧，以现实主义笔触，生动再现了中国革命的历史征程，还原了革命先辈的光辉形象，彰显了伟大的革命精神和红色文化。[①]

（3）电视艺术在社会主义建设、改革伟大实践中全面发展。中国电视艺术诞生60余年来，伴随着社会主义建设和改革伟大实践的不断深入，其发展历史“从某种意义上看，就是一部不断满足老百姓日益增长的文化需求的创新史”。同时，作为社会主义先进文化的组成部分，中国电视艺术也在不断创新和发展，其内容生产可分为三个历史时期，即“宣传品”时期、“作品”时期和“产品”时期。在这一过程中，电视艺术内容生产的原创力和竞争力不断增强，逐步走上了独立化、本土化和产业化的发展道路；电视媒介的社会效益不断提升，公共服务能力不断增强，公共服务体系日臻完善；电视市场不断成熟和壮大，无论是节目产量还是受众规模，都无愧于中国“世界电视大国”的称号，对外传播能力和节目的国际影响力更是稳步提升。[②]

（二）中华传统民俗文化中的民族认同

所谓尊重我国传统文化风俗，指的就是弘扬和挖掘民族优秀传统民俗文化，激励与推进电视自主创新。有学者认为，“用现代的艺术语言来体现传统的中国文化”也就是通过现代创新的艺术手法来体现富有特色的民族文化。[③]应在几千年的文明资源中树立文化自信，同时学习借鉴国外一切优秀的电视艺术作品。“从我们百年中国电影和半个多世纪的中国电视的历史发展经验来看，真正有价值载入史册并为世人所敬重的，恰恰不是那些简单移植或模仿之作，而是彰显着大国风范、体现着民族精神的‘中国制造’。”[④]

“传承民族民间民俗文化艺术是发展群众文化的重要途径，传承民族

① 周建新、杨宾：《主体性、历史性、生活性：新时代我国电视文化的人民性内涵》，《中国电视》2020年第11期，第91页。

② 周建新、杨宾：《主体性、历史性、生活性：新时代我国电视文化的人民性内涵》，《中国电视》2020年第11期，第91页。

③ 彭吉象：《百年中国电影期盼第四个辉煌时期》，《电影艺术》2005年第5期，第73～76页。

④ 周建新、胡智锋：《刹住影视创作的不正之风》，《光明日报》2015年7月27日，第14版。

民间民俗文化艺术是发展群众文化活动的一项重要功能，在传承中创新是发展群众文化的内在动因。"[①]"我国具有上下五千年的历史，文化底蕴深厚，传承民族民间民俗文化不是口头上空话，而是要求我们对这种文化的继承与发展创新，深厚的文化底蕴推动了社会进步以及经济发展，民间民俗文化传承更是群众开展文化活动的必经之路与重要功能，在传承基础上不断对民间民俗文化进行创新是群众文化进一步发展的动力。"[②]因此，挖掘我国民间民俗文化就是为电视创新打下坚实的基础，寻求源源不断的动力。这方面成功的案例就是创下吉尼斯世界纪录的中央电视台春晚。"与中国改革开放进程的逐步深入和现代化程度的日益提高相生相随的是，国人生活质量、欣赏趣味与娱乐休闲方式的多元化、个性化的出现。……春节电视晚会的大量涌现，可谓是适应时代、适应观众、带有某种'仪式化'特征的新的民俗艺术。"[③]

群众文化是一切专业文化艺术衍生和发展的土壤，群众文化为专业文化艺术提供了专门的人才和丰富的素材。印度最著名文献——"吠陀"所编绘的诗歌、散文是"听来的"，所著述的风俗习惯、民间传说也都是群众文化的产物；印度的史诗《罗摩衍那》《摩诃婆罗多》也是根据民间传说写成的。荷马史诗——《伊利亚特》《奥德赛》是荷马对古希腊民谣和民歌进行汇编而得到的。基督教的经典《圣经》里的上帝创世和人类始祖的神话、诗歌、格言等宗教文学作品，就是在希伯来人民间传说、民间歌谣的基础上形成的。《一千零一夜》也是古代阿拉伯人的民间故事集。"群众文化影响着专业文化艺术的产生和发展，而专业文化艺术的发展又促进新群众文化的生成和进步，它们之间的物质、能量和信息的输入和输出同样保持着相对平衡的状态，在无限循环互补的过程中，互相影响着对方的生成和发展。"[④]

以中央电视台春晚为例，自1983年创办以来，它一直是每个岁末年初人们的热点话题。中央电视台春晚之所以受到如此大的关注是因为它已

① 张纪：《传承民族民间民俗文化艺术与发展群众文化》，《学术论坛》2005年第10期，第185页。

② 张健健：《传承民族民间民俗文化艺术与发展群众文化》，决策论坛——如何制定科学决策学术研讨会会议论文，北京，2015年8月，第1页。

③ 周星：《春节电视文艺晚会的现状与发展》，《中国电视》2004年第3期，第21页。

④ 郑永富主编《群众文化学》，中国国际广播出版社，2001，第167～172页。

经是中华民族传统的年文化的现代化，其重要表现形式就是对春节这种古老的仪式用电视艺术的语言予以重新建构，简单讲就是“仪式秀”。所谓“仪式”，就是一种典礼的形式、行为，它是一种相对客观的存在；而“仪式秀”则是对这种“仪式”的主观呈现、表现方式。30多年来，中央电视台春晚在节目内容上花样百出、变化多端，但有几个环节几乎不曾有太大的变化，如开场时刻喜气洋洋的歌舞、热热闹闹的锣鼓声、全体主持人共同表达新年祝福，转场时边防士兵、驻外使（领）馆、留学生团体的拜年祝福，零点时刻的倒计时，结束曲《难忘今宵》等，这些重要的时刻以及元素共同构成了中央电视台春晚的“仪式”。这些“仪式”从诞生起就已经深入人心，成为所谓“春晚新民俗”重要的有机组成部分。在这样的情形下，取消这种“仪式”是不现实的。因此可以发现，中央电视台春晚一直在创新，但不会摒除它固有的“仪式”。换句话说，即便是创新，重点也在于如何创造性地呈现这种“仪式”，这就是中央电视台春晚“仪式秀”的关键问题。①

（三）基于民族认同的电视节目创新

当前电视面临的是如何在全球化的背景下走出一条符合中国国情的本土化创新之路的问题。这个问题看起来简单，似乎产生原因也很清楚，但是要理解其为何没有得到解决，恐怕不能再盯着电视本身来贯彻“头疼医头，脚疼医脚”的逻辑。对于海外节目的引进，有学者认为，不仅要“引进”，“在引进过程中学习新渠道、新方式、新生产关系如何运作，即媒介机制的创新表现”；还要“走进”，在“本土化过程中引进模式的角色认同、融合、制作和再创作走向，即本土角色的主动制造”；更要“跨进”，即“在中国媒介生态下获得可持续发展的可行性和方法论”。②

电视节目要实现行业本土创新自觉，必须依靠文化环境的刺激。我们知道很多国外引进的电视节目很成功，国内节目受制于这些现象级节目耀眼的光芒，但不能忽视有大量的引进节目其实“胎死腹中”。为什么国外

① 胡智锋、周建新：《话说春晚“仪式秀”》，《当代电视》2006年第12期，第62页。

② 俞虹、肖妍琳：《引进·走进·跨进——海外电视模式版权引进机制与本土化生存研究》，《南方电视学刊》2012年第5期，第7页。

火得不行的节目在中国失灵失策？这不是节目自身内部的问题，是其不能适应群众文化空间和群众文化生活方式的问题。进一步追问，电视可以引进国外节目来进行本土化改造，为何不借助民间的力量来自我革新呢？当电视本身感觉创新乏力的时候是否更应放眼群众文化发展的历史与现实呢？我们常常说“高手在民间”，民间蕴藏的智慧源于中华民族几千年的文化传统。如何将传统的文化艺术宝藏转化为现代电视的实际生产力？这个问题在启发我们，也在考验我们。

我国电视节目创新必须植根于中国大地，包括当前的社会现实和历史的客观存在，这是艺术发展的客观规律，任何脱离实际和历史传统的艺术创新都难以为继。中国电视节目创新需要中国艺术精神的传承，需要中国文化传统的发扬，需要中国现实的对接。主动从中国悠久的历史文化传统中寻找支撑电视节目创新的素材和激发电视节目创新的灵感，这是最起码的文化自信和文化自觉的体现，也是中国电视的文化责任。

以电视剧的“翻拍风”为例。近年来，翻拍剧纷纷出现，价位节节升高，质量却不敢恭维，如《新亮剑》、新《西游记》、《新还珠格格》、新《玉观音》、《新拿什么拯救你，我的爱人》、《大唐双龙传之长生诀》（新《大唐双龙传》）等。无疑，这些电视剧一经立项，就吸引了观众的眼球，再加上大力的宣传，吊足了观众胃口。然而，与曾经的经典相比，这些翻拍剧所谓的“新”乏善可陈，除了制作团队的变化、演员阵容的变化，观众看不到任何“新意”，或者将“新意”用在了歪点子上，结果是引起观众“骂声一片”。翻拍剧是对经典的致敬，尽管我们现在如机器设备、化妆效果、背景搭设、后期特效等方面的技术水平与以往相比大有提高，但是仅仅依靠这些元素还“新”不起来，我们在艺术创作上花费的时间远远不够，依靠技术上的进步来掩盖艺术上的粗糙注定会失败。翻拍尽管在宣传上、传播上占据先机，可以借助先前作品的知名度、影响力来赢得收视，但电视剧毕竟是以内容为王，观众消费的是故事、情节、人物。如果没有拍出真正的质量上乘的“新意”，那么这样的翻拍剧很显然属于不进则退。①

“在很长的一个发展阶段中，人类文化都是以民族为载体的，由此而

① 胡智锋、周建新：《2011年中国电视内容生产热点解析》，《中国广播电视学刊》2012年第2期，第12页。

表现出文化之间的差异，这就是文化的民族性……人类文化的民族性，与一个民族的价值、意识、心理、生活方式、生产方式等紧密相连……一个民族对于其文化及族体的认同，就是民族认同……民族认同既是一种民族存在的价值，也是民族文化存在的主位因素，民族感情也体验于与之相关的范畴及民族文化之中……有民族认同的存在，才谈得上民族的存在与发展。”[①]值得庆幸的是，近年来，以中华优秀传统文化作为资源、背景、灵感、元素创作的电视节目取得了很好的社会效益和市场效益。仅仅是以中国汉字与成语作为主题的节目就有很多，如《汉字英雄》《成语英雄》《中国汉字听写大会》《中国成语大会》等，这些节目让我们感受到，将中国汉字与成语这些“极具中华文化独特符号价值的资源，作为节目素材进行开发，是个非常了不起的创意，尤其是在多年来我们引进国外的节目模板的过程当中，是前所未有的一种景观”。《中国成语大会》成功的原因可以归纳为三点：一是顺应了民族文化发掘的潮流，二是展现了民族文化原创的魅力，三是整合了自身传统经验的优势。[②]

第三节　积极参与社会治理，强化公共服务效能

在中国共产党成立一百周年的伟大时刻，我们如期历史性地消除了绝对贫困，全面建成了小康社会，实现了第一个百年奋斗目标。我国正开启全面建设社会主义现代化国家新征程，在百年未有之大变局和新冠感染疫情交织的复杂形势下，人民群众对精神文化生活有更新更高的要求，这迫切需要建立一个覆盖城乡、结构合理、发展平衡、网络健全、运行有效、惠及全民的电视公共服务体系。它将通过信息传播，及时发布党和政府的方针政策；通过关注公共利益，贴近民生，帮助沟通民意、化解矛盾，从公共服务和市场服务两个方面满足人民群众日益增长的精神文化需求，从而起到凝聚核心价值、巩固共同理想、培育精神文明、促进社会认同的积极作用。

习近平总书记强调，要完善公共文化服务体系，扩大基本公共文化服

① 郑晓云：《文化认同论》，中国社会科学出版社，2008，第131～161页。

② 胡智锋：《传统文化应成为电视节目创新的重要资源》，《光明日报》2014年7月12日，第9版。

务的覆盖面，增强其适用性。[①]对于我国电视媒体而言，国有管理体制保证了其最本质的属性就是“公共性”，也决定了它是党和政府的喉舌、人民群众根本利益的应然代表。所以，中国电视所提供的内容在广义上都属于公共文化服务的范围之内，即党和政府通过电视向人民群众提供的资讯信息和文化娱乐服务。丰富完善电视公共服务有利于增强人民群众社会认同感、文化认同感和民族自豪感。从国家战略和人民群众对电视的真实性需求看，中国电视在覆盖更加全面、精彩内容频出的成就背后还存在一些亟待解决的问题。

电视承载着传播与传承社会主义核心价值观的责任，为社会和谐、社会治理提供文化支持。它激发了人民群众的认同感，点燃了人民群众的政治参与热情，并培育了自律、协作、共治的公共精神，提升了社会和谐的水平，并使人民群众产生“认同性需求”，进而实现社会治理的协同。

当前电视公共服务面临的最大问题是城乡、区域和人群发展不平衡。城市电视资源相对丰富，网络建设发达，新媒体、新技术的应用和推广较快，百姓收听收看权益得到较好保障；农村基础设施建设薄弱，覆盖不足，收看质量、节目数量与城市差距较大。此外就是对象化节目严重不足，例如针对农民、儿童、妇女、少数民族等群体的节目，数量和质量都需要再增加或提高。

一　电视认同与电视公共服务

根据《辞海》的解释，“公”的中文含义为“公共；共同”，与“私”相对。《礼记·礼运》所言“大道之行也，天下为公”，即取此意。《汉语大词典》中，“公共”意为“公有的，公用的，公众的，共同的”。在英语中，“公共性”（publicity）由“公共”（public）一词派生而来，更多意指社会层面的非个体性，对所有公众开放的事物都具有“公共性”。因此，在一般社会学意义上，“公共性”至少具有以下几个基本特点：它是公开、开放、可见（visible）、公用的，和隐蔽、私密、封闭、私用形成鲜明对比；它是更加突出公益性、责任意识的；它是进入了公共领域的、得到公共认可的东西；它是以可以广泛参与、自由交流、民主监督、相互讨论作

① 习近平：《习近平谈治国理政》（第三卷），外文出版社，2020，第314页。

为特征的。[①]对于包括电视在内的大众文化来说，其提供公共服务的基本依据是文化天生的公共性特征。

（一）电视的公共服务属性

"公共服务，是为保障全体公民或某一类社会群体的基本生存权与发展权，由政府部门、非政府组织等社会力量提供的公共产品和服务行为及其相关制度与系统的总称。包括义务教育、公共卫生、基本社会保障、公共就业、公共安全、公共文化等领域。作为公共服务基本领域的公共文化服务，涵盖了为全社会提供非竞争性、非排他性的公共文化产品和服务的文化领域，如广播电视、电影、出版、报刊、互联网、演出、博物馆及图书馆等。"[②]电视公共服务是公共服务的有机组成部分，又是公共文化服务的重要组成部分。电视不仅是现代化的大众媒介，更是我们党和政府联系人民群众的桥梁和纽带，是我国社会主义精神文明建设的重要阵地和先进文化传播的重要载体。所以，保障电视公共服务，确保让党和政府的声音传入千家万户、让人民群众享受到公共文化服务，是我国电视的基本任务之一，也是公共服务、公共文化服务的基本任务之一。

在现有电视内容生产的格局中，属于公共服务类的节目生产总量偏少、有效供给不足，布局合理、运转高效的内容生产机制尚未建立。具体表现为：第一，在运行机制方面，电视公共服务内容生产处于一种"自发"状态，电视公共服务内容生产的分类、定位不明确；第二，在产品格局方面，电视公共服务内容生产不均衡，新闻宣传一头独大，具有普遍意义的公共服务类节目以及面向老年人、未成年人、残疾人、农民工等特殊群体的公共服务内容比较缺乏；第三，在资源配置方面，电视公共服务的频道资源、时段资源配置不合理，专门的对农频道不足；第四，在运营模式方面，新型盈利机制尚未确立，公共服务类节目及其传播渠道的运营尚未突破广告盈利的主导模式，一些具有较强公益色彩的频道和播映平台依然要靠政府扶持来补足资金缺口。

---

① 王芳：《我国NGO环保传播与公共领域的建构》，《甘肃社会科学》2011年第6期，第254页。

② 张国涛：《广播电视公共服务的基本内涵》，《现代传播》（中国传媒大学学报）2008年第1期，第119～121页。

健康并富有活力的电视公共服务需要建立健全一个长效机制来加以规范和保障，包括政策法规体系、资金投入机制、日常管理运作机制以及监管、评估、考核体系等。然而，目前电视公共服务的保障体系还有待完善。一是现行电视公共服务的相关政策法规对于电视公共服务职能、目标、实施方式缺乏明晰和具有现实指导性的规定。电视公共服务混杂于电视、电影的整体传播行为之中，缺乏有效的剥离，低收入群体的利益缺乏有力保障，媒体机构承担公共服务责任中的权利义务尚不清晰，缺少必要的法律和政策的保障。二是电视公共服务的公共财政预算投入机制还不健全，投入总体规模过小，资金投入方式和使用效率与人民群众日益增长的基本公共文化需求不适应。三是科学评价电视公共服务效果的评估体系尚未建立，收视率和广告经营贡献率还是主要的评价指标，公益性定位与市场经营之间的关系尚未理顺，不利于公共服务类节目的生存与发展。解决这些问题迫切需要建立一个科学发展、和谐发展、可持续发展的电视公共服务长效机制。

（二）电视公共服务功能的价值意义

在中国，电视有着天生的政治属性，“但又集商业性和公共性于一体。20世纪90年代我国推进文化产业改革以来，以往在政治属性第一的事业体制下被忽视的商业性或者说经营属性得到了充分重视，但电视的公共性一直到现在都较少得到研究”[①]。

从受众划分来看，弱势群体没有得到必要的关注和重视，其主要原因是产业与事业发展失衡。此外，中国电视体制在半个多世纪的发展历程中形成了宣传、事业、产业三位一体的混合状态，且分管其的党和政府部门先后经历几次重大变化，没有进行功能上的明确区分。在不同阶段，宣传、事业、产业各自的边界不断移动，逐渐形成了“哑铃形”布局，意识形态宣传和产业经营占据了较大的份额，事业发展比较萎缩、缓慢。所以，电视既要适应并反作用于社会主义市场经济基础的良性发展，也要坚守意识形态属性中的喉舌功能，这是电视产业和事业均衡发展的要求。丰富和完善电视公共服务功能，是实现和维护人民群众基本文化权益、实现

① 张国涛：《广播电视公共服务的基本内涵》，《现代传播》（中国传媒大学学报）2008年第1期，第119页。

文化认同的主要途径与重要保证，更是国家治理体系和治理能力现代化的抓手和重要内容。

（三）电视公共服务内容供给与群众文化需求

电视公共服务是公共服务的有机组成部分，又是公共文化服务的重要组成部分，内容供给体系则是电视公共服务体系的重要组成部分。电视公共服务是一个系统工程、长期工程，是包括诸多体系的一个庞大工作系统，从大的方面可以分为理论研究体系和实践活动体系，而实践活动体系又可以分为若干个子体系。完成整个电视公共服务建设，需要每个子体系的实践环节都落到实处、发挥作用。本书认为，在这些工作体系中，内容生产与供给体系占据重要的地位，因为电视公共服务的具体落实最终还需体现在具体的节目内容服务上。电视公共服务是国家公共服务职能在电视领域的具体体现，也是国家公共文化服务的重要组成部分。

具体来讲，电视公共服务是指为保障人民群众收看电视的基本权益，以政府为主导、公益性组织为主体，鼓励社会参与，面向全体公民提供电视节目内容和服务。由此可见，电视公共服务最终要落实到具体的电视节目内容供给上，即提供什么样的节目内容、节目的传播效果如何。内容供给水平是衡量电视公共服务水平的重要依据。电视公共服务的目的是保障人民群众收看节目的基本文化权益，因此，其服务效果如何，广大人民群众最有发言权。也就是说，电视公共服务的完善程度与水平，在很大程度上取决于受众对具体的电视节目的评价。

（四）政府与市场参与电视公共服务

作为一种政府职能，提供公共服务过程中政府主导是不可动摇的。但是历史经验证明，统分统配的公共服务往往出现资源利用效率低、服务滞后等问题，在社会主义市场经济体制下，在专业性公共服务领域适当引入市场机制进行产业化操作，一方面可调动民营资本的积极性，扩大电视建设的资金来源，另一方面可促进有限资源的最优化配置，切实提高公共服务的社会效益。

政府主导性的电视公共服务，既包括新闻、资讯、专题等涉及意识形态安全和国家文化安全的内容，还必须包括以少儿、农民工、弱势群体为服务对象的、市场因无利可图而不生产的内容。而市场主导的公共服务内容，包括电视剧、综艺娱乐节目等，完全可以交由市场按照产业规律进行运作，但政府管理部门要事先制定好各种游戏规则，加强过程监管，注意效果评估，从而引导市场化运作的公共服务良性发展。

前文从范围、对象与主导主体方面对电视公共服务进行了界定，可以看出目前中央政府大力推进的是以均等化为目标的基本公共服务，正在实施的“西新工程”与“村村通”工程就是旨在提高农村公共服务水平的政府主导性工程，所以从狭义上看，目前正在推进的电视公共服务体系建设，可以说是政府主导的、以满足农村居民的基本视听权益为重点、以均等化为目标的基本公共服务体系建设。与此同时，还要认识到，除了基本公共服务体系之外，专业公共服务、市场主导性公共服务以及高端的城市公共服务也不可忽视。所以，在推进电视公共服务体系建设过程中，要坚持两条腿走路，既要调动一切资源大力推进电视基本公共服务的落实，又要在产业化与市场化道路上，利用数字技术、网络技术与信息技术等新技术，使专业电视公共服务个性化、特色化，满足各个阶层人民生活的需要，丰富人民的精神文化生活。①

（五）电视公共服务与社会治理

从20世纪90年代后期开始，我国电视开始采取事业和产业双轮驱动的发展方式。在确保宣传导向正确的前提下，产业诉求得到了较大的满足，电视的经营性服务得到了较大发展。但是由于产业发展过快，原先供给较为稳定的各类电视公共服务不同程度地受到忽视，从而导致事业发展不足。在受众意识上，广大观众真实需求被无视或者被误导，得不到合理的、合情的、合适的表达和反映；相反，取而代之的是商业的、广告的利益诉求表达越来越有恃无恐，越来越无孔不入。在艺术价值表达上该普及的失去了声音，在审美追求上该提高的却被降低。以电视综艺节目发展为例，近些年来，先是选秀节目扎堆，随即是荧屏“齐声把歌唱”，随后亲子类、喜剧类、文化类节目又出现了井喷之势，由此出现的感官“快感”置换了艺术的“美感”，同质化传播消解了电视文化的深度，造成了节目资源的浪费和受众的审美疲

① 张国涛：《广播电视公共服务的基本内涵》，《现代传播》（中国传媒大学学报）2008年第1期，第120～121页。

劳等问题。[①]这些问题直接或间接影响到社会治理的效能。

不过，近些年出现的问政类节目基于电视传播面广、可视性强、节目类型多样等特点，将参与社会治理的环节前置，不再充当客观事实的陈述者，而是转变身份为社会治理的切实参与者，为参与社会治理的各群体提供了一个对话协商的平台。电视问政类节目通过协商对话，让社会各利益群体都能充分表达自身的利益诉求，以此来凝聚共识，寻找效率最大化的社会矛盾解决途径。

二　电视公共服务方式的现代化：以对农电视为例

党的十九大报告明确指出，要完善公共文化服务体系，深入实施文化惠民工程，丰富群众性文化活动。电视公共服务供给的一个重要原则就是分类提供，加强供给的针对性、有效性，因此做好农村地区电视公共服务的分类提供工作，是推进公共服务的基础性工作。基本公共服务的目标是“均等化”，“均等化的本质是通过某一个层面的结果平等来达到机会的均等，公民不因性别、年龄、民族、地域、户籍而受到不同的待遇”[②]。

基本公共服务面向所有公民，可以满足公民生活与消费的基本需要，其性质是公益性、普惠性、公平性，即任何一个公民在自愿的情况下都可以享受服务。电视基本公共服务也是面向所有公民，满足公民的基本视听权益需求，即提供以知情权为核心的与公众利益相关的新闻资讯与社会文化信息服务。实现基本公共服务均等化，不仅是电视事业的发展目标，更应成为各级文化部门、传媒机构的价值观。[③]达成基本公共服务均等化的目标，需要考量群体的普遍需求，更要考虑不同群体的差异化需求，尤其是要考虑农村地区人群差异化需求。

（一）农村地区电视公共服务与对农电视

尽管改革开放在40余年中取得了巨大的成就，中国城乡二元分割的

---

① 谷疏博、常瑞：《电视艺术的原初视野与当下审视——基于艺术场视角的考察》，《当代电视》2018年第9期，第73页。

② 刘尚希：《基本公共服务均等化：目标及政策路径》（上），《中国经济时报》2007年6月12日，第8版。

③ 张国涛：《广播电视公共服务的基本内涵》，《现代传播》（中国传媒大学学报）2008年第1期，第120页。

格局仍然没有根本改变，电视公共服务体系建设必须充分考虑到这一客观现实，因此在建设过程中有必要将其分为对农电视公共服务与对城电视公共服务，这样至少可以在推进基本公共服务均等化进程中准确地找到重点。在此基础上，电视生产制作和传输传播部门可以依据对象的不同，进行有针对性的生产和传播，实现电视公共服务的对象化。

以北京市为例，在“村村通”工程基本完成后，北京市城区可以向每个家庭提供40余套节目，而农村尤其是远郊山区在目前技术设备条件下只能保证传输8套节目，基本满足农民的精神生活需要。在目前情况下，实现“城乡大同”显然还不太现实，这种情况也为电视下一阶段工作指明了方向，即在网络建设上要大力加强农村公共服务，分阶段缩小城乡之间的差距，从而逐步推进电视基本公共服务的“均等化”。这既体现了公共服务扶助贫弱、促进社会公平的基本原则，也是全面构建和谐社会的必需之举。而在基本公共服务已经到位的城市区域，电视完全可以引入市场竞争机制，大力发展个性化、专业化、高端化的电视服务，满足城市居民多层次、个人化的精神文化需求。①

（1）对农电视节目的内涵和特点。对农电视节目是对农村广播、对农村电影的延续。在电视出现之前，对农宣传的任务主要集中在报纸、广播媒体上。以中央人民广播电台的《对农村广播》为例，直到今天，《对农村广播》还以不同的节目形式保留着。由此可见，《对农村广播》不仅仅是一个广播节目而已，它受到党和政府的高度关注，有很强的政治意义，是对农宣传的重要力量。在电视出现或者是具有一定的社会影响力之前，电影在对农宣传上也起着重要的作用，中国农业电影电视中心的发展历程最能说明这个问题。从《对农村广播》到农业电影的发展，我们可以清晰地发现，对农宣传始终是党和政府的一项重要工作，是每个媒体的重要职责。可以说，对农电视节目就是对农宣传在电视媒体中的显现。与对农村广播和对农村电影相比，对农电视节目因为其电视媒体特性又具有更多的优点，因此在对农宣传中处于重要地位。

电影媒体在对农宣传中扮演着重要的角色，但是也面临如下问题。首先是经济支付问题，这个经济支付分为两个部分，一是制作的经济支

---

① 张国涛：《广播电视公共服务的基本内涵》，《现代传播》（中国传媒大学学报）2008年第1期，第120页。

付，二是受众的经济支付。一部电影的制作投资要远远多于一期电视节目的制作投资，而对于经济能力相对较弱的农村、经济收入水平相对低下的农民来说，看电影是一件很奢侈的事情。其次是接受能力问题，看电影需要有基本的理解能力，而农村受众的文化水平有限。最后是接受环境问题，电影的放映需要基本的场地、环境和时间，对于农村来说，不可能建设那么多的电影院，日出而作、日落而息的生活习惯也使电影观赏成为偶尔的调剂，而不可能是日常生活的一部分。广播在对农宣传中拥有很多优点，如制作成本低、传播范围广，便于接受，受时间、空间的制约少，等等。也正因如此，对农村广播曾经在对农宣传中起到十分重要的作用，受到党和政府的高度重视，这在上文中有所阐述。但将广播媒体与电视媒体相比，电视媒体的声画并茂、形象生动、通俗易懂、直观具体、视听兼备等优势又是广播媒体无法比拟的。因此，对农电视节目是对农宣传中的中坚力量。

对农电视节目的基本特性有服务性、公益性、对象性，其中，对象性是对农电视节目生产的起点，也是其接受的终点。对农电视节目的对象性贯穿于节目生产的全过程，并以其对象的最终接受为旨归。在对对农电视节目对象性的把握中，传统的认识常常有两个误区：一是简单地认为对农电视节目的对象性只体现为在节目生产端有“三农”内容；二是将对农电视节目的受众对象绝对化，认为对农电视节目就是播给农民看的。随着电视观念的更新，我们对对农电视节目对象性的把握应该更全面。

“三农”不仅是生产对象，也是传播和接受对象。农业、农村、农民不仅是对农电视节目内容生产的一个重要组成部分，更重要的是它们是传播和接受对农电视节目的对象。一般的观点认为，只要有牵涉到农业、农村、农民的内容就算是对农电视节目，这种观点错误就在于，把对农电视节目的对象性仅仅理解为节目生产的对象性。如果说电视节目内容中出现与“三农”有关的内容就被界定为对农电视节目的话，那对农电视节目的定义就太过于宽泛和不严谨。由于中国电视节目传播和接受的观念的不成熟，在相当长一段时间里，对农电视节目只是被看作内容生产方面与“三农”有关的一种节目。对农电视节目一旦被生产出来就等于是任务完成，至于播出时机、时段的选择，观众的接受能力、接受条件根本不在考虑范围之内。这样的对农电视节目可以说是伪对农电视节目，或者对农电视节目的半成品，根本上说，只是一个拥有农民脸谱的、贴着“三农”标签的电视节目。真正的对农电视节目，不仅在生产端要考虑农村受众，在传播和接受端也都要考虑到农村受众，也就是把农村受众的兴趣爱好、农业文化生活的特点、农村的现实情况统统考虑在内。

对农电视节目的对象性的明确对于对农电视节目的生产、传播和接受都是一个有利条件，可以避免一些不必要的浪费和盲目行为，但处理不好的话，这种预设的对象性就像紧箍咒一样，会对对农电视节目的生产、传播和接受产生束缚。本书认为，对于对象性我们最好灵活把握，不能把对农电视节目的对象绝对化，认为对农电视节目的观众只是农民。具体的原因有以下四点。

第一，受众是个相对模糊的概念，受众不能控制，只能虚拟，因此受众通常被称为目标受众，这种定位是有一定假设性的，因为目标受众是电视节目创作者、传播者的一种预设。传播效果和预想的结果可能重合但也可能存在巨大的差距。从这个意义上说，电视受众本来就是一个模糊概念，而不是确定概念，这为对农电视节目受众的大众化提供了理论上的可能性。

第二，对农电视节目观众不排斥城市观众。事实上，农村受众不一定就喜欢看对农电视节目，对农电视节目的观众也不一定就是农村受众。在一些地区，农村受众根本就无法接收到有效的对农电视节目传播信号，因此对农电视节目传播就很难有效果。对农电视节目一旦播出，就成为一种信息，由于对农电视节目存在于开路频道、卫星频道、公共频道，这种信息是公开的，也就是说，任何一个观众都有可能接收到这个信息。因此，这又为非农民电视观众收看对农电视节目提供了现实上的可能性。

第三，对农电视节目首先是电视节目，电视节目的最基本属性是大众性。因此，对农电视节目并不应在根本上拒绝非农民观众。再说，城市观众也并非不喜欢对农电视节目，“三农”问题已经成为社会的焦点，从某种意义上讲，跟任何人都有着间接或直接的联系。这又为城市观众接受对农电视节目提供了心理上的可能性。

第四，对农电视节目观众的扩大化有利于对农宣传目的的实现，最终的受益者是“三农”。《中国新闻周刊》的主题词是“影响有影响力的人”，正如这句话所说，“三农”最需要的就是整个社会的关注，因此对农电视节目要尽可能“影响有影响力的人”，这种影响就不仅局限于农民本身，而是涉及全社会。

例如，农村题材电视剧《丹湖边的乡亲们》讲述了丹湖边楚王庄的一对青年农民楚暖暖和旷开田，在追求自由爱情、追求幸福生活、成就一番事业的过程中发生的曲折感人的故事。该剧在主题上体现了主旋律，反映了新时代农民在建设社会主义新农村、致富奔小康、创造新生活的过程中敢于向传统的封建意识、小农意识、官僚意识等旧观念、旧思想提出挑战的勇气，也反映了新时代农民以及村干部们在新农村建设、城市化进程中敢于与种种违法乱纪行做斗争的勇气，思想内容正面、积极，有一定的教育意义和启发意义。该剧较为成功地塑造了勇敢、乐于创新、勤劳、积极向上的新时代优秀青年农民形象，如楚暖暖、九鼎、旷开田等，也很好地塑造了代表传统顽固势力的人物如村主任詹石蹬、代表唯利是图的资本家的人物如薛总。在情节设计上，该剧抓住了善与恶、美与丑、落后与先进、愚昧与开放等多种矛盾与对立，人物的经历丰富，该剧因此获得了较高的关注度。

（2）农村地区电视公共服务供给与对农电视节目传播困境。电视内容生产与供给是电视的核心竞争力来源，也是电视公共服务的重要支柱。作为一种精神产品，电视公共服务最终要表现为通过节目、栏目和频道播出的具体内容。当前，从中央电视媒体到省级电视媒体等各地方电视媒体，都在围绕电视公共服务做文章，然而哪些电视内容属于公共服务产品，这些电视内容的传播效果和接受效果又是怎样的?

在内容生产方面，生产内容样态不清晰。生产播出机构对于农村地区电视公共服务内容生产的分类、定位不明确，在承担公共服务责任中的权利义务也不清晰。整体而言，无论是在数量还是质量上，对农电视节目生产都没有使其公共服务功能发挥得到很好的保障。在传播方面，对农电视传播效率不高，也很难吸引观众。传播效果不好已经成为对农电视节目存在的一个重大问题，具体来说就是受到时代性、时尚性、时效性、时机、时段的制约。[①]

第一，时代性的缺失。目前的对农电视节目，更多的还是关注农业科技传播和致富信息传播，这些信息传播往往容易与时代脱节，不能很好地

① 《2002年全国电视观众抽样调查新闻发布会召开》，央视网，http://www.cctv.com.cn/lm/148/111/74460.html，最后访问日期：2018年5月10日。

体现时代精神、表达时代要求。一般来讲，这种时代性往往体现在对农电视新闻节目里，但是与农业、农村、农民相关的重大新闻节目数量却非常有限。自从《农业新闻》因为末位淘汰制而退出荧屏以后，农业新闻就只是作为对农栏目里面的一个小版块而存在。而且，与“三农”相关的重大新闻信息资源，还被中央电视台的新闻频道、新闻栏目、新闻节目，省级电视台的新闻栏目、新闻节目占去。

第二，时尚性的缺失。时尚是一种潮流，在一定程度上讲就是一定时期内人们审美文化的追求。从消费角度上讲，它是人们的精神产品需求。“爱美之心人皆有之”，农村的农民亦有自己的时尚追求。而目前的对农电视节目往往把对农电视节目观众定位在一个“土”字上，完全不顾他们的兴趣、爱好，或者是把他们的兴趣、爱好看得过低。

第三，时效性的缺失。由于制作成本、创作人员积极性的限制，对农电视节目的制作周期总是拉得过长，这样节目的时效性势必受到影响。一些科技信息没有很好的时效性，就有可能是无效传播，因为农业生产有明显的季节性。一些致富信息没有及时有效地传达到观众那里，同样是无用信息，不仅没有价值甚至还有可能产生负面效果，比如一些过时的农产品市场需求信息可能造成农民损失。

第四，时机掌握得不好。农业生产有它固有的自然规律、地域规律，不同的季节、不同的时令、不同的节气对于农业生产来说意味着不同的任务。因此，对农电视节目播出一定要掌握好这个时机，不能盲目播出。

第五，播出时段不好。农村的收视习惯有农村的特点，农民习惯于日出而作、日落而息的农耕生活，不可能像城市人口那样有很长的夜生活时间，因此农村收视的黄金时段也与城市不相同，所以安排在早间和晚间（21：00之后）的节目对于农村观众来说基本上就等于不存在，但遗憾的是还有部分对农电视节目由于收视压力被安排在不适合农村观众收看的时段。

另外，对农电视传播还存在传播硬件“不硬”的问题，也就是农村电网的基础设施建设还比较落后。可喜的是这个问题已经引起了党中央和政府的高度重视，推动了“村村通”工程的实施。

当前的电视从业者大多身处城镇，文化、收入也通常处在社会的中上层，这使得电视从业者习惯于用自己的理解来臆测社会其他层面人群的需求，而不是真正对各种人群真实的需求“感同身受”。例如，人们常常呼吁电视要符合平民的欣赏需求，要为平民提供他们喜闻乐见的电视节目，很多人进而认为充斥电视荧屏的“皇帝”“格格”“老板”远离人们的现实生活，与平民的实际生活需求无关、与平民的审美认同需要背离，不是普通人喜闻乐见的。但是，如果细心观察我们就会发现，街头小餐馆、杂货店、发廊里的服务员、小店主最喜欢看的恰恰是讲皇帝格格、豪门恩怨的电视剧，而未必喜欢看下岗工人的酸甜苦辣。究其原因，后者的内容离他们艰辛的真实生活太近，不但不能给他们提供逃避现实生活重压的空间，反而会一再刺激他们联想现实生活中自己真正的烦恼、压力与苦难，从中不但得不到休闲放松，反而会受到刺激，人们出于自我保护的需要就会排斥这样的电视作品。相反，那些离现实生活遥远的豪华场景，可以为电视机外的普通观众提供一个真实的幻境，让人们从中得到娱乐、休息，缓解现实生活中的压力。所以，精英知识分子常常指责的作品中出现的别墅豪宅、酒店宾馆、高档写字楼与娱乐会所场景虽然脱离现实，却恰恰是无缘于这些豪华场景的普通受众好奇、向往的，能满足很多普通受众借以代入的真实需要。而认为只有真实反映社会底层生活的作品才能够得到处于底层的弱势群体真实的喜爱，才能称得上“贴近群众”的推断，是站在精英立场做出的，很多时候只是电视制作者自身所处的社会中产阶层的良好愿望，而与平民的真正需求有一层隔膜。

正是这种隔膜，导致电视传播者自认为关心农民实际需要的对农电视节目不受农民的喜爱，而《乡村发现》《金土地》等具有娱乐元素的对农电视节目反而能够得到相当一部分农民和城市居民的喜爱。电视节目主要内容没能真正传达给自己的目标受众，反而被目标受众之外的受众接受，这种情况看似是一种电视接受错位，实际上是没有真正掌握电视受众的需求，是创作定位不准确。

（二）乡村传播与对农电视

“乡村兴则国家兴，乡村衰则国家衰”，乡村振兴是新时代实现国家富强和民族振兴的重要途径。对农电视是促进乡村发展、实施乡村振兴战略的重要力量。乡村传播狭义上是指将新技术、新产品、新思想及其价值观念向乡村社会普及，其所依托的媒介包括大众媒介、人际传播媒介、组织传播媒介、群体传播媒介等；[①]广义上是对乡村社会内部、乡村社会与外部

① 李红艳主编《乡村传播与农村发展》，中国农业大学出版社，2007，第2页。

社会之间的传播现象的总称，[①]包括乡村社会的传播类型、传播模式、传播效果、传播者、受传者以及与乡村社会发生信息交流的传播活动。[②]当前，随着乡村社会环境和信息传播生态的变化，乡村传播的功能边界也在发生变化，对农电视作为乡村传播重要的组成部分，对维持乡村传播的格局有重要作用。

（1）乡村治理背景下对农电视节目的功能转型。乡村振兴战略的大力推进、基于技术融合的融合媒体的出现、[③]新型乡土社会结构的变化，是当前乡村传播创新发展和功能转型的重要时代背景。充分认识当前面临的新环境、新机遇与新挑战，对有效发挥乡村传播功能具有重要意义。

乡村振兴战略的实施为对农电视节目功能转型提供了新的政策背景。乡村振兴战略是党的十九大提出的重大战略，其实施是推动我国从农业大国向农业强国迈进的重要举措。乡村发展与振兴离不开对农电视节目，其在助力农业发展、提高农民素养、传播乡村文化、服务百姓生活、促进社会治理方面发挥着重要作用。乡村传播建设是美丽乡村建设的重要组成部分，乡村信息传播能力直接关系到乡村现代农业发展、农民文化和科技素养提升以及乡村科学有效治理，[④]是乡村振兴战略实施的重要推动力。而乡村振兴战略从经济、社会、生态、文化等多个层面推进乡村发展，一方面为乡村传播功能转型提供了新的政策环境，另一方面对乡村传播提出了全新要求。

县级融媒体中心建设为对农电视节目功能转型提供了新的媒介环境。2018年，习近平总书记在全国宣传思想工作会议上提出，“要扎实抓好县级融媒体中心建设，更好引导群众、服务群众”[⑤]。县级融媒体中心建设是我国媒体融合战略进入新阶段的重要体现，是打通党和人民群众信息沟通“最后一公里”的迫切需求。县级媒体是乡村传播的重要主体，县级融

① 李红艳：《乡村传播学》（第二版），北京大学出版社，2014，第5页。

② 李红艳：《认识与深化乡村传播研究》，《北京观察》2006年第7期，第52页。

③ 廖祥忠：《从媒体融合到融合媒体：电视人的抉择与进路》，《现代传播》（中国传媒大学学报）2020年第1期，第4页。

④ 凌云：《5G时代乡村振兴战略背景下农村信息传播主阵地探究》，《新闻爱好者》2019年第12期，第89页。

⑤《举旗帜聚民心育新人兴文化展形象 更好完成新形势下宣传思想工作使命任务》，《人民日报》2018年8月23日，第1版。

媒体中心建设将助力乡村传播作用的全面发挥，提升其传播力和服务力。《数字乡村发展战略纲要》的进一步实施，将不断推动乡村宽带通信网、移动互联网、数字电视网和下一代互联网的发展，加快乡村信息基础设施建设。当前我国不断推进人工智能、大数据、云计算等新型基础设施建设，也将为乡村传播的创新发展提供有力的技术支撑。①

新型乡土社会结构为对农电视节目功能转型提供了新的社会文化环境。一方面，城镇化进程加速了乡村社会的空心化趋势，带来了乡村传统文化传承的断裂和乡村文明的逐渐衰落，对传统的乡村社会结构产生了革命性的影响；另一方面，随着互联网、新媒体等发展，新型民间组织和乡村虚拟网络组织不断出现，逐渐形成基于互联网的“新型乡土社会”。②在新型乡土社会结构中，以往“村”的结构与“人”的交往方式被打破，微信、抖音、快手等新型社交媒体的使用推动了村民的自组织化行为，③自发组织的网络社群成为村民日常交流和沟通的重要平台。传播技术的发展推动了社会结构的变化，而社会结构的变化又带来了传播结构和功能的变革与重塑。

（2）乡村振兴战略下乡村传播功能的重新定位。社会是经传播而形成的社会关系的总和。④乡村传播对乡村社会的形成和发展起到了重要的推动作用。它是乡村了解外部世界的重要手段，是协调乡村社会内部关系的重要方式，是推动乡村社会发展、促进乡村文化传播和服务乡村百姓生活的重要力量。乡村社会结构自身的变化以及面临的媒介类型、传播模式、传播效果、传受主体等的变化，对乡村传播功能转型提出了新的要求，在这种形势下，对农电视要发挥好乡村传播传统文化重要载体平台的作用，同时要加强互联网思维运用，以全新的传播理念、多元的传播手段来提升乡村传播效能。具体措施主要包括下面几点。

第一，传播乡村优秀文化。乡村是我国传统文化的发祥地，也是现代

---

① 许可、梁刚建：《“四全媒体”视域下县级融媒体中心的创新路径》，《传媒》2020年第17期，第70～71页。

② 冯广圣：《互嵌与协同：社会结构变迁语境下乡村传播结构演变及其影响》，《南京林业大学学报》（人文社会科学版）2020年第2期，第101页。

③ 卫欣、王国聘：《对农传播与自组织化：复杂网络环境下的社会结构研究》，《学习与实践》2016年第6期，第91～92页。

④ 费爱华：《乡村传播的社会治理功能探析》，《学海》2011年第5期，第100页。

文化的根基。习近平总书记强调，乡村文明是中华民族文明史的主体，村庄是这种文明的载体，耕读文明是我们的软实力。[①]传承乡村优秀文化、充分发挥乡村文化功能，是促进乡风文明建设、推动乡村社会经济发展、实现乡村振兴的重要保障。而对农电视正是传播乡村优秀文化并充分发挥其功能的重要载体。乡村文化传播是指乡村文化——传统文化、群众文化和大众媒介文化的传播实践。[②]涉农电视剧、纪录片等是乡村文化的重要传播形态，在乡村优秀文化的传播传承方面发挥着重要作用。在融媒体环境下，乡村优秀文化传播的形式不断丰富，H5网页、动画、表情包等都成为乡村优秀文化传播的新形态。短视频、直播等新型视听形态更是以其极强的直观性、自由性、互动性和开放性等特征创新了乡村文化传播形式，使得乡村文化的传播内容更加生动、传播形式更加丰富多元，扩展了乡村文化传播的范围，增强了乡村文化传播的效果。借助短视频和直播，乡村的每个个体都可以成为乡村文化的承载者和传播者，真实的乡村生活和质朴的乡村文化被直观生动地传播开来。

第二，服务乡村百姓生活。通过大众传播，村民知晓国家最新政策方针，观看文化娱乐节目，获得生活所需知识。其中，对农电视是乡村百姓获取信息、获得知识的重要渠道，是丰富其精神文化生活的重要手段；通过组织传播，村民了解乡村，接受农业相关专业技能培训，获取专业知识，提升个人专业水平；通过人际传播，村民建立个人社会关系，满足日常情感需求……乡村传播渗透到乡村社会的方方面面，是乡村百姓生活的重要服务者。随着新技术的发展，乡村传播的服务功能呈现多元性、丰富性和精准性特点。从广播电视“村村通”工程到“数字乡村”工程，国家不断完善乡村信息基础设施，为乡村传播提供了坚实的物质基础和技术基础。尤其是县级融媒体中心的建设，进一步增强了乡村传播的服务功能。借助融媒体平台，村民不仅可以随时随地获取信息，开展文化娱乐活动，还可以在线处理日常事务，如生活缴费、就医预约等，村民衣食住行的需求可以得到一站式满足。融媒体环境下，新兴媒介的嵌入和融合，不断提

① 中共中央文献研究室编《十八大以来重要文献选编》（上），中央文献出版社，2014，第605～606页。

② 沙垚：《乡村文化传播》，《新闻与传播研究》2015年第12期，第106页。

升乡村信息传播效率，增强互动体验。[①]

第三，积极参与乡村治理。人们通过传播建立关系，借助关系形成社会并维持秩序。不同的传播类型，在乡村社会关系的协调方面发挥着不同的功能。大众传播中，对农电视是村民与村民、村民与村干部、村民与外部世界建立关系的重要渠道。2020年新冠肺炎疫情期间，电视媒体发挥了巨大的作用，在一定程度上阻止了村民外出，有效遏制了乡村疫情的扩散。乡村组织传播是维持乡村社会秩序的重要手段。乡村人际传播是乡村各种社会关系得以形成和运行的纽带，是村民参与乡村公共事务的重要方式，[②]乡村长老、致富带头人等意见领袖在传播乡村信息和协调乡村关系方面发挥着重要作用。当前，信息技术和智能移动终端不断普及，新型媒介逐渐嵌入乡村媒介生态之中。乡村根据血缘、地缘、熟人关系或者工作需要，在微信、QQ等社交媒体平台上构建了全新的生活空间，微信群成为乡村信息传播和交流沟通的重要空间。短视频、直播等新型传播形态也为村民的交流互动提供了新的场所，其互动体验更加直观，互动方式更加丰富多元。随着县级融媒体中心建设的不断推进，乡村传播的服务功能进一步增强。乡村地区融媒体平台可为村民提供及时便捷地向上级部门反映社会问题、发表意见、提出建议的渠道，促进社会关系的协调发展和社会的有效治理。

（三）融媒体环境下提高对农电视节目认同度的路径

当前对农电视节目具备发挥多元功能的基础和条件，但整体上节目发展在渠道平台、基础设施建设、人才资源、受众媒介素养等方面还存在短板。在此背景下，全面分析对农电视节目存在的问题和面对的挑战，寻求提高其认同度的最优路径，具有重要的现实意义。

（1）加强对农电视节目传播渠道建设，提升引导力。受体制机制、技术、人才、资金等多方面因素限制，我国对农电视节目传播渠道建设速度与服务乡村发展力度的不平衡现象较为显著。以县级融媒体中心建设为

---

① 公丕钰：《数字媒体环境下参与传播理论及实践价值的在地化探索——基于对清远市“乡村新闻官”制度的考察》，《当代传播》2019年第6期，第71～72页。

② 费爱华：《乡村社会日常人际传播及其社会功能》，《湖南农业大学学报》（社会科学版）2016年第4期，第35页。

例，虽然建设县级融媒体中心已经成为重要的国家战略，国内多家县级媒体也纷纷进行融合转型的探索，出现了以长兴县融媒体中心为代表的成功案例，但整体上县级融媒体中心建设依然处在初级阶段，多数还未真正投入使用，有些还存在各种媒体“貌合神离”的情况。短视频、直播等新型传播方式也逐渐引起涉农媒体、基层政府的关注，但因对新渠道认识不足、人手有限或缺乏运营能力等，对农电视节目对新型传播方式的利用受到了很大限制。加强新型信息传播渠道建设、抢占村民信息获取的主要渠道地位，是提升对农电视节目引导力的关键所在。人民群众在哪里，新闻舆论阵地就应该在哪里。因此，对农电视节目要加强渠道建设，尤其是县级融媒体平台要实现广播、电视、微信、微博、客户端等多个渠道的融合发展，并借助大数据挖掘与分析等新技术，深入了解村民需求，增强平台的互动性，为村民提供衣、食、住、行、医、教等的全方位、一站式服务，增强信息传播的服务性和引导性。

（2）推进对农电视节目基础设施建设，提升辐射力。信息基础设施建设是对农电视节目传播的基础保障。虽然我国移动互联网的覆盖率和移动终端的普及率逐年提高，但是部分偏远山村的信息基础设施和公共文化服务设施依然较为落后，无法有效满足村民信息获取和文化娱乐的需求，这一问题在2020年新冠肺炎疫情期间得到更加清楚的显现。要依托乡村振兴战略和新型基础设施建设，不断完善农村信息基础设施，扩大和提升信息辐射范围和传播效率，以更好地满足村民精神文化需求，[①]增强农村地区电视基础设施的升级改造，加快农村宽带通信网、移动互联网、数字电视网和下一代互联网的布局和发展。

（3）注重对农电视节目人才队伍建设，提升竞争力。新兴传播媒介和传播技术的发展日新月异，这给对农电视节目人才的培养带来了极大的挑战。当前，对农电视节目人才，尤其是县级电视媒体中的人才老龄化现象严重，部分人员还对新媒体存在偏见。一方面，人才观念和能力无法跟上媒体发展的速度；另一方面，因人才聘用和培养机制以及资金等方面的限制，难以引进具有新媒体思维、掌握最新技术的人才。同时，乡村基层干部对媒介素养的重视程度不够，无法有效利用新媒体推进对

① 毛薇、王贤：《数字乡村建设背景下的农村信息服务模式及策略研究》，《情报科学》2019年第11期，第119页。

农电视节目传播。媒体竞争的关键是人才竞争。要基于当前融媒体发展特征和需求，增强对农电视节目创作者的专业能力和服务意识，努力生产出符合媒体融合发展趋势、满足村民需求的对农电视节目内容，不断创新信息传播形态，增强信息传播的趣味性和互动性。[①]乡村基层干部和乡村致富带头人等是推动对农电视节目传播的重要主体，这部分人要深入了解乡村现状和村民需求，不断提高使用新媒体的能力，提升信息传播专业素养，从而充分发挥乡村意见领袖的作用，提高主流声音的影响力和引导力。

（4）提高对农电视节目传播对象媒介素养，提升理解力。当前，互联网尤其是移动互联网的快速发展改变了乡村传播的主体关系，村民既是信息传播者也是信息接受者。但和城市居民相比，村民的媒介素养水平较低，部分偏远地区的村民甚至不会使用新媒体，这无形中加深了城市和乡村地区的信息鸿沟。[②]同时，信息传播门槛的降低，使每个人都成为信息的传播者，易导致虚假信息的泛滥，媒介素养较低的村民因无法有效判断信息的真实性而可能成为虚假信息的传播者和受害者。因此，涉农媒体、乡村基层组织可通过线上线下相结合的方式向村民开展媒介素养教育，一方面提高其新媒介使用能力和信息理解力，另一方面提升其对信息真实性的判断力，从而助力对农电视节目乡村传播功能的有效发挥。[③]

三　电视公共服务对象的精细化：以少儿电视为例

教育是立国之本，其中以青少年的教育最为重要。因此少儿电视的公共服务也具有特殊的意义。

（一）中国少儿电视的发展历程

1958年，中国电视诞生之初就有针对少儿的木偶剧、动画片。关于我国少儿电视节目的分期，有人认为可以分为零星化阶段（1958～1980年）、

---

① 陈雪：《乡村振兴战略背景下乡村传媒发展新思路》，《乡村科技》2019年第11期，第18～19页。

② 侯煜、杜仕勇、刘迅：《乡村治理视角下欠发达乡村村民媒介素养研究》，《四川理工学院学报》（社会科学版）2019年第6期，第45页。

③ 周建新、包圆圆：《融媒环境下乡村传播的功能转型及其路径创新》，《现代出版》2021年第1期，第60页。

正常化阶段（1981～1991年）、栏目个性化节目精品化阶段（1992～2002年）、频道专业化阶段（2003年至今）四个阶段，[①]有人认为可以分为节目时代（1958～1999年）、频道时代（2000～2008年）和新媒体时代（2009年至今）三个时代。[②]类似的分期表述还有很多，如用起步、探索、发展、繁荣等常规的事物发展历程的阶段来概括。

回顾中国少儿电视60多年的发展历程，同样可以根据其特征来对这一段岁月进行三个阶段的划分，即以20年左右为一个阶段，以“宣传品”为主导的阶段指的是1958～1977年，以“作品”为主导的阶段指1978～1998年，以“产品”为主导的阶段指的是1999年至今。在这三个不同的历史阶段中，中国少儿电视面临的时代环境不同，承担的功能、角色和内容生产的方式、方法、特点也各异。

（1）以“宣传品”为主导阶段的中国少儿电视。1958年5月1日19时，我国第一座电视台——北京电视台开始试验性播出，这一次播出的有北京舞蹈学校演出的舞蹈《四小天鹅》《牧童与村姑》等。从节目内容本身看，这些节目可以称为我国少儿电视节目的雏形。同年5月29日，电视节目木偶剧《两个笨狗熊》播出；6月15日，我国第一部电视剧《一口菜饼子》直播成功；9月，第一个少儿电视专栏《少年儿童节目》正式播出。由此可见，少儿电视节目在中国电视早期就作为十分重要的内容开始发展，1978年以前，中国电视荧屏上已经出现了种类丰富的少儿节目，包括少儿新闻节目如《少先队号角》以及其他的与少儿相关的新闻报道，少儿文艺节目如《小朋友》《红小兵音乐舞蹈》《革命传家宝》，少儿科教节目如《好朋友——书》《聪明的机器人》《万能的手》，少儿电视剧如《刘文学》《校队风格》等多种节目类型。“文革”时期，少儿电视节目受到了强烈冲击，几乎处于停滞状态，大多数节目停播。这一时期拍摄的少儿纪录片有《革命精神代代传》《户县少年爱画画》《大轮船来了》等。概括而言，以“宣传品”为主导阶段的少儿电视主要围绕党和政府的中心工作来组织、开展宣传，承担的是“宣传教化”功能，正如有观点认为的那样，“建立在社会主义政治体制背景下的中国电视，从一开始就奠定了其特殊

① 余培侠：《我国少儿频道的现状与发展策略》，《电视研究》2006年第6期，第10页。

② 张娣：《童年的“消逝”与“绽放”——近30年中国少儿电视研究》，博士学位论文，山东大学，2017，第74页。

的重要地位——党和政府的喉舌和宣传工具"[①]。从节目内容分析，少儿电视节目的电视主体性还没有获得完全独立，更多的还是对报纸、电影、文学、舞蹈、美术、戏剧等的一种学习、模仿和借鉴；此外，少儿电视的儿童主体性也没有得到完全独立，因为出于宣传的需要，这些节目更多的还是站在成人化视角，或者是持成人世界改造式、宣教式的语态和语气，所以很多节目显得严肃有余而活泼不足，说教有余而娱乐不足。[②]

（2）以"作品"为主导阶段的中国少儿电视。1978年，党的十一届三中全会召开，全国上下解放思想、实事求是，国家工作重心转移到经济建设上来。一方面，在改革开放的大背景下，随着进口电视机的涌入和国产电视机产量的增加，中国电视事业发展的硬件问题得到了解决。"1980年，电视在中国的大中城市开始深入家庭，走向普及……电视机旁的生活早已作为一种新的生活方式得到了人们普遍认同。"[③]因此，从20世纪80年代开始，中国电视迎来了成熟和快速发展时期，在探索具有中国特色的本土化道路上快速迈开了步伐，[④]逐渐成长为"传播之广、观众之多、容量之大、信息之新、影响之深"[⑤]举世罕见的文化艺术样式，丰富了广大群众的日常文化生活。另一方面，党和国家对儿童工作的重视为少儿电视的发展提供了良好的政治氛围和有力的政策保障。1981年3月，中共中央书记处召开全国儿童和少年工作座谈会，号召全党全社会都来关注少年儿童健康成长。[⑥]

20世纪八九十年代，中国电视处于快速发展时期，许多新的电视观念，如电视纪实观念、电视栏目化观念和电视游戏娱乐观念的更迭推出以及电视节目主持人的出现，[⑦]都对少儿电视节目制作播出产生了重要影响，概括而言体现在以下几个方面。一是少儿电视在电视本体自觉上迈出了

① 刘习良主编《中国电视史》，中国广播电视出版社，2007，第30页。

② 周建新、胡智锋：《中国少儿电视60年的发展路径与理念创新》，《当代电视》2018年第11期，第13页。

③ 苗棣、范钟离：《电视文化学》，北京广播学院出版社，1997，第159页。

④ 胡智锋：《影视文化论稿》，北京广播学院出版社，2001，第185页。

⑤ 张凤铸主编《中国电视文艺学》，北京广播学院出版社，1999，第2页。

⑥ 张娣：《童年的"消逝"与"绽放"——近30年中国少儿电视研究》，博士学位论文，山东大学，2017，第80页。

⑦ 胡智锋：《影视文化论稿》，北京广播学院出版社，2001，第174页。

坚实的步伐，少儿电视节目由直播、录播其他艺术类型到以自制节目为主体，节目内容的专业性、艺术个性、原创性和独特性得到了极大的尊重和肯定。[①]二是少儿电视从中央电视台到地方电视台都得到了高度重视，形成了极大的规模，“1994年，全国有据可查的播出少儿节目的电视台有200余个，约占全国电视台总数（不含有线台）的26.1%。中央和省台、大城市电视台基本上可做到每天下午6：00左右及节假日有少儿节目播出”[②]。三是少儿电视的内容从数量到质量得到大幅提升，从零散化播出到规范性、连续性播出，实现了栏目化，成就了大量独具中国特色的代表性作品，有些被誉为电视“精品”。[③]如中央电视台1985年推出的《七巧板》栏目，这档栏目成为中国少年儿童及家长们非常喜爱的栏目之一，主持人鞠萍也成了中央电视台第一位专职少儿电视节目主持人。再如1993年中央电视台正式播出的《红黄蓝》(后改名为《动画城》)，作为我国第一个国产动画片专栏播出了很多经典的动画片。还有1995年“六一”儿童节中央电视台推出的《大风车》专栏，该栏目整合了《七巧板》《天地之间》《蒲公英剧场》《同一片蓝天》《聪明屋》《和爸爸妈妈一起看》等多个栏目，发展至今已成为我国最具影响力的儿童电视栏目，其中的主持人鞠萍姐姐、董浩叔叔、金龟子、月亮姐姐、小鹿姐姐等成为“80后”“90后”的集体记忆。

（3）以“产品”为主导阶段的中国少儿电视。1999年，南方电视台少儿频道开播，2003年，中央电视台少儿频道成立，从此中国少儿电视进入了频道专业化时期。目前，我国专业少儿频道呈现中央电视台少儿频道、省级卫视少儿频道和地面少儿频道三个层级的分布。截至2014年8月，在中国广视索福瑞媒介研究有限责任公司收视统计涉及的71个城市中，专业少儿频道共有31个，含1个中央级上星频道、5个省级上星频道、16个省级非上星频道和9个市级频道。其中上星频道分别为中央电视台少儿频道、湖南金鹰卡通频道、北京卡酷少儿频道、广东嘉佳卡通频道、江苏

---

① 《解读中国传媒经济理论（三）传媒产业化经营的起步期》，搜狐网，http：//roll.sohu.com/20120331/n339514186.shtml，最后访问日期：2020年5月26日。

② 姚汝勇：《以“儿童本位”理念构建群体守望的精神家园——儿童电视节目创作研究》，硕士学位论文，南京师范大学，2004，第6页。

③ 胡智锋：《中国电视策划与设计》，中国广播电视出版社，2004，第59～64页。

优漫卡通卫视、上海炫动卡通频道。这一阶段中国少儿电视频道专业化的原因有以下四点。其一，20世纪90年代后期，尤其是21世纪以来，随着社会主义经济体制改革步伐的加快、市场经济主体地位的确立，电视市场化程度不断加深，产业化成为少儿电视重要任务，影响着少儿电视创作、传播实践。[①]其二，这20年左右的时间中，观众需求出现了更加细致的分化，进入了需求细分期，少儿电视节目不再是一个笼统的概念，年龄、性别、区域、城乡等都成为影响观众需求与节目定位分化的因素。其三，随着互联网特别是移动互联网高速发展，少儿节目制作、播出尤其是接受环境发生了巨大变化，一大批专业的动画、儿童网站在互联网上应运而生，其中包括专业动画网站、动画门户网站、动漫频道等形式，如悠视网旗下的酷米网、腾讯视频旗下的动漫频道和少儿频道、爱奇艺旗下的国内首个儿童动漫视频移动客户端“奇艺动画片”、中国电信动漫运营中心的“爱动漫”、中国移动推出的手机动漫基地、中国联通力推的“互动宝宝”平台等。其四，少儿电视国际合作和竞争在加剧。“美国尼克罗迪恩儿童频道的开播，掀起了世界各国开通儿童频道的热潮。20世纪末期，英国、法国、加拿大、荷兰、澳大利亚、德国纷纷开设自己的儿童频道。开办少儿电视专用频道已成为国际电视界的一种新时尚。”[②]中国与国际少儿电视媒体的合作也在扩大和深入，如中央电视台分别与澳大利亚广播公司、英国银色之门（Silvergate）媒体公司合作，制作了《神奇山谷》和《海底小纵队》第五季。另外，海外儿童动画网站通过提供同步播出的海外动画作品，成为电视少儿频道的又一有力竞争对手，例如尼克儿童频道与央视网动画频道合作，建立尼克儿童频道中文官方网站，为中国观众提供最全面的尼克儿童频道节目资讯及视频，实现尼克儿童频道最丰富的动画片视频资源全球同步在线观看。

这一阶段少儿电视的竞争环境和竞争格局已经发生了重大变化：从传媒形态上讲，出现了互联网媒体与电视媒体竞相角逐的格局；从国别角度上讲，出现了境内外少儿电视同场竞技的局面；从国内传媒层级上讲，有

① 黄升民：《媒介产业化十年考》，《现代传播》（中国传媒大学学报）2007年第1期，第101～102页。

② 张志君：《呼唤中国的“尼克罗迪恩”——世界各国已建儿童电视频道整体扫描及其对中国同行的启示》，《中国电视》2004年第1期，第14页。

中央电视台少儿频道还有地方电视台少儿频道；从传播方式和覆盖面上讲，有上星少儿频道还有非上星地面少儿频道。受此影响，少儿电视节目呈现的是“产品”特征，其评价标准转换成它的市场价值的实现情况，比如收视率、广告拉动能力或者成本回收能力、市场开发能力，即能否形成产业链、开发出相应的衍生产品、创造出更多的市场价值等。

总而言之，从内容生产的角度，中国少儿电视60多年来的发展脉络是清晰的，即从“宣传品”到“作品”再到“产品”的线条逻辑，在以“宣传品”为主导的阶段是以意识形态宣传为主要目的的，在以“作品”为主导的阶段是以艺术追求为核心诉求的，在以“产品”主导的阶段是以满足观众细分需求为核心功能的。当然，必须说明的是所谓“三品”只是对主导性、侧重性特征的描述，三个阶段并非截然分割和独立。也就是说，时至今日，中国少儿电视的“宣传品”功能和“作品”特质依然存在，只是在内容生产和功能实现的侧重点上不同于以往。[①]

（二）中国少儿电视发展的经验与启示

蕴藏在中国少儿电视60余年发展道路中的是几代中国电视人艰苦的奋斗努力和孜孜不倦的创新，[②]这种奋斗努力的勇气和动力来自体制、机制、思维和技术等多方面的改革，这种敢于创新和善于创新的活力及智慧离不开心态、胸怀、视野与观念等全方位的开放。而改革也好，开放也罢，中国少儿电视对本土化方向的坚持、高度的媒体责任自觉、回归儿童本体的创新理念始终没有变化。

（1）中国少儿电视本土化的经验探索。中国少儿电视的本土化发展方向，即植根中华大地、中华民族和中华优秀传统文化，不断回应和满足中国广大少儿及家长越来越丰富和高水平的审美需求，以我为主，不忘本来，着眼未来，具体体现在价值观念、资源开发等层面。[③]在以“宣传品”为主导阶段，从早期儿童题材、主题内容的电视直播播出，到革命主义、

① 周建新、胡智锋：《中国少儿电视60年的发展路径与理念创新》，《当代电视》2018年第11期，第14页。

② 胡智锋、周建新：《从“宣传品”、“作品”到“产品”——中国电视50年节目创新的三个发展阶段》，《现代传播》（中国传媒大学学报）2008年第4期，第1页。

③ 胡智锋：《新环境下中国电视的发展与创新空间》，《新闻与写作》2018年第3期，第23页。

爱国主义、英雄主义主题的少儿电视的制作播出；在以“作品”为主导阶段，从探索丰富多彩的贴近少儿心理和社会化需求的少儿动画、少儿新闻、少儿纪录片、少儿文艺表演、少儿电视剧，到创建覆盖全国、富有特色的涵盖各种品牌性少儿电视节目、少儿电视专栏、少儿动画剧场、少儿电视专题晚会的少儿电视节目体系；在以“产品”为主导阶段，从专业化少儿电视频道的纷纷亮相和少儿电视市场需求的多样化，到少儿电视节目的多屏互动、多渠道播出、全球化加速：这些无不体现出中国少儿电视在本土化发展中的进步。

由此可见，中国少儿电视一以贯之的价值理念是“自觉依托我们的国情现实和社会现实来展现中国精神、体现中国思想、表达中国立场”[①]，为中国少儿及家长提供精神家园，同时也为全世界提供具有“东方价值、东方韵味、东方智慧”的节目内容。资源开发方面，从早期塑造儿童英雄、宣传儿童革命英勇事迹的《刘文学》（少儿电视剧）、《我爱北京天安门》（少儿文艺节目）、《红小兵》（少儿专栏），到一批具有中华传统文化特色韵味和对中国现实生活的观照的动画片如《山水情》《淮南子》《喜羊羊与灰太狼》，音乐电视如《土娃子》《卓玛》，情景喜剧如《家有儿女》，少儿专栏如《七巧板》《大风车》等的制作播出，我们发现少儿电视既能在不同的历史阶段抓住时代脉搏，着眼社会现实，开掘现实题材和现实主义素材，同时也能时刻不忘从丰厚的传统文化资源中汲取营养。

（2）中国少儿电视内容规制的经验探索。吉登斯认为，“人的社会化经过初级社会化阶段和次级社会化阶段。前者发生在幼年和童年早期，目标是学习语言和基本行为方式。后者发生在儿童阶段末期到成年期，目的是检验初期形成的社会价值观、社会规范和信仰”[②]。少儿电视天然承担了重要的对未成年群体的社会形塑功能，相较于家庭、学校，少儿电视起着十分重要的作用，扮演着十分特殊的角色。不同的国家情况有所不同，不同的家庭教育环境中，少儿电视的影响力也不相同，但是每个国家和每个家庭都对少儿电视的内容十分重视。中国少儿电视从诞生到发展，其价值导向、内容制作一直深受党和国家领导人的重视。

---

① 胡智锋：《十八大以来中国影视艺术发展纵览》，《现代传播》（中国传媒大学学报）2018年第1期，第96～97页。

② 〔英〕安东尼·吉登斯：《社会学》，李康译，北京大学出版社，2009，第26～27页。

20世纪90年代以来，“我国出台了多项行政法规和法律文件，对涉及未成年人的电视节目进行约束和要求，尽最大可能减少电视节目对未成年人的负面影响”[①]。经初步统计，这类文件有30多项，如《未成年人保护法》《广告法》，国家新闻出版广电总局发布的《关于切实加强电视剧审查工作的通知》《广播影视加强和改进未成年人思想道德建设的实施方案》《关于实行国产电视动画片发行许可制度的通知》《关于进一步加强少儿广播影视节目建设的意见》《关于进一步规范电视动画片播出管理的通知》《关于加强未成年人参与的广播电视节目管理的通知》《关于进一步加强电视上星综合频道节目管理的意见》等。中国少儿电视内容规制根本上是由我国传媒的政治体制决定的，是出于保护未成年人、对国家和民族的未来负责的目的的行为举措。从国家领导人的批示到相关法律法规的出台完善，我国少儿电视内容规制不断在向法制化的道路迈进。

（3）中国少儿电视的儿童主体性追求。“儿童媒介的目标应该是满足儿童身心发展的需求，这是儿童媒介发展的根本目的，而不是手段。”[②]所谓少儿电视的儿童主体性指的是无论是从电视节目本体角度还是从受众主体角度来说，少儿电视都应该正确认识、科学把握和尊重少儿这一特殊群体对于信息的需求的主动性和健康性。这里的第一层意思强调的是，对于节目创作者，其创作的少儿电视应该立足少儿心理需求，符合少儿生理特点，“儿童接触电视媒介的动机为儿童电视节目的功能定位提供了依据，那就是少儿电视节目应当主要满足儿童的娱乐需求，同时还要兼顾节目的知识性和信息性”[③]。由此可见，少儿电视的创作生产从形式到内容，从情节到节奏，从画面语言到音乐配乐，从主旨思想到叙事内涵，都应该着眼于少儿的趣味性、知识性和信息性需求，否则，以成人化的语言、成人化的语态、道德教化的姿态，很难吸引少儿的注意。

第二层意思强调的是，少儿电视受众群体的特殊性要求节目本身的法律意识、道德意识、责任意识时刻成为自我约束的准绳。我们不否认，电

① 张娣：《童年的“消逝”与“绽放”——近30年中国少儿电视研究》，博士学位论文，山东大学，2017，第130～137页。

② 卜卫：《大众媒介对儿童的影响》，新华出版社，2002，第1页。

③ 李琦：《多元媒介环境下的我国儿童电视节目研究》，博士学位论文，华东师范大学，2012，第92页。

视对于少儿社会化、成人化起到积极的作用，因为作为一种媒介它可以向少儿传播多种多样的信息，促进他们大脑发育。“电视将儿童推进了一个复杂的成人世界，并且促使儿童去问那些没有电视他们就不会听到或看到的行为和语言的意义。”①但是我们必须正视的是，因为未成年人在对于媒介信息的处理尤其是负面信息的处理中还缺乏理性的是非判断，而模仿和游戏是他们这个年龄段的本性，所以中外的相关传媒法律都会对少儿电视中的涉黄、涉暴、涉毒、涉赌等表现违法或不道德行为的镜头和信息进行严格把控。否则，“当成人世界以一切可想象的方式向儿童开放时，他们必然效仿成人的犯罪活动”②。

（三）融媒体环境下提升少儿电视认同度的对策

随着技术的发展，媒体融合程度不断提高，已在形态、技术、渠道与内容上实现了全方位高质量的融合。基于此，为提升少儿电视认同度，至少应从当前我国少儿电视在受众、内容生产、传播营销三方面的内涵与外延入手寻找对策。

（1）加强少儿电视服务的对象性。例如，明确少儿与少年、儿童、青年、成年之间的边界问题。在《现代汉语词典》中，“少儿”的释义为“少年儿童”，指的是7～16岁的少年和儿童。医学界以0～14岁的儿童为儿科的研究对象；中国的儿童组织少先队的队员年龄在14岁以下，而共青团的成员的入团年龄为14岁及以上。《中华人民共和国刑法》关于儿童犯罪的法律法规条款中，对完全无刑事责任能力人的年龄的界定则是以12岁为上限。联合国《儿童权利公约》界定的儿童是指18岁以下的任何人。还有一种观点认为“儿童”泛指已不是婴儿而又尚未成年的人群。

在我国，未成年人与儿童并非同一个概念，我国现阶段并没有对儿童的年龄界限做出明确的定义。因此，这里的“少儿”是一个生理学、物理学、社会学的概念，强调的是“人的生命的一个自然的存在阶段，以及一个社会化过程的客观存在”，是“自然所赋予的独特的生命时期所具备的

① 〔美〕约书亚·梅罗维茨：《消失的地域：电子媒介对社会行为的影响》，肖志军译，清华大学出版社，2002，第233页。

② 〔美〕尼尔·波兹曼：《童年的消逝》，吴燕莛译，广西师范大学出版社，2004，第164页。

独特生命现象，同时兼具社会化过程中形成的独特价值和自我精神”。[①]从生存状态上讲，“少儿”阶段属于无忧无虑的、快乐的人生阶段，即我们通常说的“童年”。尼尔·波兹曼认为，“童年的概念是文艺复兴的伟大发明之一，也许是最具人性的一个发明”[②]。因此，将少儿电视受众对象细化不仅是理念创新的关键更是现实的必然要求，应“把未成年人细分为婴幼儿、学前儿童、小学儿童、青少年，从不同年龄段的不同心理发展状况、认知特点、收看电视节目时的注意事项、电视接触和使用模式”入手[③]，分析少儿电视的制作内容和传播方法。

（2）加强少儿电视内容的针对性。少儿电视到底是倾向于受众还是形式内容规制，抑或是内容和受众的多重指向交叉，还需要进一步明确。从受众角度讲，在中国电视市场化程度加深和受众走向细分的历史趋势下，少儿电视更像是一个统称概念，它包含了受众年龄范围最小的“幼儿电视”——受众为6岁以下的少儿，还有“儿童电视”——受众年龄范围为6～13岁，以及“青少年电视”——受众年龄范围为14～18岁。从内容角度讲，少儿电视节目形式内容本身的定位更倾向于满足少儿的心理需求、生理需求、信息需求，例如一些幼儿护理节目，又如最近几年较为火爆的亲子互动节目，以及我们常见的少儿动画、少儿综艺、少儿游戏、少儿晚会等节目。

（3）加强少儿电视传播的精准性。融媒体时代多屏互动成为常态，少儿电视中的“电视”到底占据多大“戏份”？这里要强调的是，在传播平台、播出方式、呈现形式方面，我们已经很难用传统的电视和非电视这种简单的二元对立思维来理解少儿电视的指向与边界。新媒体时代的少儿电视一定是融合的、交叉的、多元的，它是多屏互动的影像集，是多频共振的传媒产品，也是多途交互的体验品。新媒体环境下，少儿电视需要进行“主体的重构”，也即生产主体、传播主体、消费主体的重构。其内容生产主体不再仅是电视机构，也可能是社会化、市场化的传媒公司；其内容传播主体不再仅是电视机屏幕，也可能是手机、PC、户外大屏、电影银幕等；其内容消费主体不再仅是电视观众，也可能是参观者、旅游者、使用

---

① 张娣：《童年的“消逝”与“绽放”——近30年中国少儿电视研究》，博士学位论文，山东大学，2017，第22页。

②〔美〕尼尔·波兹曼：《童年的消逝》，吴燕莛译，广西师范大学出版社，2004，第162页。

③ 闫欢：《电视与未成年人心理》，中国传媒大学出版社，2009，第26页。

者、品尝者、批评者等多元的“用户群体”。[①]

总之，融媒体环境下，对于少儿电视而言，无论是受众、内容生产还是传播营销，其边界都存在多种复杂可能性，但有一点是根本的，那就是对少儿主体性的坚守和少儿主体性的回归。[②]帕金翰认为，“童年何时终结，青少年或成年又何时开始的问题，在不同的时代为了不同的目的人们会用非常不同的方式来回答”，但“童年的意义是什么以及童年如何被经验，很显然是由性别、种族或民族、社会阶级、地理位置等社会因素决定的”。[③]也就是说，我们对于少儿电视的认识、理解和把握一定是植根于“少儿”这个初心，不能创作名不副实的“少儿”电视，例如一些打着少儿招牌的与少儿自身毫无关系的节目，或是对少儿心理需求毫无体现的节目。[④]

第四节　改革创新教育理念，提升电视专业教育水平

需要持续思考的是，对于我国电视认同这个学术命题而言，无论是在现象问题的解析、内在规律的探究，还是解决之道的找寻中，最重要的事情是什么。可以说，一千个研究者有一千个不同的答案。笔者的思考结论是，电视认同成绩的取得、问题的存在与解决路径等都与我们的电视专业教育有关。最基本的思考逻辑是，电视认同涉及电视艺术创作、传播与接受全部过程，每一个环节都至关重要，但每一个环节的效果都离不开“人”，创作者的艺术素养、传播者的专业素养、受众的媒介素养到底如何、应该如何、还能如何？这个问题或许太大，但是从教育本身入手是可以进行深入思考的。因此，从电视认同的角度，去思考电视专业教育有什么样的特征、现状问题如何、未来的趋势是什么等问题就显得十分有意义。

电视专业教育与行业发展密不可分，有着很强的行业性、专业性特

① 胡智锋：《新环境下中国电视的发展与创新空间》，《新闻与写作》2018年第3期，第24～25页。

② 周建新、胡智锋：《中国少儿电视60年的发展路径与理念创新》，《当代电视》2018年第11期，第16页。

③〔英〕大卫·帕金翰：《童年之死：在电子媒体时代成长的儿童》，张建中译，华夏出版社，2005，第4～9页。

④ 周建新、胡智锋：《中国少儿电视60年的发展路径与理念创新》，《当代电视》2018年第11期，第16页。

点。广义而言，电视专业教育应该与电视的诞生同步，包括电视实践经验总结、理论探索研究、知识传承传播、人才培养培训等。可以从以下五个层面去理解电视专业教育的外延：在教育内容上，有电视实践经验借鉴、总结与交流，有与电视相关的专业人才培养和非专业技能培训，也有电视学术研究，如电视基础理论研究、电视政策研究和电视实践应用研究等，还包括电视博物馆、主题纪念馆、游乐体验馆、传媒小镇、游戏等场所对电视文化的传播与传承；在教育层次上，包含了义务教育阶段的电视素养教育、中等职业教育，高等院校专业教育，我国高校和科研院所的电视专业教育又包括专科、本科、研究生教育等层次；在教育方式上，包括学校和科研院所开展的学历教育，也包括学校及社会各类教育机构举办的非学历教育与技能培训；在职业分布或行业就业上，包括了导演、表演、摄影、录音、美术、文学、音乐、动画等电视生产创作的全部流程或工种；在艺术形态上，涵盖了表演艺术、摄影艺术、文学艺术、音乐艺术、舞蹈艺术等人类社会诞生以来的多种传统艺术和新兴艺术类型。

一　我国电视专业教育发展的形势与问题

当前我国电视专业教育面临全新的发展形势与现状，同样也不可避免地存在很多问题，因此创新电视专业教育人才培养体系具有重要的实践意义。

（一）我国电视专业教育发展的基本形势

当前及今后一段时期，我国电视专业教育发展面临三大利好。一是由于国家对文化艺术行业的高度重视、政府对公共文化服务职能的重视，文化权益保障被确立为国家与政府的重要责任；同时文化艺术品产业在国民经济中的比重越来越高，对整个国民经济的拉动促进作用也越来越大，改变了整个社会的精神文化生活。二是传媒行业快速发展，传统媒体持续发力，新媒体迅猛崛起，不仅促进了传媒行业整体做大做强，也催生了"传媒+""互联网+"的新型业态和艺术品种。媒介已经不再仅是虚拟环境，而是成为须臾不可离开的现实生存环境。[①]三是艺术学科的发展，距离国务

① 周建新、王珏：《发力源、着力点、实施面：传媒艺术教育中创作实践能力培养三论》，《现代传播》（中国传媒大学学报）2017年第3期，第153页。

院学位委员会于2011年新增艺术学为第13个学科门类并下设5个一级学科已有十余年，艺术类学科获得独立的身份，有了更大的发展空间，电视专业教育也搭上时代的快车蓬勃发展。2019年，我国有戏剧与影视学学科本科教学点的高校约有700所，“其中具有戏剧与影视学一级学科博士点的高校有16所，相关联的戏剧戏曲学、广播电视艺术学、电影学等博士点覆盖约40所高校，具有戏剧与影视学一级学科硕士点的高校有70所，戏剧戏曲学、广播电视艺术学、电影学、播音主持艺术学等专业则覆盖至少上百所高校”①，艺术学科发展规模逐渐扩大，模式也走向成熟。

（二）我国电视专业教育在人才培养上的问题

近些年，电视市场前景和生态等问题导致电视优秀人才大量流失，而相关的人才培养环节又没有及时输送新鲜血液予以补充。电视人才最终来源于社会，专业人才可以依托院校、院团培养，但是如果与社会没有接轨，对行业发展将失去意义。广义上讲，电视人才来自社会各界的各个行业，甚至很多都来自民间。例如选秀节目中大量的文艺达人、草根明星，他们的成长成才之路在日常的生活中，尤其是群众文化生活的熏陶、锻炼中。但是如果没有丰富多彩的群众文化活动开展的话，这些人才将难以涌现。最近几年，电视娱乐选秀节目面临的优秀选手不足的问题根源就在这里。

当前电视面临人才流失的问题，这个问题折射出的是电视人才整个系统架构的开放性、流动性问题，背后也反映出行业的吸引力问题。从群众文化的视野来考察电视人才会发现人才是文化土壤的孵化物，它有它的周期，也有它的规律，最基本的规律是，良性的文化土壤助其快速生长，宽阔的文化空间助其茁壮成长，畅通的文化渠道助其飞跃成才，从生长到成长再到成才是不同的阶段，有不同的结果。电视人才不仅包括专业人才，还包括业余爱好者，或者说是“业余人才”。回顾电视艺术的历史发展过程，我们发现绝大多数时间占据电视荧屏的也许并非只有专业文艺人才，还有民间艺人，这是电视艺术的高明之处，电视作为一个巨大的舞台、平台、跳板，为无数的业余人才找到了一条上升渠道。无疑，人才对于任何

---

① 胡智锋、何昶成：《新中国戏剧与影视学学科70年发展纵览》，《广州大学学报》（社会科学版）2019年第5期，第139页。

一个艺术门类的发展都是举足轻重的，对于电视艺术来讲也不例外。他们是电视活动开展的核心，没有相关人才的参与、体验，尤其是缺乏他们的丰富表演，电视艺术将如无源之水、无本之木。群众文化对电视艺术的影响不仅在于人才供给方面，如果社会没有群众文化营造良好的文艺氛围并刺激广大群众的文艺需求，电视艺术也将失去其创作的基础和存在的价值。约翰·菲斯克认为，“使节目流行的是观众，不是节目制造者”[①]，“电视观众是由各式各样的群体所组成，而不是千人一面的群众；这些群体对电视积极地进行解读，以便从中得到与他们社会体验相关的意义”[②]。因此，对于电视艺术而言，在发展策略上，人才培养绝对是其核心工作，但人才的培养与引进，绝不能拘泥于已有的圈子、行业，应该有一个开放的思维，筑巢引凤，构筑一个良性的人才发展平台。

我国电视人才培养主要依托的是高等院校教育培养体系。笔者曾撰文指出，当前我国电视专业教育已经具备了相当大的规模和相当快的发展速度，而且这种增长的趋势还在延续，这对于电视行业发展而言是一件好事。但不得不面对的客观现实是，我国电视专业教育质量与国家、行业和社会需求还有很大差距，存在诸多问题。这些问题体现在以下三个方面：首先是不均衡，指的是众多开设电视专业的院校在人才培养质量上参差不齐，甚至有天壤之别；其次是不协调，指的是电视人才培养的目标与行业的契合度不够，传媒行业急需的人才在培养上或者失位，或者错位，或者位移；最后是不达标，指的是电视专业开设的审批监管不到位，专业教育质量评估又起不到严格约束的作用，导致电视艺术类专业出现了“野蛮生长”的问题，部分高校电视专业盲目扩充，甚至在一些基本条件不达标的情况下就匆忙上马。[③]

我国电视行业的核心竞争优势之一就是人才优势，这个优势得益于我国的人口红利以及专业教育和非专业教育的发展。“人才总量足够是优势，但过度铺摊子，又可能会出现精英匮乏”，因此，对于人才问题，“既要大规模地培养电视基础性人才，又要花大气力强化高水平电视专业精英人才

---

① 〔美〕约翰·菲斯克：《电视文化》，祁阿红、张鲲译，商务印书馆，2005，第133页。

② 〔美〕约翰·菲斯克：《电视文化》，祁阿红、张鲲译，商务印书馆，2005，第120页。

③ 周建新、邵岩：《当前我国高等院校传媒艺术教育发展的特点、存在的问题及建议》，《大学生科技报》2016年12月31日，第7版。

培养，以及培养创意型人才、复合型人才，尤其是跨学科、跨院校乃至跨国联合培养高端电视人才，制定适合人才自由流动、吸引海内外优秀人才的切实可行的人力资源保障体系。”①

电视专业教育的责任意识和国情意识需要强化。世界各国的电视艺术有其共性也有其特殊性，这种特殊性是由各国的国情、政治体制等多种因素决定的，也是由电视艺术本身鲜明的意识形态特性决定的。因此，对于电视专业教育而言，一方面，我们在人才培养上必须有明确的世界观、价值观导向，以此来培养学生的文化责任和社会责任；另一方面，我们必须培养学生的专业素养，这也是电视人才正确认识电视、适应电视行业的必要前提。电视人才拥有更大的舞台和更残酷的擂台，面对电视全球化的竞争合作局面，电视生产资料在全球市场的广泛流动加速，其中竞争最为激烈的就是人才。因此，一方面，全球化的市场为我们的电视人才培养找到了最前沿、最高端的出口和平台，拓宽了其就业渠道，为其提供了更多施展才华的机会；另一方面，我们的人才培养也面临来自世界各大知名艺术教育院校的激烈竞争，不仅考验我们人才传统意义上的专业能力，还考验国际视野里的专业技能和综合素质。

电视人才培养体系需要兼顾基础性和灵活性。随着电视相关科技的不断进步，尤其是其在电视创作生产流程中的实际应用的铺开，电视融合、升级、变革的速度还将提高。因此，对于电视专业教育而言，一方面，我们需要按照既定的人才培养目标和方案有序推进，夯实专业基础，强化理论积淀，提升实践创作能力；另一方面，我们的人才培养也不能故步自封、墨守成规，应该培养学生的创新意识、前沿意识，鼓励他们大胆探索。电视专业教育要研判行业发展的趋势，及时对培养方案、培养体系、培养模式进行创新，迎接变化带来的挑战。新兴媒体的兴盛带来对传统电视媒体的挑战，电视人才需学会如何在新旧交替的过渡阶段找到自身的定位，要培养融合的观念、取长补短，充分发挥自身专业优势。

（三）电视专业教育人才培养体系改革创新的意义

面对电视专业教育人才培养的新形势与新问题，创新电视专业教育人

① 胡智锋、周建新：《中国影视行业如何形成世界级竞争力》，《人民论坛·学术前沿》2015年第19期，第87页。

才培养体系具有时代赋予的特殊重要意义。

（1）有利于“推倒围墙”，扩大人才培养格局。人才培养格局取决于教育格局。高等院校是为学生提供知识讲授和专业培训的固定场所，更是打开人才视野、磨砺人才思维、铸就人才气魄的有机空间，在有形的教学设施条件之外，其作用还体现于无形的观念引导和风气养成。电视人才培养单位尽管特色不同、定位各异，在一定程度上也有激烈的竞争关系，但展开合作育人项目，不仅不会让各自的资源外泄、差异尽失，反而可能在交叉与碰撞中扬长补短、发现良机。以跨校合作为引擎的教学联动，在充分调动各单位资源的同时，也具有可观的潜在辐射作用。高校和与其密切联系的合作企业、共建单位、相关机构，均可借此契机相互联络，形成开放式网状有机体，引发“共振”而产生巨大能量，开辟出全新发展格局。

分而论之，跨界联动合作的育人优势体现在如下方面：改善校校区隔、同质化竞争的现状，走出各高校“自成天地”的培养局限和高校间“浅尝辄止”的互动关系，通过综合性的顶层设计，突破由各安一隅带来的风格固化、视野受阻、成果单一的教学与实践瓶颈；化解校企脱节、教学内容时效性弱的积弊，借由多层面、多形式、多主体的合作项目，解决学生个体意识强团队意识弱、作业意识强作品意识弱、创作意识强产业意识弱的问题，以创作为抓手，借势业界项目和衍生资源拓宽实践平台；应对国际对话、发展力协同的诉求，通过联系一流国际教育资源，帮助国内人才与全球领先创新引擎接轨，打开世界名企的实践通道，以顶尖的视野滋养人、以前沿的水准要求人，为国内电视人才培养开创尖端阵地。

（2）有利于“因材施教”，优化人才培养结构。数字媒体技术和网络信息传播降低了专业技能的学习成本，教育通道对知识获取的限制日趋弱化，跨行发展和跨界创新渐成常态，具有多学科知识、多领域经验、多媒介技能的复合型电视人才已成为引领电视行业发展的核心驱动力。打破专业间和校际界限的教育尝试，在培养指向上有利于以团队架构思维进行统筹，不以单一模板框定学生的样态，也不以唯一标准衡量学生的成就，而是发现志向、尊重经历、宽容个性，在电视相关实践中以思维碰撞和素能配合来实现创新发展，吸纳更多可塑之才助力电视的勃兴。

落实到培养环节上，则涉及由生源准入到人才输出的全流程优化：改变标准化、“一刀切”的选拔方法，尝试采用文化基底、思维能力、知识素养、实践经验、心理特质相结合的综合考查方式，改善人才素养的基底；扭转重应用、轻人文的培养思路，通过强化历史、文学、哲学、科技、美学等方面的综合知识教育，全面培养学生的生活感悟、语言表达、概念提取和视听联想等能力，增加其思想深度和精神积淀，为其电视创新实践注入深层养分；打破板结化、脱产业的教育结构，改变专业间泾渭分明带来的课程重叠、资源固化、发展受限等问题，在“传媒+”“互联网+”趋势下，尊重电视发展规律，鼓励学生围绕大产业概念学习策划、创意、采编、设计、制作、传播等内容，对应产业自身特征调整教学环节与阶段侧重。

（3）有利于“整章建制”，形成协同育人规范。扩大跨校联合培养的规模，推广高校协同创新的成果，将教育实践积累的有益方法的效果最大化，仅依靠个别人才的发展和部分作品的传播是不够的。以目标考量过程、以规范指导执行、以模式提升效率，将跨界协同育人体系化，有利于更好地巩固现有经验并推进优化发展。以往的校际合作，受到政策、团队、资金等要素波动的影响甚大，随机性强，稳定合作规模和固定合作形态的难度较大。而跨界联合的电视人才培养实际上是一个系统工程，需要在人才定位、培养理念、教学方法等方面进行全面创新，是教育资源的深度融合与主体关系的有机重构。正因如此，需要且必须要梳理可行方法、规范相关制度，形成稳定并可供应用的模式，以有效降低合作过程中的程序成本、制度成本、人力成本、经济成本，减少资源浪费。

以基本规范指导合作，有助于培养共识的形成，也有助于合作分工模式的厘清和协同重点的确定。在人才培养内涵方面，明确人文、艺术、技术相结合的电视人才培养定位，以提高以创意思维为主导的综合人文素养、以视听表现为主导的媒介叙事素养、以创作应用为主导的技术呈现素养、以数据解读为主导的信息传播素养为目标，全面贯通，立体教学。在人才培养流程方面，搭建创意、创作、传播相结合的全产业流程培养体系，具体包括传承文化、面向未来的创意训练，锤炼思想、磨砺技能的创作训练，对接产业、服务社会的传播训练，循序渐进，综合激发人才潜力。①

① 王珏、周建新：《融媒体环境下传媒人才跨界联合培养模式创新研究》，《中国新闻传播研究》2019年第5期，第167～168页。

二 我国电视专业教育的发展理念

电视发展形势为我国电视艺术和电视专业教育的发展带来了巨大的机遇，也对其提出了强有力的挑战。电视专业教育承担着重要的历史使命和责任，培养什么样的电视人才、如何培养电视人才，是传媒业界、学界等社会各界共同关心的问题。这直接关系到国家意识形态安全状况、社会治理水平、网络文化安全、国家形象传播和文化软实力。

（一）推动电视专业教育的意识创新

本书认为，我国电视专业教育要想在复杂的行业背景、教育格局中有大的发展，需要在以下三个方面增强创新意识。

（1）拥有基于国际传播能力提升的国际化教育视野。这既是传媒行业发展的迫切需要，也是电视教育发展的内在要求。中国电视艺术发展不可能脱离全球传媒发展的大背景、大趋势、大轨道，世界各国传媒发展彼此影响，你中有我、我中有你。当前，中国的一些优秀文化企业已经在强势进军欧美主流文化市场，对老牌的影视院线、影视制作公司进行收购或参股，这更能说明全球传媒发展一体化的格局。与此同时，我们也发现中国很多高校与欧美一些顶级的影视教育高校、传媒教育高校不断加强交流沟通，包括师生交流学习、合作办学等。这是因为欧美一些知名院校在影视艺术教育、传媒教育方面确实比我们有更悠久的历史，也一直走在世界的前沿，我们要缩小与他们的差距，就必须潜下心来，加强与他们的交流与合作，学习他们先进的教育方式、方法、理念，利用他们优质的教育资源。①

（2）坚持基于媒体融合的“大传媒”教育意识。当前的电视专业教育在跨界融合的形势下面临美学理念的变化、技术与艺术关系的变化、产品形态的变化、传媒格局的变化，所以必须秉持胸怀开放的、多元的思维和气度，用“大传媒”教育意识的理念来指导电视专业教育。所谓“大传媒”教育意识的理念，指的是电视专业教育既要有清晰的、传统的电视类型意识，又必须有面向未来的、创新的、大胆的、跨边界的全媒

① 周建新：《影视艺术教育如何跟上行业发展步伐？》，《中国艺术报》2017年2月13日，第3版。

体思维。以前的摄影艺术、广告艺术、电影艺术、广播电视艺术、动漫艺术、新媒体艺术在新的生产、传播和接受环境下，已经出现了边界的游移模糊和交叉共生的现象。这种局面下，影视艺术研究与教育必然不能对此视而不见、听而不闻，应适应这种形势主动求变求新。我们发现，传统美学中关于“真”“善”“美”的理论辨析在当前的影视艺术作品评价中陷入尴尬局面，例如艺术真实正在受到VR、AR等技术的挑战，虚拟游戏世界里的道德与现实生活中的道德之间的关系变得更加难以把握，传统艺术理论中关于美的形式和特征的论述在新的媒介环境下发生了变化甚至有颠覆性的错位和失衡。[①]产品形态的变化自不必说，最明显的例子就是以前的电视综艺现在已经衍生出网络综艺。传媒的格局则在网络媒体及其他各种资本介入形势下变得更加复杂多变，传统的广播、电视、电影、新媒体内部各个艺术类别的格局和传统媒体与新媒体之间的竞争格局同样发生了大的变化。这种形势下，如果我们的电视专业教育还停留在传统美学理论的研究传授、单一创作制作手段的训练、封闭的艺术品种的学习上，那将很难适应传媒的发展现状。

（3）强化“扎根中国大地办大学”的特色化教育宗旨。我们的电视专业教育践行特色化的办学宗旨与思路，是由客观的实际决定的。这个“实际”有三个层面。第一，与世界其他国家相比，必须植根中国实际。其意思就是，我们的电视专业教育，必须尊重中国基本国情这个最大的实际，走中国特色办学之路。例如在传媒属性这个原点上，我们就和西方传媒有质的不同，我们的传媒承担着鲜明的政治功能，有着明确的政治导向和清晰的社会责任，这些意识都贯穿于我们电视人才培养的各个环节，不能动摇。[②]第二，与其他艺术类型相比，必须依据电视艺术实际开展。其意思就是，我们的电视专业教育要遵循艺术教育普遍规律，但是核心和落脚点还是电子媒介艺术特性；我们需要学习、研究、探讨传统的音乐、绘画、舞蹈、雕塑等的艺术规律，但最终还要回归到电视艺术本身。第三，与其他院校相比，必须从自己院校的实际出发。其意思就是，每所院校都有它自己的实际情况，包括办

① 周建新：《影视艺术教育如何跟上行业发展步伐？》，《中国艺术报》2017年2月13日，第3版。

② 周建新：《影视艺术教育如何跟上行业发展步伐？》，《中国艺术报》2017年2月13日，第3版。

学历史、办学优势、办学资源，这些是它们开展电视专业教育的立足点，如果脱离这个实际，盲目学习照搬其他院校经验，往往会适得其反。[①]

（二）推动电视专业教育的价值创新

媒体融合已经上升为国家战略，培养高水平电视人才意义深远，离不开价值观内核构筑与正确引导。习近平总书记指出："如果一个民族、一个国家没有共同的核心价值观，莫衷一是，行无依归，那这个民族、这个国家就无法前进。"[②]艺术作为人类精神存在的重要载体，不仅是创作者的主观之思，还反映着社会文化的发展导向。人才培养的质量直接关系到未来艺术创造的效果，而艺术作品创造就是价值输出。因此，电视专业教育应重视价值观在教育体系当中的引领作用，在价值引导上做到"两个融合"：一是面对人才理念和培养格局的升级新要求，做到人文底蕴与科学精神的融合；二是面对人才培养使命的新要求，做好民族特色与国际传播的融合。新时代的电视人才，既能致力于对民族艺术新经验的探索、对当代中国发展力的表达、对人类命运共同体的关注，也能兼具文化自信和话语能力；既能通过先进的理念与优秀的作品，满足公众精神消费和日常审美需求，也能服务于"讲好中国故事""展现中国形象"的文化传播战略，提升国家传播能力。在具体教育价值创新过程中，应把握好价值的人文性、民族性和国际性这互相融合的"三个维度"。[③]

（1）落实立德树人，加强价值塑造的人文性。电视发展的推陈出新和艺术学科的创新密切相关，"艺术教育有助于形成现代型人才的主体性、独创性、审美判断力，科学教育与艺术教育并驾齐驱才是现代型人才培养的大方向"[④]。电视艺术是时代视听表征，电视专业教育急需先进理念和科学内涵作为支撑。过去，我国人文学科重视传统，对探索性的议题发掘不足、对前沿性的领域开拓不够，并多采用业已成型的理论范式解释不断发

① 周建新：《影视艺术教育如何跟上行业发展步伐？》，《中国艺术报》2017年2月13日，第3版。

② 习近平：《习近平谈治国理政》（第一卷），外文出版社，2018，第168页。

③ 周建新、王珏：《媒体融合语境下我国传媒艺术教育创新的动力、理念和模式》，《艺术传播研究》2020年第1期，第14页。

④ 郭必恒：《2018年中国艺术教育年度报告——高校篇》，《艺术评论》2019年第3期，第155页。

生与演变的社会现象，在一定程度上造成了新话语或新想象较为匮乏的问题。因此，媒体技术作为电视创作的必要手段已不足够，文化积淀、媒介素养、科学精神也应全面纳入从业者基本能力的评价标准。人才的能力提升不仅是指单维的技艺精进，还包括通过方法论的初步形成获得发现新命题、探索新命题、解决新命题的自觉。[①]例如，中国传媒大学在探索实践电视专业教育的过程中，就注重对学生的人文素养进行培育，在考试选拔中加入了通识教育测试，以塑造有思想、有文化、有情怀的学生为目标，着重考查学生文学、哲学、历史等人文社科基础知识掌握情况。

（2）注重弘道崇德，加强价值传承的民族性。国家发展日新月异、社会议题不断迭代背景下，原创能力与进取意识就变得尤为关键，民族文化发展与前沿艺术探索亟待一体化融合。对传统文化要实行创造性转化、创新性发展，把本民族的核心精神当作传承对象进行深入引导与普及。电视作为受众面最广的媒介之一，有更多的责任去落实中华传统文化的传播，电视专业教育肩负着对内容生产者思想进行塑造的重任，必须加强对民族性的重视。因此，要在电视创作上延承中国文艺传统，在作品内涵构建中重视对中华文化精髓的提取与中国民俗艺术的运用，打造具有中华美学价值的视听符号体系。

（3）增强人类命运共同体意识，加强价值传播的国际性。不仅要做好我国艺术创作民族美学的再塑和特色风格的传播，还要鼓励将眼光投向融媒体发展和国家传播事业的前沿阵地，体现对当代中国的展示、对时代发展的思考、对国际议题的参与和对文化精粹的宣扬。电视专业教育应鼓励学生在作品表现形式上吸纳前沿媒介创意的新质，通过前沿科技和影像语言的应用来提升跨文化传播的能力，全面融入艺术生产与消费的全球化浪潮，并引领东方艺术新风向。[②]

（三）推动电视专业教育的实践创新

过去几十年的中国电视专业教育主要为我国相关产业的起步解决了专

---

① 周建新、王珏：《媒体融合语境下我国传媒艺术教育创新的动力、理念和模式》，《艺术传播研究》2020年第1期，第14页。

② 周建新、王珏：《媒体融合语境下我国传媒艺术教育创新的动力、理念和模式》，《艺术传播研究》2020年第1期，第14页。

业人员数量提升和应用制作技能培养等问题，在探索式发展中逐步建立了院校分布广泛、教学资源丰富、专业设施齐备的良好局面，为中国电视产业的发展提供了必要的前提条件。未来随着产业竞争加剧，电视专业教育的整体定位必然会发生重大变迁，面临由内而外的本体创新诉求和由此及彼的融合创新诉求，相应的人才标准也将出现层级化的跃迁，与国家的科技发展和社会转型同步。

媒体融合语境下，在总结历史经验的基础上，我国电视专业教育人才培养的创新要根植于社会发展变革的动态进程，汲取传统艺术发展创作经验，投入适应新电视业态的创作转型，从用人需求反推育人要求。因此，以倒置法来反观人才培养目标和教育路径，可通过对当前建构中国电视品牌所需的创作产业结构、创作人才结构、创作素养结构的多维剖析，确定电视专业教育发展的关键要素，在教学结构中系统性地补充相应环节，在教学内容上针对性地强化相应内容，并在艺术实践中始终坚持以前沿研究和产业创新为导向。

在具体教育体系创新过程中，应在创新性、结构性上秉持“两个把握”的创新思路：一是把握电视人才培养体系的创新性，统观以往国内的教学经验和当下海外的教育范例，借鉴但不照搬，以新思维、新方法解决当下我国电视专业教育的新问题；二是把握电视人才培养体系的结构性，在培养机制上有抓手、有重点，不随机提议、平均用力、散点建设。

除此之外，要注重电视专业教育体系设置的全面性。媒体融合语境下的电视新业态不断要求电视人才培养提高与媒介化社会需求的契合度，并加快融合性创新方向的建设，搭建艺术与技术、艺术与科学、艺术与传播等学科交叉平台。习近平总书记在视察解放军报社时指出要“强化互联网思维和一体化发展理念，推动各种媒介资源、生产要素有效整合，推动信息内容、技术应用、平台终端、人才队伍共享融通”①。这对媒体从业者的宏观视野、发展意识、知识储备和应变能力提出了综合挑战。融合性的电视专业教育正是上述素养提升的关键环节，决定人才能力的质变。

在此背景下，电视专业教育应以“一体多维”的理念不断扩大培育空间、升级艺术理念、深化教育内涵。其中，“一体”是指打造立体化综合教学平台；“多维”是指在该平台空间内通过维度创新实现效能提升，具

① 《习近平新闻思想讲义》（2018年版），人民出版社、学习出版社，2018，第144页。

体包含以下四个方面。

第一，资源维。指的是通过建立超链接关系，打破校园边界和区域边界，以开放的姿态面向国内外开办相关专业的重点高校和开展相关业务的一流企业，积极寻求优质资源合作，探索联合培养路径，形成多方集群之“势”。

第二，动力维。指的是发展内驱型系统转向。电视专业教学实践需要循序解决“创作”“创新”“创意”的素能培养问题：“创作”是指将课堂知识应用于作品生产；“创新”是指在技术、媒体和艺术各要素之间发现新质并赋予其形态；“创意”是指能用国际设计语言进行传统文化的当代阐释，最终应指向对专业知识应用外延的突破。

第三，目标维。指的是找准创作研究型尖端定位。我国文化创意产业正值转型提升期，智能媒体产业亦处布局启动期，均需要以具有高站位发展意识、精细化专业知识、深积淀理论学识并具备丰富创作经验和多元社会资源的人才作为引擎，来推进相关产业细分领域的发展。[①]

第四，功能维。指的是社会服务型功能标准。“传媒业界、学界乃至整个教育界应以融合之精神、开放之态度、历史之责任，携手合作、共同开创智能传媒教育的新形态，方才不负传媒作为社会发展原动力和社会结构变迁的决定性因素的智能媒介化时代的到来。”[②]

总之，在建设社会主义文化强国，推动社会主义文化大发展、大繁荣的过程中，电视是重要一环。而促进电视大发展、大繁荣，队伍是基础，人才是关键。人才的摇篮是高校和科研院所，可喜的是，我国电视专业教育发展势头和基本面良好，但是对速度与效益、数量和质量之间的平衡问题还应予以重点研究和关注。这需要教育管理部门、行业和高校共同努力，探索完善符合教育规律、适应新的形势、满足行业新的需求的中国特色电视专业教育之路。

三　融媒体环境下我国电视专业教育改革路径

电视专业教育新范式的构建，意在整合学科资源，形成群体优势，促

---

① 周建新、王珏：《媒体融合语境下我国传媒艺术教育创新的动力、理念和模式》，《艺术传播研究》2020年第1期，第15页。

② 廖祥忠：《未来传媒：我们的思考与教育的责任》，《现代传播》（中国传媒大学学报）2019年第3期，第13页。

进交叉融合。应以现有艺术类优势学科和核心专业为龙头，以相关特色专业为抓手，深度挖掘学科间关联属性，实现协同发展、借势发展、增量发展，打造跨专业联合创新的有力引擎。

（一）融媒体环境下电视专业教育改革的背景

媒体融合不仅带来传播介质的演变，也影响到电视艺术创造主体、文本内容、接受环境的变化。在新的语境下，电视艺术不能再“闭关锁国”，沉浸在电视依旧辉煌的幻想中，而应该积极拥抱新的社会环境，与高速发展的互联网革命接轨，用艺术融合的眼光来看待电视艺术，通过分析包括电视艺术在内的传媒艺术的整体发展趋势来一窥电视艺术当下面临的状况。同样，电视专业教育不能够再以纯电视的眼光来进行规划，“融合”是当下最为重要的关键词。

（1）传媒艺术创作主体的身份角色日趋模糊。在“人人为媒”的媒体融合时代，作者、传者和受者身份重叠，难以厘清。因为传统意义上的传媒内容生产、传播与接受的流程化、板块化、领地化将不再明显，而这一切的边界和分工都随着用户群体在传媒艺术中的崛起和主导而自然消弭，“我用故我在”。尤其是社交媒体中，用户将成为王者，他们可能是传媒内容的生产者，也可能是传播者或者是消费者。例如短视频，拍摄者、转发者和用其娱乐者都可能是同一人、同一个群体。曾经小众的甚至是精英的创作者群体将由专业化队伍发展到非职业化的大众队伍。需要说明的是，这里的非职业化并不排斥专业化，只是从职业归属角度讲，很难将这样的群体界定为某一固定的职业类型，他们可能是职业创作主体，也可能是跨界创作主体。这里的非职业化也并不排斥创作的专业性和高质量，因为跨界创作并不意味着他们创作水准低。总之，他们来自五湖四海、各行各业，在互联网平台上乐此不疲、随时随地自由地一起创作、一起分享，享受着这种技术赋权带来的愉悦感和自豪感。

（2）传媒艺术文本类型的边界日趋模糊。在媒体融合加深的趋势下，一方面，传媒艺术已有文本类型在变革、成长、演进，主类型不断衍生出各种次类型、亚类型；另一方面，各个成熟的类型之间杂糅，融合产生一些新兴的传媒艺术样态。以近年比较流行的青春类型电影为例，它既可以延伸出校园青春电影、二次元青春电影，也可以与其他类型片交融产生青春冒险片、青春爱情片、青春喜剧片。究其原因，一是艺术类型的发展自身就是一个不断自我扬弃、自我进化的路径，所谓类型的成熟与否是相对的，艺术类型总是随着社会环境、文化环境、创作生态和受众的接受情况等诸多条件的变化而变化，否则就会失去市场和影响力；二是创作主体变化带来传媒艺术内容生产形态的变化，例如随着制作主体的大众化，过去专业制作队伍制作的内容（Professionally-Generated Content，简称“PGC”）演变为用户主导制作的内容（User-Generated Content，简称“UGC”），而随着人工智能技术的应用，人工智能制作内容（AI-Generated Content，简称“AGC”）将大量出现，于是在一个时期内，PGC、UGC和AGC三者共存，“文明互鉴”“优势互补”，交流碰撞中难免使内容制作者身份和内容类型边界走向模糊，更何况三者自身在历史上有其延续性和继承性。

（3）传媒艺术接受环境的虚实边界日趋模糊。随着VR、AR、MR技术的开发，虚拟现实等将在传媒艺术创作生产领域得到广泛应用，“当前的一些沉浸式影院、沉浸式画展、沉浸式戏剧、沉浸式游戏、沉浸式主题乐园等产品呼之欲出”①，依靠的就是虚拟技术营造的逼真的情景、沉浸式体验、多维感知享受。可以畅想未来的智能媒体时代，随着智能设备和物品的普及以及物联网技术走进群众的日常生产生活，传媒艺术将无处无时不在我们身边，影响我们的生活方式、思考方式。甚至，媒介将与社会一体同构，公域与私域的结构也将重构。②对每一个个体、团体和社会阶层而言，传媒的力量将融入生存、生产和生活的现实环境。③

（二）融媒体环境下电视人才跨界联合培养的时代诉求

当前，媒介变革的发展速度已超越传媒教育改革的推进速度，尤其是在前沿技术与当代艺术的交叉实践领域，涌现的新理念、新思路、新形式正倒逼高校不断进行教学内容的调整以培养符合业界需求的电视人才。有学者认为，融媒体时代相关培养单位应加强四方面内容的传媒教育，即数据分析能力培养与精确化传播方面、虚拟与仿真技术的运用与可感化传播

---

① 张开扬：《电子游戏与传媒艺术融合的艺术价值及市场前景》，《淮北师范大学学报》（哲学社会科学版）2016年第5期，第108～112页。

② 胡泳：《众声喧哗：网络时代的个人表达与公共讨论》，广西师范大学出版社，2008，第38页。

③ 周建新：《媒体融合语境下我国传媒艺术实践变革的趋势、本质与反思》，《中国新闻传播研究》2020年第4期，第62～64页。

方面、融媒体产品研发与融合化传播方面、人工智能技术应用与智能化传播方面。[①] 对教学侧重转向的意识在一定程度上反映了电视人才供需两端的衔接诉求，也对高校人才培养的升级提出了新要求。

（1）融媒体发展呼唤自我驱动式的综合创意人才。当前传媒行业正面临全球化进程加速、媒介融合升级、公共服务诉求强烈的发展环境。“在这个高度网络化的媒介社会，传媒的力量将主要体现为‘三个力’，即知识力、建构力和塑造力。”[②]服务于“传媒+”产业发展的电视人才教育，亟须围绕上述时代特点进行全面优化。

首先，兼容复合型、团队型、创意型的专业思维训练需要强化。融媒体发展打破了传统媒体与多个行业间的壁垒，辟出了一片交叉创新的新领域，这种合作外延的拓展，要求位于媒介边界的从业者能够自如运用多媒体技能并高度参与协同创作。相应的，电视人才的发展定位也需从单一技术转向综合能力、从个体创作转向集体创作、从任务完成转向创意提供、从被动择业转向自主创业。能否以上述成才需求为核心来搭建培养体系，决定了高校输出的电视人才能否以娴熟的技能、精准的思维和成熟的意识应对加速进行中的产业迭代，也决定了高等教育机构在“互联网+教育”语境下的未来竞争力。

其次，兼顾专业能力、知识结构、发展视野的知识素养积累需要强化。面临激烈的国际竞争环境和蓬勃的媒介消费诉求，国内电视人才仅掌握基础性的专业知识已远远不够，除深入行业一线积累实践经验外，能否打开视野、统观时局、洞察行业、融会贯通，决定了人才发展的高度。对专业积累和通识积淀的兼举、国际现状和国内实情的综合分析、行业发展和自我发展的协调的需求，在对电视人才提出新要求的同时，也对相关高校的培养模式提出了新要求。

最后，兼顾自觉学习、自我成才、自主创业的发展动能培育需要强化。“互联网+教育”语境下，教学资源的开放和专业知识的共享已成社会共识，国际慕课门户网站、在线知识问答应用、综合学术搜索平台等教

① 倪万：《全媒体人才培养中新媒体教学体系的建设》，《青年记者》2019年第10期，第59～61页。

② 廖祥忠：《未来传媒：我们的思考与教育的责任》，《现代传播》（中国传媒大学学报）2019年第3期，第7～13页。

育资源对传统高等教育的冲击不容小觑。高等院校改变以知识传播为核心的单一定位，转向以思维方法训练、学习习惯养成和专业规划教育为重点的综合定位迫在眉睫。面对学生毕业后将即刻投身高度成熟、高速运转的电视产业的实情，高校的人才输出需在行业认知、能力水平和熟练程度上与产业进行全面对接，因而在培养体系上构建以学生发展动能为本位的贯通架构尤为重要。

（2）电视专业教育改革需要观念与模式同步创新。当前电视专业教育还存在教与学的脱节、知与行的不一致、理论与实践的不统一等问题，这些问题影响着电视专业教育整体升级的速率，也从侧面反映了传统教学模式下电视人才培养创新改革的难度。

首先，电视尖端创意人才缺乏。在国家媒体与文化创意产业转型的关键阶段，具有顶层设计能力和多元创作手段的尖端人才尤为关键，但反观从业者现状，囿于制作能力和旧式思维的局限性的情况依然常见，文化底蕴单薄、科学技能匮乏、思想视野受限、创作观念陈旧等问题亟待解决。新时期电视人才的培养，需立足全媒体时代大众媒介消费的诉求，立足互联网环境中大传媒产业服务国民生产各领域的拓展潜能，以媒介应用创新和文化传播创新为抓手进行能力构建，逐步夯实人文基础、专业技能和实践经验。在制作技术的基础上，强化培养媒介创意和审美创造的人才素能，使其从“收集+加工+传播”转向“挖掘+创意+传达”。

其次，跨校协同育人机制缺乏。尽管进行人才联合培养裨益颇多，但在具体教学合作过程中，受国内校际生源基础、课程设计、教学环境、学分管理等要素的差异性，或不同国家学校间语言、文化、学制及教育理念等要素的差异性，以及教学管理和后勤保障等配套服务的实施困难的影响，相关高校在跨校协同育人工作上往往有观念、有想法，却无抓手、无落点，能够展开深度合作并形成有效模式的案例较少，特色性的教育教学模式难以互通互鉴。研究并设计可行的协同育人系统、搭建校际联合的有机平台、推动融合育人落在实处的教育创新是极为迫切的。

最后，跨界创新实践教学缺乏。“自成天地”式的教育格局虽有特征鲜明和传统相承的既有优势，却也会形成风格固化、视野受阻、成果单一的发展瓶颈。在此环境下，学生的主体思维方式、信息处理模式和媒介选择偏向都会受到导向性影响，易形成认知惯性和路径依赖，在职业发展和跨界创新上存在后继乏力的隐患。在媒体融合发展的现实要求下，相关高校亟须创新实践教学空间，一方面，使多类型资源能够汇入、多行业师资能够加入；另一方面，使跨区域、跨国别的学生进行专业交流和思想碰撞成为可能，从而强化融媒体应用性训练，为面向未来的媒介创意提供孵化环境。①

（三）电视专业教育改革思路

电视专业教育的改革，是在国家大力支持调整优化学科专业、鼓励高校提炼办学特色的形势下，深化人才培养模式改革的重要方向，也是形成“艺术+学科”共享平台以服务相关产业新发展与新布局的重要举措。具体说来，可从专业设置、人才素能、教学模式、教学方式、教学视野等几个重点方向的转型进行思路探索。

（1）电视专业设置的结构化转型。推进电视专业教育由局部调整走向深度创新，是适应行业发展与社会转型所必需的。应始终关注移动互联网、人工智能、大数据等带来的电视艺术新业态，增强艺术人才培养与媒介化社会需求的契合性。以融合型专业、融合型师资、融合型教材、融合型课堂为培养保障，以“艺术”为核心，以“传媒”为介质，积极将艺术创作延展到其他学科的表现领域上，走新文科、新工科相融合的发展之路，同时聚焦人工智能艺术创作及虚拟现实、增强现实、混合现实等艺术呈现领域的创新，导引电视专业教育从传统范式向智能范式转移。

此外，可尝试以专业结构调整推进教学内容调整，加速电视专业教育的内涵式发展：对一些不符合学科发展需求，难以适应行业、社会、教育发展新形势需要的专业适时进行更新换代；对于一些在发展定位、培养过程等方面有交叉重合的专业，整合优化空间资源、设备资源、教学资源、教师资源；针对国家、行业、市场急需相关人才的专业，发掘学科内、学科间专业交叉融合优势，及时占领新的教育教学领域。如此，电视专业教育定位将更加清晰、合理和科学，既保持传统优势，又适应趋势潮流，有助于加快融合性学科专业建设，搭建其与技术、科学、传播等领域学科交叉的平台。

（2）电视人才素能的基底式转型。当前，国家在文化创意产业发展上

① 王珏、周建新：《融媒体环境下传媒人才跨界联合培养模式创新研究》，《中国新闻传播研究》2019年第5期，第162～174页。

面临转型诉求：由数量到质量、由制作到创作、由模仿到创新。在此关键阶段，具有顶层设计能力和多元创作手段的尖端人才尤为关键，但当前从业者文化底蕴单薄、科学技能匮乏、思想视野局限、创作观念陈旧，素养亟待提升。新时期电视人才的培养，需立足于全媒体时代大众媒介消费的诉求，立足于互联网环境中大传媒产业服务国民生产各领域的拓展潜能，以媒介应用创新和文化传播创新为抓手进行能力构建，不断增强创新意识、提升创作能力和创优追求。

具体来说，人才素能的转型即通过逐步夯实人文基础、专业技能和实践经验，在技术制作的基础上，强化培养媒介创意和审美创造的能力，使人才从“收集+加工+传播”转向“挖掘+创意+传达”。一方面，扭转重应用、轻人文的现状，通过强化历史、文学、哲学、科技、美学等方面的综合知识教育，全面启发学生的生活感悟、语言表达、概念提取和视听联想等能力，助力其提升思想境界和增加精神积淀。另一方面，在“传媒+”“互联网+”的趋势下，尊重融媒体发展规律，鼓励学生围绕大产业概念学习策划、创意、采编、设计、制作、传播等内容，对应产业特征并结合自身优势实时调整学习侧重。总体上，在思维认知和实践技能双方面实现素能基底重构。

（3）电视专业教学模式的创新性转型。传统的艺术人才培养具有专业固定、大班授课，理论教学为主、实践教学为辅，考核形式单一的特点，这导致专业知识与技能拓展、模式统一与创新多元、职业要求与实践需求等之间产生断裂，“不利于电视艺术人才人文底蕴、社会品格、国际视野的养成”[①]。新时期电视专业教育面对这种现状，需要调整育人思路，以坚持交叉培养、鼓励联合创作、发挥集群效应的理念创新，促进培养模式的转变。

要实现电视专业教育培养模式的转型，可进行多维度的建设：在教学资源配置上，进一步实现交叉融合、共通共享，既保证艺术学科统一协调发展，又充分调动各专业积极性；在人才培养方式上，强化“研究创作制”，在提升艺术创作素能的同时培养人才的研究素能，以创作发掘研究问题、以研究解决创作难题，将创作触角前置于创新前沿，也将研究视角

① 曹坤：《用“跨界思维”打造传媒人才的实践创新能力——以中国传媒大学为例》，《现代传播》（中国传媒大学学报）2012年第3期，第130页。

前置于产业前沿；在创新空间构建上，通过探索人才项目孵化机制，设计激励、扶持、资助学生创业创新的有效措施，搭建富有发展生机的融媒体实验平台，开展互动式、服务式、体验式的媒介教育，通过提升艺术传播主体能动性来激发电视生产活力。

（4）电视专业教育教学方式的精益化转型。面向未来进行创新的艺术教育教学，应同步改善理论和实践教学方法，不断挖掘信息深度并丰富知识维度。在课堂教学改革方面，将课堂学习与课后学习相结合，将线上学习与线下学习相结合，在课程教学注重实用性技能传授的同时，加强尖端创作的引领型研究，瞄准艺术行业发展关键问题探索解决方案，并加强艺术前沿的学理性研究，拓宽产业格局和理论视野。在实践教学改革中，一方面提升实践教学的创新要求，与真实产业项目对接，与真实行业问题结合；另一方面加强专业间、学科间的融合实践，走出本专业的边界限制，走向电视艺术创作的交叉领域。[①]

（5）电视专业教育教学视野的国际化转型。落实习近平总书记关于加强和改进国际传播工作的重要讲话精神，着眼国际传播能力建设，进一步提升电视艺术人才培养的国际化程度。基于国际传播的新形势、新任务、新要求，打造适应新时代国际传播需要的电视专业人才队伍。全面总结现有的人才培养经验与不足，借鉴国际先进经验，创新人才招生考试方式、培养模式，大力培养爱党爱国、经世致用的国际传播后备人才；整合利用专家资源、平台资源，提升专业人才发出中国声音、讲好中国故事，真实、客观、立体地展示中国的国际传播实战能力。在媒介深度融合的语境下，洞察全球信息传播与媒介消费态势、科学研判国际舆论环境、抢抓艺术产品创新先机，无不要求从业人员具备深刻的国际理解和开阔的国际视野。落实在高校育人实践中，则需采取“请进来”与“走出去”相结合的双向策略，展开高品质和前沿性的国际交流与合作，以联合培养、交换学习、暑期学校、短期培训、国际会议、实习实训等形式，为学生创造走进国际一流大学和知名企业的机会，打通与全球对话的教育通道，以解决现有的国际化教学合作中存在的重课程轻实践、重制度轻机制、交流易联动难、单向易多向难等问题。

---

① 周建新、王珏：《媒体融合语境下我国传媒艺术教育创新的动力、理念和模式》，《艺术传播研究》2020年第1期，第15～16、97页。

综上，电视文化已经席卷全球，媒体融合已经构成了大势潮流，这为人类的生存与表达带来极其深刻的变革，构成了全球化的整体语境。适应媒体融合趋势、助力媒体融合发展、服务媒体融合创新，是电视专业教育当前及今后一个时期的重要使命。

我国电视专业教育改革和创新发展，将是一个发展性和交叉性并存的课题。其中，教育理念创新和培养模式优化，是基于资源累加、合作互动、项目拓展、体量扩容和理念更新的动态发展过程，需要以一流标准、系统筹备、精细设计、缜密实施和全程质控来保障人才培养全程的水准。电视专业教育范式的创新与实践，有利于拓展艺术边界、融合传媒框架并打破学科壁垒，催发教育成果的新质，并以融合性思维深化内涵式发展，通过构建人才培养共同体，为我国融媒体建设提供人才保证和智力支撑，以可持续发展、内涵式发展、特色化发展的标准走出服务于我国产业升级和艺术创新的品质育人道路。①

（四）电视专业教育载体改革

电视专业教育培养的五大载体需要全面改革。与其他专业教育类似，电视专业教育开展的载体也无外乎课程体系、课堂教学、课本（教材）建设、课外学习、课题研究五个方面。

（1）课程体系改革。课程体系是一个专业的核心资产，是一个专业区别于另一个专业的主要特征，也是不同院校同类专业竞争的重点，它是专业建设成绩的体现，也是一个专业实力的全面反映，它的设置直接关系到专业培养目标的实现和教育成果的转化。所以，要实现实践创作能力的提升必须从课程体系下手，使其作为一个指导思想贯穿整个课程体系的架构、布局、编排，确定例如创作实践课程要占总体课时量的多大比重以及在整个课程体系中居于何等地位。

（2）课堂教学改革。课堂教学是电视专业教育较有特色的地方，电视艺术具有互动性，电视专业教育同样如此。互动性是教学相长的必然要求，也是电视艺术的主要特色。电视专业教育课堂教学的互动性主要分为两个方面：一方面是教与学的互动，另一方面是理论与实践的互动。前者

① 周建新、王珏：《媒体融合语境下我国传媒艺术教育创新的动力、理念和模式》，《艺术传播研究》2020年第1期，第97页。

指的是课堂教学活动中的两个主体对象，后者指的是课堂教学活动的主要内容。

（3）课本（教材）建设改革。教材既是专业建设成果的集中体现，又是指导专业教学开展的蓝本，也是学生学习的指南。国家教育管理相关部门、行业组织、高校、出版社都重视教材出版，出版权威的专业教材是专业建设水平的充分体现。对于电视专业教育而言，应尽快摆脱国外翻译教材占主流的尴尬局面，出版有中国特色的电视艺术类专业教材；应改变教材五花八门、难以形成比较权威教材体系的尴尬现实，规划出版经典的系列教材。对于电视艺术实践教学而言，应组织相关专家，在总结电视艺术实践与艺术理论的基础上，编辑出版具有中国特色的电视艺术实践教材，这对于提升专业创作素养大有裨益。

（4）课外学习改革。之所以认为课外学习重要，是因为现代的教学理念普遍在压缩课堂教学时间、增加学生课外学习时间，学生是否能够抓住这个时间段，主动去学习、会学习、学到知识、锻炼技能是关键问题。课外学习对于大学生而言是十分重要的一个学习环节，尤其是对于电视艺术类专业学生而言，应利用课外时间去实践课堂教学理论、锻炼实践能力。实践创作能力培养不可能“纸上谈兵”，需要学生在课外时间进行大量的实际操作，并完成作品创作。

（5）课题研究改革。这里的课题研究指的是教学研究，这个环节往往会被忽略，被认为跟实际的教学实践距离较远，这其实是个误区，在电视专业教育中，及时在行业实践、教学实践方面加大研究力度，从经验中提炼教育教学理论，对于人才培养和专业建设而言都很重要。丰富的教学实践经验需要教学理论研究来及时进行总结、归纳和提升，并再次反哺到电视专业教育教学实践当中，指导教学实践。令人遗憾的是电视专业教育在这方面积累的研究成果并不多，对于一门比较新兴的学科而言，这种教学理论总结显得更加难能可贵和必要。①

（五）电视专业教育中开展电视人才培养的举措

电视人才培养是一个系统工程，需要教育主管部门、学校和学生多方

---

① 周建新、王珏：《发力源、着力点、实施面：传媒艺术教育中创作实践能力培养三论》，《现代传播》（中国传媒大学学报）2017年第3期，第155页。

共同努力，并从培养定位、培养理念、培养体系、培养内容等九个方面去探索创新。

（1）明确培养定位。电视人才的社会定位不仅是高校在教学过程中急需明确的，也是当下社会发展过程中不可回避的问题。由于传媒业的高速发展，此类人才的定位一直处于模糊不清、分工不细的状态。笔者认为，在新时代，电视人才的定位应该是：具有传媒时代素养——包括知识素养与技术素养，同时具有良好的创作能力与实践能力，能够结合新媒体技术与观念，利用新媒体技术将专业知识转化为作品、将学科常识转化为创作，做到艺术素质与实践应用相结合、艺术理论与创作能力相结合的新时代复合型人才。①

（2）创新培养理念。时代发展、社会进步对电视人才提出了更新、更高层次的需求。以中国传媒大学为例，该校对此高度重视，其做法对我国重视专业教育有着引领示范作用。其一直致力于探索以作品为核心的人才培养理念，探索以作品创作方式使人才将人文与科学、艺术与技术、理论与实践融会贯通，提出"传承为本、融合为要、创新为魂"的培养理念。

（3）完善培养体系。科学的人才培养体系与机制，同样也是电视人才培养的保障，具体包括人才选拔机制、课程体系、教材体系、实践创作体系以及人才评价机制等内容。笔者在研究过程中，提出兼顾两头、强化中间的"151培养模式"，即在开端以选拔优质生源为核心，在末端以优秀艺术作品创作为准绳，在中间做好课程、课本、课堂、课外、课题"五课"的内容贯通工作。"五课"的重要性及彼此间关系已经在前文有所阐述，对于培养末端人才质量的评价机制后文将会专门说明，因此这两方面在此都不做重复说明，而主要强调生源选拔的重要性。电视专业教育的重点之一就是生源选拔，因为这是电视专业教育的起点与关键点。艺术教育相对于普通专业而言对生源的依赖程度更高，这是因为艺术教育对于学生的艺术天赋有着严格的要求，而这些很难在后期的教育中予以培养。对于电视专业教育而言，生源质量高低直接决定了其成败，"不拘一格降人才"是电视专业教育成功的关键所在。对于这点，必须处理好几个问题：专业成

---

① 周建新、王珏：《发力源、着力点、实施面：传媒艺术教育中创作实践能力培养三论》，《现代传播》（中国传媒大学学报）2017年第3期，第155页。

绩与高考成绩之间的平衡问题、考生数量与质量之间的平衡问题、创新方式与公平公正之间的平衡问题。

（4）研究培养内容。电视人才的知识结构与能力结构是实践创作能力的核心内容。针对目前电视人才培养中知识与能力脱节、理论与创作脱节的实际情况，对电视人才知识结构与能力结构的研究就尤为重要。知识结构是灵魂、能力结构是血脉，两者互为支撑、互相转化，[①]形成人才培养体系主干。因此，研究电视艺术类人才所应具备的知识结构与能力结构，是搭建相关人才培养体系的基础。对于电视专业教育的人才培养内容而言，有以下三个关系必须处理。

第一，通识教育与专业教育的关系。通识教育很重要，这个是有共识的，但是具体到某个专业就很难讲，尤其是针对某门课程来讲，它是属于通识教育系列还是专业教育系列，需要具体问题具体分析。实事求是地讲，随着专业方向细分得越来越厉害，二者的界限划分越来越难。

第二，理论教育与实践教育的关系。据调研观察，不管是新生、老生还是毕业生，对于专业实践教育的抱怨要么是少要么是晚。学生反映的问题有一定的道理，但电视专业教育中一个可怕的现象是学生学习的功利性，哪些有利于找工作、有利于考研、有利于考公务员，他们就学习哪些知识。而这些所谓的“有用”也只是基于短期利益的判断，而不是长远考虑。但理论培养往往需要润物细无声，需要时间积淀。

第三，课堂教育与课外教育的关系。清华大学的教育教学改革，提出了“六类课堂”的概念，分别是室内教学课堂、校园课堂、社会实践课堂、海外交流课堂、互联网在线课堂、社区课堂。在当前互联网与移动互联网高速发展的情形下，只要有学习兴趣、学习动力、学习能力，那么知识的海洋是向每个人开放的。而往往激发灵感的就是一场学术讲座、一堂课。电视专业教育尤其如此，其以传媒高速发展、信息不断涌现、技术快速更新为背景，而且面临全球化的大趋势，所以要有更加宽阔的视野、更强的主动学习意识。对于电视人才培养而言，通识教育是温饱问题，专业教育是小康问题；实践教育是饭碗问题，理论教育是多大饭碗的问题；课堂教育是主餐，课外教育是辅食。

① 周建新、王珏：《发力源、着力点、实施面：传媒艺术教育中创作实践能力培养三论》，《现代传播》（中国传媒大学学报）2017年第3期，第155页。

对于一个复合型创新性电视艺术高端人才而言，这些都不可或缺。

（5）丰富培养手段。电视人才培养应该立足全新的人才培养理念与人才培养体系，探索与之相适应的课程设计、课堂教学方式、实践教学方式以及具备适应性与先进性的教学手段。应该秉持从实践中来、到实践中去的原则，使新的教学理念与教学方法的探索和一线的人才培养过程相渗透、相融合，从教学效果和学生作品中检验教学成果的科学性与可行性。从教学角度最大限度地鼓励教师创新教学方法，不仅为本课题积累教学真知，而且使本课题的成果及时得到转化，从而实现研究成果与实际应用相结合的新的研究模式。因此，对电视人才培养方式与培养手段的研究过程也是促进教师教学改革、激发学生学习热情，进而推动高校特色人才培养改革的过程。

（6）搭建创作平台。创作平台是学生孵化作品、提升综合素质的重要基础。笔者认为，应该建立集招生与就业、课堂与课后、校内与校外、理论与实践于一体的多重培养机制，在面向校内的同时，更以开阔的视野向全社会开放，形成面对电视人才的具有先进性、普遍性的培养平台。利用创作平台，加大创作与实践的比重，将学生的作品作为衡量他们学习情况最重要的标准，并且为学生拓展国际竞赛平台与社会实践平台。在实践应用环节，以创作平台建设为纽带，打造“创作导师+联合创作团队+实际项目+推广评奖渠道”的实践培养体系。

（7）营造培养环境。电视创作型人才培养的成功与否不仅取决于培养各具体环节的顺利改革，还取决于人才成长环境的营造。校园文化、专业传统、艺术氛围、学习空间等总体上构成了人才培养的环境。综观国际电视人才的培养，其成功的关键不仅有科学的人才培养体系、先进的实验室和高端的设备设施，还有令学生们薪火相传的大学文化、人生理想。笔者集中研究电视人才培养环境的构成以及创作氛围的营造方式，通过对国内外相关人才培养环境的调研，提出电视专业教育一方面需要建设实验室、创作实训平台，准备好用于创作的软硬件设备设施，另一方面需要由良性的作品竞争营造电视创作型人才培养的良好氛围，最终形成人人参与创作、人人喜欢创作的创作育人环境。

（8）改革评价体系。电视专业教育应该推广建立以作品为核心的检测机制和评价体系。通过对学生作品的艺术水平、技术水平、内容与形式有机结合情况、获奖与社会影响力、商业孵化的可能性等方面的评价，检验人才培养的质量。这种评价体系包括教师评价、学生打分、专家督导提供建议等方面，以验证相应研究成果在实践中的应用效果。评价贯穿日常实践实训教学、集中实践教学和毕业实践创作三个阶段，并在每个阶段根据专业特点设立明确的检测目标：日常课堂应纳入实践实训基础能力训练，有条件的直接升级为实践实训课程；而集中实践教学过程中应集中时间、集中地点、集中师资、集中精力开展实践教学的集训；毕业创作应将毕业环节作为大学实践创作能力的一次集中展示，强调人人有作品。①

（9）创建培养团队。师资队伍建设是电视人才培养的基本保障之一。各个培养单位都应该根据专业实际情况，围绕人才培养目标，以“内培外引、以内为主”的思路培育实践教学名师。对内，加大力度，培育实践创作类教学名师，通过加大教师培训、学习力度，强化教学督导指导作用，提升教师平均实践教学水平，缩小教师间教学质量差距，实现教师知识结构的更新发展和队伍总体结构的优化；对外，有目标、有步骤、有计划引进一批实践创作教学类名师，并发挥名师示范效应，围绕名师打造实践创作教学团队，发挥团队凝聚力。

提升实践创作能力对于提高电视专业教育质量的重要性不言而喻，我们需要提出一套具有中国特色、科学性和可行性的人才培养体系，创新人才培养方法和手段。这需要我们研究电视专业教育规律，也需要保持与传媒行业的良性互动，走内涵式而非盲目扩张“摊大饼”式的发展道路。②

---

① 周建新、王珏：《发力源、着力点、实施面：传媒艺术教育中创作实践能力培养三论》，《现代传播》（中国传媒大学学报）2017年第3期，第156页。

② 周建新、王珏：《发力源、着力点、实施面：传媒艺术教育中创作实践能力培养三论》，《现代传播》（中国传媒大学学报）2017年第3期，第156页。

后　记

人们常说“万事开头难”，其实，万事结尾也很难。这是写博士学位论文后记的感叹。那时候我把困难归结在情感的难以迸发上，因为迟迟没有等到那个情感激发的燃点，所以把后记拖了很久才写完。时光荏苒，当我再次翻阅那篇后记时，依然很感动，这确实是自己当时真情实感的流露。当我们用一段饱含深情的话语去回顾一段难忘的岁月尤其是一段艰辛的理性思考的时光时，体会到的是一种特殊的理性与感性的交织，更是情感大坝的开闸泄洪，爽快至极！

然而，时过境迁，当我今天再次面对“万事结尾也很难”这个问题的时候，竟有了不同的结论，不是情感不到，而是时间不够，因为自己迟迟没有完成书稿，也没有留出写后记的时间！五年的时间，同一个人面对同一个问题竟然有了不同的答案，乍一看，似乎有些矛盾、有些黑色幽默、有些耍滑头、有些强说辞，甚至写出来觉得有些小丢人。但实事求是地讲，这个答案同样是真诚的内心告白，尽管显得更加现实和无奈。这也许就是而立之年与不惑之年的区别所在吧！

五年的时间，世界在变、中国在变、社会在变、文化在变、教育在变，传媒随之而变，传媒教育当然会变，学校事业发展经历了从动荡到腾飞的变化，我个人也先后经历了从在教育部挂职锻炼到担任学校多个岗位的变动，但始终不变的是我做人的真诚、做事的勤奋、做研究的热情。在做好大量管理事务之余坚持研究、坚持写作，这个过程是艰辛的，因为读书的时光、静思的空间时常被现实打断或打破，情绪的“脱域”、状态的“抛锚”在“压缩的时空”里变得司空见惯。幸运的是，我坚持下来了，这不敢说是多么成功，但确实是对自己研究的一种负责！

本书是在我博士学位论文的基础上对已有成果的一次全面梳理和总结。论文写作期间，我时常会从枯燥的学术文献搜集和学术思考中解放出来，畅游下梭罗的“瓦尔登湖”。“一个人如果不相信每一天都有一个更早、更神圣的黎明时刻，他一定是丧失了对生命的希望，正在走向一条通往黑暗的道路。”这句话在精神上激励着我一直前进，克服一个又一个困难。在本书的写作过程中同样如此，虽然经常会有内心的焦虑，时常觉得自己浅薄、无知和渺小，但是学海无涯苦作舟，自信的力量、坚持的力量汇聚在一起就会使人力大无穷，就成了不枯竭的动力。

书稿的写作过程是一个沉淀的过程也是一个释放的过程，是一个回归的过程也是一个放逐的过程，是一个烦躁的过程也是一个“静夜思”的过程。如梭罗所说，“我之所以到森林中去，是因为我希望活得从容不迫，希望活得深刻，希望汲取生命中的所有精华，以免在我临终的时候，才发现我根本没有生活过”。学术研究就如同踏入一片“森林”，我心怀敬畏更心怀感激，感谢那些引导我、陪伴我、帮助我在这片“森林”中前行的家人、老师、领导、同事、朋友、同门、学生等。

首先要感谢我的家人，妻子李文华和女儿周艺瞳的陪伴与鼓励是我最坚实的后盾，她们的照顾是我最大的能量来源！要特别感谢导师胡智锋先生，从2005年读硕士研究生以来，他的智慧才情、博闻强识每次都让我醍醐灌顶、豁然开朗，他的谆谆教诲、善良豁达始终指导着我要真诚待人、乐观进取，他的踔厉奋发、一丝不苟永远激励着我要勤勉工作、笃行不怠。要诚挚感谢中国传媒大学党委书记廖祥忠教授，他对世界的敏锐洞察、对工作的卓越追求，他的系统思维和逻辑思辨等，对我的研究、思考和行文表达有很强的指导和启发作用。要十分感谢在论文写作和书稿写作过程中，不断被我“骚扰”、给予我指导和关心的杨乘虎教授、赵曦教授、张政法教授、赵均教授、李继东教授、张国涛教授、顾亚奇教授、刘俊研究员、邓文卿处长、张欣副教授、杨宾老师等同门的众多好友。还要感谢段鹏副校长、贾秀清教授、李怀亮教授、王栋晗教授、龙耘教授、徐辉教授、王杰文教授、吴辉教授、周月亮教授、李玲飞副研究员、谷疏博老师、包圆圆老师等所有关心我、支持我、帮助我的领导和同事们，他们亦师亦友，不断地鞭策我、鼓励我。

在此，要感谢我在教育部挂职时的领导刘自成司长、范绪锋副局长、张岩副局长、付磊处长等领导同事，一年多的挂职学习中，他们教导了我如何以更高的政治站位、更开阔的视野、更强烈的问题意识去看待问题、分析原因、寻找答案，这对于我的学术研究至关重要。要感谢王燕妮、桑自谦、肖涵、柴焯翔、曹宇琦等同学和学术研究小伙伴的努力付出与相互启发。要感谢多年来关心我成长的专家前辈、业界朋友和研究同人，他们的智慧思考和研究成果为我的学术成长与研究开展提供了诸多帮助！最后，要感谢国家社科基金艺术学规划办公室的领导们的大力支持和社会科学文献出版社编辑的辛勤工作。

中文参考文献

卜卫：《大众媒介对儿童的影响》，新华出版社，2002。

陈勃：《老年人与传媒——互动关系的现状分析及前景预测》，江西人民出版社，2008。

陈力丹：《舆论学——舆论导向研究》，中国广播电视出版社，1999。

陈明华：《华语电影叙事的文化身份》，暨南大学出版社，2016。

陈旭光：《当代中国影视文化研究》，北京大学出版社，2004。

陈旭光：《文化的踪迹　影像的激流》，昆仑出版社，2013。

周星、张燕主编《亚洲类型电影：历史与当下》，中国电影出版社，2016。

陈旭光：《影像当代中国：艺术批评与文化研究》，北京大学出版社，2011。

陈映芳：《"青年"与中国的社会变迁》，社会科学文献出版社，2007。

陈映芳：《在角色与非角色之间——中国的青年文化》，江苏人民出版社，2002。

程季华主编《中国电影发展史》（第一卷），中国电影出版社，1981。

程孟辉：《西方悲喜剧艺术的美学历程》，东北师范大学出版社，1997。

程正民：《巴赫金的文化诗学》，北京师范大学出版社，2001。

戴锦华：《电影批评》，北京大学出版社，2004。

戴俊潭：《电视文化与农民意识变迁》，山东人民出版社，2012。

邓伟志、徐新编著《家庭社会学导论》，上海大学出版社，2006。

《电光幻影》编写组编《电光幻影：上世纪前半叶电影故事存真》，上海科学技术文献出版社，2011。

丁亚平:《影像时代——中国电影简史》，中国广播电视出版社，2008。

杜染:《群众文化的现代化》，华龄出版社，2018。

方晓红:《大众传媒与农村》，中华书局，2002。

费孝通:《乡土中国　生育制度》，北京大学出版社，1998。

高丙中:《民间文化与公民社会：中国现代历程的文化研究》，北京大学出版社，2008。

高岩:《“机器灵魂”与现代化变迁中的中国农村家庭——基于广西东南部羊村的手机媒体研究》，社会科学文献出版社，2014。

古典文艺理论译丛编辑委员会编《古典文艺理论译丛》(第八册)，人民文学出版社，1964。

郭庆光:《传播学教程》，中国人民大学出版社，1999。

郭维平:《社会主义核心价值观生成与认同研究》，学习出版社，2016。

郭镇之:《中国电视史》，中国人民大学出版社，1991。

郭镇之:《中外广播电视史》，复旦大学出版社，2005。

韩青、郑蔚:《电视娱乐节目新论》，中国广播电视出版社，2005。

何成洲主编《跨学科视野下的文化身份认同——批评与探索》，北京大学出版社，2011。

胡泳:《众声喧哗：网络时代的个人表达与公共讨论》，广西师范大学出版社，2008。

胡正荣、段鹏、张磊:《传播学总论》(第二版)，清华大学出版社，2008。

胡智锋:《电视传播艺术学》，北京大学出版社，2004。

胡智锋:《中国电视策划与设计》，中国广播电视出版社，2004。

胡智锋:《中国电视观念论》，北京师范大学出版社，2000。

胡智锋主编《中国名牌电视栏目解析》，学苑出版社，2006。

黄会林:《艺苑论谭——放言影视戏剧艺术民族化》，中国文联出版社，2002。

李稚田:《影视语言教程》，北京师范大学出版社，2004。

贾磊磊:《影像的传播》，广西师范大学出版社，2005。

贾磊磊:《中国电视批评》，中国广播电视出版社，2015。

金丹元:《电影美学导论》,复旦大学出版社,2008。

金丹元等:《新中国电影美学史(1949—2009)》,上海三联书店,2013。

金耀基:《金耀基自选集》,上海教育出版社,2002。

柯灵:《电影文学丛谈》,中国电影出版社,1979。

孔令顺:《中国电视的文化责任》,中国传媒大学出版社,2010。

李道新:《影视批评学》,北京大学出版社,2002。

李道新:《中国电影史研究专题》,北京大学出版社,2006。

李道新:《中国电影文化史(1905—2004)》,北京大学出版社,2005。

李多钰主编《中国电影百年　1905～1976》,中国广播电视出版社,2005。

李红艳:《乡村传播学》(第二版),北京大学出版社,2014。

李红艳主编《乡村传播与农村发展》,中国农业大学出版社,2007。

李少白主编《中国电影史》,高等教育出版社,2006。

李泽厚:《美的历程》,生活·读书·新知三联书店,2014。

厉震林:《电影的构型:表演、文化和产业》,上海交通大学出版社,2017。

厉震林:《中国电影和电视的修辞学分析》,中国戏剧出版社,2004。

梁漱溟:《东西文化及其哲学》,上海人民出版社,2015。

梁泽楚编著《群众文化史(当代部分)》,新华出版社,1989。

刘辉:《认同理论》,知识产权出版社,2017。

刘树林、李泱主编《电视文艺学》,辽宁大学出版社,1990。

刘悦笛:《审美即生活》,商务印书馆,2021。

苗棣、王怡琳:《脱口成"秀"——电视谈话节目的理念与技巧》,中国广播电视出版社,2006。

苗棣、范钟离:《电视文化学》,北京广播学院出版社,1997。

牟光义:《群众文化社会学概论》,学苑出版社,1989。

欧阳宏生等:《电视文艺学》,陕西师范大学出版总社有限公司,2012。

彭吉象:《影视美学》,北京大学出版社,2002。

彭玲:《影视心理学》,上海交通大学出版社,2006。

蒲震元、杜寒风主编《电影理论:迈向21世纪》,北京广播学院出版社，2001。

邱泽奇：《社会学是什么》，北京大学出版社，2002。

饶曙光：《中国喜剧电影史》，中国电影出版社，2005。

邵牧君：《西方电影史概论》，中国电影出版社，1982。

沈志明、艾珉主编《萨特文集》（第7卷），人民文学出版社，2005。

司马云杰：《文化社会学》，华夏出版社，2011。

隋岩：《当代中国电视文化格局》，北京大学出版社、群言出版社，2004。

孙渊主编《群众文化概论》，新华出版社，1988。

檀传宝等：《大众传媒的价值影响与青少年德育》，福建教育出版社，2005。

陶家俊：《认同的边界：论文化认同与文化转化》，外语教学与研究出版社，2013。

田本相：《电视文化学》，文化艺术出版社，1990。

王利华：《中国家庭史》（第一卷），广东人民出版社，2007。

王伟国：《思想的审美化——王伟国自选集》，北京广播学院出版社，2004。

王一川：《文艺转型论——全球化与世纪之交文艺变迁》，北京师范大学出版社，2011。

谢彬如：《群众文化学引论》，贵州省艺术研究室，1988。

徐贲：《通往尊严的公共生活：全球正义和公民认同》，新星出版社，2009。

徐舫州、徐帆编著《电视节目类型学》，浙江大学出版社，2006。

徐复观：《中国艺术精神》，广西师范大学出版社，2007。

徐惟诚：《徐惟诚文集》（第七卷），商务印书馆，2015。

杨勇：《对位法》（第二册），湖南文艺出版社，2013。

叶朗：《中国美学史大纲》，上海人民出版社，1985。

尹鸿编著《跨越百年：全球化背景下的中国电影》，清华大学出版社，2007。

尹鸿：《世纪转折时期的中国影视文化》，北京出版社，1997。

尹鸿、邓光辉：《世界电影史话》，国际文化出版公司，2000。

尹鸿、凌燕：《新中国电影史：1949—2000》，湖南美术出版社，2002。

尹鸿:《尹鸿影视时评》，河南大学出版社，2002。

尹鸿等:《娱乐旋风——认识电视真人秀》，中国广播电视出版社，2006。

于丽主编《中国电影专业史研究》(电影制片·发行·放映卷)，中国电影出版社，2006。

喻国明等:《中国人的媒介接触：时间维度与空间界面》，人民日报出版社，2012。

袁庆丰:《黑白胶片的文化时态：1922~1936年中国早期电影现存文本读解》，上海三联书店，2009。

张彩虹:《身体政治：百年中国电影女明星研究》，中国广播电视出版社，2011。

张冲:《1977年以来中国喜剧电影研究》，中国电影出版社，2006。

张春兴编著《张氏心理学辞典》，上海辞书出版社，1992。

张凤铸主编《中国电视文艺学》，北京广播学院出版社，1999。

张国涛:《电视剧本体美学研究：连续性视角》，北京大学出版社，2013。

张晶:《新世纪以来的中国类型电影研究》，台海出版社，2018。

张文娟:《电视文艺生态批评论》，中国传媒大学出版社，2007。

张中全:《当代中国电影的转型——以喜剧片为例》，光明日报出版社，2010。

章柏青、张卫:《电影观众学》，中国电影出版社，1994。

赵静蓉:《文化记忆与身份认同》，生活·读书·新知三联书店，2015。

赵玉明主编《中国广播电视通史》(新一版)，中国广播影视出版社，2014。

郑晓云:《文化认同论》，中国社会科学出版社，2008。

郑永富主编《群众文化学》，中国国际广播出版社，2001。

钟艺兵主编《中国电视艺术发展史》，浙江人民出版社，1994。

仲呈祥主编《中国电视剧艺术发展史》，中国电影出版社，2014。

周德辉主编《中国群众文化史》，北京人文函授大学，1986。

周庆山:《传播学概论》，北京大学出版社，2004。

周宪主编《中国文学与文化的认同》，北京大学出版社，2008。

周晓虹主编《中国中产阶层调查》，社会科学文献出版社，2005。

周星：《新世纪中国电视文艺研究》，北京师范大学出版社，2004。

朱光潜：《西方美学史》，人民文学出版社，1979。

朱虹、胡正荣主编《中国电视名牌栏目》，红旗出版社，2010。

朱立元：《接受美学导论》，安徽教育出版社，2004。

宗白华：《艺境》，安徽教育出版社，2006。

宗匠：《电视娱乐节目：理念、设计与制作》，中国广播电视出版社，2003。

邹威华：《斯图亚特·霍尔的文化理论研究》，中国社会科学出版社，2014。

〔匈〕阿格妮丝·赫勒：《日常生活》，衣俊卿译，黑龙江大学出版社，2010。

〔美〕M.H.艾布拉姆斯：《镜与灯：浪漫主义文论及批评传统》，郦稚牛等译，北京大学出版社，2004。

〔美〕爱德华·霍尔：《超越文化》，何道宽译，北京大学出版社，2010。

〔英〕爱·摩·福斯特：《小说面面观》，苏炳文译，花城出版社，1984。

〔英〕安迪·班尼特、〔英〕基斯·哈恩–哈里斯编《亚文化之后：对于当代青年文化的批判研究》，中国青年政治学院青年文化译介小组译，中国青年出版社，2012。

〔英〕安东尼·吉登斯、〔英〕菲利普·萨顿：《社会学》(第七版)，赵旭东等译，北京大学出版社，2015。

〔英〕安东尼·吉登斯：《现代性与自我认同：晚期现代中的自我与社会》，夏璐译，中国人民大学出版社，2016。

〔法〕安德烈·比尔基埃等主编《家庭史》，袁树仁等译，生活·读书·新知三联书店，1998。

〔意〕贝奈戴托·克罗齐：《历史学的理论和实际》，傅任敢译，商务印书馆，1982。

〔法〕P.布尔迪约、〔法〕J.–C.帕斯隆：《再生产——一种教育系统理论的要点》，邢克超译，商务印书馆，2002。

〔美〕布莱克·斯奈德：《救猫咪——电影编剧宝典》，王旭锋译，浙江大学出版社，2011。

〔美〕布莱克·斯奈德：《救猫咪Ⅱ——经典电影剧本探秘》，汪振城译，浙江大学出版社，2011。

〔加〕查尔斯·泰勒：《自我的根源：现代认同的形成》，韩震等译，译林出版社，2012。

〔俄〕车尔尼雪夫斯基：《艺术与现实的审美关系》，周扬译，人民文学出版社，1979。

〔美〕大卫·波德维尔、〔美〕克里斯汀·汤普森：《电影艺术：形式与风格》（插图第8版），曾伟祯译，世界图书出版公司，2008。

〔英〕大卫·麦克奎恩：《理解电视：电视节目类型的概念与变迁》，苗棣等译，华夏出版社，2003。

〔英〕大卫·帕金翰：《童年之死：在电子媒体时代成长的儿童》，张建中译，华夏出版社，2005。

〔美〕戴维·波普诺：《社会学》，李强等译，中国人民大学出版社，2007。

〔法〕丹纳：《艺术哲学》，傅雷译，江苏文艺出版社，2012。

〔美〕丹尼尔·贝尔：《资本主义文化矛盾》，赵一凡等译，生活·读书·新知三联书店，1989。

〔英〕丹尼斯·麦奎尔、〔瑞典〕斯文·温德尔：《大众传播模式论》，祝建华、武伟译，上海译文出版社，1987。

〔英〕丹尼斯·麦奎尔：《受众分析》，刘燕南等译，中国人民大学出版社，2006。

〔美〕迪克·赫伯迪格：《亚文化：风格的意义》，陆道夫、胡疆锋译，北京大学出版社，2009。

〔德〕恩格斯：《家庭、私有制和国家的起源》，人民出版社，2018。

〔德〕弗里德里希·黑格尔，寇鹏程编译，《美学》，江苏人民出版社，2011。

〔法〕古斯塔夫·勒庞：《乌合之众：大众心理研究》，夏杨译，商务印书馆，2011。

〔德〕哈贝马斯：《公共领域的结构转型》，曹卫东等译，学林出版社，1999。

〔德〕汉斯·罗伯特·耀斯：《审美经验与文学解释学》，顾建光等译，上海译文出版社，2006。

〔美〕亨利·詹金斯：《文本盗猎者：电视粉丝与参与式文化》，郑熙青译，北京大学出版社，2016。

〔英〕E.霍布斯鲍姆、〔英〕T.兰格：《传统的发明》，顾杭、庞冠群译，译林出版社，2004。

〔美〕霍华德·苏伯：《电影的力量》，李迅译，中国人民大学出版社，2008。

〔美〕杰姆逊：《后现代主义与文化理论》，唐小兵译，北京大学出版社，2005。

〔捷〕米兰·昆德拉：《小说的艺术》，孟湄译，生活·读书·新知三联书店，1992。

〔苏联〕卡冈：《艺术形态学》，凌继尧、金亚娜译，学林出版社，2008。

〔德〕康德：《判断力批判》，宗白华译，商务印书馆，1964。

〔美〕柯克·约翰逊：《电视与乡村社会变迁：对印度两村庄的民族志调查》，展明辉、张金玺译，中国人民大学出版社，2005。

〔美〕夸梅·安东尼·阿皮亚：《认同伦理学》，张容南译，译林出版社，2013。

〔美〕拉约什·埃格里：《编剧的艺术》，高远译，北京联合出版公司，2013。

〔美〕理查德·谢弗：《社会学与生活》，赵旭东等译，世界图书出版公司，2014。

〔俄〕列夫·托尔斯泰：《艺术论》，张昕畅等译，中国人民大学出版社，2005。

〔美〕隆·莱博：《思考电视》，葛忠明译，中华书局，2005。

〔美〕路易斯·亨利·摩尔根：《古代社会》，杨东莼等译，商务印书馆，1981。

〔美〕罗伯特·考克尔：《电影的形式与文化》，郭青春译，北京大学出版社，2004。

〔美〕罗伯特·麦基：《故事——材质、结构、风格和银幕剧作的原理》，周铁东译，中国电影出版社，2001。

〔法〕罗兰·巴尔特：《符号学历险》，李幼蒸译，中国人民大学出版社，2008。

《马克思恩格斯选集》(第一卷)，人民出版社，2012。

《马克思恩格斯选集》(第二卷)，人民出版社，2012。

《马克思恩格斯选集》(第四卷)，人民出版社，2012。

〔美〕马克·D.雅各布斯、〔美〕南希·韦斯·汉拉恩编《文化社会学指南》，刘佳林译，南京大学出版社，2012。

〔美〕马斯洛著，刘烨编译《马斯洛的人本哲学》，内蒙古文化出版社，2008。

〔加〕马歇尔·麦克卢汉:《理解媒介：论人的延伸》(增订评注本)，何道宽译，译林出版社，2011。

〔美〕玛格丽特·米德:《文化与承诺：一项有关代沟问题的研究》，周晓虹、周怡译，河北人民出版社，1987。

〔英〕麦克·费瑟斯通:《消费文化与后现代主义》，刘精明译，译林出版社，2000。

〔美〕梅尔文·德弗勒、〔美〕埃弗雷特·丹尼斯:《大众传播通论》，颜建军等译，华夏出版社，1989。

〔美〕梅尔文·德弗勒、〔美〕桑德拉·鲍尔–洛基奇:《大众传播学诸论》，杜力平译，新华出版社，1990。

〔法〕米歇尔·福柯:《规训与惩罚：监狱的诞生》，刘北成、杨远婴译，生活·读书·新知三联书店，2007。

〔美〕墨顿·亨特:《心理学的故事》(修订版)，李斯、王月瑞译，海南出版社，2006。

〔美〕耐普、〔美〕戴利:《人际传播研究手册》(第四版)，胡春阳、黄红宇译，复旦大学出版社，2015。

〔美〕尼尔·波兹曼:《童年的消逝》，吴燕莛译，广西师范大学出版社，2004。

〔美〕尼尔·波兹曼:《娱乐至死》，章艳译，广西师范大学出版社，2004。

〔美〕尼尔·D.希克斯:《编剧的核心技巧》，廖澺苍译，世界图书出版公司，2012。

〔英〕尼克·史蒂文森:《媒介的转型：全球化、道德和伦理》，顾宜凡等译，北京大学出版社，2006。

〔法〕皮埃尔·布尔迪厄:《艺术的法则》,刘晖译,中央编译出版社,2011。

〔苏联〕B.普多夫金:《论电影的编剧、导演和演员》,何力译,中国电影出版社,1980。

〔英〕齐格蒙特·鲍曼:《被围困的社会》,郇建立译,江苏人民出版社,2005。

〔英〕齐格蒙特·鲍曼:《全球化——人类的后果》,郭国良、徐建华译,商务印书馆,2001。

〔美〕塞缪尔·亨廷顿:《文明的冲突与世界秩序的重建》(修订版),周琪等译,新华出版社,2010。

〔美〕苏珊·朗格:《情感与形式》,刘大基等译,中国社会科学出版社,1986。

〔美〕苏珊·朗格:《艺术问题》,滕守尧、朱疆源译,中国社会科学出版社,1983。

〔英〕斯图亚特·霍尔、〔英〕保罗·杜盖伊编著《文化身份问题研究》,庞璃译,河南大学出版社,2000。

〔英〕斯图亚特·霍尔、〔英〕托尼·杰斐逊编《通过仪式抵抗:战后英国的青年亚文化》,孟登迎等译,中国青年出版社,2015。

〔英〕索尼娅·利文斯通:《受众解读的心理学》,龙耘译,新华出版社,2006。

〔英〕特雷·伊格尔顿:《二十世纪西方文学理论》,伍晓明译,北京大学出版社,2007。

〔美〕托马斯·沙茨:《好莱坞类型电影》,冯欣译,上海人民出版社,2009。

〔美〕威廉·A.哈维兰等:《文化人类学:人类的挑战》,陈相超等译,机械工业出版社,2014。

〔美〕威廉·尹迪克:《编剧心理学——在剧本中建构冲突》,井迎兆译,台湾:五南图书出版公司,2011。

〔美〕温迪·简·汉森:《编剧:步步为营》,郝哲、柳青译,江苏教育出版社,2006。

〔奥〕西格蒙德·弗洛伊德:《弗洛伊德后期著作选》,林尘等译,上海译文出版社,1986。

〔美〕悉德·菲尔德:《电影剧作者疑难问题解决指南——如何去认识、鉴别和确定电影剧本写作中的问题》,钟大丰、鲍玉珩译,中国电影出版社,2002。

〔美〕悉尼·胡克:《历史中的英雄》,王清彬等译,上海人民出版社,2006。

〔美〕约翰·菲斯克:《电视文化》,祁阿红、张鲲译,商务印书馆,2005。

〔美〕约翰·霍华德·劳逊:《戏剧与电影的剧作理论与技巧》,中国电影出版社,1989。

〔英〕约翰·劳顿、〔英〕亚当·斯密:《电影》,张树智、李文译,生活·读书·新知三联书店,2002。

〔英〕约翰·斯道雷:《文化理论与大众文化导论》(第五版),常江译,北京大学出版社,2010。

〔美〕约瑟夫·坎贝尔:《千面英雄》,朱侃如译,金城出版社,2012。

〔美〕詹姆斯·罗尔:《媒介、传播、文化——一个全球性的途径》,董洪川译,商务印书馆,2012。

〔美〕张英进主编《民国时期的上海电影与城市文化》,苏涛译,北京大学出版社,2011。

英文参考文献

Galambos E. Abrahamson, *Anytime, Anywhere: Entrepreneurship and the Creation of a Wireless World*（Cambridge: Cambridge University Press, 2002）.

Henri Tajfel, *Social Identity and Intergroup Relations*（Cambridge: Cambridge University Press, 1982）.

Kathleen M. Galvin, Carma L. Bylund, and Bernard J. Brommel, *Family Communication: Cohension and Change*（Boston: Allyn & Bacon, 2011）.

Michael Ignatieff, *The Needs of Strangers*（New York: Elisabeth Sifton Books, 1984）.

Raymond Williams, *Television: Technology and Cultural Form*（London: Routledge, 1990）.

Anita L. Vangelisti, *Handbook of Family Communication*（Mahwah: Lawrence Erlbaum, 2004）.

图书在版编目（CIP）数据

群众文化视阈下中国电视认同研究／周建新著．--北京：社会科学文献出版社，2023.3

国家社科基金后期资助项目

ISBN 978－7－5228－1050－8

Ⅰ.①群…　Ⅱ.①周…　Ⅲ.①电视文化－文化研究－中国　Ⅳ.①G229.2

中国版本图书馆CIP数据核字（2022）第214885号

·国家社科基金后期资助项目·

群众文化视阈下中国电视认同研究

著　　者／周建新

出 版 人／王利民
责任编辑／路　红　张炜丽
文稿编辑／陈彩伊　杨鑫磊
责任印制／王京美

出　　版／社会科学文献出版社（010）59367194
地址：北京市北三环中路甲29号院华龙大厦　邮编：100029
网址：www.ssap.com.cn
发　　行／社会科学文献出版社（010）59367028
印　　装／三河市龙林印务有限公司

规　　格／开　本：787mm×1092mm　1/16
印　张：21.25　字　数：355千字
版　　次／2023年3月第1版　2023年3月第1次印刷
书　　号／ISBN 978－7－5228－1050－8
定　　价／138.00元

读者服务电话：4008918866